中国民法案例精读丛书

中国物权法案例精读

郭明瑞 著

图书在版编目（CIP）数据

中国物权法案例精读 / 郭明瑞著. -- 北京：商务印书馆, 2024. --（中国民法案例精读丛书）. -- ISBN 978-7-100-24443-5

I. D923.25

中国国家版本馆 CIP 数据核字第 2024TH9725 号

权利保留，侵权必究。

中国民法案例精读丛书
中国物权法案例精读
郭明瑞 著

商 务 印 书 馆 出 版
（北京王府井大街36号 邮政编码100710）
商 务 印 书 馆 发 行
北京中科印刷有限公司印刷
ISBN 978 - 7 - 100 - 24443 - 5

2024年11月第1版	开本 880×1240 1/32
2024年11月北京第1次印刷	印张 18¼

定价：98.00 元

目　录

中国物权法概述 ·· 1
　一、中国物权法的历史进程 ·· 1
　二、中国现行物权法的内容要略 ···································· 3
　　（一）物权法通则 ··· 3
　　（二）所有权 ··· 5
　　（三）用益物权 ·· 10
　　（四）担保物权 ·· 24
　　（五）占有 ·· 41

物权法通则

第一专题　物权归属的确认 ······································ 47
　　——王雪诉梁辉办理不动产过户登记纠纷案
　评析 ··· 52
　　一、关于物权确认请求权的性质 ································ 52
　　二、关于确认物权归属的规则 ·································· 53

第二专题　转让不动产未办理产权登记的效力 ········· 60
——抚顺万合房地产开发有限公司诉王莉莉返还原物纠纷案

评析 ·· 63
一、不动产物权变动的含义 ······························ 63
二、不动产物权变动的原因事实 ························ 65

第三专题　不动产登记错误的撤销 ························· 69
——邓国祥诉十堰市自然资源和规划局撤销不动产更正登记纠纷案

评析 ·· 76
一、不动产登记的含义 ······································ 76
二、不动产登记的程序 ······································ 78
三、不动产登记错误的救济 ······························ 81

所有权

第四专题　善意取得规则的适用 ···························· 91
——吴冬霞诉梁青典当抵押无效纠纷案

评析 ·· 97
一、善意取得的含义与适用前提 ························ 97
二、善意取得的构成要件 ··································· 100
三、善意取得的效力 ·· 112
四、善意取得适用的范围 ··································· 115

五、善意取得规则适用的扩张 …………………………………… 118

第五专题　农村集体组织成员权益的保护 …………………… 122
——刘甜妹诉裕民村委会侵害集体经济组织成员权益纠纷案
评析 …………………………………………………………… 125
一、关于农村集体的不动产和动产的权利主体 ……………… 125
二、关于农村集体成员集体所有的不动产和动产
所有权的行使 ……………………………………………… 129
三、关于农村集体成员的成员权利 …………………………… 133

第六专题　相邻关系的认定 …………………………………… 141
——刘仁元、刘景华相邻关系纠纷案
评析 …………………………………………………………… 145
一、关于相邻关系的特点 ……………………………………… 145
二、相邻关系的内容 …………………………………………… 149

第七专题　小区内车位的归属 ………………………………… 157
——张伟与天山公司购置车位纠纷案
评析 …………………………………………………………… 160
一、建筑物区分所有权的含义与特点 ………………………… 160
二、业主的权利 ………………………………………………… 164

第八专题　共有物的管理与费用负担 ………………………… 176
——陈维与陈路共有纠纷案
评析 …………………………………………………………… 180

一、共有的含义 ……………………………………………… 181
　　二、共有的类别 ……………………………………………… 182
　　三、共有物的管理 …………………………………………… 184

第九专题　共有人的处分权 …………………………………… 189
　　——王东遐与檀金龙、龙虚芳确认《房屋租赁合同》无效纠纷案
　　评析 ………………………………………………………… 193
　　一、共有人处分权的标的 …………………………………… 194
　　二、共有人处分行为的性质 ………………………………… 194

第十专题　关于"从随主"规则的适用 ………………………… 197
　　——刘学明诉王彤皓返还原物纠纷案
　　评析 ………………………………………………………… 201
　　一、主物与从物的含义 ……………………………………… 201
　　二、区分主物与从物的法律意义 …………………………… 203

第十一专题　婚前按揭买房婚后共同还贷的房屋产权的归属 …… 206
　　——许某诉朱某离婚后财产纠纷案
　　评析 ………………………………………………………… 209
　　一、所有权的取得根据 ……………………………………… 211
　　二、房屋产权取得的根据 …………………………………… 212

第十二专题　所有权的先占取得 ………………………………… 219
　　——佟德强诉焦晓光返还原物纠纷案
　　评析 ………………………………………………………… 221

一、先占的含义与性质 ·· 222
　　二、先占的构成条件 ·· 223
　　三、先占的法律效力 ·· 225

第十三专题　埋藏物的归属 ·· 227
　　——张扬、张昌华等诉黄溪镇人民政府埋藏物返还纠纷案
　评析 ·· 229
　　一、埋藏物的含义 ·· 229
　　二、埋藏物的归属 ·· 230

用益物权

第十四专题　土地承包经营权的取得 ································ 241
　　——谢可亮诉高庆荣农村土地承包经营权排除妨害纠纷案
　评析 ·· 246
　　一、土地承包经营权的含义与特点 ································ 247
　　二、土地承包经营权的取得方式 ·································· 249

第十五专题　宅基地使用权的法律属性 ······························ 257
　　——周铨与李敏、周钢抵押合同纠纷案
　评析 ·· 263
　　一、宅基地使用权的含义与特点 ·································· 263
　　二、宅基地使用权的取得 ·· 266

三、宅基地使用权的主体 ………………………………… 268
　　四、宅基地使用权可否转让 ……………………………… 270

第十六专题　建设用地使用权的流转 …………………… 274
　　——高品乐公司、李新平诉百洋农牧公司、马林建设用地
　　　使用权纠纷案
　评析 ……………………………………………………………… 281
　　一、建设用地使用权的含义 ……………………………… 281
　　二、建设用地使用权的设立 ……………………………… 283
　　三、建设用地使用权人的权利 …………………………… 287

第十七专题　关于地役权的效力 …………………………… 295
　　——梁旭东诉白玉平地役权纠纷案
　评析 ……………………………………………………………… 299
　　一、地役权的含义 ………………………………………… 299
　　二、地役权的效力 ………………………………………… 305
　　三、地役权的特殊属性 …………………………………… 308
　　四、地役权与相邻关系的区别 …………………………… 315

第十八专题　居住权的特性与设立 ………………………… 318
　　——张某2、张亚欧等居住权纠纷案
　评析 ……………………………………………………………… 323
　　一、居住权的含义 ………………………………………… 323
　　二、居住权的特性 ………………………………………… 324
　　三、居住权的设立 ………………………………………… 325

担保物权

第十九专题　物的担保与保证并存 …… 333
——申达作物科技有限公司等诉李爱红等担保追偿权纠纷案
  评析 …… 338
　一、担保物权与保证并存的含义 …… 339
　二、担保物权与保证并存时担保人的责任 …… 339
　三、立法规定的发展 …… 342

第二十专题　抵押权人的抵押权保全权 …… 352
——河北冀州农村商业银行股份有限公司前庄支行诉衡水豪邸房地产开发有限公司损害抵押房产纠纷案
  评析 …… 355
　一、抵押权保全权的含义与成立条件 …… 355
　二、抵押权保全权的内容 …… 357

第二十一专题　抵押权的取得 …… 369
——张某与盛某抵押权纠纷案
  评析 …… 374
　一、抵押权的受让取得 …… 374
　二、抵押权的设立取得 …… 375

第二十二专题　抵押对抵押人的效力 ·················· 400
——郭金苹诉李博房屋买卖合同纠纷案

评析 ··· 405
一、抵押财产的占有、使用收益权 ··············· 405
二、抵押财产的出租权 ···························· 406
三、抵押财产的再抵押设立权 ···················· 409
四、抵押财产上用益物权的设立权 ··············· 410
五、抵押财产的转让权 ···························· 411

第二十三专题　浮动抵押的效力 ······················ 415
——沃土丰达合作社等与农发行青冈支行金融借款合同纠纷案

评析 ··· 423
一、浮动抵押的含义 ······························· 423
二、动产浮动抵押的特点 ························· 426
三、动产浮动抵押权的设立 ······················· 429
四、动产浮动抵押权的效力 ······················· 431

第二十四专题　最高额抵押权的特殊性 ··············· 440
——山东润永信息科技公司诉万凯、徐文婕金融借款纠纷案

评析 ··· 444
一、最高额抵押权的含义 ························· 445
二、最高额抵押权的特点 ························· 446
三、最高额抵押权的设立 ························· 449
四、最高额抵押权效力上有特殊性 ··············· 455
五、最高额抵押权所担保债权的确定 ············ 462

第二十五专题　动产质权的取得与行使 ……………………… 470
　　——浦发银行日照分行与日照担保公司质权纠纷案
　评析 …………………………………………………………… 475
　　一、动产质权的取得 ……………………………………… 475
　　二、动产质权的行使 ……………………………………… 488

第二十六专题　权利质权的取得 ………………………………… 493
　　——汇鑫公司与茂燃公司质权纠纷案
　评析 …………………………………………………………… 501
　　一、权利质权的含义与特性 ……………………………… 501
　　二、权利质权的取得 ……………………………………… 510

第二十七专题　留置权的成立与行使 …………………………… 528
　　——上海立伟物流有限公司、海南临海船务有限公司等
　　　　留置权纠纷案
　评析 …………………………………………………………… 537
　　一、留置权的含义 ………………………………………… 537
　　二、留置权的成立条件 …………………………………… 542
　　三、留置权的效力 ………………………………………… 557

占　有

第二十八专题　占有人的权利 …………………………………… 567
　　——张觉、胡敏诉张传立返还原物纠纷案

评析 …………………………………………………………………… 574
  一、占有的含义和成立要件 ………………………………………… 574
  二、占有的性质 ……………………………………………………… 577
  三、占有的效力 ……………………………………………………… 578

中国物权法概述

一、中国物权法的历史进程

实质意义或广义物权法，是指调整人对物的支配关系的法律规范的总称。实质意义的物权法可以说是自有法律以来就存在的。而形式意义或狭义物权法，是指专以调整人对物的支配关系即因物的归属和利用而产生的民事关系的法律。我们这里所说的物权法为形式意义的物权法。

中国物权法的制定始于清朝末年宣统三年（1911年）制定的《大清民律草案》（称为第一次民律草案），该草案的第三编即为物权。该物权编的第一章为通则；第二章至第六章分别为所有权、地上权、永佃权、地役权和担保物权，担保物权包括抵押权、土地债务、不动产质权和动产质权；第七章为占有。[①]该草案未及通过施行，清政府就被推翻了。

1925年北洋政府制定了第二次民律草案。该民律草案的物权编分为九章，将第一次草案中的第六章担保物权分立为抵押权和质权两

---

① 参见杨立新点校：《大清民律草案、民国民律草案》，吉林人民出版社2002年版，第129—162页。

章,并增设一章为典权。①

国民政府的第一部正式物权法,是南京国民政府于1929年11月30日公布、1930年5月5日施行的中华民国民法典物权编。但随着国民党政府被推翻,自1949年10月1日中华人民共和国成立时起,该物权法在中国大陆也就失去了效力。

自中华人民共和国实行改革开放政策后,为适应社会发展的需求,中国的民事立法由"批发"改"零售",即由制定一部法典改为先制定单行法。2007年3月16日经第十届全国人民代表大会第五次会议通过了《中华人民共和国物权法》(以下简称《物权法》),该法为新中国的首部物权法,深受重视,该法草案曾经全国人大常委会七次审议。该《物权法》分为五编十九章及附则。第一编为总则,包括基本原则与物权的设立、变更、转让和消灭及物权的保护共三章;第二编为所有权,包括一般规定、国家所有权和集体所有权、私人所有权以及业主建筑物区分所有权、相邻关系、共有、所有权取得的特别规定共六章;第三编为用益物权,包括一般规定、土地承包经营权、建设用地使用权、宅基地使用权、地役权共五章;第四编为担保物权,包括一般规定、抵押权、质权、留置权共四章;第五编为占有,仅有一章。

《中华人民共和国民法总则》颁布后,中国民法典的编纂工作进入在已有的单行法基础上编纂民法典各分编的阶段。2020年5月28日第十三届全国人民代表大会第三次会议正式通过《中华人民共和国民法典》(以下简称《民法典》),《民法典》的第二编物权即是在原《物权法》的基础上编纂而成的。《民法典》已于2021年1月1日起

---

① 参见杨立新点校:《大清民律草案、民国民律草案》,吉林人民出版社2002年版,第305—338页。

施行,《民法典》物权编也就是中国现行的物权法。

二、中国现行物权法的内容要略

（一）物权法通则

物权法通则包含以下内容：

1. 物权法的调整对象

物权法调整因物的归属和利用产生的民事关系。因物的归属和利用所发生的关系为物权关系。在物权关系中，权利人享有的权利为物权。物权是权利人依法对特定的物享有直接支配和排他的权利。物权具有优先效力、排他效力、追及效力，物权人在其物权受到侵害或者有被侵害之虞时可以请求排除妨害以恢复物权的圆满状态。

2. 物权法的社会基础

物权制度决定于一国的基本经济制度。一国的基本经济制度和经济政策为该国物权制度的社会基础。构成中国物权法制度的社会基础即是：国家坚持和完善公有制为主体、多种所有制经济共同发展，按劳分配为主体、多种分配方式并存，社会主义市场经济体制等社会主义基本经济制度。国家巩固和发展公有制经济，鼓励、支持和引导非公有制经济的发展。国家实行社会主义市场经济，保障一切市场主体的平等法律地位和发展权利。

3. 物权法原则

其一，物权平等原则。不论是国家、集体、私人的物权还是其他人的物权，平等受法律保护，各主体的物权间无强弱之分、优劣之别。其二，物权法定原则。物权的种类和内容，由法律规定，当事人不得任意创设法律没有规定的物权或者变更物权的法定内容。其三，物权公示原则。物权公示，是指以一定的公开的、外在的、易于相知的方法展示出物权存在的状态。不动产物权的公示方法为登记，动产物权的公示方法通常为直接占有。以法定物权公示方法公示出的物权，具有使社会一般人信赖其为真实的正确的物权的效力，法律对因信赖物权公示而从公示的权利人处善意取得物权的第三人予以强制保护。

4. 物权变动

基于民事法律行为变动不动产物权的，未经登记机关办理登记，不发生物权变动的效力，但是法律另有规定的除外。不动产登记为不动产物权的公示方法，也是法律另有规定外的不动产物权变动的要件。但不动产登记并不是不动产物权变动的原因，而仅是对不动产物权变动的确认。当事人变动不动产物权的法律行为的效力，不受未办理物权登记的影响。不动产权属证书是权利人享有该不动产物权的证明，不动产登记簿是物权归属和内容的根据。权利人、利害关系人认为不动产登记簿记载的事项错误的，可以申请更正登记。不动产登记簿记载的权利人不同意更正的，利害关系人可以申请异议登记。当事人为保全以将来发生不动产物权变动为目的请求权可以按约定办理不动产物权的预告登记，预告登记后，未经预告登记的权利人同意，处分该不动产的，不发生物权效力。基于民事法律行为变动动产物权的，除法律另有规定外，自交付时起发生物权变动的效力；有产权登记的特殊动产变动物权的，未经登记，不得对抗善意第三人。交付包括简易交付、指示交付、占有改定等方式。除基于民事法律行为发生物权变动外，基于法律文书导致物权变动的，自法律文书生效时发生效力；基于政府征收决定等导致物权变动的，自征收决定等生效时发生效力；基于继承取得物权的，自继承开始时发生效力；基于事实行为导致物权变动的，自事实行为完成时发生效力。

5. 物权保护

物权受到侵害的，权利人可以通过和解、调解、仲裁、诉讼等多途径解决。物权的保护方式包括确认物权、返还原物、排除妨害和消除危险、恢复原状，以及损害赔偿等。

（二）所有权

所有权分编主要有以下内容：

1. 所有权与他物权的关系以及对所有权的限制

所有权是所有人对自己的不动产或者动产依法享有占有、使用、收益和处分的权利。所有权具有自权性、全面性、整体性、弹力性和永久性等特性。他物权是在所有权基础上设立的，他物权是对所有权的一种限制，他物权的行使不得损害所有权人的利益。所有权具有社会性，所有权人行使所有权须受一定限制。为了公共利益的需要，国家可以依法定程序征收他人的不动产；因抢险救灾、疫情防控等紧急需要，依照法律规定的权限和程序可以征用他人的不动产或动产。任何人不得擅自改变土地的性质和用途。

2. 所有权的种类

所有权包括国家所有权、集体所有权、私人所有权和其他所有权。国家所有权是国家对国有即全民所有的财产享有的所有权，除法律另有规定外，国务院代表国家行使国家所有权。集体所有权是劳动群众集体依法对其集体财产享有的占有、使用、收益、处分并排除他人干涉的权利。农民集体所有的不动产和动产，属于本集体成员集体所有。农民集体所有权的行使实行经济民主，凡法律规定需经本集体成员决定的事项，须依照法定程序由成员集体决定。私人对其合法私人财产享有私人所有权。法人对其依法所有的不动产和动产享有所有权。各类所有权受法律平等保护，任何人不得侵犯。

3. 业主建筑物区分所有权

业主建筑物区分所有权，有的简称为区分所有权，是指多个建筑物区分所有权人共同拥有一栋区分所有权的建筑物时，各区分所有权人即业主对建筑物的专有部分所享有的所有权和对共享部分所享有的共有权及对共同事务管理权的总称。建筑物区分所有权具有内容的复合性、专有部分的主导性、主体身份的多重性和流转上的一体性等特征。业主对其建筑物的专有部分享有所有权。建筑物的专有部分应具有构造上的独立性，能够区分；应具有利用上的独立性，可以排他使用；应能够登记为特定业主所有权的客体。业主对其专有部分，自主行使占有、使用、收益和处分的权利，但其行使权利不得危及建筑物的安全，不得损害其他业主的合法权益，不得违背业主管理规约。业主对建筑物专有部分以外的共有部分，享有共有权，有权按照共有部分的用途使用共有部分，有权分享共有部分的收益；同时，业主也有义务维护共有部分的正常使用状态，负担共有部分的正常费用。业主转让建筑物内的住宅、经营性用房，其对共有部分享有的共有和共同管理的权利一并转让。业主的管理权也就是业主共同事务管理的成员权，是基于建筑物的构造、权利归属和使用上的密切关系而形成的作为建筑物团体成员之一所享有的权利和承担的义务。对于法律规定的应由业主共同决定的事项，须依照法律规定的程序由业主共同决定方能有效。业主大会或业主委员会的决定，对业主具有约束力，业主大会或业主委员会作出的决定侵害业主合法权益的，受侵害的业主可以请求人民法院予以撤销。

4. 相邻关系

相邻关系是相互毗邻或者邻近的不动产所有权人或者使用权人之间在行使权利时，因相互间应依法给予必要的方便和接受必要的限制而发生的权利义务关系。相邻关系的主体只能是相邻不动产的所有权人或者使用权人，其内容是一方行使权利时另一方应给予方便，其客体是权利人行使不动产权利所体现的利益。相邻关系是直接基于法律规定产生的，而不是由当事人约定的。相邻关系包括相邻用水排水关系、相邻通行关系、相邻建造修缮建筑物及管线铺设关系、相邻通风采光和日照关系、相邻环保关系、相邻防险关系等。处理相邻关系应坚持有利生产、方便生活和团结互助、公平合理原则。

5. 共有

共有是两个以上的人对同一不动产或者动产共同享有一个所有权的法律状态。共有的主体为二人以上，共有的客体为同一不动产或动产。共有包括按份共有和共同共有。按份共有人对共有财产按照确定的份额享受权利和负担义务，按份共有人对共有财产享有的份额，没有约定或者约定不明确的，按照出资额确定；不能确定出资额的，则按照等额享有。共同共有人是不分份额地对共有财产共同享有所有权。共有人对共有财产没有明确约定为按份共有或者共同共有，除共有人具有家庭关系等外，视为按份共有。共有人按照约定管理共有的财产，没有约定或者约定不明确的，各共有人都有管理的权利和义务。但是，除共有人之间有另外的约定外，共有人处分共有财产以及对共有财产作重大修缮、变更性质或者用途的，应经占份额 2/3 以上的共有人或者全体共有人同意。对共有物的管理费用以及其他负担，有约定的，按照约定；没有约定或者约定不明确的，按份共有人按照其份额负担，共同共有人共同负担。共有人约定不得分割共有物的，共有人有维持共有关系的义务，但共有人有重大理由需要分割的，可以请求分割共有物。共有人对维持共有关系没有明确约定的，按份共有人可以随时请求分割，共同共有人在共有的基础丧失或者有重大理由需要分割时可以请求分割。共有人分割共有物时，达成分割协议的，按照协议确定的方式分割；当事人达不成协议的，可请求法院或仲裁机构裁决。分割共有物的方式有实物分割、变价分割和作价分割三种。共有物分割后，共有人之间仍负有瑕疵担保责任，共有人分割所得的物有瑕疵的，其他共有人应当分担损失。按份共有人对其份额享有的权利相当于所有人的权利，因此，按份共有人可以将其份额用于设立担保，也可以转让其享有的共有份额。按份共有人转让其份额时，其他共有人有优先购买权；两个以上的共有人主张行使优先购买权的，协商确定各自的购买比例；协商不成，按照转让时各自的共有份额比例行使优先购买权。因共有财产产生的债权债务，除法律另有规定或者第三人知道共有人不具有连带债权债务关系外，共有人享有连带债权，负担连带债务。两个人以上共同享有用益物权、担保物权的，参照共有的有关规定。

6. 所有权取得的特别规定

所有权取得的特别方式，主要包括以下情形：

其一，善意取得。善意取得是指无处分权人将其占有的动产或者登记在其名下的不动产转让给第三人，若第三人在交易时出于善意，则即可取得受让财产所有权的制度。善意取得的前提是让与人为无处分权之人，让与人与受让人间的转让合同有效。善意取得的要件包括：受让人受让动产或者不动产时是善意的；让与人以合理价格转让；转让的不动产或者动产已经登记或者交付。构成善意取得时，受让人取得受让财产所有权，原所有权人取得对无权处分人的损害赔偿请求权。善意取得为原始取得，受让人取得受让财产后，该财产上的原有权利消灭，但受让人在受让时知道或者应当知道该权利的除外。善意取得规则也可适用于其他物权包括用益物权和担保物权的取得。

其二，拾得遗失物。拾得遗失物应当返还权利人。拾得人应及时通知权利人领取，或者送交公安等有关部门。有关部门收到遗失物，知道权利人的，应当及时通知其领取；不知道的，应当及时发布招领公告。遗失物自发布招领公告之日起一年内无人认领的，归国家所有。遗失物被转让的，所有权人或者其他权利人自知道或者应当知道遗失物被转让时起两年内可以要求受让人返还原物。但是受让人通过拍卖或者向具有经营资格的经营者购得该遗失物的，权利人请求返还原物时应当支付受让人所付的费用。权利人向受让人支付所付费用后，有权向无处分权人追偿。遗失物为货币或者无记名证券的，无论何时权利人都不能要求善意受让人返还。

其三，拾得漂流物、发现埋藏物或者隐藏物。拾得漂流物、发现埋藏物或隐藏物的人，应将该物返还给权利人，不知道权利人的应送交有关部门。自有关部门公告之日起一年内无人领取的，该物由国家取得所有权。所发现的埋藏物、隐藏物属于文物的，则依文物保护法的规定处理。

其四，取得主物所有权的，除当事人另有约定外，同时取得从物所有权。这也就是从物随主物转移的取得规则。主物是指为同一人所有的需共同使用才能更好发挥效用的两物中起主要作用的物，从物则是为同一人所有的两物中对主物发挥效用起辅助作用的物。为更好地发挥物的效用，法律规定主物转让的，从物随之转让，但是当事人另有约定的除外，即当事人可以排除"从随主规则"的适用。

其五，孳息的取得。孳息是由原物产生的物，有天然孳息与法定孳息之分。天然孳息是原物依其自然属性产生的物，法定孳息是根据法律规定依一定法律关系由原物产生的收益。天然孳息由原物所有权人取得，有用益物权人的，则用益物权人取得。法定孳息应按照当事人的约定取得,当事人没有约定或者约定不明确的,按照交易习惯取得。

其六,添附。添附是指不同所有人的物结合、混合在一起或者不同人的劳力与物结合在一起形成一种新物的法律状态,包括附合、混合和加工。附合是不同所有权人的物结合在一起形成一个新物,混合是指不同所有权人的动产混杂在一起而不能依通常方法分开而形成一物,加工是指对他人的动产进行制作、改造,使之形成一件具有更高价值的新物。因加工、混合、附合而产生的物的归属,有约定的,按照约定;没有约定或者约定不明确的,依照法律规定;法律没有规定的,按照充分发挥物的效用以及保护无过错当事人的原则确定。因当事人一方的过错或者确定物的归属造成另一方当事人损害的,应当给予赔偿或者补偿。

其七,先占。先占是指占有人以所有的意思,先于他人占有无主的动产而取得该动产所有权的法律事实。先占的构成条件包括:(1)先占的标的物为适用先占的动产。不动产不能为先占的标的物。依照法律规定或者习惯,不能依先占取得的动产,也不能成为先占的标的物。(2)先占的标的物须为无主物。(3)占有人以所有的意思占有,也就是占有人有将该物归自己所有的意思并实际控制占有该物。尽管《民法典》中并未规定先占制度,但在司法实践中予以认可。

(三)用益物权

用益物权分编主要包括以下内容:

1. 用益物权的含义及行使规则

用益物权是对他人所有的不动产或者动产,依法享有占有、使用和收益的权利。用益物权属于他物权亦即定限物权。用益物权是对他人之物予以支配的权利,且用益物权人对标的物的支配仅限于一定期间和一定范围，而不能对标的物予以全面的支配。

用益物权具有占有性，用益物权人实现用益物权是以占有他人之物为前提的，不占有标的物，也就不能实现用益物权。用益物权具有用益性，用益物权人设立用益物权的目的就是为了对他人之物为使用收益。用益物权具有独立性，原则上不以他权利的存在为存在前提，不从属于他权利。用益物权一般设立于不动产上，对于动产一般没有设立用益物权的需要。中国的用益物权也是自然资源实行有偿使用制度的产物和法律形式。用益物权是用益物权人享有的开发利用资源的权利，用益物权人应当合理地行使用益物权，遵守法律有关保护和合理开发利用资源、保护生态环境的规定，不得超出约定的范围滥用权利。

用益物权为独立的物权，用益物权人有权独立行使其权利，所有权人也不得干涉用益物权人行使其权利。因不动产或者动产被征收、征用致使用益物权消灭或者影响用益物权行使的，用益物权人有权依照法律的规定获得相应的补偿。

除《民法典》具体规定的用益物权外，其他法律规定的用益物权可称为特别用益物权。特别用益物权主要包括：（1）海域使用权。海域使用权是指依法对特定海域占有、使用和收益的权利。设立海域使用权，是有效利用海域资源的必要手段，也是发展海上经济、建设海洋强国的必然需求。海域使用权受法律保护。（2）探矿权、采矿权、取水权和使用水域、滩涂从事养殖、捕捞的权利。这些权利是从事特许生产经营活动的基础和前提，其取得须经过政府有关部门的特别行政许可，权利人一经取得该特许的用益物权，其权利受法律保护。

2. 土地承包经营权

土地承包经营权，有的简称为农地承包权，是农民集体使用的用于农业生产的土地依法实行土地承包经营制度的产物，指的是土地承包经营权人依法对其承包经营的农业用地享有占有、使用和收益，以从事农业生产的权利。

土地承包经营权是土地承包经营权人享有的利用他人土地的他物权，是以对集体所有或者国家所有由集体使用的农业用地占有、使用和收益为内容的，是为从事农业生产而利用土地的权利。土地承包经营权为一项用益物权，是有一定期限限制的有期限物权。按照现行法规定，耕地的承包期为30年，草地的承包期为30年至50年，林地的承包期为30年至70年。承包期限届满，由土地承包经营权人依照农村土地承包的法律规定继续承包。土地承包经营权的创设取得方式，是由承包人通过和发包人签订土地承包经营权合同。土地承包经营权自土地承包经营权合同生效时设立。登记机构应当向土地承包经营权人发放土地承包经营权证、林权证等证书，并登记造册，确认土地承包经营权，但土地承包经营权的登记并非土地承包经营权成立生效的要件。

土地承包经营权人的权利主要包括以下几项：(1)依法流转土地承包经营权的权利。土地承包经营权人有权依法将其土地承包经营权流转，流转的方式包括互换、转让。土地承包经营权互换、转让的，当事人可以向登记机构申请登记，但是否登记不为土地承包经营权变更的生效要件，未经登记的，只是不具有对抗第三人的效力。(2)依法自主经营的权利。土地承包经营权人有权依照土地承包经营权设立的目的，自主从事农业生产经营活动，不受任何人包括发包人的非法干涉。(3)依法拒绝调整承包地的权利。承包期内发包人不得调整承包地。只有在因自然灾害严重毁损承包地等特殊情形下，发包人才可以依照法律规定对承包的耕地和草地进行适当的调整。发包人在承包期内非因法定的特殊情形未依照法律规定调整承包地的，构成对土地承包经营权人的土地承包经营权的侵害，土地承包经营权人有权拒绝对承包地的非法调整。（4）依法拒绝收回承包地的权利。在承包期限内，土地承包经营权人享有排他的利用其承包的土地的权利，除法律另有规定外，发包人不得收回承包地。发包人违反该法定义务，在承包期内收回承包地的，土地承包经营权人有权拒绝交还土地。（5）获得投资补偿的权利。土地承包经营权人在因征收等原因失去土地承包经营权时，有权就承包期间对土地的投入获得相应补偿。土地承包经营权人可以自主决定依法采取出租、入股或者其他方式流转土地经营权。出租是指在承包期间，承包经营权人将承包土地租赁给他人进行农业生产经营；入股是指在承包期限内，承包经营权人将承包地经营权作为出资方式，由受让人取得土地经营权，而承包人享有股权。依土地经营权流转合同取得土地经营权的经营权人有权在合同约定的期限内占有农业用地，自主开展农业生产经营并取得收益。流转期限5年以上的土地经营权自流转合同生效时设立，当事人可以向登记机构申请土地经营权登记，但是土地经营权登记仅具有对抗效力，而非经营权转让生效的要件，未经土地经营权登记的，土地经营权不能对抗善意第三人。通过招标、拍卖、公开协商等方式承包农村土地的，经依法登记取得权属证书的承包经营权人可以依法采取出租、入股、抵押或者其他方式流转土地经营权，在承包期内其土地承包经营权的流转不受限制。

3. 建设用地使用权

广义的建设用地使用权是指土地使用权人为建造建筑物、构筑物以及附属设施而利用国家或者集体所有的土地的权利。《民法典》物权编所规定的建设用地使用权为狭义的，指的是利用国有的土地建造建筑物、构筑物及其附属设施的权利。它是由国家土地所有权派生的权利，只能设立在国有土地上，是实现国有土地的开发经营的基本法律形式。

建设用地使用权是以占有、使用和收益为内容的用益物权，是土地使用权人利用土地自主进行开发建设的权利。建设用地使用权的客体仅限于国有的非农业用地，在国有的集体使用的农业用地上设立的使用权为土地承包经营权，而非建设用地使用权。

建设用地使用权是以在土地上建造并保存建筑物、构筑物及其附属设施为目的的权利。建设用地使用权人不仅可以开发利用土地的地表，也可以开发利用土地的地上或地下的空间。因此，建设用地使用权可以在土地的地表、地上或者地下分别设立。建设用地使用权不论是在地表设立还是在地下或者地上空间设立，都应当符合节约资源、保护生态环境的要求，遵守法律、法规关于土地用途的规定，后设立的建设用地使用权不得损害已设立的用益物权，后设立的建设用地使用权所利用的地表、地下或者地下的空间范围或边界以不妨害已设立的用益物权的行使为限度。

建设用地使用权的创设取得有出让和划拨两种方式。出让是指将国有土地的建设用地使用权在一定期限内让与给需要建设用地的使用人，并由使用人支付出让金等费用而取得建设用地使用权。经营性用地或者在同一土地上有两个以上意向用地的，都应当采取招标、拍卖等公开竞价的方式出让。划拨是指将国有土地的建设用地使用权在一定期限内无偿让与土地使用人使用。以划拨方式取得建设用地使用权的土地使用人只需依法缴纳补偿、安置等费用，而无须支付土地出让金。国家严格限制以划拨方式设立建设用地使用权。依现行法规定，下列建设用地使用权，确属必要的，可以由县级以上人民政府依法批准划拨:(1)国家机关用地和军事用地;(2)城市基础设施用地和公益事业用地;(3)国家重点扶持的能源、交通、水利等基础设施用地;(4)法律、法规规定的其他用地。通过出让方式设立建设用地使用权主要有招标、拍卖和协议三种方式。但是,凡法律规定应当采取公开竞价方式出让建设用地使用权的,不得采取协议方式出让建设用地使用权。不论以何种方式出让建设用地使用权的,出让人和受让人都应订立书面的建设用地使用权出让合同,建设用地使用权出让合同一般包括下列条款:(1)当事人的名称或者姓名;(2)土地界址、面积;(3)建筑物、构筑物及其附属设施占用的空间;(4)土地用途、规划条件;(5)土地使用期限;(6)出让金等费用及其支付方式;(7)解决争议方法。建设用地使用权自办理设立登记时设立。建设用地使用权设立登记是建设用地使用权的出让人与受让人向不动产登记机构申请由不动产登记机构将建设用地使用权的设立记载于不动产登记簿上,登记后登记机构应当向建设用地使用权人发放权属证书。

建设用地使用权具有以下效力:(1)建设用地使用权人应当合理利用土地,不得擅自改变土地用途,应根据土地的自然属性和法律属性在规定的范围和限高内使用土地,维护土地的使用价值和价值。(2)建设用地使用权人应当依照法律规定以及合同约定支付出让金等费用。(3)建设用地使用权人有权利用土地建造建筑物、构筑物及其附属设施并取得其所有权;只要没有相反证据证明,在建设用地使用权范围内的土地上所建造的建筑物、构筑物及其附属设施就为建设用地使用权人享有所有权。(4)除法律另有规定外,建设用地使用权人有权处分建设用地使用权。建设用地使用权人可以将建设用地使用权有偿或无偿地让与他人,也可以与他人互换建设用地使用权,还可以以建设用地使用权为投资或者抵押。建设用地使用权转让、互换、赠与或者出资都会发生土地使用权的变动。建设用地使用权变动的，须经登记方能发生变动效力。建设用地使用权转让、互换、出资或者赠与的，附着于该土地上的建筑物、构筑物及其附属设施一并处分，由取得建设用地使用权的人取得建筑物、构筑物及其附属设施的所有权。这被称为"房随地走"规则。(5)建设用地使用权人有权处分其所有的建筑物、构筑物及其附属设施。建设用地使用权人以转让、互换、出资或者赠与方式处分其所有的建筑物、构筑物及其附属设施（工作物）的，该建筑物、构筑物及其附属设施占用范围内的建设用地使用权也一并处分。这即是"地随房走"规则。(6)建设用地使用权人在使用权期限届满前，因公共利益需要被提前收回该土地的，有权获得相应的补偿，并有权要求退还相应的土地出让金。

建设用地使用权是有期限的，期限届满时，可以续展该期限。建设用地使用权的续期，依土地用途的不同而不同：住宅建设用地使用权期间届满的，自动续期；非住宅建设用地使用权期间届满后的续期，依照法律规定办理，该土地上的房屋及其他不动产的归属按照约定，没有约定或者约定不明确的，按照国家规定办理。建设用地使用权期限届满而又未续期的，建设用地使用权消灭。建设用地使用权消灭的，出让人应当及时办理注销登记，自办理注销登记起，建设用地使用权从法律意义上消灭。登记机构办理注销登记后应向原建设用地使用权人收回建设用地使用权证书。依现行法规定，集体所有的土地作为建设用地的，主要由土地管理的法律规定，应当按照有关土地管理的法律办理。

4. 宅基地使用权

宅基地使用权是指依法在农村集体所有的土地上建造住宅及其附属设施，以供居住使用的权利。与建设用地使用权所不同的是，宅基地使用权是利用集体所有的土地的权利，是利用集体土地建造住宅的权利，而不是利用国有土地建造住宅的权利。宅基地使用权也是利用他人土地的用益物权，但其客体只限于集体所有的土地，其设立目的是为解决农村居民的住房需求，是农村居民用以建造住宅及其附属设施以供居住、使用的权利。

宅基地使用权的主体通常为农村集体组织的成员，但宅基地使用权主体也可以是居住在农村的非集体经济组织的成员。1993年以前，离退休人员、港澳台同胞、归国华侨等人士回到家乡居住的，都可以申请取得宅基地使用权建造住宅，他们依法利用宅基地使用权建造住宅，当然也就享有宅基地使用权和住宅所有权。宅基地使用权的创设取得，是指通过法定程序在集体所有的土地上设立宅基地使用权。此外，在20世纪60年代以前，农村房屋所有权人占用的宅基地所有权也因农村土地归集体所有而自然地转化为宅基地使用权。宅基地使用权原则上不能单独转让，但宅基地使用权人对其在宅基地上的住宅及其附属设施享有所有权，住宅所有权人依法可以转让自己的房产，在房屋所有权转移时，房产受让人在取得房屋所有权的同时，也继受取得宅基地使用权。依现行土地管理法规定，农民转让自己房屋的，不得再申请宅基地。

宅基地使用权人主要享有以下权利：(1) 宅基地的占有权。宅基地使用权人有独占宅基地的权利，任何人不得侵占宅基地使用权人的宅基地。(2) 宅基地的利用权。宅基地使用权人有权依法利用宅基地，任何人不得干涉其合法利用。宅基地使用权人利用宅基地应依约定的宅基地用途使用，不得擅自改变宅基地的用途。(3) 建造住宅及其附属设施的权利。宅基地使用权人有权利用宅基地建造住宅及其附属设施，并对所建造的住宅及其附属设施享有所有权。

宅基地使用权可因宅基地灭失而消灭。宅基地因自然灾害等原因灭失的，对失去宅基地的村民，应当依法重新分配宅基地，使其再取得宅基地使用权。在宅基地被依法收回时，宅基地使用权消灭，但宅基地使用权人有权取得相应的补偿。宅基地使用权人将宅基地退还给集体组织时，宅基地使用权也消灭。宅基地使用权的取得不以登记为生效要件。宅基地使用权可以登记，也可以不登记。但是，已经办理宅基地使用权登记的，在出现宅基地使用权转让或者消灭的法律事实时，当事人应当及时办理宅基地使用权变更登记或者注销登记。未经办理变更登记或者注销登记的，宅基地使用权的转让或者消灭，不具有对抗善意第三人的效力。

5. 居住权

居住权是指以居住为目的，对他人的住宅享有的占有、使用的权利。原《物权法》中未规定居住权，民法典物权编规定了这项用益物权。居住权是对他人住宅享有的权利，以居住为内容，其主体只能是自然人。居住权是在他人住宅上设立的权利，因而属于他物权；居住权是以满足生活居住为目的的，居住权人有权占有、使用他人的住宅，属于用益物权。居住权是在他人住宅上为特定自然人设立的权利，是他人住宅上的一种负担，因此，居住权属于人役权。居住权是为满足居住权人生活居住需要而设立的权利，因此，它具有长期性，一般为居住权人终身享有。

居住权的设立，通常须具备以下条件：其一，当事人双方以书面形式订立居住权合同，合同一般包括当事人的姓名或者名称和住所、住宅的位置、居住的条件和要求、居住权期限、解决争议的方法等条款。其二，办理居住权登记。居住权登记是居住权设立的有效要件，设立居住权的当事人应当向登记机构申请居住权登记，居住权自登记时设立。未办理居住权登记的，居住权合同可有效，但居住权的设立不发生效力。

居住权主要具有以下效力：（1）居住权人有权占有、使用设立居住权的住宅，并且居住权人的家庭成员也可以使用该住宅；（2）居住权具有强烈的人身属性，居住权不得转让、继承；（3）除当事人另有约定外，居住权人不得将设立居住权的住宅出租；（4）居住权人应负责维护所占有、使用的住宅，设立居住权的住宅所有权人不负维修义务。

居住权消灭的原因主要有二：其一是居住期限届满。当事人约定居住期间的，约定的期间届满，居住权也就消灭。其二是居住权人死亡。居住权是为特定人设立的权利，特定的居住权人死亡，居住权也就当然消灭。居住权消灭的，应当及时办理注销登记。居住权不仅可以通过双方民事法律行为设立，也可以通过遗嘱这种单方民事法律行为设立。住宅所有权人在遗嘱中对其住宅设立居住权的，参照适用以合同设立居住权的规定。

6. 地役权

地役权是指按照合同约定利用他人的不动产，以提高自己不动产效益的权利。地役权是一方为自己利用的便利而使用他人不动产的权利，其中为自己不动产便利需要利用他人不动产的一方为需役地人或地役权人，其不动产为需役地；将自己不动产供他人利用的一方为供役地人，其不动产为供役地。

地役权是存在于他人不动产上供自己不动产利用之便利的他物权，现代社会的地役权的标的虽不以土地为限，但也仅以不动产为限，它只能存在于他人的不动产上，而不能存在于自己的不动产上。通说认为，地役权本质上是以限制供役地所有权为内容的，地役权在他人不动产上存在，也就是在他人不动产上存在的负担，构成对不动产所有权内容的限制。地役权的主要功能是调节不动产的利用。在不动产利用上，所谓自己的不动产、他人的不动产，都是从使用权人的角度说的，这里的"自己""他人"指的是不动产使用权人而不限于所有权人。

地役权是以为供自己不动产利用便利为内容的用益物权。所谓便利，是指方便利用，这种利用的利益不限于经济上的，也包括精神上或感情上的利益。例如，通行地役权体现的是通行利益，而眺望地役权体现的则是舒适感的精神利益。地役权是为需役地而存在的物权，其发生以需役地和供役地两个不动产的同时存在为前提。供役地是地役权的客体，没有供役地这一不动产，也就会因没有客体而不能存在地役权。地役权是为需役地这一不动产利用便利之必要而存在的，而不是为特定人的利益需要而存在的，因此它不同于为特定人利益而存在的人役权。

地役权有的称之为邻地利用权，与相邻关系相似，但二者完全不同：第一，二者性质不同。地役权是一项用益物权，而相邻关系是对所有权的扩张或限制，不构成一项新的用益物权。第二，二者的发生原因不同。地役权一般是由当事人约定的，具有约定性；而相邻关系是由法律直接规定的，具有法定性。第三，二者机能不能。地役权是依当事人的意思广泛调节不动产的利用，需役地和供役地两个不动产不以邻近为限；而相邻关系是法定的对不动产利用的最小限度的调节，以不动产的相邻为限。第四，二者的对价不同。地役权可以是有偿的，也可以是无偿的，是否有偿取决于当事人的约定；而相邻关系是所有权的合理延伸和限制，相邻不动产权利人利用他人的不动产是无偿的，只有因其行使权利而给相邻方造成损失时，才应负赔偿责任。第五,二者效力不同。地役权是由当事人约定的用益物权,未经登记不具有对抗善意第三人的效力;相邻关系是法定的,无须登记就当然具有对抗第三人的效力。

地役权具有从属性,须从属于需役地而存在,无需役地就不会存在地役权,地役权随需役地的所有权或使用权的转移而转移;不得与需役地所有权或使用权分离而单独转让,也不得单独成为其他权利的标的。地役权具有不可分性,这是为需役地的便利使用而存在于供役地上的用益物权,必须及于需役地和供役地的全部。地役权不得被分割为两个以上的权利,也不得使其一部分消灭、一部分存在。地役权的内容具有宽泛性,因为地役权是由当事人为需役地便利之用而设立的权利,而便利之用的利益极其广泛。

根据不同的标准,地役权可为以下分类:(1)根据地役权行使的内容,地役权可分为积极地役权与消极地役权。积极地役权又称作为地役权,是指地役权人可以在供役地上为一定行为的地役权。积极地役权人供役地人负有容忍他人为一定行为的义务。消极地役权又称不作为地役权,是以供役地人在供役地上不得为一定行为为内容的地役权,消极地役权不是以地役权人得为一定行为为内容,而是以供役地的权利人不为一定行为不作为为内容的,供役地人不是负容忍义务,而是负不作为义务。(2)根据行使地役权的方法,地役权可分为继续地役权与非继续地役权。继续地役权是指地役权内容的实现,无须每次都有地役权人的行为,地役权人在时间上能够无间断地行使权利。非继续地役权是指地役权内容的实现,每次都须有地役权人的行为。(3)根据权利存在的状态,地役权可分表见地役权与非表见地役权。表见地役权又称为表现地役权,是指地役权的存在有外形的标识,能够从外部认识到权利的存在。非表见地役又称为不表现地役权,是指权利的存在无外形标识，不能够从外部认识到地役权的存在。地下管线通过的地役权、地下排水地役权，即为非表见地役权。

地役权的创设取得需由当事人双方订立地役权合同。地役权合同的当事人是需役地和供役地的所有权人或用益物权人。地役权合同应采取书面形式，一般包括下列条款：当事人的姓名或者名称和住所；供役地和需役地的位置；利用目的和方法；地役权期限；费用及其支付方式；解决争议方法。地役权自地役权合同生效时设立。地役权设立后，当事人要求登记的，可以向不动产登记机构申请地役权登记。地役权登记不是地役权变动的生效要件，却是地役权的公示方式。地役权登记具有公示公信效力，未经登记的地役权不具有对抗善意第三人的效力。

地役权的效力包括供役地权利人的权利义务和地役权人的权利义务两个方面。

供役地权利人的主要义务是容忍义务。对于积极地役权，供役地权利人应当按照合同约定允许地役权人利用其不动产，容忍地役权人在供役地上为一定行为，不得禁止、干涉地役权人为行使地役权所为的应为行为；对于消极地役权，供役地权利人应依照地役权的目的，按照合同约定不在供役地上为一定行为，不得妨碍地役权人行使权利。供役地权利人有权按照合同约定要求地役权人支付费用，有权在不妨害地役权行使的范围内使用地役权人在供役地上所设置的必要设施。供役地权利人应当许可地役权人按照合同约定的场所和方法行使地役权，在变更合同约定的行使地役权的范围及方法对地役权人并无不利而对于供役地权利人有利益的情形下，供役地权利人有权请求地役权人变更地役权行使范围或者行使方法。

地役权人的权利义务包括以下几项：(1) 按照合同约定的内容和

范围、方法，积极使用供役地。地役权人利用供役地时，依诚信原则应选择对供役地损害最小的方法和处所对供役地为必要的利用，以免对供役地造成不必要的负担，尽量减少对供役地权利人物权的限制。(2) 为达到设立地役权人目的，地役权人有权实施必要的附随行为和设置必要设施。(3) 在地役权消灭后，对于其在供役地上设置的工作物有收回的权利，同时也负有恢复原状的义务。(4) 地役权人对于其所设置的设施，有维护的权利和义务。地役权人应按照合同的约定向供役地权利人支付费用。地役权的期限由当事人约定，但是，在地役权当事人一方为土地承包经营权人、建设用地使用权人等用益物权人时，因为当事人所享有的用益物权是有期限的，当事人所约定的地役权期限只能在其享有的权利期限内，地役权的存续期间不能长于其权利的存续期间，最长只能是用益物权的剩余期限。

  土地所有权人设立地役权后，可以在其土地上设立土地承包经营权、宅基地使用权等用益物权。土地所有权人设立地役权后又设立用益物权时，土地所有权人享有的地役权或者负担的地役权，由土地承包经营权人、宅基地使用权人等用益物权人继续享有或继续负担。因地役权与其他用益物权都是以取得对他人不动产的利用为目的的，权利人所支配的都是标的物的使用价值，相互之间存在冲突，因此，土地上已经设立土地承包经营权、建设用地使用权、宅基地使用权等用益物权的，未经用益物权人同意，土地所有权人不得设立地役权。地役权的从属性决定了地役权不得单独转让，除合同另有约定外，土地承包经营权、建设用地使用权等转让的，地役权一并转让。地役权也不得单独抵押，但土地承包经营权、建设用地使用权等抵押的，在实现抵押权时，地役权一并转让。需役地以及需役地上的土地承包经营权、建设用地使用权等部分转让时，转让部分涉及地役权的，受让人同时享有地役权。供役地以及供役地上的承包经营权、建设用地使用权等部分转让的，转让部分涉及地役权的，地役权对受让人具有法律约束力。

地役权的消灭原因包括：（1）地役权合同解除。地役权合同的解除有约定解除与法定解除两种情形。在发生地役权人违反法律规定或者合同约定滥用地役权或者有偿使用供役地的地役权人在约定的付款期限届满后、在合理期限内经两次催告未支付费用的法定解除事由时，供役地权利人有权解除合同。（2）供役地或者需役地两项不动产或者其中一项不动产灭失。（3）地役权的设立目的事实上不能实现。（4）地役权的存续期间届满。（5）需役地与供役地同归属于一人，地役权因权利混同而消灭，但如果供役地或者需役地是为第三人物权的客体，则地役权存续对于所有权人或者第三人有法律上利益时，地役权不消灭。（6）地役权人抛弃地役权。但地役权定有期限的，地役权人抛弃权利后，仍应支付剩余期间的对价；地役权未定有期限的，地役权人应事先通知供役地权利人并支付一定期间的对价。地役权虽不以登记为生效要件，但已经登记的地役权变更、转让或者消灭的，应当及时办理变更登记或者注销登记，否则其变更、消灭对善意第三人不发生效力。

（四）担保物权

担保物权分编主要包括以下内容：

1. 担保物权的一般规定

担保物权的一般规定实际上是担保物权总则，主要有以下内容：

其一，担保物权的含义与特性。担保物权是以确保债权的实现而设立的以优先直接取得或者支配特定财产的交换价值为内容的权利，担保物权人在债务人不履行到期债务或者发生当事人约定的实现担保物权的情形，依法享有就担保财产优先受偿的权利，但是法律另有规定的除外。担保物权具有以下特性：（1）优先受偿性。在一般情形下，担保物权人优先于普通债权人受偿其债权；在担保财产被查封、被执行时，担保物权优先于执行权；在担保人被宣告破产时，担保物权人享有别除权，得优先从担保财产的变价受偿受担保物权担保的债权。（2）特定性。担保物权为物权，物权的客体只能是特定的财产，担保物权当然具有特定性；同时，担保物权是担保债权的，受担保物权担保的债权也具有特定性，只能是特定范围的债权。（3）从属性。担保物权从属于所担保的债权，除法律另有规定或者当事人另有约定外，担保物权随被担保的债权的存在而存在，随被担保的债权的转移而转移，随被担保的债权的消灭而消灭。（4）不可分性。担保物权的效力是不可分的，在被担保的债权全部受偿前，担保物权人可以就担保财产的全部行使其权利，担保物权担保债权的全部并及于担保财产的全部。（5）物上代位性。担保物权的效力及于担保财产的代替物，担保物权人可以就担保财产的代替物行使担保权。

其二，担保物权设立的自由与反担保。担保物权是为确保债权实现为目的的权利，只要在借贷、买卖等民事活动中发生债权，债权人为保障其债权的实现，认为需要担保的，就可以依照法律规定设立担保物权。债权人需要担保的，可以是由债务人提供担保，也可以是由第三人提供担保。在第三人向债权人提供担保的情形下，第三人可以要求债务人提供反担保，以保障自己的追偿权的实现。反担保实际上是担保人为转移或者避免因担保所发生损失的风险的一项措施。反担保是在有担保的前提下才发生的担保，反担保相对于前一担保而言，前一担保有的称为正担保或本担保、原始担保、前担保。反担保也须依法律的规定设立，担保物权中的抵押权、质权都可为反担保的重要方式。担保物权有法定担保物权与意定担保物权之分,法定担保物权是根据法律的规定直接发生的,意定担保物权则是由当事人根据自己的意思设立的。

其三,意定担保物权的设立方式。当事人设立担保物权的行为方式是订立担保合同。担保合同包括抵押合同、质押合同和其他具有担保功能的合同。担保合同的双方当事人是担保物权人和担保人。担保物权人只能是主债权债务关系中的债权人,担保人则是为债权人提供担保物的人,应是对担保财产有处分权的人。担保合同应符合民事法律行为的有效要件才能有效,担保合同有效,担保物权才能设立,但法律规定以登记为生效要件的担保物权经登记后才能设立;法律规定以交付为生效要件的担保物权在担保财产交付后担保物权才设立。担保合同是被担保的主债权债务合同的从合同。根据"从随主"规则,主债权债务合同无效,担保合同无效,但是当事人约定主债权债务合同无效时担保合同仍有效的,则担保合同可有效,但此种情形下,当事人设立的担保物权所担保的只能是主债权债务合同无效后债务人的债务履行。担保合同虽是主债权债务合同的从合同,但它属于独立合同,主债权债务合同有效,担保合同也可能无效。担保合同被确认无效的,担保物权不能设立,担保人不承担担保责任,但订立担保合同的当事人应根据其过错各自承担相应的民事责任。

其四,担保物权的担保范围。担保物权的担保范围由当事人自由约定。当事人明确约定了担保物权的担保范围的,根据其约定确定担保物权的担保范围。当事人没有约定或者约定不明确的,担保物权的担保范围包括主债权及其利息、违约金、损害赔偿金以及保管担保财产和实现担保物权的费用。

其五,担保物权及于代位物的效力。在担保期间,担保财产毁损、灭失或者被征收等，担保人可以获得的保险金、损害赔偿金、征收补偿金等则成为担保财产的代替物。担保物权人可以就担保财产的代替物行使担保权，担保物权人可以请求第三给付义务人向其给付应向担保人给付的保险金、损害赔偿金、补偿金等。

其六，债务承担对担保物权的影响。担保人是第三人而非债务人时，未经其书面同意，债权人不得允许债务人转移全部或者部分债务，否则担保人不再承担担保责任。

其七，担保物权与保证并存时的效力。债的担保既可有物的担保，也可有人的担保。在被担保的债权既有物的担保又有人的担保的，债务人不履行到期债务或者发生当事人约定的实现担保物权的情形，债权人应当按照约定实现债权；没有约定或者约定不明确的，债务人自己提供物的担保的，债权人应先就该物的担保实现债权；第三人提供物的担保的，债权人可以就物的担保实现债权，也可以要求保证人承担保证责任。提供物的担保的第三人承担担保责任后，有权向债务人追偿，因为债务人是最终的债务承担人。

其八，担保物权可因下列原因而消灭：(1)主债权消灭。但主债权因第三人清偿而消灭时，第三人会取得代位求偿权，担保物权不消灭。(2)担保物权实现。(3)债权人放弃担保物权。但是放弃担保物权会损害他人利益或者社会公共利益的，债权人不得放弃其担保物权。(4)法律规定的其他情形。如，第三人提供担保的，未经担保人书面同意，债权人允许债务人转移债务的，担保物权消灭。

2. 抵押权

抵押指的是债务人或者第三人不转移对特定财产的占有，而将该财产供为债权担保的行为。提供财产的担保人为抵押人，接受担保的债权人为抵押权人。抵押权就是抵押权人对于抵押人不移转财产而供为债权担保的财产,于债务人不履行到期债务或者发生当事人约定的实现抵押权的情形时,可以就该担保财产优先受偿的权利。抵押权是不移转担保财产的占有的担保物权,抵押权设立后,抵押人仍可占有抵押财产,继续对该财产为使用收益。由于抵押权这种担保物权既可免去抵押权人因占有担保财产而带来的负担,又可充分发挥担保财产的使用价值和担保价值,因此,抵押权被称为"担保之王"。抵押权的客体不仅须为特定财产而且须为法律不禁止抵押的财产。依中国现行法规定,抵押权只能在债务人或者第三人的财产上设立,而不能在抵押权人自己的财产上设立。

抵押权除具有担保物权的一般特性外,还具有顺序性和追及性。抵押权的顺序性,是指在同一财产上设立数个抵押权时,各抵押权之间有一定的先后顺序,顺序在先的抵押权优于顺序在后的抵押权。抵押权的追及性,是指不论抵押财产落入何人之手,抵押权人都可以追及该财产行使其权利。

抵押权的客体是抵押财产,不论是债务人还是第三人提供的抵押财产,都应符合以下四个条件:第一,具有特定性,不特定的财产无法确定其价值,无法支配其价值,也就不能成为抵押权的客体。第二,具有交换价值和可让与性,因抵押权为价值权、换价权,因此,抵押财产必须具有交换价值且是可让与的。一项财产是否有可让与性,不能单纯依财产自身性质决定,而应依法律规定,其自然性质上可让与但法律禁止流通的物,不具有让与性,不能为抵押权客体。第三,具有长期使用性。抵押财产应为可以长期反复使用而不因继续使用而会损毁其价值及形态的物,因此,消耗物不能为抵押权客体。第四,具有以占有以外方式的可公示性。因抵押权的设立不以移转标的物的占有为要件,抵押权不能以占有的方式公示,因此,抵押财产只能是可以以登记等方式公示权利的财产。

依现行法规定，债务人或者第三人有权处分的以下财产可以抵押：（1）建筑物和其他地上附着物。建筑物是指固定于土地上，以建筑材料将特定空间从自然空间中隔离而供生产、生活之用的人工建造的物，主要是房屋，但不限于房屋。其他地上附着物是指附着于土地上的建筑物之外的人工建造的物。（2）建设用地使用权。但依划拨方式取得的建设用地，在未缴纳该宗土地的出让金以前不得抵押。（3）海域使用权。海域使用权是权利人依法对特定海域使用、收益的用益物权，可以依法转让，可以用于抵押。（4）生产设备、原材料、半成品、产品。这些动产可以单独抵押，也可以集合一起用于抵押，主要用于设立浮动动产抵押权。（5）正在建造的建筑物、船舶、航空器。（6）交通运输工具。（7）法律、行政法规未禁止抵押的其他财产。按照"地随房走"和"房随地走"规则，以建筑物抵押的，该建筑物占用范围内的建设用地使用权一并抵押；以建设用地使用权抵押的，该土地上的建筑物一并抵押。抵押人未按照规定将建筑物与建设用地使用权一并抵押的，未抵押的财产视为一并抵押。乡镇、村企业的建设用地使用权不得单独抵押，但乡镇、村企业的厂房等建筑物抵押的，其占用范围内的建设用地使用权一并抵押。企业、个体工商户、农业生产经营者可以将现有的以及将有的生产设备、原材料、半成品、产品这些动产设立浮动动产抵押权。依现行法规定，下列财产不得抵押：（1）土地所有权；（2）宅基地、自留地、自留山等集体所有土地的使用权，但是法律规定可以抵押的除外；（3）学校、幼儿园、医院等为公益目的成立的非营利法人的教育设施、医疗卫生设施和其他公益设施；（4）所有权、使用权不明或者有争议的财产；（5）依法被查封、扣押、监管的财产；（6）法律、行政法规规定不得抵押的其他财产。

设立抵押权,当事人应当采用书面形式订立抵押合同,抵押合同一般包括被担保债权的种类和数额、债务人履行债务的期限、抵押财产的状况及担保范围等条款。当事人虽未以书面形式订立抵押合同,但办理了抵押登记的,抵押合同可有效成立。当事人约定债务人不履行到期债务时抵押财产归债权人所有的,该条款无效,在抵押权实现时只能依法就抵押财产优先受偿。依现行法规定,以不动产以及正在建造的建筑物抵押的,应当办理抵押登记,抵押权自登记时设立。以动产抵押的,抵押权自抵押合同生效时设立,未经登记,不得对抗善意第三人。动产浮动抵押设立后,抵押人仍可以利用抵押的动产进行生产经营活动,动产抵押权不得对抗在正常经营活动中他人已经支付合理价款并取得抵押财产的买受人。也就是,买受人在正常经营活动中通过支付合理价款取得已设立担保物权的动产,担保物权人不能就该动产请求优先受偿。但是有下列情形之一的除外:(1)购买商品的数量明显超过一般买受人;(2)购买出卖人的生产设备;(3)订立合同的目的在于担保出卖人或者第三人履行债务;(4)买受人与出卖人有直接或者间接的控制关系;(5)买受人应当查询抵押登记而未查询的其他情形。

抵押权设立后,抵押人仍可于抵押财产上再设立抵押权,同一抵押财产上有数个抵押权的,抵押权人依抵押权的先后顺序行使权利。抵押人也可将抵押财产出租,但抵押财产设立后抵押财产出租的,该租赁关系不能对抗抵押权。抵押人对抵押财产有处分权,在抵押期间,除当事人另有约定外,抵押人可以转让抵押财产。抵押财产转让的,抵押权不受影响,抵押权人仍得追及该抵押财产行使权利。抵押人转让抵押财产的,应当及时通知抵押权人,抵押权人能够证明抵押财产转让可能损害抵押权的，可以请求抵押人将转让所得价款向抵押权人提前清偿债务或者提存。

抵押权设立后，抵押权人享有以下权利：(1) 抵押权的转让权。抵押权虽不得与债权分离而单独转让或者作为其他债权的担保，但是，除法律另有规定或者当事人另有约定外，抵押权可以随被担保的债权的转让一并转让。(2) 抵押权的保全权。抵押权保全权是指在抵押期间于抵押财产的价值受侵害时，抵押权人得享有的保全其抵押权的权利，其内容包含：其一，停止侵害和排除妨害请求权。在抵押人的行为足以使抵押财产减少时，抵押权人得请求其停止侵害行为；当抵押人的行为妨害行使抵押权时，抵押权人得请求其排除妨害。其二，恢复原状请求权。在因可归责于抵押人的事由致使抵押财产价值减少时，抵押权人可以请求抵押人恢复抵押财产的价值。其三，提供相当担保请求权。因抵押人的原因致使抵押财产减少时，抵押权人可以请求抵押人另行提供与减少的价值相当的其他担保。其四，损害赔偿请求权。在抵押财产受到损害时，抵押权人得请求侵害人赔偿其损害。(3) 抵押权和抵押顺位的抛弃权、变更权。抵押权人可以抛弃抵押权，亦即放弃其优先受偿的担保利益；抵押权人也可以放弃抵押权的顺位。抵押权人与抵押人可以协议变更抵押权的顺位以及被担保的债权数额等内容，但是，抵押权的变更，未经其他抵押权人书面同意的，不得对其他抵押权人产生不利影响。债务人为抵押人的，抵押权人放弃该抵押权、抵押权顺位或者变更抵押权的，其他担保人在抵押权人丧失优先受偿权益的范围内免除担保责任，但是其他担保人承诺仍然提供担保的除外。(4) 抵押权的实现权。抵押权的实现，是指抵押权人行使抵押权，实现抵押财产的价值，从中优先受偿其债权的法律现象，实现抵押权也就是抵押权人行使优先受偿权，是抵押权人的主要权利。实现抵押权的前提条件包括：其一，抵押权有效存在且不受限制；其二，债务人不履行到期债务或者发生当事人约定的实现抵押权的情形；其三，在抵押权存续期间。抵押权的实现可以依当事人的协议执行；当事人达不成协议的，抵押权人可以直接申请人民法院实现抵押权。抵押权的实现方法包括抵押财产的拍卖、变卖和折价。拍卖和变卖都是以出卖的方式实现抵押财产的价值，但拍卖是以竞争方式的出卖，能最充分实现抵押财产的价值。折价是抵押权人与抵押人协议由抵押权人以确定的价格取得抵押财产的所有权。当事人以折价实现抵押权的，应当参照市场价格，不得损害其他债权人的利益。当事人双方以协议将抵押财产折价或者变卖而损害其他债权人利益时，其他债权人得于知道或者应当知道撤销事由之日起 1 年内请求撤销该协议。抵押财产折价或者拍卖、变卖后，其价款超过债权数额的部分归抵押人所有，不足部分由债务人清偿。

同一财产向两个以上债权人抵押的，拍卖、变卖抵押财产的价款依照下列顺序清偿：(1) 抵押权已经登记的，按照登记的时间先后确定清偿顺序；(2) 抵押权已经登记的先于未登记的受偿；(3) 抵押权未登记的，按照债权比例受偿。动产抵押担保的主债权是抵押物的价款，标的物交付后 10 日内办理抵押权登记的，该抵押权优先于抵押物买受人的其他担保物权人受偿，但是留置权人除外。抵押财产为建设用地使用权的，抵押权实现时，应当将该土地上新增的建筑物与建设用地使用权一并处分，但该新增的建筑物不属于抵押财产，抵押权人无权就该建筑物所得的价值优先受偿。以集体所有的土地使用权抵押的，实现抵押权后，取得抵押财产的受让人未经法定程序，不得改变土地所有权性质和土地用途。

依照现行法规定，最高额抵押权是不同于其他抵押权的特殊抵押权。最高额抵押权又称最高限额抵押权，是指为担保属于一定范围内的由继续的法律关系将来可发生的债权，当事人约定于预定的应担保的债权最高限额内，以抵押财产担保债权的抵押权。最高额抵押权的特殊性主要表现在以下三个方面：第一，相对独立性。最高额抵押权的设立不以主债权的存在为前提，也不能随某一债权的消灭而消灭，它是为将来债权担保的典型形式。抵押权设立时已经存在的债权，只有经当事人同意，才可以转入最高额抵押担保的债权范围。第二，所担保的债权的不确定性。最高额抵押权是担保未来债权的，其所担保的债权是否发生以及发生的数额是多少在抵押权设立时都是没确定的，最高额抵押权所担保的债权仅限于一定范围内和一定期间内发生的，只是在债权范围上和最高限额上是特定的。第三，适用范围上的限定性。最高额抵押权适用的范围受限制，仅适用于连续发生债权的诸如连续交易关系及连续借贷等法律关系。最高额抵押权担保的债权确定前，部分债权转让的，最高额抵押权不得转让，但是当事人另有约定的除外；抵押权人与抵押人可以通过协议变更债权确定的期间、债权范围以及最高债权额，但是变更的内容不得对其他抵押权人产生不利影响。有下列情形之一的，抵押权人的债权确定：（1）约定的债权确定期间届满；（2）没有约定债权确定期间或者约定不明确，抵押权人或者抵押人自最高额抵押权设立之日起满2年后请求确定债权；（3）新的债权不可能发生；（4）抵押权人知道或者应当知道抵押财产被查封、扣押；（5）债务人、抵押人被宣告破产或者解散；（6）法律规定债权确定的其他情形。抵押权人的债权一经确定，最高额抵押权也就成为一般抵押权。确定的债权数额在最高限额内的，抵押权人以实际的债权数额优先受偿；确定的债权数额超过最高限额的，超过部分不受抵押权担保。

3. 质权

质权是指债权人因担保其债权而占有债务人或者第三人供与担保的财产，于债务人不履行债务或者发生当事人约定的实现质权的情形时，得以债务人或者第三人所提供担保的财产优先受偿的担保物权，设立质权的行为通常称为质押。现行法规定的质权包括动产质权与权利质权。

动产质权是以动产为标的的质权。提供动产设立质权的出质人可以是债务人，也可以是第三人；出质人交付债权人的动产为质押财产，占有质押财产的债权人为质权人。出质人应为对质押财产有处分权的人，质押财产须为法律、行政法规不禁止转让的动产。设立质权，当事人应当以书面形式订立质押合同，质押合同一般包括被担保债权的种类和数额、债务人履行债务的期限、质押财产的状况、担保的范围以及质押财产交付的时间与方式等条款。

动产质权自出质人交付质押财产时设立。出质人交付质押财产也就是移交质押财产给质权人占有。在质押合同订立时，质押财产已由债权人占有的，质权自质押合同有效成立时设立。债权人、出质人与监管人订立三方协议，出质人以通过一定数量、品种等概括描述能够确定范围的货物为债务的履行提供担保的，当事人有证据证明监管人受债权人的委托监管并控制该货物的，应当认定质权于监管人实际控制货物之日起设立。

动产质权设立后，质权人享有以下权利义务：（1）质押财产孳息的收取权。除质押合同另有约定外，质权人有权收取质押财产的孳息，质权人收取的孳息应当先充抵收取孳息的费用。（2）对质押财产不得利用处分和妥善保管的义务。在质权存续期间，质权人有权占有质押财产，但是除经出质人同意外，质权人不得擅自利用、处分质押财产。质权人擅自利用、处分质押财产，造成出质人损害的，应当承担赔偿责任。质权人在有权占有质押财产期间，负有妥善保管质押财产的义务。因质权人保管不善导致质押财产毁损、灭失的，质权人应向出质人负赔偿责任。质权人的行为可能使质押财产毁损、灭失的，出质人可以请求质权人将质押财产提存或者请求提前清偿债务并返还质押财产。(3)质押财产的预行拍卖权。质押财产预行拍卖权又称为质押财产变价权，是指在因不可归责于质权人的事由可能使质押财产毁损或者价值明显减少，足以危害质权人的权利时，质权人有权请求出质人提供相应的担保，出质人不提供相应担保的，质权人得公开拍卖或者变卖质押财产。质权人拍卖、变卖质押财产后可以与质权人协议将所得价款提前清偿债务或者提存。(4)转质权。转质是指质权人为提供自己债务的担保，将质押财产移交给自己的债权人而设立新质权。转质有承诺转质与责任转质之分。承诺转质，是指债权人在质权存续期间为担保债务的履行，经出质人同意，于其占有的质押财产上为第三人再设立新质权。承诺转质所设立的转质权与原质权是相互独立的，不仅转质权不应受原质权的影响，而且转质权的效力优先于原质权人的质权。责任转质，是指质权人在质权存续期间，未经出质人同意，以自己的责任将质押财产转质于第三人。依现行法规定，质权人未经出质人同意转质，造成质押财产毁损、灭失的，转质人应当承担赔偿责任。由于责任转质是质权人以自己的责任转质的，因此对于质押财产在转质期间受到的损害即使是因不可抗力造成的损失，转质人也应负赔偿责任；责任转质所担保的债权额不能超过原质权担保的债权额，原质权消灭的，责任转质设立的转质权也不能存在。(5)质权处分权。质权人可以放弃质权。债务人以自己财产出质，质权人放弃质权的，除其他担保人承诺仍然提供担保外，其他担保人在质权人丧失优先受偿权益的范围内免除担保责任。质权虽一般不得与所担保的债权分离而单独转让，但质权可以随所担保的债权一并让与或者供为他债权的担保。（6）质押财产的留置权。质权人有权留置质押财产。只有在债务人履行债务或者出质人提前清偿所担保的债权的情形下，才应当返还质押财产。（7）质权的实现权。在债务人不履行债务或者发生当事人约定的实现质权的情形时，质权人可以实现质权。质权人可以与出质人协议以质押财产折价，也可以就拍卖、变卖质押财产所得的价款优先受偿。质押财产折价或者变卖的，应当参照市场价格。质押财产的价款超过债权数额的部分归出质人所有，不足部分由债务人清偿。质权人在具备质权实现条件时，未及时行使质权的，出质人可以请求质权人及时行使；质权人不及时行使的，出质人可以请求法院拍卖、变卖质押财产。出质人请求质权人及时行使质权，因质权人怠于及时行使权利造成出质人损害的，质权人承担赔偿责任。

  出质人与质权人也可以协议设立最高额质权。最高额质权与最高额抵押权有相似的特殊性，因此，对于最高额质权可以参照适用最高额抵押权的特别规定。

  与动产质权相对应的另一类质权为权利质权。权利质权是指非以实体物而是以所有权、用益物权以外的可让与的财产权利为标的的质权。权利质权的当事人也为出质人和质权人，与动产质权所不同的是权利质权会有第三利害关系人。因为权利质权是以权利为标的的，而权利应有义务人，该义务人虽非质权当事人但属于有利害关系的第三人，这种利害关系人又称为第三债务人。

  依现行法规定，债务人或者第三人有权处分的下列权利可以出质：（1）汇票、支票、本票；（2）债券、存款单；（3）仓单、提单；（4）可转让的基金份额、股权；（5）可以转让的注册商标专用权、专利权、著作权等知识产权中的财产权；（6）现有的以及将有的应收账款；（7）法律、行政法规规定可以出质的其他财产权利。其中前三类权利属于以有价证券表彰的债权，可称为证券债权。以证券债权为标的的质权可称为证券债权质权。

证券债权质权的设立，由当事人双方订立书面质押合同，质权自权利凭证交付给质权人时设立；没有权利凭证的，质权自办理出质登记时设立。法律另有规定的，依照其规定。以汇票、支票、本票出质的，出质人应在票据上背书记载"质押"字样并签章。票据上记载有"不得转让"字样的，该票据不具有可让与性，不能出质，以此种票据出质的，质权不能设立。以无记名债券质押的，应于债券背书"质押"字样；未记载"质押"字样的，债券质权不具有对抗善意第三人的效力。以记名债券质押的，当事人应当将设立质权的情事记载于债券上，还应依照有关规定记载于债券存根簿。以存款单出质的，出质人与质权人应当将存款单质押的事实通知签发该存款单的银行，由该银行在该存款单上附加质押的批注，否则所设立的质权不能对抗第三人。以仓单、提单出质的，出质人与质权人应当将质押的事实通知仓储人、承运人，否则不得以仓单、提单出质对抗善意第三人。存货人或者仓单持有人在仓单上背书记载"质押"字样，并经保管人签章，仓单已经交付质权人的，质权自仓单交付质权人时设立；没有权利凭证的仓单，依法可以办理出质登记的，仓单质权自办理出质登记时设立。出质人以仓单出质，又以仓储物设立动产质权的，按照公示的先后确定清偿顺序；难以确定先后的，按照债权比例清偿。保管人为同一货物签发多份仓单，出质人在多份仓单上设立多个质权的，按照公示的先后顺序确定清偿顺序；难以确定先后的，按照债权比例受偿。证券债权质权的质权人于其实现质权上有独立的及排他的收取权。不论质权所担保的债权是否届清偿期，也不论证券所载明的兑现或者提货日期是否后于债务履行期，质权人都享有收取权。汇票、支票、本票、债券、存款单、仓单、提单上载明的兑现日期或者提货日期，是出质的证券债权的清偿日期。该日期等于质权所担保的主债权清偿期的，质权人得直接收取该债权，即兑现或者提货，并与出质人协议将兑现的价款或者提取的货物提前清偿债务或者提存。出质的证券债权的清偿期后于质权所担保的债权的清偿期的，于出质的证券权利的清偿期届至时，质权人得要求第三人向其给付。

以基金份额、股权出质的，质权自办理出质登记时设立。基金份额、股权质权设立后，除当事人协商同意外，出质的基金份额、股权不得转让。经质权人同意转让的，出质人转让基金份额、股权所得的价款，应当向质权人提前清偿债务或者提存。

以注册商标专用权、专利权、著作权等知识产权中的财产权出质的，质权自办理出质登记时设立。知识产权质权设立后，出质人不得转让或者许可他人使用出质的知识产权，但是出质人与质权人协商同意的除外。出质人转让或者许可他人使用出质的知识产权所得的价款，应当向质权人提前清偿债务或者提存。

以应收账款出质的，质权自办理出质登记时设立。所谓应收账款，是指在生产经营活动中权利人因提供一定商品、服务或者设施而获得的要求义务人付款的权利，包括非证券化的金钱债权与不动产收费权。非证券化的金钱债权，是指不以证券表示的权利人要求义务人付款的权利。不动产收费权，是指公路、桥梁、隧道、渡口等不动产收费权。除不动产收费权外，其他的诸如特许经营的收费权，也属于可以质押的应收账款。应收账款质权设立后，如果出质的应收账款是有特定第三债务人的债权，第三债务人不得向出质人清偿。应收账款设立后，出质人不得为免除或者缩减、抵销其权利的行为；出质人不得转让应收账款。经出质人与质权人协商同意出质人转让应收账款的，转让所得的价款应向债权人提前清偿债务或者提存。以基础设施和公用事业项目收费权、提供服务或者劳务产生的债权以及其他将有的应收账款出质，当事人为应收账款设立特定账户，发生法定或者约定的质权实现事由时，质权人得请求就该特定账户内的款项优先受偿；特定账户内的款项不足以清偿债务或者未设立特定账户，质权人得请求折价或者拍卖、变卖项目收费权等将有的应收账款，并以所得的价款优先受偿。

4. 留置权

留置权是指债权人合法占有他人之物，且享有就该物所产生的债权已届清偿期，得于其债权未受清偿前留置该物以作为担保的担保物权。债权人为留置权人，其占有的物为留置财产，留置权人于一定条件下得就留置财产优先受偿。留置权不能由当事人约定，而只能依法律规定的条件直接发生，因之被称为法定担保物权。

留置权是具有二次效力的担保物权。留置权的第一次效力，是留置权人于其债权受清偿前得留置债务人的财产，得排除债务人等基于债权或者物权的返还请求权。留置权的第二次效力，是债务人于债务履行期届满超过一定期限后仍不履行债务时，留置权人得依法处分留置财产，以其变价优先受偿。

留置权的成立须具备以下四个条件：(1) 债权人合法占有一定财产；(2) 债权人占有的为债务人的动产；(3) 债权人的债权与留置的动产属于同一法律关系，但是企业之间留置的除外；(4) 债务人不履行到期债务。但是，法律规定或者当事人约定不得留置的动产，不得留置；留置财产与债权人所负担的义务相抵触的，不得留置。留置财产为可分的，留置财产的价值应当相当于债务的金额，而不能留置全部财产。

留置权一经成立，留置权人在留置期间有以下权利义务：（1）留置财产的占有权。（2）留置财产的保管义务。留置权人负有妥善保管留置财产的义务，因保管不善致使留置财产毁损、灭失的，应当承担赔偿责任。（3）留置财产孳息的收取权。留置权人有权收取留置财产的孳息，收取的孳息应先充抵收取孳息的费用。

留置权人实现留置权也就是留置权发生二次效力，应当具备以下三个条件：第一，须确定留置财产后债务人履行债务的宽限期。留置权人应当与债务人约定留置财产后的债务履行期限，没有约定或者约定不明确的，留置权人应当给债务人60日以上履行债务的期限，但是鲜活易腐等不易保管的动产除外。第二，留置权人通知债务人于确定的宽限期内履行其债务，若留置权人与债务人明确约定宽限期的，则留置权人可不为通知。第三，债务人于宽限期限内仍未履行债务，且也无另外提供担保。

留置权人实现留置权，可以与债务人协议以留置财产折价，也可以就拍卖、变卖留置财产所得的价款优先受偿。留置财产折价或者变卖的，应当参照市场价格。留置权人于得实现留置权时应及时行使留置权。留置权人怠于行使留置权的，债务人可以请求留置权人在债务履行期限届满后行使留置权；留置权人不及时行使的，债务人可以请求人民法院拍卖、变卖留置财产。留置财产变价的价款超过债权数额的部分归债务人所有，不足部分由债务人清偿。

同一动产上既有抵押权或者质权，又有留置权的，发生留置权与抵押权或者质权竞合。同一动产上先设立抵押权或者质权，后又成立留置权的，留置权的效力优先，留置权人先于抵押权人或者质权人受偿；在被留置的动产上又设立抵押权或者质权的，除留置财产所有权人将留置财产抵押外，后设立的抵押权或者质权的效力优于留置权。

留置权除可因担保物权消灭的一般原因而消灭外，还可因以下特别原因而消灭：(1)担保的另行提出。留置权成立后，债务人向留置权人另行提供其他担保，留置权人接受另提供的担保的，留置权也就消灭。(2)留置财产占有的丧失。留置权是以债权人占有留置财产为成立和存续条件的，因此，留置权人丧失对留置财产占有的，留置权也就消灭。(3)债权清偿期的延缓。因留置权的成立以债务人不履行到期债务为要件，若留置权人同意延缓债权的清偿期，不能认定债务人不履行到期债务，也就欠缺留置权的成立要件，留置权就消灭。

（五）占有

依中国现行法规定，占有指占有人对于物予以管领和控制的事实状态。占有反映人对物的管领关系，对物予以事实上管领和控制的人是占有人，该物被称为占有物。

占有的形态多样，依不同的标准可分为有权占有与无权占有、恶意占有与善意占有、自主占有与他主占有、直接占有与间接占有、单独占有与共同占有、自己占有与辅助占有等。

占有的主要法律效力是推定效力，包括事实推定与权利推定。占有的事实推定效力是指在没有相反证据的情形下，推定占有人的占有为自主占有、善意占有、和平占有、公开占有、继续占有。占有的权利推定效力是指占有人于占有物上行使权利，推定为占有人有行使该权利的合法权利。占有的权利推定效力仅具有消极效力，而不具有积极效力，占有人不得用占有的权利推定作为自己享有和行使权利的证明。

有权占有人的权利义务有正当权源,占有人根据占有的权源关系享有权利和负担义务。有权占有的权源主要是合同,占有人的权利义务根据合同约定确定,合同没有约定或者约定不明确的,依照有关法律规定确定。无权占有是无正当权源的占有,不能根据当事人之间的约定或者与合同相关的法律规定确定占有人的权利义务,而只能根据法律关于占有的规定确定占有人的权利义务。

占有人因使用占有的不动产或者动产,致使该不动产或者动产受到损害的,恶意占有人应当向该不动产或者动产的真正权利人负赔偿责任。被占有的不动产或者动产的权利人要求占有人返还原物及其孳息的,占有人应当予以返还,但是占有人为善意的,权利人应当向占有人支付占有人因维护该不动产或者动产所支出的必要费用。占有人占有的不动产或者动产毁损、灭失,该不动产或者动产的权利人要求赔偿的,占有人应当将因该物毁损、灭失取得的保险金、赔偿金或者补偿金等返还给权利人;权利人的损害未得到足够弥补的,恶意占有人还应当赔偿损失。

占有反映一定的财产秩序,具有权利的外观,因此,占有受法律的保护。占有的保护包括私力保护与公力保护。占有的公力保护即公力救济,是指在占有受侵害时,占有人可以向法院提起诉讼,行使占有保护请求权。占有保护请求权的主体为占有人,相对人为侵害占有的侵害人。占有保护请求权包括占有返还请求权(占有人因第三人侵夺占有物使其丧失对该物的占有而请求侵夺人返还占有物,以恢复其对该物的原占有状态)、占有妨害排除请求权(占有人在其占有受到妨害时,可以请求妨害人除去妨害)、占有妨害防止请求权(又称占有妨害危险请求权,指占有人在其占有存在受到妨害的危险时,可以请求除去该危险)。占有人返还原物的请求权,自侵占发生之日起

1年内未行使的，该请求权消灭。因侵占或者妨害造成损害的，占有人有权请求损害赔偿。占有的私力保护即私力救济，指占有受到侵害时，占有人为保护其占有可以自行采取的措施。占有的私力保护包括自力防御和自力取回。自力防御，是指占有人对侵夺或者妨害其占有的行为，可以以自己的力量进行防卫。自力取回，是指占有人在其占有的物被侵夺后，可以立即以自力取回占有物而恢复其占有。但在任何情形下，占有人都不得以法律禁止的暴力手段夺回被侵夺人占有的物。

物权法通则

第一专题　物权归属的确认

——王雪诉梁辉办理不动产过户登记纠纷案

案例索引

湖南省常德市中级人民法院（2022）湘07民终2433号民事判决；湖南省石门县人民法院（2022）湘0726民初1833号民事判决。

基本案情

王雪与梁辉于1989年10月15日登记结婚，婚后于1989年在某村某组建造一栋共三间的砖木结构房屋。2005年10月5日王雪与梁辉在石门县民政局协议离婚，约定位于某组的正三间砖木结构平房一栋归王雪所有。离婚后梁辉一直未居住在该房屋，王雪在该房屋居住至2008年。后来梁辉的哥哥梁某因做生意需要居住在该房屋内，并对该房屋代为看管。2017年，根据中央、省、市、县脱贫攻坚的决策部署，因梁某系残疾人享受关于危房改造的政策。2017年4月22日王雪出具授权委托书，委托书中载明："我长期在外打工，没在家居住，由梁辉的哥哥居住，代为看管，由于房子建造时结构简易，且年久失修，已成危房。我暂时没有经济能力重新修缮，哥哥梁某愿意出资重修，我承诺梁某修建住房后可以居住至老，但产权永久属我所有，我愿意为此承担责任。"授权并获批成功后，梁某利用政府补贴的资金3.5万元及自己的积蓄修建完工。房屋修建后梁某也一直居住在该房屋内。2020年6月梁辉就案涉房屋申请不动产登记，2021年5月26日石门县自然资源局向梁辉发放了湘（2020）石门县不动产产权第0××5号不动产权证书，载明该房屋的权利人系梁辉。自2022年3月起梁辉开始在案涉房屋中居住，并将自己的修车设备等物资放置在该房屋中。2022年3月，王雪发现房屋登记权利人为梁辉，曾多次与梁辉协商未果，王雪遂于2022年7月诉至法院，请求：1.判令梁辉配合王雪办理不动产过户登记；2.判令梁辉立即从王雪所有的房屋内搬出；3.判令梁辉赔偿毁坏王雪家具损失10,000元；4.判令梁辉承担本案的诉讼费用。

另查明，2022年6月2日梁某向王雪出具情况说明，2017年其受王雪委托改造修建的房屋就是王雪与梁辉二人于2005年离婚协议书载明的三间砖木结构的平房，并对该房屋不享有所有权。

庭审中应梁辉申请，一审法院前往现场对案涉的房屋进行了现场查看确认房屋拆除后重新挖脚修建。

判决与理由

一审法院石门县人民法院认为，本案的争议焦点为：离婚协议中约定的房屋拆除重建后，王雪是否有权要求梁辉变更不动产登记？

王雪与梁辉于2005年10月5日签订的离婚协议系双方当事人的真实意思表示，不违反法律、行政法规的强制性规定，协议合法有效，双方当事人应按照协议的约定全面履行自己的义务。首先，协议明确约定双方婚后所建的房屋归王雪所有，王雪作为房屋的所有权人有对房屋进行支配和处分的权利。后来王雪授权梁辉的哥哥梁某用危房改造的政策对归其所有的房屋进行改造，并出具授权委托书。该授权委托书实质上是王雪与梁某二人之间的约定，由梁某出资修建且可以一直居住在该房屋中，同时梁某放弃该房屋的所有权，王雪才享有该房屋的所有权。其二人之间的约定也是双方真实意思表示，既未违反法律、行政法规的强制性规定，也未损害其他第三人的合法权益。故无论房屋是拆除后重建还是加固修缮，均在其给梁某的授权的范围内。其次，梁辉既不是离婚分得房屋的所有权人，也非现有房屋的修建人或出资人，同时也无梁某对其赠与的意思表示，不能以现有房屋登记在其名下而认定为其所有。再次，在对房屋进行改造时居委会通过王雪向梁某出具授权委托书，说明居委会对离婚协议中就房屋所有权约定的事实是明知的，只有在王雪授权后，梁某才有权对该房屋进行改造。综上，王雪对离婚协议中约定归其所有的房屋授权梁某进行改造是其主动处分和支配的行为，无论是重建还是加固，均不影响其对该房屋享有的所有权。现案涉房屋被梁辉登记在自己名下，且在房屋内居住，实属一种侵权行为。故对王雪要求梁辉配合办理不动产变更登记手续及要求其搬离房屋的请求，予以支持。另外王雪要求梁辉赔偿家具损失10,000元，因无相关证据证明，不予支持。遂判决：一、梁辉于本判决生效后十日内配合王雪办理位于湖南省石门县××镇××社区××组的湘（2020）石门县不动产产权第0××5号的不动产过户登记手续；二、梁辉于本判决生效后十日内搬离该房屋；三、驳回王雪的其他诉讼请求。如果未按本判决指定的期间履行给付金钱义务，应当依照《中华人民共和国民事诉讼法》第260条之规定，加倍支付迟延履行期间的债务利息。案件受理费50元，减半收取25元，由梁辉负担（该款王雪同意先行垫付后由梁辉直接向其给付）。

一审宣判后，梁辉不服一审判决，向湖南省常德市中级人民法院提起上诉。

梁辉上诉请求：1.撤销一审判决，改判驳回王雪的全部诉讼请求；2.由王雪承担本案一、二审诉讼费。事实和理由：一审法院未对债权与物权作出区分，也未对梁辉提出的时效抗辩作出审查，属适用法律错误。1.不动产经登记即确认归属，司法机关不具有直接确认物权归属的公权力，案涉房屋于2020年被不动产登记机构登记确认为梁辉所有，梁辉对案涉房屋已具有支配权，具有排他效力。2.王雪不能基于《离婚协议书》的约定而当然获得案涉房屋的物权，不动产物权的设立需经依法登记才发生效力，故王雪对《离婚协议书》所指向的房屋并不享有物权，只能认定具有债权请求权，而债权请求权受诉讼时效的约束，根据当时的法律规定，一般诉讼时效为2年，故王雪应在离婚的两年内向梁辉主张房屋交付公示，而至今长达17年之久，王雪并没有向梁辉主张债权请求权，丧失了时效保护，梁辉无需对王雪交付房屋。即使2017年王雪对案外人梁某作出的授权视为一种权利主张，但债权具有相对性，接受权利主张的相对方应当是梁辉，而不是梁某，即使2017年王雪作出权利主张可及于梁辉，也超过了诉讼时效的保护期限。3.梁辉与王雪在《离婚协议书》中所指向的房屋在2017年因当地政府进行危房改造时进行了拆除，该房屋已处于灭失状态，房屋拆除时物权消灭，王雪从根本上丧失了债权请求权的基础，对灭失物不能主张交付或公示的债权请求权。

二审法院认为，本案的争议焦点为：一、本案是否超过诉讼时效；二、案涉房屋权属的确定问题。

关于焦点一 《最高人民法院关于审理民事案件适用诉讼时效制度若干问题的规定》(2020年修正)第一条规定了当事人可以对债权请求权提出诉讼时效抗辩，故可知目前诉讼时效制度只适用于债权请求权，并不适用于物权请求权。王雪一审的诉讼请求是要求梁辉配合其办理不动产过户登记，即确认案涉房屋归其所有，该诉讼请求并非债权请求权，而是物权请求权。故本案不适用诉讼时效的规定。

关于焦点二 根据《中华人民共和国民法典》第231条规定："因合法建造、拆除房屋等事实行为设立或者消灭物权的，自事实行为成就时发生效力。"案涉房屋系梁辉与王雪在婚姻存续期内共同修建，故案涉房屋自修建之日起便设立了物权，后其二人离婚，约定了房屋的归属，系对自身财产进行处分，具有法律约束力，未经变更登记，在无善意第三人时，不影响交易安全与秩序，应认定不动产物权发生了转移，权属归协议中约定的一方；其次，王雪授权梁辉的哥哥梁某利用危房改造的政策对案涉房屋进行改造，并出具授权委托书，约定了王雪享有该房屋的所有权，梁某不享有案涉房屋的所有权，该约定亦是双方真实意思表示，既未违反法律、行政法规的强制性规定，也未损害第三人的合法权益，故无论房屋是拆除后重建还是加固修缮，案涉房屋的所有权在此期间并未发生改变；再次，《中华人民共和国民法典》第217条规定："不动产权属证书是权利人享有该不动产物权的证明。"《最高人民法院关于适用〈中华人民共和国民法典〉物权编的解释（一）》第2条规定："当事人有证据证明不动产登记簿的记载与真实的权利状态不符，其为该不动产物权的真实权利人，请求确认其享有物权的，应予支持。"鉴此，梁辉持有的房屋权证并非设权证书，即不是设立房屋所有权的根据，而仅具有不动产权利的推定效力，并不具有不动产实际归属的确定效力，在现有证据能够证明案涉房屋归王雪所有的情况下，不动产权属的登记状态并不影响王雪对案涉房屋享有实际产权。即王雪提交了离婚协议书以及向梁辉的哥哥梁某出具的授权委托书、梁某亲笔签名的情况说明等证据足以证明王雪享有案涉房屋的所有权，系该不动产的真实权利人，并且上述证据足以否定梁辉对该房屋享有所有权。因此，对梁辉提出的自己享有诉争房屋所有权证即享有其所有权的主张，不予采纳。

综上所述，梁辉的上诉请求不能成立，应予驳回；一审判决认定事实清楚，适用法律正确，应予维持。

评　析

本案中争议的主要焦点在于，登记在梁辉名下的案涉房屋应归何人所有。本案涉及的法律问题首先是物权归属的确认问题。

一、关于物权确认请求权的性质

所谓物权归属的确认，是指当事人在物权归属发生争议或者权利状态不明时，请求确认物权归属，明确权利状态。《民法典》第234条规定："因物权的归属、内容发生争议的，利害关系人可以请求确认权利。"依此规定，在物权的归属发生争议的，利害关系人可以请求确认该物权归何人享有；在物权的内容发生争议的，利害关系人可以请求确认该物权的内容，包括物权的效力范围。物权确认主要通过有权机关以法定的方式进行。利害关系人请求确认物权的权利，通常称为物权确认请求权，也称为确认物权的请求权。关于物权确认请求权的性质和地位，学者中有不同的观点。有的认为物权确认请求权属于物权请求权或物上请求权，有的认为物权确认请求权不属于物权请求权。① 不同观点的争议与对物权请求权的理解不同有关。如果仅从物权确认请求权行使上说，物权的确认并不能直接发生保护物权的效果。物权的确认并不是一项独立的请求权，也不属于物权效力的范畴。但如果从物权确认请求权行使目的上说，物权的确认又是以保护物权为目的的。因为在物权的归属发生争议的时候，当事人要请求保护其物权，必须首先请求确认物权的归属，即只有确认物权为自己享有，才能请求保护其权利，而不可能在归属有争议时就直接要求保护其物权。由此看来，物权的确认虽然不是一项独立的请求权，但它确实是保护物权的前提，也就是说只有在物权确定的情况下，才能够实际地确定物权人的权利是否受到侵害，才能确定对权利人的物权予以保护。

利害关系人请求确认物权归属的，通常必须向人民法院提出请求，而不能实行自力救济。但法律规定，对于物权发生争议应由行政机关作出决定的，当事人应先向行政机关提出确认其物权的请求。如果当事人要向法院提出确认物权请求，则必须要提起确认之诉。

二、关于确认物权归属的规则

确认物权归属的规则，涉及两方面：一是客观表彰的物权归属何人；二是何人有取得该物权的法律依据。利害关系人主张客观表彰的物权归属不真实，自己才为真正物权人的，必须以确切的证据证明自己有享有争议物权的法律事实。因为任何权利的享有都须基于相应的法律事实，物权也不例外。利害关系人只有证明有取得相应物权的

---

① 参见崔建远：《物权法》（第五版），中国人民大学出版社 2021 年版，第 132 页。

法律事实，才能证明自己是真正享有该物权的权利人。

1. 客观表彰物权归属的方式

物权的客观彰显，涉及的是物权的公示原则。所谓物权的公示，是指以一定的公开的、外在的、易于查知的形式展现出物权的存在。因为物权是权利人依法对特定的物享有直接支配和排他的权利，具有支配性、对世性和排他性，只有以一定的方式公开出来，才能使他人知道物权的归属，从而可以避免他人侵害物权人的物权。物权的公示方式是使他人从外部就可查知何人享有何种物权的方法，这种方法不能由当事人来决定。也就是说，物权的公示方式是由法律规定的，因为若由当事人自行决定物权的公示方法，他人不能知道当事人的决定，并不能知道何人享有物权。物权没有以法定公示方式公示的，对于公众来说，难以知悉该物权的归属。因此，当事人必须以法定的公示方法而不能以法律没有规定的方法来展现其物权。这也就是所谓的物权公示原则。

物权的公示方法，依标的物为不动产还是动产而有所不同。《民法典》第208条规定："不动产物权的设立、变更、转让和消灭，应当依照法律规定登记。动产物权的设立和转让，应当依照规定交付。"依此规定，不动产物权，以登记为其公示方式；动产物权以交付为其公示方式。但交付通常是指一方将物的占有转移给另一方，第三人如何才能知悉是否交付？交付又何能成为物权的公示方式呢？实际上，《民法典》第208条之所以规定"动产物权的设立和转让，应当依照规定交付"，是因为交付后，受让人也就取得了对标的物的占有，占有标的物也就控制、管领该物，可以行使其物权，也就彰显出其"行使权利"的外观，而第三人也就可以通过是何人对标的物的占有的外观，了解和确认该人为动产物权的权利主体。因此，实际上，动产物权的公示方法是占有，并且这里的占有仅仅是指直接占有，间接占有本身是不具有公示动产物权效力的。但是，法律对于一些特殊的动产还设有登记制度。《民法典》第 225 条规定："船舶、航空器和机动车等的物权设立、变更、转让和消灭，未经登记，不得对抗善意第三人。"依此规定，对于船舶、航空器和机动车等特殊动产物权，也是以登记为公示方式，如果该类动产物权已经登记，他人就可认定登记的权利人就是权利人；如果当事人仅是占有该类动产，而未办理登记，则当事人享有的物权不具有对抗善意第三人的效力。

物权的公示具有权利正确性的推定效力和善意保护效力。也就是说，物权公示具有公信力，依法定的登记或者占有方式公示出的物权，具有使社会一般人信赖其正确性的效力。这就是物权法上的公信原则。这一原则包括以下两方面的内容：

一是权利正确性推定效力。权利正确性推定效力，是指依法定的公示方式公示的物权，推定权利人享有行使该权利的物权。例如，登记簿上记载某人享有某项物权，就推定该人享有该物权。就一般动产来说，占有动产的人推定为该动产物权人，该人行使所有权的，则推定其享有动产所有权；若该人行使质权，则推定其享有动产质权。从而，物权的公示方式，也就成为客观上确定物权归属的依据。当然，物权公示方式公示出的物权状态，并不一定是物权的真实状态，以物权的公示方式显示出的物权人仅具有权利的外观，并非一定是真正权利人。但在发生物权争议的情况下，依物权公示方式彰显的"物权人"不负担证明自己为真正权利人的证明责任，因为物权的公示方式就是一种法律上的推定。而否定该法律上的推定，认为该"物权人"并非真正的权利人，主张自己才是真正权利人的人，负有证明自己为权利人的证明责任。也正因为物权的公示仅具有权利正确性推定效力，因此在真实物权人证明自己为物权人时，以公示方式具有权利外观的人不能以公示的物权进行抗辩，也就是说不能仅以公示的权利人是自己为由来对抗真实物权人的主张。

二是善意保护效力。善意保护效力，是指法律对于因信赖物权公示方式而从公示的物权人处善意受让物权的受让人予以强制保护，使其免受任何人追夺的效力。这也就是说，当具有以公示方式所公示的权利外观的人与他人为交易行为时，即使该让与人实际享有的权利状态与公示的权利外观不一致，只要受让人善意地信赖该权利外观，相信该让与人为真正的权利人，该受让人也就受到法律的保护，取得受让的物权。可见，即使公示的物权人与真实的物权人不一致，只要与公示的物权人进行交易的受让人为善意的，法律也就认可其发生与真实的物权人交易的相同效果。

2. 取得物权的法律依据

任何权利的取得都须有可取得该权利的法律事实，物权也不例外。依照法律规定，取得物权的法律事实包括民事法律行为和民事法律行为以外的法律事实。

《民法典》第 209 条规定："不动产物权的设立、变更、转让和消灭，经依法登记，发生效力；未经登记，不发生效力，但是法律另有规定的除外。"第 215 条规定："当事人之间订立有关设立、变更、转让和消灭不动产物权的合同，除法律另有规定或者当事人另有约定外，自合同成立时生效；未办理物权登记的，不影响合同效力。"依此规定，依民事法律行为设立、变更、转让和消灭不动产物权，未经办理物权登记，不发生不动产物权的变动，但民事法律行为仍可是有效的。这一规定也表明，不动产物权登记虽是不动产物权发生变动效力的要件，但登记也仅是对依民事法律行为发生的不动产物权变动的确认，当事人之间之所以发生不动产物权的变动是因为有合法有效的民事法律行为。换句话说，不动产物权发生变动的法律事实是民事法律行为，而不是不动产物权登记，不动产物权登记仅是对变动事实的确认，并非是确立不动产物权的变动。

除民事法律行为以外，其他法律事实也可导致物权变动。《民法典》第229条规定："因人民法院、仲裁机构的法律文书或者人民政府的征收决定等，导致物权设立、变更、转让或者消灭的，自法律文书或者征收决定等生效时发生效力。"第230条规定："因继承取得物权的，自继承开始时发生效力。"第231条规定："因合法建造、拆除房屋等事实行为设立或者消灭物权的，自事实行为成就时发生效力。"

本案中，当事人发生权利归属争议的标的物是房屋。房屋是不动产，不动产物权是以不动产登记作为公示方法的，不动产物权的归属外观上是通过登记彰显出来的，不动产物权登记具有权利正确性推定的效力，推定登记簿记载的权利人享有该不动产的所有权。该登记权利人外观上对不动产所享有的权利为社会一般人所信赖。但是，外观上对不动产享有权利的登记权利人只是推定为权利人，而并非就是真正权利人，登记权利人不能仅以自己为登记的权利人作为自己为真实权利人的证据，对登记权利人为权利人的推定是可以推翻的。只要当事人举出相反的证据，证明自己才为真正权利人的，也可推翻这种权利的推定。本案中，梁辉以自己为不动产登记的房屋所有权人主张其为所有权人，因登记为房屋这一不动产的公示方式，因此就只能推定梁辉是案涉房屋的权利人。但这并不意味着梁辉就是案涉房屋的真正权利人。王雪主张案涉房屋为其所有，必须证明自己有取得该房屋所有权的法律事实，证明登记显示的权利外观与真实的权利状态不一致。

本案中，案涉房屋原为梁辉与王雪在婚姻期间共同合法建造的，因此，自房屋建成之日起，梁辉与王雪共同享有房屋所有权。2005年10月王雪与梁辉协议离婚，离婚协议中约定双方共有的房屋归王雪所有，自此王雪取得该房屋单独所有权，梁辉对该房屋则不再享有任何权利。王雪取得该房屋单独所有权后虽未办理不动产物权登记，仅能说明该房屋产权的变动未经登记确认，但这不影响王雪与梁辉离婚协议关于房屋产权归属约定的效力，不影响王雪成为该房屋的真实所有权人，只是王雪的权利不能对抗善意第三人，这里的第三人只是指交易中的第三人。本案中自始至终也未出现这种第三人。

本案中王雪取得诉争房屋单独所有权后，自2008年未在该房内居住，后由梁辉的哥哥在该房内居住并对该房屋代为看管。房屋所有权人是否在房屋内居住，是否由他人看管房屋，均不影响所有权人的权利，同意他人在该房屋内居住和看管该房屋是所有权人行使所有权的方式，而不是对房屋所有权的放弃。

2017年王雪出具授权委托书，同意由梁某出资重新修缮案涉房屋，双方在授权书中约定：梁某对修建后的住房可以居住至老，房屋产权永久属王雪所有。其后，梁某根据王雪的授权委托对案涉房屋出资进行重修。梁某在重修中是对原房屋拆除在原地重建了案涉房屋。根据《民法典》第331条规定，原房屋拆除，原房屋的所有权也就消灭。但这是否意味着王雪对案涉房屋不享有所有权呢？的确，自原房屋拆除时起，王雪对原房屋的所有权确实消灭，但王雪并未丧失对原房屋占用范围内的宅基地使用权，因王雪授权梁某重修房屋获得政府的批准，这也表明王雪享有对该房屋占用的宅基地的使用权，王雪可利用该宅基地建造住房，至于王雪是自己建造还是委托他人建造，则在所不问。因此，王雪对梁某在原房宅基地上重新建造的房屋，自房屋建成之时起也就重新取得所有权。根据王雪授权出资建造房屋的梁某对此也没有任何异议。正如二审法院所认定，王雪授权梁某利用危房改造的政策对案涉房屋进行改造，既未违反法律、行政法规的强制性规定，也未损害其他第三人的利益，故无论房屋是拆除后重建还是加固修缮，案涉房屋的所有权在此期间并未发生改变。

从案涉房屋上的物权状态的变化过程看，案涉房屋的所有权现为王雪所有，而梁辉对案涉房屋并不享有任何权利。虽然梁辉就案涉房屋办理了不动产物权登记，将该房屋登记在自己的名下，但其也只取得了享有物权的外观，而并没有取得该房屋物权的法律事实。王雪为案涉房屋真实所有权人的事实足以说明梁辉办理该房屋物权登记为侵权行为，不动产登记簿上记载梁辉为物权人属于登记错误。因此，梁辉应依王雪的请求协助更正该房屋物权的登记错误。应当指出，一审法院判决中判决梁辉在判决生效后配合王雪办理案涉房屋的不动产过户登记手续，这是不准确的。因为，案涉房屋本属于王雪所有，梁辉仅是错误地登记在自己名下而并不享有房屋所有权，梁辉办理的登记属于错误登记，梁辉与王雪间并没有就案涉房屋发生交易，也就不存在案涉房屋的所有权从梁辉转移给王雪的过户问题。就本案而言，法院可以判决由梁辉协助王雪办理案涉房屋产权的更正登记。如果梁辉不予协助，因本案的法院判决为确认物权的判决，自判决生效之日起，王雪也就对案涉房屋享有法律上的物权，王雪可以自己直接以法院判决为依据要求不动产登记机关更正该案涉房屋的错误登记。

第二专题　转让不动产未办理产权登记的效力

——抚顺万合房地产开发有限公司诉王莉莉返还原物纠纷案

案例索引

辽宁省抚顺市中级人民法院（2023）辽04民终397号民事判决；辽宁省抚顺市顺城区人民法院（2022）辽0411民初3517号民事判决。

基本案情

2016年2月27日，抚顺万合房地产开发有限公司（简称万合公司）与白银东签订商品房买卖合同，约定出卖人为万合公司，买受人为白银东，商品房坐落地址是抚顺市顺城区前大路13号6室（号），建筑面积252.76平方米。2016年3月22日，白银东、耿娇与案外人中国建设银行股份有限公司抚顺分公司针对案涉房屋签订了《个人住房（商业用房）借款合同》。顺城区前大路13号的售房单位为万合公司，万合公司于2012年5月8日取得商品房销（预）售许可证，销（预）售总建筑面积为5106.94平方米，共47套。2022年7月27日抚顺市自然资源事务服务中心出具抚顺市不动产信息查明证明，写明：顺城区前大路13号楼1单元2层6号，备案人：白银东、耿娇。

合同号：HS201204019，前已办理合同备案登记，预告登记，预告抵押登记，尚未办理产权登记。

白银东于 2020 年 11 月 2 日作为原告以王莉莉为被告起诉到一审法院，以自己购买了案涉房屋，要求解除与王莉莉的租赁协议，要求王莉莉支付租赁费。一审法院于 2020 年 12 月 28 日作出判决，判决驳回白银东的诉讼请求。

万合公司向抚顺市顺城区人民法院起诉请求王莉莉返还抚顺市抚顺城区前大路唯美品格小区 6 号门市。

判决与理由

一审法院认为，《中华人民共和国民法典》第 209 条第 1 款规定，不动产物权的设立、变更、转让和消灭，经依法登记，发生效力；未经登记，不发生效力，但是法律另有规定的除外。该法第 214 条规定，不动产物权的设立、变更、转让和消灭，依照法律规定应当登记的，自记载于登记簿时发生效力。该法第 221 条第 1 款规定，当事人签订买卖房屋的协议或者签订其他不动产物权的协议，为保障将来实现物权，按照约定可以向登记机关申请预告登记。预告登记后，未经预告登记的权利人同意，处分该不动产的，不发生物权效力。本案中万合公司作为案涉房屋的售房单位，与第三人白银东签订《商品房买卖合同》，案涉房屋已办理备案登记、预告登记、预告抵押登记，尚未办理产权登记。万合公司作为售房单位起诉王莉莉返还原物，白银东、耿娇无异议，应当予以支持。当事人对自己提出的诉讼请求所依据的事实或者反驳对方诉讼请求的事实，应当提供证据加以证明。王莉莉辩称案涉房屋不是万合公司的，房主拿房产证才愿意退还，事实证据、法律依据不足，不予采信。王莉莉辩称蒋新欠其车辆抵顶费用、欠其父亲工钱等与本案非同一法律关系,一审法院不宜一并处理。一审法院经审判委员会讨论决定,依照《中华人民共和国民法典》第 209 条、第 214 条、第 216 条、第 233 条,《中华人民共和国民事诉讼法》第 67 条规定,判决:被告王莉莉于本判决生效后 15 日内将抚顺市顺城区前大路 13 号楼唯美品格小区 6 号门市返还原告万合房地产开发有限公司。案件受理费 500 元,由被告王莉莉负担。

王莉莉不服一审判决,向辽宁省抚顺市中级人民法院提起上诉,请求撤销一审判决,驳回万合公司的诉讼请求。事实和理由为:一审判决认定事实不清,适用法律错误。王莉莉与万合公司实际控制人蒋新存在经济纠纷,蒋新因欠王莉莉车辆抵顶费用将门市交付王莉莉使用,双方没有对使用期限等进行明确约定。万合公司与白银东、耿娇的《商品房买卖合同》是虚假的,白银东是律师同时作为万合公司的法律顾问,具有专业法律知识。2020 年,白银东以原告身份起诉王莉莉,因无法提供证据被驳回诉讼请求。本次诉讼又以第三人身份参加诉讼,且万合公司委托代理人是其同事,王莉莉有理由相信万合公司与白银东、耿娇相互串通损害王莉莉合法权益,案涉门市多次出售进行抵押致使涉案门市无法办理不动产登记。现该门市的供暖、水、电等均不在万合公司名下,也可以证明上述事实。

二审法院认为,《中华人民共和国民事诉讼法》第 175 条规定,第二审人民法院应当对上诉请求的有关事实和适用法律进行审查。按照最高人民法院关于适用民事诉讼法的解释的规定,当事人对自己提出的诉讼请求或者反驳对方诉讼所依据的事实,应当提供证据加以证明,但法律另有规定的除外。在作出判决前,当事人未能提供证据或者证据不足以证明其事实主张的,由负有举证责任的当事人承担不利的后果。本案中万合公司作为初始登记人主张权利,且经案涉房屋买卖合同备案人认可，向王莉莉主张返还案涉房屋，并无不当。关于王莉莉主张案涉商品房买卖合同虚假系万合公司与白银东串通损害其合法权的问题，其未对案涉房屋买卖合同虚假提出证据予以佐证，本院不予支持。二审法院最终判决：驳回上诉，维持原判。

评　析

本案争议的焦点在于万合公司出售案涉房屋后可否要求占用该房屋的第三人返还？转让其未领取产权证书的房屋的行为是否有效？这里主要涉及以下问题：一是万合公司是否对其转让的房屋享有所有权？二是白银东、耿娇对依《商品房买卖合同》购买的房屋享有何种权利？

上述问题的解决都与正确确定不动产登记在不动产物权变动中的效力有关。

一、不动产物权变动的含义

不动产登记在不动产物权变动中有重要的意义。《民法典》第209条第1款规定："不动产物权的设立、变更、转让和消灭，经依法登记，发生效力；未经登记，不发生效力，但是法律另有规定除外。"依该条规定，除法律另有规定外，登记为不动产物权变动的生效要件。但是，不动产物权的登记是不动产物权公示方式，即使在不动产物权变动中也仅是对不动产物权的变动效果的一种确认，而并非是一种不动产物权的权利创设行为。

不动产物权的变动包括设立、变更、转让和消灭。不动产物权的设立是指在一个不动产上取得原来并不存在的某项物权，可以分为两种情形：一是在新的一项不动产上第一次发生所有权，此为不动产所有权原始取得的一种方式；二是在不动产上为他人创设一项新的他物权（用益物权或者担保物权），此为他物权的创设取得方式。可见，不动产物权的设立属于不动产物权的取得，但不动产物权取得的含义更广。不动产物权的取得既包括原始取得，也包括继受取得。不动产物权的继受取得包括转移取得和创设取得。不动产物权的转移取得，是指一项不动产物权从某一主体转移为另一主体享有。可见，不动产物权的转移取得属于不动产物权的转让问题，而不属于不动产物权的设立。

不动产物权的变更，从广义上说包括不动产物权主体的变更、内容的变更以及客体的变更；从狭义上说仅指不动产物权的客体变更和内容变更，而不包括主体的变更。由于不动产物权主体的变更实为不动产物权的相对消灭和取得问题，因此，这里所说的不动产物权的变更仅是指狭义的不动产物权变更，即不动产物权客体和内容的变更。不动产物权客体的变更，是指作为权利客体的不动产的范围变化，如不动产因附合而增加或者因部分灭失而减少。不动产物权客体的变更，会使权利人对物的支配范围扩大或者缩小，因此，不动产物权客体的变更实际上属于不动产物权量的增减。不动产物权内容的变更，是指在不影响不动产物权整体属性的情形下物权内容的改变，如不动产他物权期限的延长，不动产抵押权顺位的变更等。不动产物权内容的变更被称为不动产物权质的变更。

不动产物权的转让通常是指不动产物权人将其享有的特定的不动产物权转移给另一主体享有。广义上的不动产物权转让是指不动产物权的主体变更，包括由新的主体概括取得原来主体的物权的情形。

不动产物权的转让，从原来主体来说为不动产物权的消灭，从新的主体来说为不动产物权的取得。

不动产物权的消灭是指权利人丧失不动产物权。物权消灭可分为绝对消灭与相对消灭。物权的绝对消灭，是指该物权不复存在。如物权的客体灭失，该客体上的物权消灭；担保物权因实现而消灭，用益物权因期限届满而消灭等，都属于物权的绝对消灭。物权绝对消灭时，不仅原权利人不再享有该物权，其他人也不能取得该物权。物权的相对消灭，是指原物权人的物权消灭，但该物权为他人取得。不动产物权转让的结果，从转让人说为物权的消灭，从受让人说为物权的取得。因此，不动产物权转让属于不动产物权的相对消灭和取得问题。

二、不动产物权变动的原因事实

不动产物权的变动必有一定的原因事实。引发不动产物权变动的法律事实可以分为法律行为和非法律行为两类。

引起不动产物权变动的法律行为，可以是单方法律行为，如权利人抛弃其不动产物权即为单方行为，但通常是双方法律行为。依法律行为变动不动产物权时，在不动产登记发生何种效力上，各国立法例不同，大体上可分为登记生效主义和登记对抗主义两种立法例。按照登记生效主义，依法律行为变动不动产物权的，登记是不动产物权变动的生效要件，即不仅须有当事人变动不动产物权的真实意思表示，还须依法办理登记，才能发生不动产物权的变动。也就是说，只要没有办理登记，就不能发生不动产物权的变动。按照登记对抗主义，不动产物权的变动只要有当事人变动物权的真实的意思表示即可发生不动产物权变动的效果，但未经依法登记的，不得对抗善意第三人。例如，甲与乙订立买卖合同，甲将其房屋所有权转让给乙，按照登记生效主义立法例，不论该房屋是否已经交由乙占有、使用，只要没有办理所有权转让的变更登记，乙就不能取得所有权，该房屋所有权仍为甲享有；按照登记对抗主义立法例，只要甲乙间依其约定将房屋所有权转让给乙（如交付乙占有、使用），乙就取得所有权，办理变更登记的，可以对抗一切人，但未办理变更登记的，不能对抗善意第三人，因此，若未办理变更登记，其后甲又将该房屋出卖给丙，丙为善意的，且办理了所有权变更登记，则丙取得该房屋所有权。在我国物权法立法过程中，对于不动产物权变动应采取何种立法例，曾有不同的主张。笔者曾是主张采取登记对抗主义的。主要理由是因为不动产物权的登记是不动产物权的法定公示方式，而不动产物权在当事人之间是否变动属于当事人之间的事情，应由当事人自行决定。当事人是否登记的风险本应由当事人自己选择，没有必要将登记作为不动产物权变动的强制性要求，并且在我国转让不动产物权而未办理登记的情形大量存在，对于未办理登记的不动产物权，概不认可，与现实不符。[①] 当然，这种观点并未被立法者完全接受。从《物权法》到《民法典》的具体规定看，我国在不动产物权变动效力上，是采取以登记为生效要件为原则，登记为对抗要件为例外的。依法律行为变动不动产物权的，其中土地承包经营权的变动、宅基地使用权的变动、地役权的变动等采取的是登记对抗主义，而建筑物所有权的变动、建设用地使用权的变动、居住权的变动、不动产抵押权的变动等采取的是登记生效主义。

---

① 参见郭明瑞：《物权登记应采对抗效力的几点理由》，载《法学杂志》2005年第4期。

就本案来说，万合公司为涉案房屋的初始登记人，因此，万合公司为案涉房屋的所有权人，对该房屋享有占有、使用、收益和处分的权利。万合公司作为开发商，将包括案涉房屋在内的商品房进行销售是合法的经营行为，万合公司与白银东、耿娇之间签订的《商品房买卖合同》是有效的，该合同虽办理备案登记、预告登记、预告抵押登记，但因并未办理不动产过户登记，作为买受人的白银东、耿娇并未取得案涉房屋的所有权。预告登记又称为预登记、假登记，是为保全一项以将来发生不动产物权变动为目的的债权请求权而作的提前登记。《民法典》第221条第1款规定："当事人签订买卖房屋的协议或者签订其他不动产物权的协议，为保障将来实现物权，按照约定可以向登记机构申请预告登记。预告登记后，未经预告登记的权利人同意，处分该不动产的，不发生物权效力。"房屋买卖的预告登记一般是在出卖人出卖未建成的房屋时买受人为保障将来实现物权而办理的登记，但对于出卖已建成而未办理初始登记的房产也应适用。预告登记虽为债权的登记，但却使该债权可以发生物权的对世效力。以万合同公司与白银东、耿娇之间的房屋买卖为例。尽管该买卖合同有效，但如果万合公司在办理初始登记后将该涉案房屋又出卖给第三人，第三人就会取得该房产权而白银东、耿娇夫妻就不能取得产权。而办理预告登记后，因白银东、耿娇为登记簿上记载的权利人，作为物权人的处分权受到限制，未经其同意，万合公司不得处分其房产，即使万合公司再将该房产转让给第三人，也不发生物权转让的效力，第三人不会取得该房产权。当然，预告登记仅是为保全一项将来发生不动产物权变动的债权请求权而作的登记，并不是使登记的权利人取得物权的最终物权登记。也就是说，预告登记本身并不导致不动产物权的变动，并不能表明登记的权利人取得不动产物权。因此，预告登记的效力是有期限的。依《民法典》第221条第2款规定，预告登记后发生以下情形的，预告登记失效：（1）债权消灭。所谓债权消灭，是指预告登记的权利人所享有的据以登记保全的债权消灭，债权消灭意味着预告登记保护的对象不存在，预告登记当然也就失效，如买卖房屋的合同被确认为无效或被撤销，预告登记保全的债权也就消灭，预告登记当然失效。（2）自能够进行不动产登记之日起90日内未申请登记。所谓能够进行不动产登记，是指登记人可以申请办理不动产物权登记，如出卖人已经取得不动产初始登记，预告登记的权利人也就可以办理不动产物权变更登记。如果预告登记的权利人自能够申请办理不动产登记之日起90日内而未申请办理不动产物权变更登记的，预告登记也就失效。所谓预告登记失效，是指预告登记的债权不再具有对世效力，在预告登记失效后原物权人转让不动产物权的行为会发生效力。当然，若预告登记失效后，出卖人并未处分其不动产物权，原预告登记的权利人仍有权申请办理不动产变更登记。就本案来说，本案中的白银东、耿娇对涉案房屋办理了预告登记，虽不享有物权，但享有债权，有权要求万合公司交付案涉房屋并办理产权过户登记。

从案情看，本案中的案涉房屋为王莉莉占有，而王莉莉又没有充分证据证明自己有占用该房屋的权利，因此，作为所有权人的万合公司当然有权请求王莉莉返还占用的房屋。不过，因案涉房屋为白银东、耿娇购买的且亦办理了预告登记的房屋，因此，白银东当然也可以基于《商品房买卖合同》要求万合公司将案涉房屋交付给自己，但不能请求王莉莉将案涉房屋交还。

第三专题　不动产登记错误的撤销

——邓国祥诉十堰市自然资源和规划局撤销不动产更正登记纠纷案

案例索引

湖北省十堰市中级人民法院（2020）鄂03行终字126号行政判决；湖北省十堰市茅箭区人民法院（2019）鄂0302行初105号行政判决。

基本案情

邓献祥与邓国祥系兄弟关系，1998年1月27日邓献祥、邓国祥的父亲邓福清去世。邓献祥、邓国祥及邓福清其他子女对邓福清的遗产进行了继承权公证。2001年8月17日，湖北省十堰市张湾区公证处作出（2001）十张证民字第974号《继承权公证书》："经查，被继承人邓福清死亡后遗留有属于其个人的财产为位于十堰市××××省工建总公司机运公司家属楼7栋2单元1楼1号，建筑面积64.879平方米房屋一套。邓福清生前无遗嘱，根据《中华人民共和国继承法》第五条和第十条之规定，邓福清的父母、配偶均先于邓福清死亡，故邓福清的遗产应由邓献祥、邓国祥、邓瑞萍、邓鸿威、邓鸿鸽、邓鸿鸟、邓瑞鸿七人共同继承。现邓献祥、邓瑞萍、邓鸿威、邓鸿鸽、邓鸿鸟、邓瑞鸿六人自愿放弃对遗产的继承权，故邓福清的遗产由邓国祥一人继承。"邓献祥称约定邓国祥采用货币补偿的方式支付给放弃房屋继承权的其他人，继承办理完毕后邓国祥一直没有兑现货币补偿方案。

邓献祥提供的有邓国祥及其妻子夏顺风签名的《证明》，内容为："邓献祥从弟弟手中回购住房继承权一份6000元，外加评估费500元，公证费400元，订付6900元，实付7000元整。今付夏顺风2000元整，余5000元购房款应邓献祥付，房产证到手付邓国祥5000元整。落款时间：2002年4月7日。"邓献祥提供的有邓国祥与妻子夏顺风签名的《房产转让证明》，内容为："邓国祥愿意把房屋产权转让给邓献祥，房子出售价6000元整。"

邓福清生前系湖北省工建集团机械施工运输公司十堰分公司员工，其遗留的涉案房屋40%产权归单位，60%产权为个人。邓国祥继承的系60%产权。2002年国家实行房改房改革，2002年4月8日湖北省工建集团机械施工运输公司十堰分公司（产权单位）与邓国祥签订《已售标准价住房继承合同书》，内容为：1.买方：原购房职工邓福清，房屋继承人邓国祥；2.房屋坐落于十堰市张湾区××单元××号，建筑面积64.879平方米，竣工于1974年12月；3.经评估机构核定每平方米建筑面积重置价为1064元，给予住房项目调节扩折旧后，房屋评估价值为33,135元，根据协议继承方式，买方应付房价款13,254元；4.买方以重置价购买上述住房的40%产权，付清房款后即取得全部产权。同日，邓献祥向原省工建机运公司十堰分公司缴纳房改购房款13,626.08元。根据房改政策，原省工建机运公司十堰分公司申报办理涉案房屋产权登记并提交了《十堰市标准住房继承申报审批表》《已售标准住房继承合同书》、邓献祥身份证明复印件、邓国祥签名的《十堰市房屋权属登记申请表》。其中，《十堰市标准住房继承申报审批表》上载明：邓国祥签名同意继承购房，原省工建机运公司十堰分公司盖章同意以实物继承购房。2002年4月16日十堰市国有资产管理局、十堰市城镇住房制度改革领导小组分别盖章审批同意邓国祥继承60%的个人房屋产权，按评估价值购买涉案房屋40%的国有房屋产权；同意办理登记手续。

2002年5月13日湖北省十堰市公证处出具（2002）十证房字第××号公证书："经查，2002年4月8日原省工建机运公司十堰分公司与邓国祥签订的《已售标准价住房继承合同书》上双方当事人的签字、印章属实，合同内容符合《十堰市人民政府关于进一步深化城镇住房改革的通知》有关规定。"2002年5月17日房改部门向原十堰市房地产管理局发出《关于办理〈房屋所有权证〉的函》，根据房改有关政策，坐落于张湾区××单元××号房屋，建筑面积64.879平方米，售房单位：湖北省工建集团机机构施工运输公司十堰分公司；购房人：邓国祥，产权份额100%。该函下面附邓献祥身份证复印件。同年5月27日十堰市房地产管理局将涉案房屋登记在邓献祥名下，并为其颁发了十堰市房权证张湾区字第××号房屋产权证书。自此，邓献祥居住在该房屋内至2018年。

自2015年3月1日起施行《不动产登记暂行条例》，国家开始实行不动产统一登记制度。湖北省工业建筑总承包集团土木工程公司作为义务人，邓献祥、邓国祥分别作为权利人申请办理涉案房屋的不动产登记。十堰市不动产登记中心发现涉案房屋登记人"邓献祥"，与该档案中的房改审批材料内容不符，故暂停办理不动产登记。

2019年3月20日十堰市不动产登记中心向邓献祥发出《不动产更正登记通知书》，告知其在接到通知书之日起30个工作日内（2019年5月4日之前）持本人身份证原件、房屋所有权证原件、门牌证原件到不动产登记中心申请办理更正登记。更正内容为：将位于十堰市××江街办××号（房产证号：十堰市房权证张湾区字第××号）房屋权利人由"邓献祥"更正为"邓国祥"。逾期未申请办理的，将根据《不动产登记暂行条例实施细则》第81条的规定，对不动产登记簿记载的错误事项进行更正登记。2019年4月15日十堰市不动产登记中心向湖北省工业建筑总承包集团土木建筑工程公司（原湖北省工建集团机械施工运输公司十堰分公司）发信，问询：1.涉案房屋是出售给"邓国祥"还是邓献祥；2.如出售给"邓献祥"，请贵公司提供经过十堰市国有资产管理局、十堰市城镇住房制度改革领导小组办公室审批的相关文件。湖北省工业建筑总承包集团土木建筑工程公司未提供相关文件作出回复。

2019年5月20日十堰市自然资源和规划局发出《不动产登记簿更正登记公告》，针对十堰房权证张湾区字第××号房屋产权证书更正内容进行公告，自本公告之日起15个工作日内（2019年6月12日之前）将异议书面材料送达不动产登记中心，逾期无人提出异议或者异议不成立的，将予以更正登记。

邓献祥签收《不动产更正登记通知书》后，分别于2019年5月30日至6月4日期间，向登记部门提交八份异议材料。十堰市不动产登记中心于2019年5月29日组织邓献祥与邓国祥共同就争议房屋产权归属问题进行协商，协商未果。同年6月11日十堰市不动产登记中心作出书面答复，内容为"该房屋登记档案中的《关于办理〈房屋所有权证〉的函》《十堰市标准价住房继承申报审批表》、经公证的《已售标准价住房继承合同书》等房改审批材料明确显示，原房改售房单位、市国资委、市房改办均将该房屋房改审批给'邓国祥'；该档案中的《十堰市房屋权属登记申请表》显示，该房屋的产权登记申请人为'邓国祥'。依据以上材料，原市房管局本应按照房改审批结果及产权登记申请，将该房屋登记到'邓国祥'名下，却错误登记给了'邓献祥'，生成了'邓献祥'的产权登记簿，并为'邓献祥'发放了房产证。鉴于以上原因，原市房管局的房改发证存在明显错误，按照《不动产登记暂行条例实施细则》相关规定，应当依法予以更正。你们所提供大量的异议材料，因不能否定相关单位将该房屋房改审批给'邓国祥'的事实，故不能阻止登记部门依据法律规定将该房屋的产权更正到'邓国祥'名下。因邓国祥依据房改审批结果取得该房改房产权和你们从邓国祥手中购买房屋产权，是有先后顺序的两种法律行为，需要通过两步登记程序方可完成。即使你们所提供的材料能够证明邓国祥将该房屋出售给你们，也不能违反房改发证程序，直接将房屋产权从房改单位登记到你们名下。鉴于以上事实和理由，你们对登记部门更正提出的异议不成立，依法规不能阻断更正登记程序"，一并告知邓献祥有申请提起行政诉讼的权利。2019年7月5日十堰市自然资源和规划局根据《不动产登记暂行条例实施细则》第23条之规定，公告作废十堰房权证张湾区第××号房屋所有权证。同年7月11日将涉案房屋登记在邓国祥名下，并为其颁发鄂（2019）十堰市不动产权第××号产权证。

2019年7月18日邓献祥以邓国祥、夏顺风为被告向湖北省十堰市张湾区人民法院提起民事诉讼，请求依法确认位于湖北省十堰市××江街办××社区××号房屋归邓献祥所有；请求依法判令将该房屋过户至邓献祥名下。经审理，湖北省十堰市张湾区人民法院于

2019年11月11日作出（2019）鄂0303民初1935号《民事裁定书》，认为房屋权利人的登记与变更，系行政机关行使职权的范围，由此引起的纠纷属于行政争议，该案不属于人民法院受理民事诉讼范围，裁定驳回邓献祥的起诉。

邓献祥又以十堰市自然资源和规划局为被告向茅箭区法院提起行政诉讼，请求：1.撤销不动产登记簿更正登记；2.请求依法撤销鄂（2019）十堰市不动产权证第××号房屋权属证并将该房屋更正到原告名下。

判决与理由

一审法院认为，不动产登记并不对申请人在民事实体法上的法律关系和享有权利作出判断，必须明确不动产物权归属及其原因行为的争议属于民事争议的性质。《不动产登记暂行条例实施细则》第22条规定："登记申请有下列情形之一的，不动产登记机构应当不予登记，并书面告知申请人：（一）违反法律、行政法规规定的；（二）存在尚未解决的权属争议的；（三）申请的不动产权利超过规定期限的；（四）法律、行政法规规定不予登记的其他情形。"本案中，邓国祥在依法继承其父遗产后，在办理房屋所有权证的期间先后数次与其妻子出具收据，与邓献祥就房屋买卖问题发生法律行为，导致在2002年5月时原市房管局办理物权登记的时候，该房屋的实际民事权利之存在行政机关不能确定的状态。邓献祥与邓国祥就涉案房屋的权属存在争议，二人之间继承、买卖民事纠纷未决，在房屋权属尚未明确的情形下，市自然资源和规划局在2019年明知争议房屋所有权的基础民事法律关系尚待确定的情况下，简单地以2002年房改登记情况作出更正登记，变更房屋权利人，忽视了应当考虑的因素，导致了行政登记事实不清，不符合"以事实为根据"的基本法理，实际上导致了当事人的行政程序空转。在上述更正登记行为结束后被告为邓国祥颁发鄂（2019）十堰市不动产权第××号产权证的行为，因前一更正登记行为事实不清，导致本次不动产登记错误，依法应予撤销。至于邓献祥诉求应将争议房屋更正到其名下，该诉求缺乏足够有效的债权证据支持，邓献祥与邓国祥的核心争议应通过民事诉讼确定权利后，再依法行政登记以公示。综上，一审法院依据《中华人民共和国行政诉讼法》第69条、第70条第（一）项、第（五）项的规定，判决：一、撤销2019年7月5日十堰市自然资源和规划局将产权证号十堰房权证张湾区字第××号房屋权利人"邓献祥"更正登记为"邓国祥"，并作废产权证书的不动产登记行为。二、撤销2019年7月11日十堰市自然资源和规划局作出的鄂（2019）十堰市不动产权第××号不动产登记行为。三、驳回原告其他诉讼请求。案件受理费50元，由十堰市自然资源和规划局负担。

一审宣判后，邓国祥、十堰市自然资源和规划局不服一审判决，向十堰市中级人民法院提起上诉。

二审法院经审理认为，被诉的更正登记行为和撤销房产证的行为，对邓献祥具有重大利害关系，具有可诉性。市自然资源和规划局具有作出被诉行政行为的法定职权，其被告的主体适格。因邓国祥主张全部继承了案涉房改房产权（但按照当时的房改房政策，遗留的涉案房屋40%产权归单位，60%产权为个人）；后邓献祥主张并提供了其支付案涉房改房另外40%房改房款，并提供了其与邓国祥夫妻间的房产转让等证明。可见，邓献祥与邓国祥对案涉房屋产权归属确实存在争议，尽管二者发生民事法律行为的先后不同，但作为各自主张取得产权的原因是平等的，不存在先后顺序问题。对此，一审法院查明，湖北省工业建筑总承包集团土木建筑工程公司作为义务人，邓献祥、邓国祥作为权利人分别申请办理涉案房屋的不动产登记。邓献祥签收《不动产更正登记通知书》后，分别于 2019 年 5 月 30 日至 6 月 4 日期间，向登记部门提交八份书面异议。可见，市自然资源和规划局作为登记部门明知案涉房屋明显存在民事上的权属争议，依法理应冻结争议，引导当事人依法主张民事权利；而非直接进行更正和撤销有关房产证，徒增当事人程序负担。一审法院认为登记部门违反《不动产登记暂行条例》第 22 条第（二）项之规定，撤销被诉的更正登记行为和撤销房产证的行为，并无不当。综上，一审判决认定事实清楚，证据确实、充分，程序合法，适用法律正确。二上诉人的上诉理由均不成立，本案不予支持。依照《中华人民共和国行政诉讼法》第 89 条第 1 款第（一）项的规定，判决：驳回上诉，维持原判。

评 析

本案原告提起的是行政诉讼，对于本案应如何处理实际上属于不动产登记错误时应如何救济问题。这涉及不动产登记制度。

一、不动产登记的含义

不动产登记，是指登记机关根据当事人的申请并经审查，将不动产物权的设立、变更、转移、消灭等事项记载于不动产登记簿上。《民法典》第 210 条规定："不动产登记，由不动产所在地的登记机构办理。国家对不动产实行统一登记制度。统一登记的范围、登记机构和登记办法，由法律、行政法规规定。"办理不动产登记的不动产登记机构是国家设立的行政机构，而不属于社会服务机构。依《不动产登记暂行条例》规定，国务院国土资源主管部门负责指导、监督全国不动产登记工作，县级以上人民政府确定一个部门为本区域的不动产登记机构，负责不动产登记工作，并接受上级人民政府不动产登记主管部门的指导监督。

不动产登记包括不动产首次登记、变更登记、转移登记、注销登记、更正登记，异议登记、预告登记、查封登记等。不动产登记行为，是依法将不动产权利归属和其他法定事项载于不动产登记簿的行为。《民法典》第216条第1款规定："不动产登记簿是物权归属和内容的根据。"由于不动产登记是由行政机构办理的事务，而登记又影响到民事权利的变动，因此，对于不动产登记行为的性质也就有不同的观点。一种观点认为，不动产登记属于行政行为，因为登记机构是国家行政机构，不动产登记是登记机构履行行政管理职能；另一种观点认为，不动产登记属于私法行为，因为不动产登记是发生私法效果的法律事实。依前一种观点，因不动产登记而发生纠纷的，当事人应当通过行政诉讼予救济；依后一种观点，因不动产登记发生的纠纷，则应通过民事诉讼予以救济。应当承认，这两种观点都有一定道理。通说认为，不动产登记具有行政行为和私法行为双重性质，不动产登记是借国家行政机构的行政行为发生私法上不动产物权变动的法律效果的事实。[①] 笔者赞同通说。因此，笔者认为，就不动产登记行为有争议的，当事人可以以登记机构为被告提起行政诉讼，但对于因不动产登记而损害其权益的，当事人应当通过民事诉讼的程序予以救济。

---

① 参见王利明：《物权法研究（第四版）》（上卷），中国人民大学出版社2016年版，第278—279页。

二、不动产登记的程序

不动产登记行为是一种行政行为，因此，不动产登记机构须严格按照法律、法规规定的程序办理登记事项。一般说来，不动产登记应经以下程序：

1. 当事人的申请

首先，不动产登记须由当事人提出申请。没有当事人的申请，登记机构就不能启动登记程序。依《不动产登记暂行条例》第14条规定，因买卖、设定抵押权等申请不动产登记的，应当由当事人双方共同提出申请。属于下列情形之一的，可以由当事人单方申请：（1）尚未登记的不动产首次申请登记的；（2）继承、接受遗赠取得不动产权利的；（3）人民法院、仲裁委员会生效的法律文书或者人民政府生效的决定等设立、变更、转让、消灭不动产权利的；（4）权利人姓名、名称或者自然状况发生变化，申请变更登记的；（5）不动产灭失或者权利人放弃不动产权利，申请注销登记的；（6）申请更正登记或者异议登记的；（7）法律、行政法规规定可以由当事人单方申请的其他情形。当事人或者其代理人应当到不动产登记机构办公场所申请不动产登记。申请人申请登记时，依据申请登记的事项不同，应提交相应的必要材料。《民法典》第211条规定："当事人申请登记，应当根据不同登记事项提供权属证明和不动产界址、面积等必要材料。"当事人申请登记的事项不同，应提交的材料也就有所不同。依《不动产登记暂行条例》第16条规定，申请人应当提交下列材料，并对申请材料的真实性负责：（1）登记申请书；（2）申请人、代理人身份证明证明材料、授权委托书；（3）相关权属来源证明材料、登记原因证明文件、不动产权属证书；（4）不动产界址、空间界限、面积等材料；(5) 与他人利害关系的说明材料；(6) 法律、行政法规以及不动产登记暂行条例实施细则规定的其他材料。不动产登记机构应当在办公场所和门户网站公开申请登记所需材料目录和示范文本等信息。

2. 不动产登记机构受理登记申请

登记机构收到办理不动产登记的申请后，认定属于登记职责范围，申请人提交的申请登记材料齐全、符合法定形式，或者申请人按照要求提交全部补正的，应予以受理，并书面告知申请人；申请材料存在可以当场更正的错误的，应当告知申请人当场更正后，应当受理并书面告知申请人；认定申请人提交的申请材料不齐全或者不符合法定形式的，应当当场书面告知申请人不予受理并一次性告知需要补正的全部内容。不动产登记机构未当场书面告知申请人不予受理的，视为受理。

3. 不动产登记机构审核申请登记材料

登记机构受理登记申请后应当对申请人提交的登记材料进行审查。对于登记机构的审查要求，各国法上有实质审查和形式审查两种不同的立法模式。所谓实质审查，是指登记机构对申请人提交的材料的真实性进行审查，须保证登记的内容是真实的。所谓形式审查，是指登记机构仅对申请人提交的材料进行形式审查，只要所提供的材料本身没有瑕疵，不论材料所反映事项事实上是否真实，就可依据材料所显示的内容予以登记。在物权法立法过程中，关于我国法上对于不动产登记机构的审查义务应采取何种模式，也是有争议的。[①]《民法典》第212条规定："登记机构应当履行下列职责：(一) 查验申请人

[①] 参见黄薇主编：《中华人民共和国民法典物权编释义》，法律出版社2020年版，第16页。

提供的权属证明和其他必要材料;(二)就有关登记事项询问申请人;(三)如实、及时登记有关事项;(四)法律、行政法规规定的其他职责。申请登记的不动产的有关情况需要进一步证明的,登记机构可以要求申请人补充材料,必要时可以实地查看。"依此规定,登记机构审查时主要是查验申请人提供的材料和就有关登记事项询问申请人,这些都属于形式审查的内容。而实地查看,则属于实质审查的内容,只有在必要时才为之。依此规定,笔者认为,我国法对不动产登记机构的审查要求采取的是以"形式审查为原则、实质审查为例外"的规定。《民法典》第212条第2款中规定,"必要时可以实地查看"。"可以实地查看"也就是说也可以不实地查看,即使有必要,是否实地查看,也是由登记机构可自行决定的。这就使必要时的实地查看成为登记机构的权利而非义务。实际上,"必要时"登记机构应当实地查看,必要时的实地查看,应是登记机构的义务而非权利,若有必要实地查看而登记机构未实地查看,即为违反审查义务。《不动产登记暂行条例》第19条规定:"属于下列情形之一的,不动产登记机构可以对申请的不动产进行实地查看:(一)房屋等建筑、构筑物所有权首次登记;(二)在建建筑物抵押权登记;(三)因不动产灭失导致的注销登记;(四)不动产登记机构认为需要实地查看的其他情形。对可能存在权属争议,或者可能涉及他人利害关系的登记申请,不动产登记机构可以向申请人、利害关系人或者有关单位进行调查。不动产登记机构进行实地查看或者调查时,申请人、被调查人应当予以配合。"

4. 登记、发证

不动产登记机构经审查认为申请人的申请符合规定的,应当及时在不动产登记簿上记载登记事项。依《不动产登记暂行条例实施细则》第20条规定,不动产登记机构应当根据不动产登记簿,填写并核发不动产权属证书或者不动产登记证明。除办理抵押权登记、地役权登记和预告登记、异议登记，向申请人核发不动产登记证明外，不动产登记机构应当向权利人核发不动产权属证书。不动产权属证书和不动产登记证明，应当加盖不动产登记机构登记专用章。

三、不动产登记错误的救济

由于不动产登记是一种行政行为，因此，只要不动产登记机构违反不动产登记程序，无论是作为还是不作为的，申请人当然就可以依法提起行政诉讼。因不动产机构的行为导致登记错误的，权利人有权通过行政诉讼，请求不动产登记机构依法撤销错误的不动产登记。

不动产登记虽为行政行为，但发生私法效果。不动产登记所发生的私法上的效果，也就是不动产登记在私法上的法律效力。不动产登记的主要效力就是公示效力。依物权公示原则，物权须以一定的法定方式公示于众。不动产物权的法定公示方式就是登记。登记具有公示公信效力。不动产登记簿上的记载，是确认不动产物权法的依据。这里的所谓确认是指第三人认定不动产物权的状态。因为登记簿上记载的不动产物权，是公众了解该不动产上物权状态的法定方式，只要是登记簿上登记记载的物权就推定为该物权的存在，第三人也就确认该物权。一般情形下，因登记后登记机构应发给权利人不动产权属证书，权利人证明自己权利的证据也就是权属证书。但权属证书并不是确认物权的根据。《民法典》第217条规定："不动产权属证书是权利人享有该不动产物权的证明。不动产权属证书记载的事项，应当与不动产登记簿记载一致；记载不一致的，除有证据证明不动产登记簿确有错误外，以不动产登记簿为准。"正因为不动产登记具有公示公信效力，因此，不动产登记信息应当公开，《民法典》第218条明确规定，权利人、利害关系人可以申请查询、复制登记资料，登记机构应当提供。

不动产物权登记不但是不动产物权的法定公示方式，也是不动产物权变动的生效要件。依《民法典》第 209 条规定，除法律另有规定外，不动产物权变动的，未经登记不发生效力。但是，不动产物权登记只是对不动产物权的一种确认，而不是不动产物权的创设，也就是说并不能没有不动产物权发生的原因事实，而通过不动产物权的登记就可以创设出一项不动产物权。不动产物权发生的原因，是私法上的法律事实，而不是行政机构登记这种行政行为。因此，在不动产物权登记的权利与真实的权利状态不一致，登记的依据缺乏私法上的权利基础时，不动产登记就是错误的。由于不动产登记虽为行政行为但又具有私法上的效力，不动产登记登记错误的，必会给真正权利人、利害关系人造成损失，因此，在不动产登记错误时，当事人也有行政诉讼以外的救济的渠道。权利人对于登记错误的救济方式主要就是请求不动产登记机构更正登记。

《民法典》第 220 条第 1 款规定："权利人、利害关系人认为不动产登记簿记载的事项错误的，可以申请更正登记。不动产登记簿记载的权利人书面同意更正或者有证据证明登记确有错误的，登记机构应当予以更正。"依此规定，认为登记错误而损害其利益的当事人，可以向登记机构申请更正登记。所谓更正登记，也就是改正登记的错误。所谓登记的错误是指登记簿记载的事项与真实的事实不一致。原登记的不动产状态与真实状态不一致的，如四间房登记为三间，登记的不动产的四至与实际不动产的四至不相符合，为登记错误；原登记的权利状态与真实的权利状态不一致的，如共有登记为单独所有或者单独所有登记为共有，也为登记错误；原登记的权利实际上并不能发生的，如抵押权设立无效而登记抵押权的，也属于登记错误；对不动产上存在的物权，登记机构应登记而未登记或者登记后又注销的，也属于登记错误，等等。凡出现登记错误的，不论属于何种情形，当事人均可以申请更正登记。依上述规定，更正登记应具备以下条件：

其一，权利人、利害关系人提出申请。更正登记也不能由登记机构主动为之，须经当事人提出申请。但并非任何人都可以提出更正登记申请。只有权利人、利害关系人才有权提出更正登记申请。这里的权利人，是指登记记载的权利人还是也包括未登记的权利人呢？对此有不同的理解。有的认为，这里的权利人是指登记记载的权利人。笔者认为，这里的权利人应是指真正权利人，既可以是登记记载的权利人，也可以是未登记记载的真正权利人。[①] 例如，甲将乙所有的不动产登记在自己的名下，乙虽非登记记载的权利人，但其是真正权利人，因此，乙当然有权申请更正登记。这里的所谓利害关系人，是指登记错误会对其权益造成不利影响的人。如债权人、用益物权人、担保物权人等。权利人与利害关系人在不同的权利登记中是可以转换的。例如，在所有权登记中，登记的所有权人为权利人，真正的不动产所有权人也为权利人，在该不动产上有抵押权、用益物权时，抵押权人、用益物权人就为利害关系人；而在抵押登记中，抵押权人为登记的权利人，抵押人就成为利害关系人。所以，在笔者看来，权利人、利害关系人并非区别十分清楚。在抵押登记中，抵押权人为登记的权利人，抵押人为利害关系人，而抵押人将他人的不动产抵押的，抵押物的真正权利人，既可以说是真正权利人，也可以说是利害关系

[①] 参见黄薇主编：《中华人民共和国民法典物权编释义》，法律出版社2020年版，第26页。

人。在共有的不动产被他人登记为自己的不动产或者设立抵押权、用益物权时,该不动产的共有人为真正权利人,当然有权申请更正登记。问题是,共有人并非全部而仅是其中的一人或者数人提出更正登记申请的,是否可以呢?这实际涉及的是共有物的管理问题。《民法典》第300条规定:"共有人按照约定管理共有的不动产或者动产;没有约定或者约定不明确的,各共有人都有管理的权利和义务。"依此规定,只要当事人没有特别约定,不论是按份共有还是共同共有,共有人均有管理共有物的权利和义务。对于共有的不动产错误登记为他人所有或者错误地登记物上负担,当事人请求更正错误的登记的行为,属于保存行为。也就是说,这种行为属于《民法典》第300条中规定的共有人未经他共有人同意就可单独实施的管理行为。因此,各共有人均有权为之,除非共有人有另外的特别约定。当然,各共有人仅有权请求更正登记的错误,撤销错误的登记,但无权请求将该不动产的权利登记在自己的名下。

因为登记是发生私法上的效果,影响到私法上的权利义务,登记与否应由当事人自行决定,登记机构一般不能依职权主动为之。在登记错误而影响权利归属和内容的情形下,登记机构也只能应当事人的请求才可以予以更正,而不能主动更正。即使登记机构确实发现自己的登记行为存在错误,此时登记机构仍然应当通知登记申请人,由其提出更改。①《不动产登记暂行条例实施细则》第81条规定:"不动产登记机构发现不动产登记簿记载的事项错误,应当通知当事人在30个工作日内办理更正登记。当事人逾期不办理更正登记的,不

---

① 参见王利明:《物权法研究(第四版)》(上卷),中国人民大学出版社2016年版,第313—314页。

动产登记机构应当在公告 15 个工作日后，依法予以更正；但在错误登记之后已经办理了涉及不动产权利处分的登记、预告登记和查封登记的除外。"依此规定，登记机构只有在发现登记簿的记载错误不涉及权利归属和内容的情形下，才可以对错误的记载主动予以更正，但也以书面通知权利人办理更正登记而权利人逾期不办理更正登记为前提。

其二，登记记载的权利人书面同意或者有确切证据证明登记确有错误。这里分以下两种情形：

一是登记簿上记载的权利人书面同意。在当事人提出更正登记的申请后，如果登记簿上记载的权利人同意更正，登记机构就应当予以更正登记。因为登记的更正直接影响的是登记簿上记载的权利人的权益，既然权利人同意，他人也就无干涉的必要，登记机构当然就应当应申请人的申请予以更正登记。但是，登记权利人同意更正的意思表示必须采取书面形式。如果登记簿上记载的权利人仅是以口头形式表示同意的，登记机构不能以其同意而更正登记。例如，某一不动产登记为乙的不动产，甲提出该不动产属于自己的，申请撤销该不动产登记，如果乙书面同意撤销该登记，登记机构应当予以撤销该登记；但如果乙并未以书面形式表示同意撤销该登记，而仅是口头表示同意甲关于撤销登记的申请，则登记机构不能以乙同意而撤销该登记。

二是有证据证明登记确有错误。在申请人申请更正登记后，尽管登记的权利人未书面同意更正，但若申请人有证据证明登记确有错误的，登记机构也应当予以更正。如何理解"登记确有错误"呢？对此有不同的观点。一种观点认为，所谓确有错误是指不动产登记簿的记载与登记的原始文件不一致。另一种观点认为，这里的确有错误既包括登记簿的记载与登记的原始文件不一致，也包括与真实的物权状态不一致。[①]争议的焦点在于登记簿的记载与真实的物权状态不一致时，登记机构能否应申请人的申请而更正。笔者赞同第二种观点。笔者认为，这里是强调的是有"证据证明"登记确有错误。也就是说，申请人须有足够的证据证明登记确有错误，而不是强调有何种错误。因此，申请人有足够证据证明不动产登记簿记载与登记的原始文件不一致的，登记机构应当予以更正；申请人有足够的证据证明登记的记载与真实的物权状态不一致的，登记机构也应当予以更正。例如，甲提出登记在乙名下的不动产为自己所有，申请撤销该登记的，如果甲有足够的证据证明自己确实为该不动产所有权人而乙并非该不动产所有权人，登记机构经审查能够确认登记确实错误的，就应予以更正。需要说明的是，如果登记机构未尽到必要的审查义务，对登记的记载不应更正而更正的，因此而给权利人造成损失的，自也应负登记错误的责任。依《民法典》第222条第2款规定："因登记错误，造成他人损害的，登记机构应当承担赔偿责任。登记机构赔偿后，可以向造成登记错误的人追偿。"所以，登记机构若不能认定申请人有足够证据证明登记确有错误，则不应对登记的事项予以更正。

在利害关系人申请更正登记而登记簿记载的权利人未书面同意更正，而又无足以让登记机构认定登记确有错误的，登记机构不能对登记予以更正。于此情形下，利害关系人则得提出异议登记。《民法典》第220条第2款规定："不动产登记簿记载的权利人不同意更正的，利害关系人可以提申请异议登记。登记机构予以异议登记的，申

[①] 参见王利明：《物权法研究（第四版）》（上卷），中国人民大学出版社2016年版，第315页。

请人自异议登记之日起十五日内不提起诉讼有，异议登记失效。异议登记不当，造成权利人损害的，权利人可以向申请人请求损害赔偿。"依此规定，异议登记也须由利害关系人提出申请。利害关系人提出异议登记的申请有以下两种情形：一是未提出更正登记的申请而是直接申请异议登记。于此情形下，不动产登记机构是否可受理异议登记呢？对此有肯定说与否定说两种相反的观点。笔者认为，只要当事人申请异议登记，对登记记载的事项提出异议，登记机构就应当依据申请人提出的登记簿记载的错误的证明文件，于受理后将异议事项记载于不动产登记簿。二是利害关系人提出更正登记申请而未更正登记的。如前所述，利害关系人申请更正登记，登记簿上记载的权利人书面同意更正的，登记机构应办理更正登记；不动产登记簿上的权利人不同意更正的，而申请人提供的证据又不能足以证明登记错误而仅能初步证明登记簿记载的错误的，则登记机构不能予以更正。于此情形下，利害关系人也就可以申请异议登记。笔者认为，不动产登记簿记载的权利人不同意更正并非是异议登记的前提，而只是于此情形利害关系人有权申请异议登记，利害关系人也只能通过异议登记以避免其权益受损。

异议登记并不具有确认不动产物权归属和内容的效力。登记机构受理异议登记的，应当将异议事项记载于登记簿。《不动产登记暂行条例实施细则》第84条规定："异议登记期间，不动产登记簿上记载的权利人以及第三人因处分权利申请登记的，不动产登记机构应当书面告知申请人该权利已经存在异议登记的有关事项。申请人申请继续办理的，应当办理，但申请人应当提供知悉异议登记存在并自担风险的书面承诺。"可见，异议登记"使登记簿记载的权利失去正确性推定的效力，第三人也不得主张依据登记的公信力受到保护。"① 异议登记的目的在于阻止登记簿记载的权利人对不动产的现时处分。也正因为异议登记有阻止登记簿记载的权利人处分不动产的效力,它只能是对利害关系人权益保护的临时性措施,否则,就会影响交易。所以,利害关系人在办理异议登记后 15 日内应当向法院起诉,请求人民法院确认其权利。如果利害关系人在办理异议登记后 15 日内未向法院起诉的,异议登记也就失去效力。

本案中一审原告是提起行政诉讼,请求撤销不动产登记簿更正登记,请求将涉案房屋的房屋权属证撤销并将该房屋更正到原告名下,实质上就是要求撤销更正登记和撤销房产证。而原告要求撤销的更正登记行为和颁发房产证的行为,都是行政行为,但对原告具有重大利害关系。

从案情看,涉案房屋属于邓献祥、邓国祥父母的遗产,应属于包括原告在内的 7 个共同继承人的共有财产。遗产共有为共同共有,原告为共同共有人之一,共同共有人共同享有所有权。但因其他 6 名继承人放弃继承,该房屋为邓国祥一人继承。后邓国祥夫妻又将该房屋转让给邓献祥。也正因为如此,双方在该房屋产权归属上发生争议。按照《不动产登记暂行条例》第 22 条第(二)项规定,不动产"存在尚未解决的权属争议的",不动产登记机构应当不予登记,并书面告知申请人。而本案中的被告却违反不动产登记程序,直接对自认为错误的登记进行更正登记和撤销有关房产证。因此,一、二审法院认定一审被告的行为违反法律、行政法规的规定,判决予以撤销其更正登记的行为。

---

① 崔建远:《物权法》(第五版),中国人民大学出版社 2021 年版,第 71 页。

所有权

第四专题 善意取得规则的适用
——吴冬霞诉梁青典当抵押无效纠纷案

案例索引

江苏省无锡市中级人民法院（2022）苏02民终3844号民事判决；江苏省无锡市滨湖区人民法院（2021）苏0211民初11537号民事判决。

基本案情

2020年10月30日，梁青典当与段迎春签订《典当合同》[编号：锡梁典（2020）典合字第103001号]，典当种类：房产抵押典当，当金用途：周转，典当金额115万元，典当期限6个月，自然日30天为一个月。本合同记载的当金金额、典当期限与典当公司出具的当票（以下简称当票）记载不相一致时，以当票记载为准。当票和续当凭证均为本合同的组成部分，与本合同具有同等法律效力。自典当公司向当户实际发放当金之日起，典当公司开始向当户计收利息及综合费用。综合费用：每月综合费用率为当金的10‰，当户于收到当金后1日之内一次性支付综合费用。双方一致确认，当户向典当公司支付款项而未明确注明性质的，均视为收取本合同项下的综合费用、违约金、逾期利息。当户自愿将坐落于金星苑 50-903 房产［建筑面积 132.9 平方米，权属证书编号为苏（2019）无锡不动产产权第 0××9 号］作为当物抵押给典当公司，双方就担保事宜另行签订《最高额抵押合同》［编号：锡梁典（2020）高抵合字 103001 号］。《最高额抵押合同》系本合同的组成部分，与本合同具有同等法律效力。经典当公司与当户协商一致同意，确认上述房产估价每平方米 1.4 万元，合计估价 186 万元。当户承诺：在办理典当过程中提供的房屋所有权证、本人身份证、结婚证或离婚证、户口簿等全部手续与文件真实有效。同日，梁青典当与段迎春又签订《最高额抵押合同》一份，载明段迎春同意以金星苑 50 号 903 室设定抵押，抵押物作价 186 万元，抵押人承诺对抵押物拥有充分、无争议的所有权、处分权，抵押人已就本合同项下抵押事宜征得抵押物共有人同意。后双方办理了抵押权登记，权属证书编号为苏（2020）无锡不动产证明第 0254438 号，段迎春还将苏（2019）无锡不动产权第 0××9 号不动产证交给梁青典当留存。

2021 年 3 月 12 日，段迎春就案涉房屋补办新证，产权证号为苏（2021）无锡市不动产产权第 044244 号。2021 年 5 月 7 日，梁青典当与段迎春签订《续当合同》（编号：锡梁典续 2021105702 号），约定前述《典当合同》当期已届满，双方协商一致，订立续当合同，除合同另有约定外，原典当合同及对应的抵押合同（或最高额抵押合同，经实际签订名为准）等资料的所有约定事项继续有效，续当期自 2021 年 4 月 30 日至 2021 年 10 月 29 日，续当的当金、利息、综合费率原则上与原典当合同保持一致，具体以典当公司实际开具的续当凭证为准。梁青典当留存了新产权证。2021 年 10 月 25 日，双方再次签订《续当合同》，约定续当期限自 2021 年 10 月 30 日至 2022 年 4 月 27 日止（以典当公司实际开具的续当凭证为准），续当的当金为 115 万元，综合费率调整为月 1%，具体以续当凭证为准。

段迎春与吴冬霞于 2002 年 5 月 10 日登记结婚。段迎春的父亲段志成于 2006 年 8 月 4 日去世，母亲是顾玉芬。2016 年段志成名下无锡市塘南三支路×号×室拆迁，安置在无锡市梁溪区××期××号××室，后该房屋登记在段迎春名下。

吴冬霞向无锡市滨海区人民法院起诉请求：确认梁青典当和段迎春签订的［编号：锡梁典（2020）典合字第 103001 号］《典当合同》《最高额担保合同》无效。事实及理由：吴冬霞与段迎春为夫妻关系，于 2020 年 5 月 10 日登记结婚，原共同居住于无锡市梁溪区××路××号××室内。该室内原产权人系段迎春的父亲段志成，后该房屋于 2016 年遇到拆迁，经与无锡市弘顺拆迁公司签订协议，吴冬霞与段迎春共同选择购买了金星苑 50-903 号定销商品房作为夫妻二人的共同住房。然而，段迎春取得金星苑房屋产权后，在吴冬霞不知情的情况下，于 2020 年 10 月 30 日与梁青典当签订《典当合同》，向梁青典当借款 115 万元，并擅自将金星苑房屋为借款提供抵押。塘南三支路×号×室房屋原产权人段志成死亡后，该房屋作为遗产已由段迎春进行继承，吴冬霞作为段迎春的配偶，理应共同享有房产份额，因该房屋拆迁所得金星苑 50-903 号房屋同为夫妻共同财产，共同共有人以其共有房屋设定抵押，未经其他共有人的同意，抵押无效。故段迎春未经吴冬霞同意擅自进行抵押的行为当属无效行为。梁青典当一审辩称：案涉合同有效，其取得案涉房屋的抵押权符合《民法典》第 311 条规定，其系善意第三人，吴冬霞的损失应当向段迎春进行追偿。

判决与理由

无锡市滨海区人民法院认为：本案的争议焦点为《典当合同》《最高额抵押合同》是否有效。段迎春与梁青典当签订的《典当合同》《最高额抵押合同》系双方真实意思表示，不违反法律、行政法规的强制性规定，合同依法成立并生效，段迎春对案涉房屋是否有处分权并不影响合同的效力，故吴冬霞主张《典当合同》《最高额抵押合同》无效的诉讼请求，一审法院不予支持。另外，虽然本案中《离婚证》《离婚协议书》均虚假，段迎春属于无权处分夫妻共同财产，但梁青典当属于善意第三人，可善意取得抵押权。首先案涉房屋的所有权证上所载的权利人为段迎春个人，并未记载共有人，而段迎春在办理典当时又向梁青典当提交了《离婚证》《离婚协议书》，以证明案涉房屋属于段迎春个人所有，《离婚证》《离婚协议书》从形式上无法判断虚假，然后，梁青典当在办理典当手续前也按照内部操作流程至案涉房屋进行了查看、询问、拍照，并未发现有配偶，段迎春在签订合同时也承诺对抵押物享有完全的处分权，后梁青典当对案涉房屋进行了评估，当金及各项费用与主体价相当；其次，案涉房屋已经办理了抵押登记，故梁青典当尽到了合理的注意义务，取得抵押权是善意的。相反，吴冬霞并未提交证据证明梁青典当在办理抵押时知道或者应当知道段迎春无处分权。据此，一审法院依照《中华人民共和国民事诉讼法》第67条，《最高人民法院关于民事诉讼证据的若干规定》第2条之规定，判决：驳回吴冬霞的诉讼请求。

吴冬霞不服一审无锡市滨湖区人民法院（2021）苏0211民初11537号民事判决，向无锡市中级人民法院提起上诉，请求撤销一审判决，发回重审或依法改判。

二审法院认为：善意取得制度是民法中一项重要法律制度，目的是协调财产所有权的静态安全与财产交易的动态安全之间的冲突，当真正权利人与善意受让人之间利益发生冲突时，为了促进交易和保护交易安全，法律侧重于保护善意受让人，对于真正权利人则赋予向无权处分人追究责任的救济途径。对此，《民法典》第311条规定："无处分权人将不动产或者动产转让给受让人的，所有权人有权追回；除法律另有规定外，符合下列情形的，受让人取得该不动产或者动产的所有权：（一）受让人受让该不动产或者动产时是善意；（二）以合理的价格转让；（三）转让的不动产或者动产依照法律规定应当登记的已经登记，不需要登记的已经交付给受让人。受让人依据前款取得不动产或者动产所有权的，原所有权人有权向无处分权人请求损害赔偿。当事人善意取得其他物权的，参照适用前两款规定。"同时，关于夫妻一方擅自出卖共有房屋应如何处理的问题，《最高人民法院关于适用〈中华人民共和国民法典〉婚姻家庭编的解释（一）》第28条规定："一方未经另一方同意出售夫妻共同所有的房屋，第三人善意购买、支付合理对价并已办理不动产登记，另一方主张追回该房屋的，人民法院不予支持。夫妻一方擅自处分共同所有的房屋造成另一方损失，离婚时另一方请求赔偿损失的，人民法院应予支持。"

本案所涉的抵押权为法律规定的担保物权，依法可参照适用上述善意取得物权的相关规定。本院结合案涉情况，作如下分析：

第一，受让人受让财产时为善意。首先，案涉房屋的产权登记在段迎春一人名下，未记载其他共有人。其次，梁青典当按流程规定对案涉房屋进行了现场查看，段迎春对此是认可的，且也认可梁青典当当时向其询问过家庭情况。虽然其对具体怎么问的表示忘记了，但从其向梁青典当提供户口本、离婚证、离婚协议等原件可以判断，其当时答复了"已离婚"，所以梁青典当才会要求其提交相应离婚材料，而对于离婚证、离婚协议等，梁青典当并无能力判断实质真伪，仅能进行形式审查。综上，应当认为梁青典当尽到了应有的注意义务。

第二，以合理的价格有偿转让。受让人在取得财产时，必须以相应的财产或金钱支付给转让人。在案涉合同及抵押手续办理之后，梁青典当已履行了《典当合同》中的当金发放义务，向段迎春支付了款项，房屋抵押本身是对债权提供的担保，抵押物拍卖、变卖的价款在保证债权优先清偿后的剩余部分仍归抵押人所有，故并不要求债务金额与抵押物价值完全相当。

第三，已依法办理权属登记。梁青典当与段迎春依据所签订的《最高额抵押合同》已经办理了抵押权登记，梁青典当取得了他项权证，抵押权已依法设立。

关于蒋杰娟此人，吴冬霞并未提供证据证明其系梁青典当的业务人员，而从段迎春陈述的情况看，段迎春与蒋杰娟之间另外存在一层借款关系，而且不止一次采用这种以段迎春的名义借款再转借给蒋杰娟的模式，这与梁青典当没有关联性，应由段迎春自行向蒋杰娟主张权利。

综上考量，《典当合同》《最高额抵押合同》系双方的真实意思表示，不违反法律规定，也不存在恶意串通的无效情形，即使段迎春以案涉房屋进行抵押借款未征得房产共有人吴冬霞的同意而属于无权处分行为，但并不影响合同效力，且梁青典当作为善意第三人，依善意取得制度可认定抵押权的设立合法有效。

综上所述，吴冬霞的上诉请求不能成立，应予驳回。一审法院判决认定事实清楚，适用法律正确，应予维持。判决：驳回上诉，维持原判。

评　析

本案涉及两个问题：一是《典当合同》《最高额抵押合同》是否有效；二是梁青典当可否取得案涉房产的抵押权。根本问题还在于抵押权人对于抵押人以无权处分的财产设立的抵押权是否可以善意取得。这涉及善意取得制度。

一、善意取得的含义与适用前提

善意取得，是指无处分权人将其占有的动产或者登记在其名下的不动产予以处分而转让给他人时，善意受让人即可取得受让的物权的法律制度。善意取得原本为所有权取得中的一项制度，但由于善意取得为物权公信原则的体现，信赖公示方式公示的权利人所为的处分既可以是转让所有权，也可以是设立他物权，受让人受让的物权既可以是所有权，也可以是他物权。因此，善意取得也适用于其他物权的取得。《民法典》第311条第3款规定："当事人善意取得其他物权的，参照适用前两款规定。"这也就是说，无权处分人设立其他物权的，在符合法定条件下，善意的对方当事人可依善意取得规则取得所设立的他物权。这种情形，学者称之为"善意取得规则适用的扩张"。

善意取得规则是对无处分权人对物的处分行为效力的一种例外规定。因此，善意取得适用的前提是对物的无权处分。如果对物的处分属于有权处分,则无适用善意取得的余地。所谓对物的处分行为,是指对物进行处置,从而决定物的命运的行为。对物的处分包括事实上处分和法律上的处分。事实上的处分,是指对物实施使其物理上的实质变形、改造或者损毁等事实行为。如对物进行消费即属于使物的物理上的实质变形;如将食品消费掉,将原材料投入生产产品,都属于对物进行消费;将房屋改建,是为对物的改造,而将房屋拆除或者将服装烧毁,是对物的损毁。这些行为都是对物为事实上的处分。所谓法律上的处分,是指通过法律行为使物上的权利发生变动。处分行为是指直接作用于某项权利的法律行为,如变更、转让某项权利、在某项权利上设定负担和取消某项权利等。①对物的狭义上法律处分仅指使物的所有权发生转移或者消灭;广义上法律处分还包括对物的所有权设定负担或者限制,例如在物上设立用益物权或者担保物权。因此,法律上处分实际上也就是通过民事法律行为设立、变更、转让和消灭物权。设立、变更、转让和消灭物权的行为也就是所谓的处分行为。有效的处分必须以处分人有权处分其权利,亦即具有"处分权限"为前提。②对物的处分行为,因为是决定物的命运的行为,是会导致所有权人权利消灭或者受限制的行为,因此,对物的处分权也就成为所有权的核心权能,处分权能原则上也就只能由所有权人自己行使。处分物的行为只要符合民事法律行为的有效要件,处分人又有处分权,受让人也就取得受让的物权。所有权人处分自己的物,为所有权的行使;非所有权人只有经所有权人授权或者依法律规定可以处分,才有权处分他人之物。非所有权人未经所有权人授权或者非以法

---

① 〔德〕卡尔·拉论茨:《德国民法通论》(下册),王晓晔等译,法律出版社2003年版,第436页。

② 同上书,第437页。

律规定而处分他人之物，属于无权处分，是一种侵害所有权的行为，对所有权人构成侵权。但是，所有权人对自己之物的处分也并非都为有权处分，因为所有权人也只有在其处分权不受限制的情形下，才有权处分其物。如果所有权人的处分权依法受到限制，所有权人在限制的范围内处分其物的，也属于无处分权限的无权处分，因为这种处分会侵害社会公共利益或者第三人的利益。总的来说，无权处分主要包括以下四种情形：一是无所有权而对财产进行处分，如承租人将其租赁的他人之物转让给他人；二是有所有权但其处分权受到限制而对物进行处分，如共有人未经其他共有人的同意而转让共有物；三是有所有权但无处分权的人对物进行处分，如保留所有权买卖中保留所有权的出卖人将交付给买受人的财产转让给第三人；四是代理人擅自处分被代理人的财产。然而，对物为处分的人在处分时虽没有处分权，但其后处分人取得处分权的，无权处分转化为有权处分，发生有权处分的法律效果，自然也就无善意取得的适用。因此，作为善意取得适用前提的无权处分，是指对物为处分的人不仅于实施处分行为时无处分权，并且其后也未能取得处分权的处分行为。

无处分权人处分物，构成对权利人的侵害，自应对权利人负侵权责任，当然，如果无权处分人与权利人之间有合同关系的，无权处分也会构成违约。但不论无权处分人对权利人应负何种责任，无权处分人转让财产（不论动产还是不动产）的，权利人有权追回转让的财产，这是法律维护社会"静"的安全的需要。但是，在无处分权人将不动产或者动产转让给受让人时，受让人的利益也应受到保护，这是法律维护社会"动"的安全的需要。可见，在无处分权人将不动产或者动产转让给受让人的情形下，如果权利人均可追回原物，则因受让人均不能取得受让的权利，会损害受让人的利益，妨害社会"动"的交易安全；而如果均可由受让人取得受让物，权利人不能追回原物，则会损害权利人的利益，妨害社会"静"的秩序安全。善意取得制度正是基于法律上的这两方面的利益衡量和价值判断在保护静的安全与动的安全之间做出的一种选择。① 在一般情形下，无处分权人将不动产或者动产转让给受让人的，权利人有权追回处分物，但在一定条件下，受让人取得受让的不动产或者动产的物权，原权利人不得追回处分物，无处分权人的处分行为发生效力。这也就是说，无处分权人处分不动产或者动产的，受让人若能受法律保护，须符合法律规定的条件。这些条件通常称为善意取得的构成要件。

二、善意取得的构成要件

《民法典》第 311 条第 1 款规定："无处分权人将不动产或者动产转让给受让人的，所有权人有权追回；除法律另有规定外，符合下列情形的，受让人取得该不动产或者动产的所有权：（一）受让人受让该不动产或者动产时是善意的；（二）以合理的价格转让；（三）转让的不动产或者动产依照法律规定应当登记的已经登记，不需要登记的已经交付给受让人。"依此规定，无处分权人处分不动产或者动产的，须符合以下条件，受让人才能取得受让的物权：

---

① 通说认为，善意取得制度源于罗马法和日耳曼法。在罗马法上虽有"无论何人，不能以大于自己的权利转让他人"和"发现我物之处，我得取回之"原则，但区分善意占有和恶意占有，善意占有的得依取得时效取得物的所有权。日耳曼法上有"以手护手"原则，任意将动产交付他人占有的，仅能要求相对人返还，若相对人将该物转让给第三人，不得对第三人要求返还。近代民法上的善意取得制度正是在"以手护手"原则中导入罗马法时效制度中的善意要件，赋予善意第三人取得所有权的效果。在多国立法例上，善意取得仅是适用于动产，对不动产不适用善意取得。但依我国法规定，善意取得既适用于动产，也适用于不动产。

1. 受让人受让该不动产或者动产时是善意的

善意取得制度旨在平衡有处分权人和受让人双方的利益,在维护静的安全的同时维护动的安全,因此,善意取得是保护善意的交易相对人的制度。只有受让人是善意的,法律才有保护的必要。可以说,受让人是否为善意,这是决定受让人能否取得受让的物权的根本要件,因为在任何情形下法律都不能保护恶意。在如何判断受让人的善意上,理论上有积极观念说与消极观念说两种不同观点。积极观念说认为,受让人须具有将让与人视为所有权人的观念始为善意;消极观念说认为,受让人不知道或者不应知道让与人无处分权的,即为善意。① 后者为通说。中国司法实务中也采消极观念说。《最高人民法院关于关于适用〈中华人民共和国民法典〉物权编的解释(一)》[以下简称《物权编解释(一)》]第14条第1款规定:"受让人受让不动产或者动产时,不知道让与人无处分权,且无重大过失的,应当认定受让人为善意。"所谓善意,是指受让人不知道也不应当知道让与人无处分权,而认为让与人有处分权而为之交易的主观状态。受让人又何以认为让与人有处分权呢?这与物权的公示公信原则密切相关。依物权的公示公信原则,以法定公示方式公示的权利外观具有公信力。只要处分人具有依公示原则所公示的权利外观而实际上并不享有该物权时,受让人不知道也不应知道实际上的权利状态与外观所彰显的权利不相符的,受让人就为善意的。例如,标的物为动产的,占有为公示方式,处分人为该动产的占有人,受让人依占有而认为让与人有处分权,受让人客观上就是善意的;标的物是不动产的,处分人是登记簿上记载的物权人,受让人依登记簿的记载而认为让与人有处

---

① 参见史尚宽:《物权法论》,中国政法大学出版社1999年版,第564页。

分权,受让人客观上也就是善意的。有时候处分人尽管不是登记簿上记载的物权人,但外观上有使他人认为其为物权人的事由时,受让人客观上也是善意的。例如,甲为房产登记簿上登记的真正权利人,乙持有真实的甲的房产证并伪称为甲而与丙交易,丙客观上有理由相信乙即是甲而与之交易,则丙客观上也为善意的。所谓客观上为善意,是指受让人只须证明让与人具有公示的权利外观即可。如果权利人认为受让人不是善意的,则应当由权利人负责证明受让人知道或者应当知道让与人无处分权。"在原权利人举证以后,法官应当根据原权利人的举证以及各种客观、外部的情况进行综合判断,以确定第三人是否在交易时具有善意。"①例如甲、乙为夫妻,甲未经乙同意将夫妻共有财产转让给丙,乙举证证明丙知道甲乙间的夫妻关系,丙就属于应当知道甲无处分权。但若丙有证据证明甲表明其处分财产已得到乙同意,该证据即使不是真的但足以使丙相信为真实的,丙仍不失为善意。《物权编解释(一)》第15条规定,具有下列情形之一的,应当认定受让人知道让与人无处分权:(1)登记簿上存在有效的异议登记;(2)预告登记有效期内,未经预告登记权利人的同意;(3)登记簿上已经记载司法机关或者行政机关依法裁定、决定查封或者以其他形式限制不动产权利的有关事项;(4)受让人知道登记簿上记载的权利主体错误;(5)受让人知道他人已经依法享有不动产物权。真实权利人有证据证明不动产受让人应当知道转让人无处分权的,应当认定受让人具有重大过失。《物权编解释(一)》第16条规定,受让人受让动产时,交易的对象、场所或者时机不符合交易习惯的,应当认定

---

① 王利明:《物权法研究(第四版)》(上卷),中国人民大学出版社2016年版,第429页。

受让人具有重大过失。

　　判断受让人是否为善意的时点，为"受让该不动产或者动产时"。何为受让时？对此有不同的观点。一种观点认为，受让之时为订立合同之时；另一种观点认为，受让之时应为完成交易之时。依前一种观点，只要在订立合同时受让人不知或不应知让与人无处分权，即使其后知道让与人无处分权，受让人也可善意取得受让的物权。而依后一种观点，标的物为动产的，以交付之时为受让之时；标的物为不动产的，以登记之时为受让之时。只有在动产交付时或不动产登记时，受让人不知或不应知让与人无处分权而相信公示的权利状态的，受让人才为善意的。如果在合同订立时受让人相信公示方式彰显的权利状态而在交付或者登记时知道公示方式彰显的权利状态与真实的权利状态不一致，则受让人仍不为善意的。笔者同意后一种观点。"受让该不动产或者动产时"应是指交易完成之时，对于动产应以交付的时间作为确定受让人是否善意的时间点；对于不动产应以办理登记的时间作为确定受让人是否为善意的时间点。① 司法实践中也采此观点。② 如果订立合同时受让人不知道处分人无处分权，但在动产交付或者不动产登记时知道处分人无处分权的，不能认定其为善意的。至于受让人受让后是否知道让与人无处分权，则不影响善意取得的成立。也就是说，即使受让人于受让后知道让与人无处分权，受让人仍可基于善意取得而取得受让的物权，因为这不能否认其在"受让该不动产或者动产时"是善意的。

---

　　① 郭明瑞：《物权法通义》（修订本），商务印书馆2022年版，第156页。
　　② 《物权编解释（一）》第17条第1款：民法典第三百一十一条第一款第一项所称的"受让人受让该不动产或者动产时"，是指依法完成不动产物权转移登记或者动产交付之时。

2. 让与人以合理的价格转让

以合理的价格转让，包括以下两重意思。

第一，让与人与受让人之间的交易须是有偿法律行为。如前所述，善意取得制度旨在保护交易安全。广义的交易既包括有偿行为，也包括无偿行为。但善意取得制度所维护的交易安全仅是指有偿的交易行为，而不包括无偿行为。究其原因，有学者认为，首先，如果是无偿的转让，受让人取得财产没有支付任何对价，此时不适用善意取得，要求受让人返还财产，受让人并没有因此而遭受损失；其次，从狭义上理解，交易只是支付了对价的交易，而无偿转让显然不是交易；再次，在许多情况下，无偿转让财产本身表明财产的来源可能是不正当的，而一个诚实的、不贪图便宜的受让人在无偿受让财产时，应当查明财产的来源，如果不经调查就无偿受让财产，则本身是非善意的，或者是有过失的。[①] 其实，笔者认为，对于无偿处分行为不适用善意取得的根本原因，是各方利益平衡的结果。因为是否适用善意取得制度本来就是在保护原权利人利益和第三人利益之间的一种选择。如果适用善意取得制度，保护了第三人利益，就不能保护原权利人利益，对于原权利人的利益只能通过其他制度救济；如果不适用善意取得制度，保护了原权利人的利益，就不能保护第三人的利益，对于第三人的利益也只能通过其他制度救济。在无处分权人无偿转让财产时，因第三人并未支付对价，即使权利人从第三人追回受让财产，第三人也并未因此交易的无效而遭受损失；相反，如果权利人不能从第三人追回转让物，则原权利人就会失去权利。因此，从利益衡量上

---

① 参见王利明：《物权法研究（第四版）》（上卷），中国人民大学出版社2016年版，第429页。

说，在无处分权人无偿转让的情形下，应重在保护原权利人的利益，而不适用善意取得制度，不论受让人是否为善意的，均不能取得受让财产。

第二，转让的价格是合理的。善意取得适用于有偿交易行为。所谓有偿行为，是指一方从对方取得权利须支付一定的财产代价。这种代价在物权的转让中表现为标的物的价格。至于受让人是以货币还是以实物支付代价的，则在所不问。所谓合理的价格，是指交易的价格是符合交易当时当地的同类物的市场价格的。因此，判断交易价格是否合理，应以交易当时当地的市场价格为准。也就是说，只要转让的价格与市场价格相差不大，而不是过分低于市场价格，就可以认为是合理的。如果转让的价格过分低于当地当时的市场价格，例如，低于交易当时当地市场价格的50%，就应当认定为是不合理的。实际上，转让的价格是否合理，也是受让人交易时是否为善意的一个判断标准。如果转让人以明显不合理的低价转让，按照社会一般人的认知要求，受让人应当对转让人是否有权处分有所怀疑，于此情形下受让人仍不调查让与人转让的财产来源而仅凭公示的权利外观与之交易的，也就难说受让人是善意的。但转让人以明显的低于市场的价格转让的，受让人也未必就不是善意的。例如，转让人以自己因某种特殊原因而急于变现为由转让财产的，受让人客观上有理由相信转让人低价转让的原因而与之交易的，受让人仍应属于善意的。实际上，在这种情况下，尽管受让人支付的对价低于当时当地市场的通常价格，也应认为转让的价格是合理的。不过，于此情形下，应由受让人证明其支付价格的合理性。关于"合理的价格"，依《物权编解释（一）》第18条规定，应当根据转让标的物的性质、数量以及付款方式等具体确定，参考转让时交易地市场价格以及交易习惯等因素综合认定。

转让的价格合理，是否适用于不动产的有偿交易呢？对此有不同的观点。一种观点认为，对于不动产，不要求支付合理的价格，只要受让人信赖登记并支付了一定的价款就足以构成善意。这种观点从不动产登记的绝对公信力上说是有道理的。但是，笔者不同意这种观点。主要理由是：（1）我国法对于"以合理的价格转让"的规定并未区分动产和不动产，并且也未同其他国家或地区的立法那样规定善意取得仅适用于动产。因此，对于不动产的善意取得，转让的价格合理，依法也是构成要件之一。（2）在我国不动产登记也并非具有绝对公信力，我国对于不动产登记的审查是以形式审查为主实质审查为辅的，因此，不动产登记记载的权利人非真正权利人的情形并不少见。（3）对于不动产，在一般情形下，如果转让的价格不合理，受让人也应知道转让人可能并非真正的权利人，也可能不是善意的。因此，转让的价格合理这一要件也适用于不动产的有偿交易。当然，不论是动产还是不动产，转让的价格是否合理，尽管一般应以市场价格为判断标准，也应考虑交易的具体情况。例如，如果转让人以明显低于市场的价格转让不动产，但转让人所持的相关证件（如产权证、身份证）是真实的，且转让人以合理的理由说明低价转让的原因，受让人作为一个正常的交易人应当相信转让人转让理由的真实性的话，那么，转让的价格也就是合理的，受让人应属于善意。

转让的价格是否合理，是指约定的价格合理还是指受让人实际支付的价格合理呢？对此也有不同的理解。有的主张为约定的价格，有的主张为实际支付的价格。笔者认为，判断转让的价格是否合理，不是以约定的价格为准，而是以受让人实际支付的价格为准。如果当事人约定的价格是合理的，但受让人并未向转让人实际支付约定的价格，则不应适用善意取得制度。因为在受让人未支付约定的价格的情形下，真实的权利人从受让人取回原物的，受让人当然不需向无权处分人支付价款，其利益也就不会因此遭受损失，这相当于无偿交易的情形。如果当事人约定的价格是合理的，但受让人实际仅支付部分价款，则不能认定为"以合理的价格转让"，于此情形下受让人很可能不是善意的，并无保护的必要。但是，如果当事人约定的价格是合理的，并且约定了按期支付价款的期限和数额，且这种约定符合一般的交易习惯，那么，只要受让人已经按照约定支付了价款，即使未支付全部价款，也应当认定为"以合理的价格转让"。

需要指出的是，"以合理的价格转让"，这只是须支付价款而取得物权的物权善意取得的要件。如果物权的取得，不以支付价款为要件，则该物权的善意取得并不以此为要件。例如，占有人以占有的动产设立动产质权的，债权人并无须支付价款，也就不存在"转让价格"是否合理问题，如果出质人为无处分权人，则债权人只要有受质权担保的债权存在，就可依善意取得规则取得质权。

3. 转让的不动产或者动产依照法律规定应当登记的已经登记，不需要登记的已经交付给受让人

对于这一要件的要求，学者中有不同的理解。一种观点认为，这一规定是指完成物权公示为善意取得的要件之一。另一种观点认为，这一规定是指物权的变动已经发生效力为善意取得的要件，即受让人已经取得物权。完成物权的公示与物权的变动发生效力，二者的含义和要求并不是相同的。例如，就动产来说，物权的公示方式为占有，完成物权的公示就是要求受让人直接占有受让的动产；而物权变动以交付为生效要件，物权的变动发生效力就要求受让动产已经交付，而交付的后果并非就是都由受让人取得直接占有。笔者认为，善意取得属于物权变动中的问题，因此，这里所规定的应当登记或者交

付应属于物权变动生效的要件。也就是说,如果法律规定,物权变动以登记为生效要件的,则已经登记的,才适用善意取得;没有登记的,不能适用善意取得。如果物权的变动不是以登记而是以交付为生效要件,则已经交付的,才适用善意取得;没有交付的,不适用善意取得。因为只有在具备物权变动的生效要件的情况下,当事人之间的交易才为完成,受让人才形式上取得受让的物权。

哪些财产的转让属于"依照法律规定应当登记的",哪些财产的转让属于"不需要登记的"呢?对此,应当依据《民法典》关于"物权的设立、变更、转让和消灭"的规定。

《民法典》第209条第1款规定:"不动产物权的设立、变更、转让和消灭,经依法登记,发生效力;未经登记,不发生效力,但是法律另有规定的除外。"依该条规定,除法律另有规定外,不动产物权的变动,经登记发生效力。因此,除法律另有规定外,转让不动产的,转让人仅将该不动产交付给受让人,但未办理变更登记的,不能适用善意取得制度。相反,如果已经办理了变更登记,即转让的不动产物权已经登记在受让人名下,即使转让人未将该不动产交付给受让人,也可以适用善意取得制度。

《民法典》第224条规定:"动产物权的设立和转让,自交付时起发生效力,但是法律另有规定的除外。"依此规定,除法律另有规定外,动产物权的变动是不需要登记的,自交付时起发生效力。这里的"法律另有规定"是指何种情形?对此有不同的观点。[1]笔者认为,法律另有规定的除外情形主要是指动产抵押担保物权的设立,动产抵押

---

[1] 参见黄薇主编:《中华人民共和国民法典物权编释义》,法律出版社2020年版,第33—34页;孙宪忠、朱广新主编:《民法典评注:物权编(1)》,中国法制出版社2020年版,第159—160页。

是不以交付为生效条件的,也不是以登记为生效条件的,而是自抵押合同生效时抵押权设立,也就是自动产抵押合同生效时起动产抵押权的设立发生效力,但未经登记的不得对抗善意第三人。除此之外,有的交付方式并不能使某些动产物权的变动发生效力,例如,占有改定的交付方式不能发生动产质权设立的效力。对于动产物权的善意取得的争议主要在于以下两个问题:

第一,转让船舶、航空器和机动车等的,是否以已经登记为善意取得的要件?对此有不同的观点。《民法典》第225条规定:"船舶、航空器和机动车等的物权的设立、变更、转让和消灭,未经登记,不得对抗善意第三人。"有学者认为,转让这类动产的,既然未经登记不能对抗善意第三人,也就更不能对抗原所有权人。因此,尽管转让人将转让的该动产交付给受让人,只要未经登记,就不能适用善意取得,原权利人可以追回原物。这种观点虽有一定道理,但未必符合法律的规定。依《民法典》第225条规定,船舶、航空器和机动车等动产的物权变动,登记并非生效要件,而是对抗要件。也就是说,是否办理登记并不影响在当事人之间发生物权变动的效力,未经登记的仅仅是不能对抗善意第三人而已。因此,船舶、航空器和机动车等物权的变动是否办理登记,是当事人的一种任意选择,而不属于法律规定应当登记的事项。这类物权的变动未经登记的,不能对抗善意第三人,是否也就不能对抗原权利人呢?笔者认为,原权利人的权利并不能说就强于善意第三人,因为善意取得制度原本就是维护交易安全而不是维护原所有权人利益的。如果转让的机动车等动产是已经登记的,转让人将该动产交付给受让人,虽然未办理登记,受让人与转让人之间已经完成交易,该动产物权转移给受让人;如果转让的机动车等动产是未登记的,转让人将该动产交付给受让人,则当事人之间的交易也已经完成,受让人取得受让物权。无论是何种情形下,登记或者占有都是机动车等动产物权的公示方式,所公示的权利外观是具有公信力的,而善意取得制度正是物权公示公信原则的表现。如果说这类特殊的动产的物权变动,只要未经登记,就不能适用善意取得。这与物权的公示公信原则的效力不符,也与维护交易安全的善意取得制度的目的不合。因此,《物权编解释(一)》第19条规定:"转让人将民法典第二百二十五条规定的船舶、航空器和机动车等交付给受让人的,应当认定符合民法典第三百一十一条第一款第三项规定的善意取得的条件。"

第二,动产物权变动中的交付是否都适用于善意取得?依《民法典》第224条规定,动产物权的设立和转让,除法律另有规定外,自交付时发生效力。交付既包括现实交付,也包括简易交付、占有改定和指示交付。《民法典》第226条规定了简易交付,即"动产物权设立和转让前,权利人已经占有该动产的,物权自民事法律行为生效时发生效力";第227条规定了指示交付,即"动产物权设立和转让前,第三人占有该动产的,负有交付义务的人可以通过转让请求第三人返还原物的权利代替交付";第228条规定了占有改定,即"动产物权转让时,当事人又约定由出让人继续占有该动产的,物权自该约定生效时发生效力"。对于现实交付和简易交付,由于受让人均取得对于标的物的实际占有,应当适用善意取得制度,并无疑义。而对于指示交付和占有改定,是否适用善意取得,各国立法和实务上有不同的观点。通说认为,受让人如果是以占有改定方式取得动产的,则不适用善意取得,因为在这种情形下,转让人仍实际占有标的物,具备动产物权的权利外观,而受让人不具备动产物权的权利外观。有学者指出,在占有改定这种交付方式,在外观上原让与人(无权处分人)

仍是实际的占有人，在法律上原让与人也是该动产的直接占有人，当真正的权利人找到这个让与动产的直接占有人，并向其主张所有物返还请求权时，该让与人是否应该返还？善意受让人又应该如何主张权利？这些确实是不易解决的问题。[①] 为避免发生歧义，我国台湾地区民法物权编修正时，增设一款规定：占有改定为交付方式者，受让人在未取得标的物之现实占有之前，不得主张善意受让。我国民法上关于善意取得要件中规定的已经交付，也不应包括占有改定。这也是没有争议的。但对于善意取得中的交付是否包括指示交付，则有不同的观点。有学者认为，动产物权善意取得中的交付，只应当包括实际交付和简易交付两种形态，而不包括指示交付与占有改定两种形态。其理由是，动产物权的善意取得以交付为要件，主要目的在于实现善意受让人对动产的占有，从而有可能形成受让人享有物权的权利外观，使第三人能够知悉动产物权已经发生变动。[②] 但多数学者只肯定对于占有改定交付方式，不适用善意取得，而对于指示交付可否适用善意取得并未言及。笔者认为，以占有改定方式的交付与指示交付是不同的。以占有改定方式交付的，转让人仍为实际占有人，真正权利人要求转让人返还原物时不会发生困难。而以指示交付方式交付的，转让人并不实际占有标的物，受让人虽也不实际占有标的物，但其享有返还请求权。我国台湾地区有学者指出，在指示交付，虽然受让人同样未取得标的物的现实占有，不过因为该标的物是由第三人占有，不在让与人的占有之下，不致引发占有改定时若适用善意取得的问题，所以台湾民法物权编修正时未将指示交付排除在适用善意取得制度之

---

① 参见李淑明：《民法物权》，元照出版有限公司2009年版，第12页。
② 参见王利明：《物权法研究（第四版）》（上卷），中国人民大学出版社2016年版，第433—434页。

外。① 台湾地区民法物权编修正中的这一观点，值得参考。笔者认为，若无权处分人是以指示交付方式交付的，应认定为符合已经交付的要求，可以适用善意取得制度。例如，甲为无权处分人，甲将其出借给乙的电脑转让给丙，甲将请求乙返还电脑的权利转让给丙以代交付，自甲将该转让的事实通知到达乙，则为交易完成。若丙为善意的且支付了合理的价款，则丙可善意取得该电脑所有权。

三、善意取得的效力

善意取得的条件一旦构成，则会在原权利人、无权处分人与受让人之间发生以下两方面的法律效力：

一方面，受让人取得受让的权利。这是善意取得的直接效力。无权处分人转让不动产或者动产的，受让人确定地取得该不动产或者动产的所有权。因标的物的所有权为受让人确定的取得，原权利人的所有权不可能存在，因此，原权利人的权利也就消灭，其无权向受让人追回被转让的不动产或者动产。由于在善意取得中善意受让人取得受让的不动产或者动产是有法律根据的，因此，其取得受让的不动产或者动产，既不属于不当得利，也不构成侵权。

善意取得中的受让人取得受让标的物所有权是基于法律规定，而不是基于原权利人的意思，因此，受让人善意取得所有权属于所有权的原始取得而不属于继受取得。原始取得的一个很重要的特点在于标的物上原有的负担一并消灭，取得人不承受标的物上原有的负担。但是善意取得，是以受让人的善意为根本要件的，因此，受让人是否应承受标的物上原有的负担也决定于受让人在对于该负担存在的承受

---

① 参见李淑明：《民法物权》，元照出版有限公司2009年版，第13页。

上是否为善意。《民法典》第313条规定："善意受让人取得动产后，该动产上的原有权利消灭。但是，善意受让人在受让时知道或者应当知道该权利的除外。"依此规定，善意受让人受让动产的，如果受让人知道或者应当知道受让动产上存在其他权利的，该权利不消灭，受让人仍应承受该负担；如果受让人不知道或者不应当知道受让动产上存在他权利的，则该权利消灭，受让人不承受该负担。例如，无权处分人转让的动产上设有动产抵押权，该动产抵押权没有登记，受让人受让该动产时不知道抵押权存在的，该动产上的抵押权消灭；如果该动产抵押权已经登记，或者虽未登记但受让人在受让该动产时知道该抵押权存在的，则该动产抵押权不消灭，仍存在于受让人受让的该动产上。

《民法典》第313条的规定中为何仅规定善意受让人取得动产的情形而未规定取得不动产的情形呢？这是因为不动产上的权利原则上以登记为设立要件，不动产上的权利是通过登记公示的。在不动产上设立负担的，如果未予以登记，则该负担的设立不生效力；如果已经登记，则该负担发生效力，受让人通过查阅不动产登记簿就可以知道受让不动产上是否存在负担，因此，善意受让人取得不动产的，对于该不动产上的原有权利是知道或者应当知道的，不发生是否具有善意的问题。也就是说，善意受让人取得不动产的，该不动产上原有的其他权利不消灭，仍然存在，取得该不动产的受让人应当承受该不动产上的原有负担。

需要说明的是，如果无权处分人不是转让不动产或者动产，而是设立他物权，则受让人取得设立的他物权，真正权利人不能主张设立的他物权无效，而应承受所设立的他物权负担。

另一方面，无权处分人应向原权利人负赔偿责任。善意受让人取得受让的物权,原权利人的权利丧失,但这仅是在保护动的安全与静的安全之间的利益平衡的结果,并不意味着法律不保护原权利人的利益。原权利人因无权处分人的处分行为而受到的利益损害是没有法律根据的,是不正当的,因此,原权利人的利益损害也应受到救济。对于原权利人的救济方式,也就是由无处分权人向原权利人承担责任。原权利人向无权处分人要求承担责任的请求权性质为何?在传统民法上通常认为,原权利人要求无权处分人承担责任的请求权有三种:一是合同不履行请求权;二是不当得利返还请求权;三是侵权赔偿请求权。《民法典》第311条第2款规定:"受让人依据前款规定取得不动产或者动产的所有权的,原所有权人有权向无处分权人请求损害赔偿。"依该规定,无权处分人应向原权利人承担赔偿损失的责任。这种赔偿责任应属于侵权责任。因为无权处分人的处分行为侵害了原所有权人的所有权(使其权利消灭或者受到限制),该处分行为构成侵权行为。当然,如果无权处分人与原所有权人之间存在合同关系,例如原权利人与无权处分人间存在租赁、保管等关系,无权处分人是基于这种合同关系而占有动产的,无权处分人的处分行为同时构成违约,原权利人也可以无权处分人违约为由,请求无权处分人承担违约赔偿责任。在这种情形下,发生侵权责任与违约责任的竞合,原权利人可以选择要求无权处分人承担违约赔偿责任或者侵权赔偿责任。无权处分人的赔偿责任范围如何确定呢?笔者认为,无权处分人承担赔偿责任的范围,应为原权利人因善意受让人取得受让的物权而遭受的损失,而不应依无权处分人因处分财产所得到的利益为限。《民法典》第1184条规定:"侵害他人财产的,财产损失按照损失发生时的市场价格或者其他合理方式计算。"因此,无权处分人处分标的物的价格低于市场价格的(但仍在合理范围之内,否则,受让人不能基于善意取得而取得受让的物权），自然也应依市场价格计算损失。但即使无权处分人其处分标的物的价格高于市场价格，无权处分人的所得也都为原权利人的损失，自应以其全部所得赔偿原权利人因此所受损失。

四、善意取得适用的范围

善意取得是否适用于各种不动产或者动产呢？各国的立法例不同。从比较法上看，善意取得制度一般仅适用于动产物权的变动，并且对于动产也有一定限制。依我国法规定，善意取得制度也适用于不动产，但也并不是适用于全部的不动产或者动产，而有以下限制：

首先，对于法律禁止流通的物，不能适用善意取得。因为禁止流通物是不得流通的，不论依何种方式，也不论受让人是否知道或者应当知道该物不得流通，转让禁止流通物的，受让人不能取得受让的物权。

其次，对于无权处分人处分其占有的物为脱离物的，不适用善意取得制度或者对善意取得制度的适用予以一定限制。无权处分人基于占有而处分的动产有两种情形：一种情形是该动产是无权处分人基于与所有权人之间的合同关系也就是基于所有权人的意思而取得占有的，这种占有物被称为委托物。另一种情形是该动产的无权处分人并非是基于与所有权人之间的合同关系也就是并非基于所有权人的意思而取得该动产占有的，这种占有物被称为脱离物。在许多国家的立法上，在善意取得制度上对于委托物与脱离物的态度是不同的。为何对于委托物和脱离物应区别对待呢？对此有不同的理由。有学者认为，某项财产依权利人的意志让与受托人占有时，就同时引发了两种危险：一是它营造了可以使第三人信赖的状态，从而对交易安全产生了危险；二是所有人失去标的物的直接占有，就面临标的物被他人处分的危险。① 这种风险是所有权人能够预测和避免的，由此产生的不利益也就应由所有权人自己承受，因此，对于委托物的无权处分，应优先保护善意第三人的利益。而对于脱离物则不应适用善意取得。也有的认为，对于委托物与脱离物的不同对待，主要是利益平衡的结果。善意取得制度旨在保护交易的安全，但它也是在所有权人利益保护与善意第三人利益保护之间平衡的结果，善意取得制度重在保护善意第三人的利益，但也并非不考虑所有权人的利益。由于委托物是基于所有权人的意思由无权处分人占有的，所有权人是非常清楚何人处分其物而侵害其权利的，因此，委托物的占有人处分占有物时，应优先保护善意第三人，因为在这种情形下，原权利人可以更容易地向无权处分人请求赔偿，以救济其权利；而善意的受让第三人较之所有权人，难以了解无权处分人为何人，若由第三人返还受让物而通过向转让人追回价款以求保护善意第三人的利益，较之由所有权人请求无权处分人赔偿以保护所有权人的利益更难。相反，在无权处分人处分脱离物的情形下，受让人较之所有权人更易于知道和清楚是从何人之手取得受让物的，于此情形下，所有权人追回转让物，第三人通过要求转让人返还价款或者赔偿以保护其利益，较之由第三人取得受让权利，所有权人通过向无权处分人请求赔偿以求救济更容易，因此，于此情形下，所有权人应有权追回被处分的所有物，受让人的利益则可以通过请求转让人赔偿以得到保护。

脱离物又有两种情形。一是基于所有权人的原因脱离占有的，如遗失物是因所有权人丢失或者遗忘而导致物脱离所有权人占有的；

---

① 参见王轶：《物权变动论》，中国人民大学出版社2001年版，第283页。

二是非基于所有权人的原因脱离占有的，如赃物是因被盗抢而脱离所有权人占有的。对于遗失物的善意取得，《民法典》第312条明确作了限制性规定，即"所有权人或者其他权利人有权追回遗失物。该遗失物通过转让被他人占有的，权利人有权向无权处分人请求损害赔偿，或者自知道或者应当知道受让人之日起二年内向受让人请求返还原物；但是，受让人通过拍卖或者向具有经营资格的经营者购得该遗失物的，权利人请求返还原物时应当支付受让人所付的费用。权利人向受让人支付所付费用后，有权向无处分权人追偿。"依此规定，无处分权人将其占有的遗失物转让的，权利人在符合以下要件时，可以请求返还原物：

（1）请求返还原物者为遗失物的权利人。这里的权利人是指遗失物的原有权占有人，既包括所有权人，也包括其他权利人，例如，承租人、借用人、保管人、质权人等。但遗失物为货币或者无记名有价证券的，遗失物的权利人无权要求返还，因为货币和无记名有价证券，在任何情形下的转让都发生所有权的转移，占有人也就是所有权人。

（2）被请求返还原物的人为受让人。这里的受让人应为原物的现占有人。例如，甲拾得一块手表，甲将该表转让给善意受让人乙，乙又将该表转让给善意受让人丙。遗失该表的权利人应向丙请求返还，而不是要求乙返还。

（3）权利人应于除斥期间内要求返还。依《民法典》规定，权利人可向受让人要求返还的期间为自知道或者应当知道受让人之日（而不是知道或者应当知道丧失占有之日）起2年。该2年的期间为除斥期间，属于不变期间，不发生中止、中断。自权利人知道或者应当知道受让人之日起满2年，权利人未请求受让人返还原物的，不得请求受让人返还，受让人确定地取得受让物的所有权。

（4）受让人通过拍卖或者向具有经营资格的经营者购得遗失物的，权利人请求返还原物时应当支付受让人所付的费用。如果权利人不支付受让人所付的费用，受让人得拒绝返还。这里的所谓具有经营资格的经营者，是指经许可得经营的相关营业者。例如，受让人是在经工商登记经营旧货交易的寄卖店中购买到他人遗失的手表的，就属于向具有经营资格的经营者购得遗失物。权利人支付受让人所付费用而追回原物的，其当然有权就所付的费用向无处分权人追偿。如果受让人不是通过拍卖或者向具有经营资格的经营者购得遗失物的，权利人请求返还原物时不必向受让人支付受让人所付的费用，受让人仍应向权利人返还原物，受让人只能向转让人追回其所付费用。

在善意取得制度中赃物是否与遗失物的地位相同，是否也可以适用善意取得呢？对此，各国立法上有不同的规定。我国也有赞同与反对说两种不同的观点，《民法典》最终对此未作规定。从我国现行的有关规定和司法实务上看，对于赃物实行的是"一追到底"，而不适用善意取得的。这种做法有其合理性，但也有区别对待的必要。[①] 然而，笔者认为，在何种情形下，对于何种赃物，应对善意受让人予以保护，对权利人追赃予以一定限制，应当由法律规定，在法律未予以做出规定的情形下，对于任何赃物在任何情形下还是不能适用善意取得的。

五、善意取得规则适用的扩张

善意取得本是所有权取得的特殊方式，善意取得规则适用于所

---

① 参见王利明：《物权法研究（第四版）》（上卷），中国人民大学出版社2016年版，第442—443页。

有权取得。但是，按照民法典的规定，善意取得规则也可以适用于其他物权的取得。对于其他物权的善意取得，可以参照适用所有权善意取得的规定。

参照善意取得所有权的规定，其他物权的善意取得也须符合以下条件：第一，设立他物权的民事法律行为有效，如果设立他物权的民事法律行为无效，则不论设立物权的人是否有处分权，他物权都不能设立。第二，设立他物权的人其实并没有设立他物权的处分权。如果设立他物权的人有处分权，受让人自可取得设立的他物权，也就不会发生是否善意问题。第三，受让人受让他物权时是善意的，即不知道或者不应当知道设立人并没有设立他物权的权利。如果受让人是恶意的，当然也就不会发生善意取得。第四，交易的价格合理。设立他物权是受让人有偿对他人之物享有一定范围的支配权的法律形式，因此，交易的价格是否合理也是判决受让人是否为善意的一个标准。所谓合理，一般来说，设立担保物权的受让担保物权的人应有符合提供担保的债权，设立用益物权的，用益人使用他人之物的价格符合市场一般价格。第五，法律规定应当登记的已经登记，不需要登记的已经交付。如设立不动产抵押权的，已经办理抵押登记；设立动产质权的，已经将出质动产交付。

由以上原理就本案来说，当事人争议的是案涉房屋的抵押权设立是否有效，也就是梁青典当可否取得案涉房屋的抵押权，涉及的是取得其他物权善意取得规则的适用。因此，梁青典当可否取得案涉房屋的抵押权，首先，决定于梁青典当与段迎春之间签订的《最高额抵押合同》是否有效。只有当事人之间的担保合同有效，担保权才有可能成立。从当事人提供的证据看，梁青典当与段迎春之间签订《最高额抵押合同》是双方真实的意思表示，并不存在合同无效的情况，是有效的。其次，段迎春以案涉房屋设立抵押权是否属于无权处分。因为适用善意取得的前提是处分人的处分行为属于无权处分。如果处分人的处分行为属于有权处分，自当发生处分的后果，而无善意取得的适用余地。本案中案涉房屋为段迎春作为继承人继承取得，但其继承该房产时已经结婚，在婚姻存续期间继承的遗产为夫妻共同财产（本案中被继承人并未特别指明仅由段迎春一方继承），而在设立抵押时段迎春与吴冬霞的婚姻关系并未解除，段迎春以案涉房屋抵押未经吴冬霞同意，因此，段迎春以案涉房屋设立抵押权的行为属于无权处分。在无处分权人处分财产时，受让人可否取得受让物的权利，需要依善意取得的构成要件予以判断。

在本案中，案涉房屋的不动产登记的产权人仅为段迎春一人，登记簿上并无共有人的记载，因此，段迎春是具有对案涉房屋享有单独所有权的外观的，且段迎春提供了离婚证、离婚协议等材料已证明自己单独享有房屋所有权。从案情看，梁青典当对段迎春所提供的离婚证、离婚协议等材料是难以辨明真假的，其按照内部办理抵押的流程专门到现场查看了案涉房屋状况且对相关问题进行了调查询问，确信段迎春有权就案涉房屋设立抵押权，因此，梁青典当在受让该不动产抵押权时已经尽到应尽的注意义务，是不能知道段迎春为无权处分的，其受让该抵押权是善意的。段迎春之所以设立抵押权是为取得梁青典当所提供的借款，是为担保典当公司的债权的。而这笔债权是基于双方的《典当合同》发生的。梁青典当与段迎春签订的《典当合同》实际上是借款合同（合同中并未约定当物，仅约定发放的当价等）。该合同虽名称与内容不符，但它是双方真实的意思表示，也不存在民事法律行为无效的事由，因此，该合同是有效的，梁青典当已经按照约定向段迎春发放借款，其已经取得相应的债权，而案涉房屋的抵押权正是为担保此债权设立的，该设立抵押权的交易行为价格是合理的。按照法律规定不动产抵押权以登记为设立要件，本案中梁青典当也已经就案涉房屋的抵押权已经办理了抵押登记。

综上所述，梁青典当受让段迎春无权处分所设立的案涉房屋不动产抵押权符合善意取得他物权的要件，段迎春为梁青典所设立的抵押权有效，梁青典当确定地取得案涉房屋的抵押权。

第五专题　农村集体组织成员权益的保护
——刘甜妹诉裕民村委会侵害集体经济组织成员权益纠纷案

案例索引

山东省东营市中级人民法院（2023）鲁05民终275号民事判决；山东省东营市河口区人民法院（2022）鲁0535民初1751号民事判决。

基本案情

刘甜妹出生于河口区××街道裕民村，户口一直在该村，一直在该村居住生活。2021年5月21日刘甜妹与滨州市阳信县××镇××村村民苏孟鑫登记结婚，婚后与苏孟鑫一起在该村居住生活，两人育有一女，户口也落在该村。裕民村委会于2021年9月24日向村民发放2020年度收益款，每人14,058元，于2022年4月23日向村民发放收益款每人251元（系裕民村2022年对外发包土地的承包费收益），均未向刘甜妹发放。此前，刘甜妹一直享受裕民村村民待遇。

滨州市阳信县××镇××村村民委员会于2022年6月23日出具证明一份，载明刘甜妹与苏孟鑫婚后在该村"无口粮田，没享受本村任何待遇，无生活来源"。刘甜妹称其结婚后无工作、无收入，与苏孟鑫父母同住，仅投保了城乡居民医疗保险；苏孟鑫先后在滨州市阳信县中国电信和中国移动公司从事维修临时工工作，单位给其交纳社保，苏孟鑫及其父母在村里有人口地。

刘甜妹向东营市河口区人民法院起诉请求：1.判令裕民村委会支付2021年发放的土地补贴款12,596元、2022年发放的土地补贴款14,309元；2.本案诉讼费用由裕民村委会承担。

判决与理由

一审法院认为，最高人民法院《第八次全国法院民商事审判工作会议（民事部分）纪要》第23条规定，审理土地补偿费分配纠纷时，要在现行法律规定框架内，综合考虑当事人生产生活状况、户口登记状况以及农村土地对农民的基本生活保障功能等因素认定相关权利主体。要以当事人是否获得其他替代性基本生活保障为重要考量因素，慎重认定其权利主体资格的丧失，注重依法保护妇女、儿童及农民工等群体的合法权益。根据该会议纪要的精神，单纯的集体经济组织成员资格的认定，虽然不属于法院的受案范围，但当事人主张在集体经济组织中享有实体权益的，人民法院有必要对其集体经济组织成员资格进行审查。刘甜妹婚后随丈夫在滨州市阳信县××镇××村居住生活，两人育有一女也落户该村，其在该村虽未分得人口地，但其丈夫家有人口地，其丈夫所在单位也交纳了社保，刘甜妹已经在其夫家较为固定的生产生活，而与裕民村缺乏紧密联系，不能认定其婚后仍具有裕民村集体经济组织成员的资格。根据上述分析，刘甜妹出嫁前应享受裕民村村民待遇，故对其主张的2020年度及2021年1—5月的收益款18,453.5元予以支持，对其主张的其他收益款不予支持。

综上，一审法院依照《中华人民共和国民法典》第261条第1款，《最高人民法院关于审理农村土地承包纠纷案件适用法律问题的解释》第23条，《中华人民共和国民事诉讼法》第67条、第147条，《最高人民法院关于适用〈中华人民共和国民事诉讼法〉的解释》第90条之规定，判决：一、裕民村委会于判决生效后10日内向刘甜妹支付2020年度及2021年1—5月的收益款合计18,453.5元；二、驳回刘甜妹的其他诉讼请求。

一审判决后，刘甜妹不服一审判决，向东营市中级人民法院提起上诉，请求：1.依法撤销一审判决，查清事实后依法改判支持刘甜妹的一审诉讼请求或将本案发回重审；2.一、二审诉讼费用由裕民村委会承担。

二审法院查明，刘甜妹的丈夫苏孟鑫的个人社会保险缴费终止年月为2022年8月。经向裕民村委会主任电话核实，刘甜妹在结婚之前享受该村集体经济组织成员待遇。

二审法院认为，人民法院在处理侵害集体经济组织成员权益时，应综合考虑当事人生产、生活状况、户口状况以及农村土地对组织成员的基本生活保障功能等因素，要以当事人是否获得其他替代性基本生活保障为重要考量因素，慎重认定权利主体资格丧失的情况，尤其注意保护妇女及未成年人等群体的合法权益。本案中，刘甜妹婚后到夫家生活的时间较短，刘甜妹在其丈夫所在集体经济组织未享受成员待遇；刘甜妹丈夫从事务农外临时工作的收入并不高，其丈夫的收入不足以保障刘甜妹的基本生活；刘甜妹称其婚后无工作、无收入，现有证据不足以证实刘甜妹有其他经济来源。刘甜妹的户口自出生落户在裕民村，刘甜妹在结婚之前一直享受裕民村集体经济组织成员待遇，刘甜妹在结婚后并未获得其他替代性生活保障，故裕民村委会的土地仍应对刘甜妹的基本生活发挥基本生活保障的作用。裕民村委会以刘甜妹外嫁为由拒绝向刘甜妹发放该村集体组织成员所享有的有关待遇，构成对刘甜妹权利的侵犯，刘甜妹请求裕民村委会向其发放有关款项能够成立。根据一审查明的裕民村委会向其集体组织成员发放土地补贴款的情况，刘甜妹一审诉讼请求列明的数额与应发数额一致，本院予以支持。综上，刘甜妹的上诉请求，本院予以支持。一审认定事实错误，导致判决结果不当，本院依法予以纠正。依照《中华人民共和国民事诉讼法》第177条第1款第2项，判决如下：一、撤销河口区人民法院（2022）鲁0535民初1751号民事判决；二、河口区河口街道裕民村民委员会于判决生效之日起10日内支付刘甜妹2021年土地补贴款12,596元、2022年土地补贴款14,309元，合计26,905元。一审案件受理费472元、二审案件受理费472元，均由河口区河口街道裕民村民委员会负担。

评　析

在现实中此类的案件不少。类似案件涉及的问题主要有三：一是农村集体不动产或动产的权利主体为何人？二是农村集体不动产或动产所有权的权利如何行使？三是农村集体成员享有何种权利？

一、关于农村集体的不动产和动产的权利主体

农村集体的不动产和动产的权利主体为何人，亦即归何人所有？该不动产和动产所有权为何种性质？这个问题主要涉及的是农村集体所有的土地权利的性质。在《物权法》通过前，对此曾有不同的

观点，如何构建农村土地所有权也就成为学界长期争论的问题。有的认为，我国农村土地所有权存在主体虚位，有的甚至认为应将土地所有权确认为农民个人所有，以解决农村土地"无主"现象。另一种观点则主张农村集体的土地应为集体所有，因为我国《宪法》中规定"农村和城市郊区的土地，除由法律规定属于国家所有的以外，属于集体所有；宅基地和自留地、自留山，也属于集体所有"，同时因为我国农村土地权属变动的历史原因，使我们无法或者说不能确认现有土地应归哪一具体的农民个人所有；若不将农村土地确认为集体所有而确认为农民个人所有，不仅会造成今后的土地利用问题，而且会造成极大的社会动荡。但在确认农村土地归集体所有上，如何表述该种集体所有权仍有不同的观点，主要有集体组织所有说和集体成员所有说。集体组织所有说认为，农村集体所有权就是指农村集体经济组织所有。例如，农村集体经济组织可以分为村集体经济组织、村民委员会、村民小组等，应当由其相应地享有农村集体所有权，并由其行使该权利。集体成员所有说认为，农村集体所有权在性质上应当属于本集体成员所有。原《物权法》采纳了集体成员所有说。[①]《民法典》仍采这种观点。《民法典》第261条第1款规定："农民集体所有的不动产和动产，属于本集体成员集体所有。"这一规定明确了农民集体所有的不动产和动产归本集体的成员集体所有。这一条规定对农民集体所有的不动产和动产的权利主体的表述显然不同于对其他集体所有的权利主体的表述。例如，《民法典》第263条规定："城镇集体所有的不动产和动产，依照法律、行政法规的规定由本集体享有占有、

---

① 参见王利明：《物权法研究（第四版）》（上卷），中国人民大学出版社2016年版，第512页。

使用、收益和处分的权利。"依此条规定，城镇集体所有的不动产和动产的所有权主体为"本集体"，而并非"本集体成员"。笔者认为，这种城镇集体所有实际上也就是法人所有。但农民集体所有的不动产和动产不是本集体所有，而是本集体"成员集体所有"，这不同于法人所有，成员集体并非作为一个法人拥有其不动产和动产。但在对于本集体成员集体所有应作如何理解上，学者中也有不同的主张，如有的认为，成员集体所有应为集体成员共有；有的认为成员集体所有应为一种总有，等等。王利明教授指出，农村集体所有权就是指农村集体经济组织成员对于本集体的财产享有的权利，主体是本集体经济组织的成员。所谓本集体经济组织成员所有，是指本集体成员集体所有，而并不意味着集体所有就是集体成员共有。[①]崔建远教授认为，确认集体组织成员亦为集体所有权的主体，目的在于解决集体所有权的主体虚化，某些地区的集体所有的财产被少数村干部作为谋取私利的工具，全体成员难以真正行使对集体财产的权利，本应取得的利益被限制乃至被剥夺等问题。可见，立法本意是正面的，积极的。不过，仅就立法技术而言，集体组织毕竟不同于集体组织成员，二者是各自不同的民事主体。集体组织作为所有权的主体，该所有权的主体是单一的，该所有权为单一所有权。集体组织成员作为所有权主体，该所有权的主体为复数的，该所有权为共有权，而非单独所有权。[②]可以说，学者的各种不同的观点都有一定道理。笔者认为，理解农村集体所有的财产属于本集体成员集体所有，不能局限于传统理论中的所有权理论。这种集体成员集体所有的集体所有权就是一种特殊的单

---

① 参见王利明：《物权法研究（第四版）》（上卷），中国人民大学出版社2016年版，第512页。

② 参见崔建远：《物权法》（第五版），中国人民大学出版社2021年版，第201页。

一所有权类型。笔者不同意将集体成员集体所有权理解为集体成员共同所有的观点。笔者认为，这种集体成员集体所有，是由具有本集体组织成员（村落的村民或居民）身份的人共同享有的，但并非是每一成员按一定的份额的按份共有或者不分份额的共同共有。在这种财产所有中，并非每一成员在退出时可以要求分出自己的应得份额的，也并非是每个成员随时可以要求分割成员集体所有的财产的。因此，笔者赞同"成员集体所有"这种所有的性质为"总有"或者称为"合有"。有学者认为："合有，也称为公共共有或者共同共有，是指两个或两个以上的人基于某种共同关系的存在共有一物，他们不分份额平等地享有权利，对共有物之处分以全体共有人的同意决定。""总有，是指多数人所结合之一种共同体，亦即所谓实在的综合人之有。"[①] 尽管境外也多有学者将共同共有定义为合有，但笔者认为，我国法上是将共有区分为按份共有与共同共有的，也就是将共同共有作为共有的一种形式，而不是将共有仅限于分别共有或按份共有，因此，与其将"合有"作共同共有解释，不如将其作与"总有"含义相同的解释。也正因为如此，笔者认为，农民成员集体所有属于合有即总有。合有与共有的根本区别在于合有人构成一个团体，每个成员都不能要求对合有的财产分割，只是在享有所有权人的权益上应与共同共有相同，即每个人都可享有所有的财产的收益。"共有人不仅可以直接占有共有财产，而且有权请求分割共有财产。集体财产尽管为其成员所有，但其属于集体所有，集体财产与其成员是可以分离的，尤其是任何成

[①] 韩松：《集体所有权研究》，载王利明主编：《物权法专题研究》（上），吉林人民出版社 2002 年版，第 470 页。

员都无权请求分割集体财产。"①

二、关于农村集体成员集体所有的不动产和动产所有权的行使

从《物权法》到《民法典》都明确规定农民集体所有的不动产和动产归本集体组织成员集体所有，这种集体成员集体所有是既不同于其他的单一所有权（如法人所有权、国家所有权、城镇集体所有权、私人所有权），也不同于"共有"的一种所有权形态，是由成员集体共同享有所有权的新型所有权形态。因此，成员集体如何行使所有权也就成为理论和实务上需要解决的现实问题。为使成员集体所有权的行使有法律依据，《民法典》第261条第2款规定了应当依法定程序经本集体成员决定的事项，第262条规定了集体所有的自然资源所有权的行使主体。

《民法典》第262条规定："对于集体所有的土地和森林、山岭、草原、荒地、滩涂等，依照下列规定行使所有权：（一）属于村农民集体所有的，由村集体经济组织或者村民委员会代表集体行使所有权；（二）分别属于村内两个以上农民集体所有的，由村内各该集体经济组织或者村民小组代表集体行使所有权；（三）属于乡镇农民集体所有的，由乡镇集体经济组织代表集体行使所有权。"正如有学者所指出，该条规定了集体所有权的代表行使机制。②这是因为农村集体所有的不动产和动产为成员集体所有，尽管每一成员都可享有所有者的权益，但并非每个成员都可代表成员集体行使集体所有权，因

---

① 参见王利明：《物权法研究（第四版）》（上卷），中国人民大学出版社2016年版，第513页。

② 参见崔建远：《物权法》（第五版），中国人民大学出版社2021年版，第202页。

此，必须从法律上确认由何人或者由何机构来代表全体成员行使所有权。同时，这条规定也是根据我国农村集体所有的自然资源历史变动的情形而确认了其所有权主体和行使集体所有权的代表。因为，我国现行集体的自然资源所有体制实际上是由人民公社时期的"队为基础、三级所有"的体制进化形成的，从而在现实中农村的自然资源形成了由村民小组（原来的生产队或自然村）、村（指设立村民委员会的村，而非指自然村，原来的生产大队）以及乡镇（原来的人民公社）集体所有的格局。但无论是那种情形的集体所有，都是由本集体成员集体所有。也就是说，成员集体享有集体所有的自然资源所有权。农民集体自然资源所有权也是一种所有权，所有权人的权益就应由所有权人享有，而不应由其他人享有。这是由所有权的性质所决定的。如果所有权人不能享有所有权权益，那么这种"所有权"也就不是真正的所有权。《民法典》中明确确认了农民成员集体对集体所有的不动产和动产的所有权，也就明示农民集体所有权的权益归该集体成员集体享有。无论是集体经济组织或是村民委员会或是村民小组仅是代表本集体成员集体来行使所有权的，只能属于所有权的行使主体，而并非是所有权的主体。

由于农民集体所有的不动产和动产是由本集体成员集体享有的，因此该集体所有权的主体为成员集体，尽管这种集体所有权是由各类集体组织或村民委员会或村民小组代表成员集体行使的，也不能改变所有者权益的归属。也就是说无论何种组织代表成员集体行使所有权，所有者的权益都归属于成员集体，而不属于代表成员集体行使所有权的组织。所以，各类集体经济组织或村民委员会或村民小组在代表成员集体行使所有权时，也须维护集体成员的利益，必须反映集体成员的共同意愿。这就要求，在集体所有权的行使上须建立必要的切

实可行的民主决策机制。为此,《民法典》在以下两方面作了特别规定:

其一,特别规定了须由集体成员集体决定的事项。依《民法典》第261条第2款规定,下列事项应当依照法定程序经本集体成员决定:(1)土地承包方案以及将土地发包给本集体以外的单位或者个人承包;(2)个别土地承包经营权人之间承包地的调整;(3)土地补偿费等费用的使用、分配办法;(4)集体出资的企业的所有权变动等事项;(5)法律规定的其他事项。这里的所谓依照法定程序,是指依《中华人民共和国土地管理法》(以下简称《土地管理法》)、《中华人民共和国农村土地承包法》(以下简称《农村土地承包法》)、《中华人民共和国村民委员会组织法》(以下简称《村民委员会组织法》)等法律规定的程序。以农村土地承包为例。《民法典》第330条第2款规定:"农民集体所有和国家所有由农民集体使用的耕地、林地、草地以及其他用于农业的土地,依法实行土地承包经营制度。"《农村土地承包法》规定土地承包应当依照以下程序进行:(1)本集体经济组织成员的村民会议选举承包工作小组;(2)承包工作小组依照法律、法规的规定拟订并公布承包方案;(3)依法召开本集体经济组织成员的村民会议,讨论通过承包方案;(4)公开组织实施承包方案;(5)签订承包合同。农村的农用土地是否必须承包经营呢?这涉及《民法典》第330条属于强制性的还是任意性的规定?有的认为,这一规定是强制性的,按照这一规定,凡农业用地,都须实行承包经营。有的认为,这一规定并不是强制性的,而仅是强调依法实行承包经营,而不是私有化。笔者赞同后一种观点。笔者认为,《民法典》第330条更重要的是强调实行承包经营不会改变农村土地集体所有的性质,而不是强调农村土地都要实行承包经营。农村土地实行承包经营责任制,是一项伟大的创举,也已成为国家在农村的重要政策。但实行土地承包经营毕竟只是一项指导性的政策,而不能也不应是强制性的规定。法律中规定实行承包经营时土地承包经营权人的权利,是为了保护承包人的合法利益,维护土地承包经营制度,但不是要求农村土地的所有权人对农业用地都必须实行土地承包经营制度。因为对于农业用地实行承包经营是在农民集体所有或者国家所有由集体使用的土地上设立土地承包经营权这种用益物权,属于所有权行使的一种方式。而如何经营土地,如何行使所有权,这是土地所有权人的权利,应由所有权人根据自己的利益和需要自行决定。农民在其所有的土地上是设立土地承包经营权,还是不设立土地承包经营权而以其他方式行使所有权,都应由所有权人即成员集体决定,而不应由法律强制规定。是否在农业用地上设立土地承包经营权是所有权人的权利,设立不设立土地承包经营权都是所有权人行使所有权的选择。但如果农民集体成员集体决定对其所有的土地实行承包经营,就应依照《农村土地承包法》等规定的法定程序进行发包或者进行承包地的调整。

其二,实行财务、村务公开。为保障农民成员集体所有权的行使能够体现成员的意志,必须强化对代表机构代表成员集体行使所有权的监督,而实行财务、村务公开是对代表机构实行监督的有效和必要的途径。《民法典》第264条规定:"农村集体经济组织或者村民委员会、村民小组应当依照法律、行政法规以及章程、村规民约向本集体成员公布集体财产的状况。集体成员有权查阅、复制相关资料。"《村民委员会组织法》第22条中规定,村民委员会实行村务公开制度,涉及财务的事项至少每6个月公布一次,接受村民的监督。村民委员会应当保证公布内容的真实性,并接受村民的查询。村民委员会不及时公布应当公布的事项或者公布的事项不真实的，村民有权向乡镇人民政府或者县级人民政府及其主管部门反映，有关政府机关应当负责调查核实；经查证确有违法行为的，有关人员应当依法承担责任。

三、关于农村集体成员的成员权利

农民集体所有的不动产和动产归本集体的成员集体所有，基于这一成员集体所有，作为成员集体中的成员，也就必然对集体的事务和集体所有的不动产和动产享有一定的权益，这种权益也就是集体成员的成员权。

农民集体成员的成员权既包括财产性权利，也包括非财产性权利。农民集体成员的非财产性权利是指其享有的参与村民事务管理的权利。《村民委员会组织法》第 2 条中规定，村民委员会是村民自我管理、自我教育、自我服务的基层群众性自治组织，实行民主选举、民主决策、民主管理、民主监督。集体成员作为村民所享有的民主选举、民主决策、民主管理、民主监督的权利，是其作为村民所享有的管理村民集体事务的权利。农民集体成员的财产性权利是指其作为集体所有的不动产和动产的所有权人即成员集体中的一员对集体财产所享有的管理、使用、收益等各项权益。我们通常所说的成员权主要是指后者而言的。

农民集体成员的成员权是一种兼及身份权与财产权双重性质的权利。集体成员的财产权是以其享有成员身份为前提的。也就是说，只有具有集体成员的身份，才能享有集体财产的权益。并且，这种成员资格是不可转让的。因此，确认某人是否享有某集体财产的权益，首先应当确认该人是否为该集体组织的成员。如何确认某人是否为某成员集体中的成员呢？对此有不同的观点。一种观点可称为户籍说。此说认为，农民集体组织成员资格的认定应以户口所在地为准。依此种观点，凡户口在某农村集体中的人，也就为该集体组织的成员；反之，不具有某集体组织的户口的，也就不为该集体组织的成员。因为通常认定某村或村民小组的村民，都是以户口是否在该村为标准的。另一种观点可称为生活来源说。此说认为，农村集体组织成员资格的认定应以其是否以集体财产为基本生存保障为标准。依照此种观点，凡以集体所有的财产尤其是土地为基本生存保障的，就为该集体组织的成员；若某人已经不以该集体组织所有的财产为基本生存保障，则该人不为该集体组织的成员。第三种观点可称为权利义务说。此说主张，农民集体经济组织的成员资格的认定应以其是否尽相应义务为标准。依此种观点，凡对集体经济组织尽了相应义务的，也就应享有相应的权利，属于该集体经济组织成员；反之，对集体经济组织未尽相应义务的，不应认定为该集体经济组织成员，也就不能享有相应权利。也有学者认为，集体成员，应该根据集体成立时的原始成员进行判断。原始成员死亡的，其相应的成员资格应该由其继承人继承。户口是判断成员的重要的但非唯一证据。在村这种农村集体组织中，集体组织成员所生的未成年人当然为集体组织成员，无须继承集体成员的资格。①上述观点均有道理。但笔者认为，应区别集体成员的不同权利来决定确认的是何种成员的资格。如上所述，集体成员的权利包括财产性权利和非财产性权利。就非财产性权利而言，哪些成员可以享有，原则上应当以户口或经常居住地为标准。一般来说，户口在某村的人，即为本村的村民，有权参与村事务的管理；但户口虽不在某

---

① 崔建远：《物权法》（第五版），中国人民大学出版社 2021 年版，第 200 页。

村，但以该村为经常居住地并在该村行使公民的政治权利的，也应当认定其具有参与该村事务管理的成员权。就集体成员的财产性权利来说，因为该权利源于集体所有权，因此，在确认是否为享有该权利的成员资格上，不仅应考虑户口还应当以其是否以该集体财产为基本生存保障条件或者是否有其他基本生存条件保障为标准。因为农民集体财产尤其是土地等自然资源权益不单是成员集体的基本财产权益，也是保障农民生存的基本条件，也是农民社会福利的基本来源。例如，在对农村土地补偿费进行分配时，哪些人可以享有（即具有成员资格），就应以户口并结合其社会生存保障的条件来确定。这里有以下两种例外情形应当考虑：

其一，户口在本集体组织，但已享有城镇居民的社会福利和社会保障，或者在其他农民集体组织中已享有相应的土地权益。例如，某公务员将户口落到某农村，并无取得该集体原始成员资格的根据，因该公务员已经享有国家规定的城镇居民的社会保障和福利，并不以农村集体经济组织财产为基本生存条件保障，因此，该公务员尽管户口在某农村集体，却也不应以该集体的集体成员的身份享有集体财产的权益，从而也就无权要求分得相关的土地补偿款。又如，某一妇女从甲村嫁到乙村并将户口迁到乙村，该妇女在甲村原分得的承包土地并未被收回，她仍享有甲村集体土地权益，在乙村分配本村土地补偿费时，该妇女虽户口在乙村，但由于其在甲村集体经济组织享有相应的土地权益，因此，她也应无权要求分取乙村集体的土地补偿款，但在甲的土地被征收时，该妇女虽然户口已经不在甲村，也有权要求分得相应的土地补偿款。

其二，户口已不在本集体组织，但并无其他基本生存条件保障。例如，某女子嫁到他村并迁出户口，但在落户的集体组织里并没有分到承包地。再如，一些将户口迁出原所在的农村集体组织但仍在上学的大中专学生。这些人虽然户口已经不再落在原所在的本集体经济组织，但其并没有在他组织得到新的基本生存条件保障，而仍以原享受的集体成员的财产权益为基本生存保障。因此，这些人对于原集体经济组织的土地补偿款等仍应享有分配权，即得到集体所有权的财产收益。由于在对集体成员的权益上，通常往往会忽视或侵害妇女的权益，所以，为保障妇女的合法权益，《农村土地承包法》第30条特别规定："承包期内，妇女结婚，在新居住地未取得承包地的，发包方不得收回其原承包地；妇女离婚或者丧偶，仍在原居住地生活或者不在原居住地生活但在新居住地未取得承包地的，发包方不得收回其原承包地。"这一规定是必要的。但笔者认为对这一规定应作扩大解释，即不能仅限于妇女。实际上，不仅妇女结婚的，应如此办理；男子结婚的，也应如此办理。因为依现行法规定，男女双方结婚后，女方可到男方落户，男子也可以到女方落户。但依此规定的反面解释，无论男女结婚后，若其在新的居住地取得承包地，则原居住地的发包方可以收回原承包地；若其在新的居住地未取得承包地，则原居住地的发包方不得收回承包地。这一规定也表明，农村居民只能作为一个农民集体的成员在一个农民集体内享有土地权益，而不能同时在两个以上的集体内作为本成员集体的成员享有土地权益。

农民集体的成员享有农民集体所有的不动产和动产的财产权益，而集体财产所有权的行使是由村民委员会、村民小组等代表机构代表行使的，对于重大事项依照法律规定须依法定程序由成员集体决定。在成员集体决定有关成员财产权益的时候，依法应当实行多数决或者大多数决原则。在这种情形下，也就有可能出现以多数人的民主侵害少数人的合法权益的现象。因为，无论是集体经济组织、村民委员会或者其负责人经法定程序依照多数或者大多数集体成员意愿作出的决定，还是其未经法定程序自行作出的决定，都有可能会损害个别成员的合法权益。而集体财产所有权是受法律保护的，任何一个成员的合法权益也是受法律保护的。所以，为了保护每个集体成员的合法权益，以保障集体的全体成员都能享受集体所有权权益，《民法典》第265条第2款规定："农村集体经济组织、村民委员会或者其负责人作出的决定侵害集体成员合法权益的，受侵害的集体成员可以请求人民法院予以撤销。"集体成员的这一权利可称为集体成员的撤销权。

集体成员的撤销权是法律赋予集体成员在其合法权益在因集体经济组织、村民委员会及其负责人作出的行使集体所有权的决定而受到侵害时予以救济的措施。依《民法典》第265条第2款规定，集体成员的撤销权主体只能是其合法权益受到侵害的集体成员。非该集体成员的人不享有该撤销权，自属当然。即使是该集体的成员，但其合法权益未受到侵害的，也不能行使该撤销权。有的主张，只要集体组织的决定不合理，无论其合法权益是否受到侵害，都可以主张撤销。笔者认为，这种理解与《民法典》第265条第2款的规定不符。如果集体经济组织、村民委员会及其负责人作出的决定不合理，但未侵害某成员合法权益的，该集体的成员可以向有关部门反映或者提出不同的意见，但不能向人民法院起诉请求撤销该决定。集体成员撤销权的行使只是为了维护成员本人的合法权益，而不是为了维护他人或者集体的合法权益。集体成员撤销权的客体是集体经济组织、村民委员会或者其负责人作出的决定且该决定侵害了集体成员的合法权益。不论集体经济组织、村民委员会或者其负责人是依照法定程序作出的决定，还是其违反法定程序作出的决定，只要该决定侵害集体成员的合法权益，受侵害的集体成员就有权要求人民法院予以撤销，以维护自己的合法权益。但如果不是集体经济组织、村民委员会或者其负责人的决定,即使侵害集体成员的合法权益,集体成员也不能依据该条款规定主张撤销,而只能依法律规定的其他方式予以救济。例如,若乡镇政府作出的决定侵害了集体成员的合法权益,受害人只能依行政法的规定予以救济。

合法权益受到侵害的集体成员在起诉到人民法院要求撤销集体经济组织、村民委员会或者其负责人的决定时,同时还会提出恢复自己应得到的合法权益的请求,例如,主张权利的集体成员认为集体经济组织、村民委员会或者其负责人作出的关于征地补偿费用的分配或者福利待遇的决定使自己未得到应得的补偿费或者福利待遇,而主张应分给自己应得的份额。于此情形下,法院是否可以判决撤销集体经济组织、村委员会或者其负责人的决定,并判决让集体组织将原告应得到的份额或者应享受的福利发还给原告呢?对此有不同的观点。一种观点认为,《民法典》规定,集体经济组织、村民委员会或者其负责人作出的决定侵害集体成员合法权益的,受侵害的集体成员可以请求人民法院予以撤销,这意味着该集体成员有权向法院提起诉讼,要求集体组织给付自己应得到的利益。如果法院只能作出撤销被告的决定的判决,若被告重新作出决定仍然侵害原告合法权益的,原告只能再次起诉,请求撤销,如此反复必造成诉累。另一种观点则认为,合法权益受侵害的集体成员只能要求撤销集体经济组织、村民委员会或者其负责人作出的侵害其合法权益的决定,而不能请求法院判决给付。即使原告提出要求被告给付的请求,法院也不能直接判决由被告给付。因为集体组织应如何分配所有者的权益,属于集体组织依法民主决定的事项,法院只能审查被告所作出的决定是否合法,是否侵害原告的合法权益,而不能代为作出给付的决定。这两种观点都有道理，在实务中也有两种不同的做法。有学者认为，这涉及对于集体成员撤销权的性质的认识。关于集体成员撤销权的性质，有的主张为形成权，有的主张为请求权，也有的主张为形成权兼请求权，但学者提出的这些观点多是以债权人撤销权的性质来考察集体成员撤销权性质的。笔者认为，关于集体成员撤销权的性质确有研究的必要，但它显然不同于债权人撤销权，而更类似于股东撤销权。集体成员撤销权是基于物权的撤销权，而不是基于债权的撤销权；集体成员撤销权是以其作为集体成员的所有者合法权益受到损害为成立条件的，而不是以因有害于债权为条件的；集体成员撤销权撤销的对象（或客体）是集体经济组织、村民委员会或者其负责人的决定，该决定的事项是应由村民或者集体成员民主决定的事项，而不是集体经济组织、村民委员会或者其负责人可以不经民主程序（尽管有的决定是未依法经民主程序决定的）自行决定的处分财产给他人的行为；集体成员撤销权的行使结果不涉及第三人取得的财产如何处置，而债权人撤销权的行使涉及第三人取得的财产的返还。从法律规定看，《民法典》第265条第2款，仅是规定受侵害的集体成员可以请求人民法院予以撤销集体经济组织、村民委员会或者其负责人作出的侵害集体成员合法权益的决定，而并未规定撤销其决定后的处理。最高人民法院在《关于审理涉及农村土地承包纠纷案件适用法律问题的解释》第22条中规定："征地补偿安置方案确定时已经具有本集体经济组织成员资格的人，请求支付相应份额的，应予支持。"依此规定，法院也可以直接判令由集体经济组织向原告为某种给付。

　　本案中原告刘甜妹要求被告裕民村委会发给土地补贴权。而未向原告发放全部土地补贴款，是被告裕民村委会代表成员集体行使集体所有权作出的决定。因此请求判令被告向其发放全部土地补贴款，也就应先撤销被告不向原告发放全部补贴款的决定。由于村集体所有的不动产和动产属于本集体成员集体所有，因此，被告所在集体所得的土地补偿费等也属于成员集体所有。集体所有权由集体经济组织、村民委员会或者村民小组代表集体行使所有权，对于所有权行使中的重大事项应依法定程序由本集体成员集体决定。但是，集体经济组织、村民委员会或者其负责人作出的决定不论程序是否合法，都不能损害集体成员的合法权益；若损害集体成员的合法权益，受损害的集体成员有权请求法院予以撤销。本案中的原告刘甜妹是否适格，决定于原告是否为被告所在集体的成员，其合法权益是否受到侵害。从案情看，原告自结婚虽落户到其夫处，但其并未在其夫处取得替代其基本生活保障的收入，未享受其夫之村的基本生存条件的保障，而在原籍仍保留承包农地等基本生存条件保障，且原告在婚前一直享受裕民村的集体成员的村民待遇。因此，原告虽婚后落户夫家，仍应属于应享受裕民村集体经济组织财产权益的集体成员。而被告作出的决定，对于原告不予以分配全部土地补贴款，这显然侵害了原告的合法权益。因此，按照最高人民法院《关于审理涉及农村土地承包纠纷案件适用法律问题的解释》第 22 条的规定，二审法院判令被告裕民村委会向原告刘甜妹支付全部土地补贴款是正确的。但是，法院直接作出支持原告请求的判决时，应当先撤销被告的决定。

第六专题　相邻关系的认定

——刘仁元、刘景华相邻关系纠纷案

案例索引

广东省梅州市中级人民法院（2022）粤14民终803号民事判决；梅州市梅县区人民法院（2021）粤1403民初3368号民事判决。

基本案情

刘景华与刘仁元分别居住于梅州市梅县区××镇××村××组，双方房屋相邻。双方房屋均系2018年拆旧新建时所建。双方房屋建成后，双方一直相安无事。2020年上半年，刘仁元在相邻通道处砌起围墙和外大门立柱。刘景华为此向村镇相关部门投诉。2020年11月18日，梅州市梅县区南口镇人民政府发出《限期拆除通知书》，要求刘仁元拆除所建围墙。刘仁元接到通知后，自行拆除了围墙。2021年3月22日，梅州市梅县区南口镇榕岗村人民调解委员会对双方之间的排水沟位置相邻纠纷出具《人民调解委员会调解未果告知书》，载明该调委会于2020年12月25日受理后，至2021年3月22日调解期间调解未果，同时告知当事人可就原纠纷依法维权。刘仁元在调解过程中,在原拆除位置重建高57厘米,长约16米的围墙,并贴好瓷砖。为此,双方再起纠纷。刘景华以刘仁元为被告诉至梅县区人民法院请求:一、判令被告立即将其占用原、被告房屋中间通道约0.3米的地方砌起的围墙予以拆除,恢复原来宽1米的通道原状;二、判令被告立即将占用的通道东面(长2米、宽0.5米)所砌起的围墙予以拆除,恢复原来宽1米的通道原状;三、判令被告立即将其安装在靠近通道这面墙上的不锈钢门窗拆除,重新安装与其房屋墙面相平整的门窗,以恢复通道正常通行;四、判令被告立即将其安装在通道下面的排污管道另行选址安装;五、由被告承担本案诉讼费用。

原告诉至法院后,根据勘查,双方争议相邻现场情况为:相邻通道起点为自双方屋后呈东向西,相邻宽度约63厘米,被告建不锈钢防盗网宽度约153厘米,占道处长约11厘米,不锈钢防盗网突出被告墙面约24厘米,致使实际通行部分约39厘米,通道尽头拐角处最窄20厘米,拐角后通道呈自北向南走向,尽头为主路,最窄处往外通道保持66厘米宽,自被告内大门右侧台阶起点至主路建有一高57厘米、长约16米的围墙,约1/3处原告在其外墙开一门,约74厘米高,尽头左侧为被告禾坪,被告建围墙起柱后,形成外在门,在相邻通道下,原、被告各埋一排污管,延伸至尽头(主路旁)排污管下有一外露排污池。原告刘景华向法院提交其在1987年8月26日申请建房时的《申请报批表》,其中房屋"四至之南注明,以刘广贤相隔屋沟1米",刘广贤为刘仁元父亲。原告提交的《村干部见证的相邻约定》中第一项注明"刘景华与刘仁元交界点水沟长为26米,宽1米,水沟为公用"。

判决与理由

一审法院认为,不动产相邻权利人在正确处理相邻关系时,应当从有利生产、方便生活、团结互助、公平合理的角度考虑。根据被告刘仁元自认,刘广贤与其系父子关系,原告刘景华提交的《申请报批表》在"四至"中虽方向不对,但从原、被告各自提交的房屋产权材料以及公证书显示,在"四至"中均存在方向不一致的问题,《申请报批表》中明确注明"以刘广贤相隔屋沟1米",此点与《村干部见证的相邻约定》中注明的当时建房现状是相符的,原、被告房屋建成后一直相安无事,双方争议发生系在被告建起围墙后,无论被告是否在自己土地上建围墙,在未获得相邻方许可下,单方面建起围墙,客观上缩减了相邻通道宽度,也导致原告不锈钢门无法开启,从而引发纠纷,因此,被告应拆除所建围墙,恢复原1米宽通道。关于不锈钢防盗网,根据现场勘查,被告建起不锈钢防盗网,通行宽度缩减为39厘米,明显影响通行。因此,被告应拆除向外突出的不锈钢防盗网,改建为与墙面相平的不锈钢防盗网。关于排污管,该排污管系在建房时预埋在相邻通道下,不影响原、被告通行,且双方均将排污管预埋在通道下,原告以被告排污管外溢将损害其墙根为由要求拆除依据不足,对原告拆除排污管,另行选址安装请求,一审法院不予支持。为此,一审法院依照《中华人民共和国民法典》第288条、第290条规定,判决如下:一、被告刘仁元自判决生效之日起10日内拆除其在梅州市梅县区××镇××村××组××号××号间所建的从被告大门右侧起至主路止约16米长、高约57厘米的围墙,并恢复1米公共通道原状;二、被告刘仁元应在判决生效之日起拆除其所建的外露的不锈钢防盗网,并恢复原约63厘米宽的公共通道原状;三、驳回原告刘景华的其他诉讼请求。案件受理费100元,减半收取50元,由被告刘仁元负担。

一审判决后,刘仁元不服一审判决,向梅州市中级人民法院提起上诉。

二审法院认为,本案为相邻关系纠纷,根据双方当事人的诉辩主张,本案的处理意见如下:

不动产的相邻权利人应当按照有利生产、方便生活、团结互助、公平合理的原则,正确处理相邻关系。本案主要有两个争议焦点:一是上诉人所建的围墙是否占用公用巷道妨碍被上诉人的日常通行;二是上诉人安装的不锈钢防盗网是否影响公共巷道的使用。针对焦点一,根据被上诉人提交的《村干部见证的相邻约定》以及一审法院向见证的村干部的调查,《村干部见证的相邻约定》中记载的"刘景华与刘仁元界点水沟长16米,宽1米,水沟为公用",实际上原老屋相邻空间。又根据一审法院向南口镇政府相关人员调查,上诉人、被上诉人建房时,双方约定各退让50厘米,现上诉人所建的围墙是在其土地上原退让的50厘米的地方建起57厘米高的围墙,使用的是其自己的土地,不影响通风采光。综观本案现有证据,上诉人或被上诉人均未能提供相应的证据证明双方在建房时侵占了公用的地方,故本院根据现有的证据亦无法查清究竟是单方或者双方都违反了约定致现有公用水沟的宽度为63厘米的事实。根据一审法院及本院现场勘查的情况看,虽然该巷道可以通行,但其主要功能是用于双方房屋之间的排水,并非被上诉人进出房屋的主要通道,上诉人所建的16米长、57厘米高的围墙,虽然对被上诉人房屋侧门开启有一定的影响,但该侧门可以完全开启是借用了上诉人门坪的空间,现该侧门并不是完全不能开启使用,只是相较于原来开启的空间小了,但人员还是可以出入,如被上诉人认为其确需在该门出入,可以自行将门改为向内开启。现被上诉人无证据证明上诉人所建围墙侵占了公用地方或影响其房屋通风采光,其要求上诉人拆除该围墙的理由不足,不予支持。针对焦点二，根据一审法院及本院现场勘查，上诉人安装向外突出的不锈钢防盗网后，虽缩小了两房屋之间的通道距离，但该巷道并不是日常通行的通道，对双方的生产、生活并未造成实际影响。因此，被上诉人要求上诉人拆除向外突出的不锈钢防盗网的诉请，理由不足，不予支持。

综上所述，上诉人的上诉请求成立，予以支持。依照《中华人民共和国民事诉讼法》第177条第1款第（二）项之规定，判决如下：一、撤销广东省梅州市梅县区人民法院（2021）粤1403民初3368号民事判决；二、驳回刘景华的诉讼请求。一审案件受理费50元，由被上诉人刘景华负担。二审案件受理费100元，由被上诉人刘景华负担。

评　析

本案中二审法院与一审法院作出完全不同的判决，二审法院之所以完全否定一审法院的审判结果，撤销一审判决，是因为二审法院在对本案原被告的相邻关系认定上作出与一审法院完全不同的价值判断，二者对相邻关系的实质理解不同。

一、关于相邻关系的特点

相邻关系是指相互毗邻或者邻近的不动产的所有权人或者使用权人之间在行使所有权或者使用权时，因相互间依法应当给予便利或者接受必要的限制而发生的权利义务关系。《民法典》第二编第七章对相邻关系作了规定。从《民法典》第二编第七章的规定看，相邻关系具有以下特点：

第一，相邻关系的产生具有法定性。这也就是说，相邻关系是由法律直接规定的而不是由当事人约定的权利义务关系。相邻关系是法律为更好地发挥不动产的效益，便利当事人的生产、生活，避免各方在行使权利中发生冲突，而直接规定一方在行使权利时应受必要的限制，以给予他方必要的便利。相邻关系的实质是当事人行使自己权利的限制和扩张。这种权利的限制和扩张并不是依当事人的意愿发生的，也就是说，只要具备相邻关系的发生条件，一方就须给予他方必要的便利，由此也就负有受此必要限制的法定义务，他方则享有得到必要便利的法定权利。也正因为如此，相邻关系又称为相邻权。相邻关系一方享有的相邻权虽为对他人不动产利用或者限制的权利，但不以不动产登记为设立要件，也不以当事人之间的约定为条件。当然，当事人可以就不动产利用的便利协商各方之间的权利义务，但由此而发生的权利义务关系不属于相邻关系，而应属于不动产役权关系。

既然相邻关系具有法定性，因此，在处理相邻关系时就应当遵循法律的规定。当然，由于相邻关系的种类繁多，既包括在通行、用水、排水方面发生的权利义务，也包括在通风、采光和日照方面发生的权利义务，还包括因建造、修缮建筑物及管线铺设发生的权利义务，以及相邻环保关系、相邻防险关系等，法律、法规不可能对于各种相邻关系的内容全部都作出具体规定，现实中许多相邻关系是由习惯调整的。因此，《民法典》第289条规定："法律、法规对处理相邻关系有规定的，依照其规定；法律、法规没有规定的，可以按照当地习惯。"这里尽管是规定"可以按照当地习惯"而不是"应当按照当地习惯"处理相邻关系，但由于按照也只有按照当地习惯处理相邻关系，才能有利于矛盾的解决，才能易为当事人和其他人信服，因此，实际上，在法律、法规没有规定时，应当按照当地习惯处理相邻关系。

在一般情形下，相邻关系的一方向他方提供必要的便利，并不能要求对方支付相应的对价。这也是由相邻关系的法定性决定的。但是，相邻关系中的任何一方在行使相邻权时，也不能给他方造成不必要的损害，若给他方造成损害，也就应依法给予赔偿。《民法典》第296条规定："不动产权利人因用水、排水、通行、铺设管线等利用相邻不动产的，应当尽量避免对相邻的不动产权利人造成损害。"这表明，不动产权利人因生产、生活的需要必须利用相邻不动产的，该不动产权利人有权利用相邻的不动产，相邻不动产的权利人应允许其利用。但是，基于相邻关系利用他人不动产的权利扩张，不能损害相邻不动产权利人的权利，如果一方在利用相邻不动产中给相邻不动产权利人造成损害，其应当给予补偿或者赔偿。

第二，相邻关系的主体是相互邻接或邻近的不动产的所有权人或者使用权人。相邻关系是法律为解决不动产权利人在利用不动产中发生的冲突而赋予当事人的权利义务，因此，只有在不动产相邻时才会发生相邻关系。如果相邻的动产权利人行使权利时会发生冲突，则当事人一方可将自己的动产移动，以免行使权利发生冲突。而不动产，不论是土地还是地上定着物，因是不能依一般方法移动的，不能通过移动其中一项财产以避免权利行使冲突的发生，因此，只能由法律对于当事人各方的权利的必要扩张与必要限制作出规定，以消除各方因不动产权利的行使而发生的冲突。相邻关系中的"相邻"指的是不动产的相邻。不动产的相邻并非仅指不动产的邻接，也包括不动产的邻近。判断不动产是否相邻，应以权利人行使权利是否发生冲突为标准，而不以权利人之间的地理距离为标准。例如，两栋建筑物相接为相邻,并不相接的两栋建筑物之间,如该建筑物的不动产权利人行使权利会发生冲突,则该建筑物也为相邻。同一河流流经的区域,辖地相接的不动产为相邻;辖地并不相接,但在用水、排水上会发生冲突的,也为相邻。所以,我们说,对于不动产的相邻应从广义上理解,只要不动产所有权人或使用权人行使权利会影响到另一不动产所有权人或使用权人的利益,这两项不动产就为相邻。相邻关系是因不动产各方在利用不动产中发生的权利义务关系,因此,相邻关系的主体是不动产的使用权人,而不是要求须为不动产的所有权人。当然,相邻关系是以相邻的不动产为不同人使用为前提的,如果相邻的不动产为同一人使用,也就不会发生相邻关系。相邻关系中利用不动产的人,可以是所有权人,也可以是非所有权人。所有权人利用自己的不动产是行使所有权,非所有权人使用他人的不动产也须经所有权人同意。因此,我们说,相邻关系的主体是相邻不动产的所有权人或者使用权人。未经依法或者所有权人同意而使用他人不动产的不动产使用人是否可以成为相邻关系的主体呢?对此,有的人认为,既然相邻关系是因使用不动产而发生的,因此,凡使用不动产的人,不论其使用为有权使用还是无权使用,均可成为相邻关系的主体。笔者认为,这种观点不能接受。相邻关系的主体只能是相邻不动产的使用权人亦即有权使用该不动产的人,至于该使用权是基于物权还是基于债权发生的,可以不论。但无权使用不动产的非法使用人,不能成为相邻关系的主体,因为非法使用人对他人不动产的使用是没有权利根据的,又怎能要求他方不动产权利人给予必要的便利或者承受必要的限制呢?

第三,相邻关系的客体是行使不动产所有权或者使用权所体现的利益。关于相邻关系的客体,理论上有不同的观点。一种观点认为,相邻关系的客体是相邻的不动产本身,因为相邻关系主体的权利义务是指向该不动产的。另一种观点认为，相邻关系的客体是相邻各方所实施的行为。再有一种观点认为，相邻关系的客体是行使不动产所有权或者使用权所体现的利益。后一种观点为通说。[①] 因为相邻关系中的各方对于各自的不动产的所有权或者使用权并无争议，双方只是在行使其权利时发生利益冲突。正是为解决这种利益冲突，要求各方在行使权利时，既要实现自己的合法利益，又要尊重他方的合法权利，从而要求一方的权利受到必要的限制，另一方的权利得到必要的扩张。因此，只有相邻不动产的权利人在利用不动产即行使所有权或者使用权所体现出的利益，才是相邻关系的客体。无论是相邻一方应为他方提供必要的便利，还是一方应为他方的权利行使而对自己的权利行使为必要的限制，都是指向行使不动产所有权或者使用权所体现的利益，而不是指向不动产的。

第四，相邻关系的内容具有复杂性。相邻各方是为满足生产或生活的需要而利用其不动产的，而满足生产或生活的需要是多方面的，因此，这就决定了相邻关系的内容是十分复杂的，而不是单一的。例如，相邻各方的通行关系、用水关系、排水关系、通风采光关系、防险关系、环保关系、建造修缮建筑物及管线铺设关系等，都属于相邻关系。相邻各方可能仅发生其中一种关系，也可能同时发生多种关系。

二、相邻关系的内容

各种相邻关系的内容无非主要是以下两个方面：

[①] 参见崔建远：《中国民法典释评：物权编》（上卷），中国人民大学出版社2020年版，第417页；王利明：《物权法研究（第四版）》（上卷），中国人民大学出版社2016年版，第645页。

其一，相邻一方在行使对其不动产使用权时，有权要求他方给予便利，相邻他方的不动产权利人应当提供必要的便利。所谓必要的便利，是指非从对方得到这种便利，就不能正常行使不动产的使用权。相邻方享有的这项权利，也就是所谓的相邻权。对于相邻权是否为一项独立的物权，学者中也有不同的观点。一种观点认为，相邻权是一项法定的不动产物权，属于一种用益物权，因为相邻权人有权就他人的不动产为使用收益。但通说认为，相邻权不是一项独立物权，其实质是对所有权行使的延伸和限制，因此，它仍然属于所有权的范畴，而不是独立于所有权的独立物权。不动产相邻一方权利人享有请求他方提供必要便利的权利，他方负有予以提供的义务；相邻一方因相邻权获得他方提供的便利，从而其权利得到延伸或者扩张，他方的权利也就受到限制。例如，在相邻通行关系中，一方须经过他方不动产进入其不动产行使权利的，一方有权从他方的不动产上通行，他方应许可其通行，而不得阻止其通行。又如，在相邻建造、修缮建筑物及管线铺设关系中，一方在修缮其建筑物时，须在他方不动产上堆放建筑材料的，有权在他方的不动产上堆放材料，他方应当允许其堆放。

其二，相邻一方在行使其使用自己的不动产的权利时，不得损害相邻他方的合法权益。例如，一方在自己的不动产上堆放物品，是其行使不动产使用权的行为，但其堆放的物品不能妨碍他人的通行。又如，在相邻的通风采光关系中，一方在自己利用的土地上建造建筑物是其建设用地使用权权利的行使，但其建造的建筑物不能影响他人建筑物的通风采光。可见，相邻关系的内容既可以是不动产权利人的作为，也可以是不动产权利人的不作为。在许多场合，相邻关系同时具有这两方面的内容。例如，在相邻环保关系，一方因不动产的利用而排放污染物（包括噪声、光辐射等）的，在可容忍的范围内，他方负有容忍义务，不能干涉其排放；但是一方的排放不得超过容忍的限度，超过容忍限制的，他方有权制止其排放。

相邻不动产权利人一方行使相邻关系而损害他方合法权益的，是否构成侵权呢？这涉及侵权的范围问题。在何为侵权的定义上，学者的观点并不一致。笔者认为，所谓侵权，就是指侵害他人合法民事权益应依法承担侵权责任的不法行为。侵权具有以下含义：

（1）侵权行为侵害的是私权利。侵权责任法本质上属于私权益救济法，属于私法的范畴，侵权责任法的直接目的是"保护民事主体的合法权益"。因此，对于公法中规定的权利不能依据侵权责任法给予救济。宪法上规定的公民的基本权利已经在私法上予以具体化而成为私权利的，可以成为侵权行为的侵害对象。例如宪法中规定的受保护的公民的人身自由权、人格尊严等，由于在民法中已经予以具体化为各种民事权益，当然就可以获得侵权责任法的保护和救济。但是，对于宪法中规定的那些纯粹的公法上的权益而并未在私法中规定为私权益的权益，例如，公民的受教育权、选举权等，就不能成为侵权行为侵害的对象，难以直接获得侵权责任法的保护和救济。

（2）侵权行为侵害的是绝对性的权利，而不是相对性的权利。侵权行为侵害的权益为私权利，且这些权利应该是法律明确规定的权利，这是权利法定原则的要求。"确定侵权法的保护范围，首先应当从民事基本权利的角度出发，来确定权利的名称。对法官来说，其不能随意创设超出民事权利类型框架之外的新型称谓和类型。"[①] 民事权利有绝对权与相对权之分。作为侵权行为侵害对象的权利应该是绝

---

① 王利明：《侵权法一般条款的保护范围》，载《法学家》2009年第3期。

对权,原则上不应包括相对权。行为人所侵害的权利是绝对权还是相对权,这是区分侵权责任和违约责任的根据之一。认定侵害相对权一般不构成侵权行为,这也是保护行为自由的基本要求。因为侵权责任法不仅担负着保护民事权益的职能,还担负着保护行为自由的功能。"侵权行为法的主要任务在于如何构建法益保护与行为自由之间的矛盾关系。"① 绝对权都是由法律明确规定的,而不是由当事人约定的;绝对权具有典型公示性,具有对抗一切人的效力,任何人都可以和能够知道他人是否享有某项权利,在实施行为时也就可以判断出自己实施的行为是否会侵害他人的权利。而相对权不具有公示性,他人难以知道权利人权利的存在,从而行为人在实施行为时也就难以判断出是否会损害他人的权利。若将相对权作为侵权行为的侵害对象,就等于要求任何民事主体在行为选择前首先要查明与判断他人是否享有某项未经公示的权利,这就会严重限制民事主体的行为自由。因此,只有将侵权行为的侵害对象限定在绝对权而不包括相对权上,才能最大限度地既保护民事主体的权利,又保护民事主体的行为自由。

(3)侵权行为侵害的是合法民事权益。民事权利当然是合法的,但侵权责任法所保护的对象并不限于民事权利。民事主体除享有法律明文规定的权利外,还享有未明定为权利的利益。法律未规定为权利的利益未必都是合法的,如不具有合法性,就不能受到法律保护;如具有合法性,就应受法律的保护。因此,合法的民事利益也可为侵权行为侵害的对象,换言之,侵害民事主体享有的未明定为权利的合法利益的行为,也可构成侵权行为。

---

① 〔德〕马克西米里安·福克斯:《侵权行为法》(第 5 版),齐晓琨译,法律出版社 2006 年版,第 4 页。

尽管受侵权责任法保护的对象不仅包括各种具体的民事权利，而且包括为法律所许可的未规定为民事权利的利益（法益），但是，侵权责任法对权利的保护和利益的保护的程度是不同的。相比较而言，对于合法利益的保护程度较低，这主要是由于"绝对权以外的权利及尚未达到权利密度的受到法律保护的利益，其存在方式较为隐秘，不具有公示性，因此不能期待人们对其给予绝对权同样程度的尊重，否则将导致赔偿责任漫无边际，人类合理的自由空间受到不当限制"。① 通常认为，对于合法利益的保护应受以下限制：一是主观要件上的限制，即对合法利益的侵害必须是基于故意且违背善良风俗，因单纯的过失受侵害的，不应当获得补救。因为合法利益与法律已经类型化的权利不同，法定权利类型化，本身可以起到一种公示的效果，人们在实施某种行为时，应当可以合理预见到其行为会损害他人的利益，所以即使基于过失造成对他人权利的损害，也仍然要承担责任。但是，对于尚没有形成为权利的利益，常常是在发生纠纷以后，由法官事后来判断的。因此，如果对这种侵害合法利益的行为没有限制，那么，人们就不知道其实施某种行为是否会侵害他人的合法利益，这就必然会妨碍人们的行为自由。所以，只有在故意侵害合法利益的情况下才构成侵权责任。二是在类型化的侵权行为中对侵害合法利益的责任构成要件予以明确。一般认为，侵权责任法保护的可能获得救济的利益范围主要包括：占有利益、死者的人格利益、纯粹经济损失等其他合法利益。

侵权行为也是一种法律事实，这种法律事实所引发的法律后果就是由行为人承担侵权责任，侵权行为与侵权责任可以说是一体两面

---

① 程啸：《侵权行为法总论》，中国人民大学出版社 2008 年版，第 176 页。

的关系。侵权责任是民事责任的一种,具有民事责任的一般特点,但侵权责任又具有不同于其它民事责任的特点:这主要表现在:(1)侵权责任是违反对不特定人所负担的一般法定义务的法律后果。民事责任是以民事义务的存在为前提的,没有民事义务不会发生违反民事义务,也就无所谓民事责任。民事义务有法定义务与约定义务之分,侵权责任是侵权人违反法定义务的结果,而违反约定义务通常产生违约责任。这里有侵权责任与缔约过错责任的区别问题。缔约过错责任也是违反法定义务的,但这种法定义务是对特定人负有的义务,而侵权人违反的法定义务并不是针对特定人的而是对一般人的法定义务。侵权行为可以是作为也可以是不作为,但违反的都不是对特定人的义务。(2)侵权责任是以侵权行为为事实根据所产生的责任,侵权责任是侵权人实施侵权行为的必然法律后果,侵权行为是侵权责任的事实根据。没有侵权行为,也就不会有侵权责任。(3)侵权责任的方式不限于财产责任。由于侵权行为一般给他人民事权益造成了一定的财产损害,需要侵权人用自己的财产来弥补其行为所造成的损害。所以,侵权责任的方式主要是财产责任,如返还财产、恢复原状、赔偿损失等。但是,为保护民事主体的合法权益,预防并制裁侵权行为,促进社会和谐稳定,在侵权人侵害他人人身权益的情况下,法律也规定了一些非财产责任形式,如赔礼道歉、恢复名誉、消除影响等。承担侵权责任的方式多种多样,各种责任方式所要求的构成要件也不一样。(4)侵权责任是侵权人向被侵权人承担的民事责任。只有被侵权人可以要求侵权人承担侵权责任,其他人无权要求侵权人承担侵权责任。(5)侵权责任具有法定性和优先性。侵权责任不允许当事人事先加以约定,即使当事人事先有约定,该约定也是无效的。因此,侵权责任具有法定性。侵权责任为民事责任,在侵权责任、行政责任、刑事责任发生竞合时，侵权责任具有优先性。《民法典》第187条明确规定："民事主体因同一行为应当承担民事责任、行政责任和刑事责任的，承担行政责任或者刑事责任不影响承担民事责任；民事主体的财产不足以支付的，优先用于承担民事责任。"

就相邻关系的各方来说，一方依相邻关系的要求而使其权利合法延伸或扩张的，尽管对他方的权利行使发生一定的限制，但因为其权利的延伸或者扩张是合法的，也就不构成侵权。但一方权利的延伸超过了所需的必要便利的限度，而给他方造成不必要损害的，则其权利行使的延伸或者扩张就失去合法性，该行为就会构成侵权。例如，相邻不动产的各方在生产、生活中难免会产生一些废物、废气等有害物质，这些物质通常称为不可量物，对于不可量物的正常排放，一方有容忍的义务，另一方的排放行为不构成侵权；但是如果一方排放的有害物质超过正常的容忍限度，损害他方的权益，则该排放行为就会构成侵权。《民法典》第294条规定："不动产权利人不得违反国家规定弃置固体废物，排放大气污染物、水污染物、噪声、光辐射、电磁辐射等有害物质。"若不动产权利人一方违反国家规定排放有害物质的，就构成侵权，应承担相应的停止排放、赔偿损失等侵权责任。

就本案来说，一审原告与被告为同一村组的邻居，其所有的不动产相邻接，相互之间形成相邻关系无疑。虽然原、被告都是通过对原房屋改建而取得房屋所有权的，被告一方的原房屋为其父所有，但这不影响被告与原告间的相邻关系，因为相邻关系的主体就是相邻不动产的所有权人或使用权人。本案中原告是以被告所建围墙占有公用地方，请求被告拆除所建围墙；以被告安装不锈钢门窗妨碍正常通行请求被告重新安装并请求被告另行选址安装地下排污管道。可见，双方之间的纠纷是因双方房屋相邻发生的，一、二审法院都认为应按照处理相邻关系的"有利生产、方便生活、团结互助、公平合理"原则处理双方的纠纷，是正确的。一审法院认为，被告的排污管道安装在地下，不影响通行，且双方均将排污管道预埋在通道下，因此，对于原告请求被告另行选址安装排污管道的主张，不予支持。这也是正确的。实际上，被告安装地下排污管道是正常行使自己的权利，与原告权利行使并不发生冲突，双方并不发生相应的相邻关系。

本案争议的焦点在于被告所建围墙以及安装的不锈钢防盗网是否应拆除？被告建围墙及安装防盗网是否是对自己不动产行使权利？对于被告建围墙，一审认为是占用了公用地方，若属于占用他人土地建成，是越界建筑，会构成侵权，不是发生相邻关系。而二审认为一审被告使用的是其自己的土地，也就是对自己的不动产行使权利。因此，原告一方要求拆除，应证明所建围墙妨碍原告的通行，也就是说原告基于相邻通行关系，要求被告拆除，因为相邻一方在行使权利时，有必要为他方提供必要的便利，其权利应受到必要限制，尽管是在自己不动产上，被告也不能建起会妨碍他人通行的围墙；而如果该围墙并不妨碍原告的通行，则原告不能限制被告依法行使自己对其不动产利用的权利。一审法院认为被告方未经相邻方许可单方建起围墙，客观上缩减了相邻通道宽度，也导致原告不锈钢门无法开启。而二审法院则认为，一审被告是在自己地方上建起围墙，是行使自己不动产上的权利，因此，也就没有必要经相邻方许可。而所建围墙尽管客观上缩减相邻通道的宽度，但并不影响相邻方通行；所建围墙尽管对一审原告房屋侧门开启有一定影响，但并不是不能开启使用。实际上，这就是认定一审原告对此应有相应的容忍义务。正是基于上述理由，二审法院在此两项作出了与一审法院不同的判决。

第七专题　小区内车位的归属

——张伟与天山公司购置车位纠纷案

案例索引

天津市第二中级人民法院（2022）津 02 民终 4414 号民事判决；天津市津南区人民法院（2021）津 0112 民初 16536 号民事判决。

基本案情

2017 年 10 月 10 日，天山公司（甲方）与张伟（乙方）签订《协议书》，约定：根据《合同法》的有关规定，为明确双方的权利和义务，保障双方的合法权益，就乙方有偿使用甲方地上/下车位事宜，双方友好协商，签订如下协议。协议中约定，乙方按本协议支付全部车位使用费后，德秀轩项目编号为 1073 号的地上/下车位由乙方使用（此车位编号及车位位置，以政府规划部门最终审批结果为准）。车位使用费为 70,000 元，一次性付清。甲方收到全部使用费后，于 2017 年 10 月 11 日前将该车位交付乙方使用，使用期限自 2017 年 10 月 11 日至 2080 年 8 月 15 日。《协议书》签订当日，张伟向天山公司支付了 70,000 元车位款（天津熙湖一期—天津熙湖南区车位—1073）。

案涉车位所在位置在建设规划中应为绿地，案涉小区建设工程中未将案涉车位所在的绿地建设为车位，未向相关部门报备。

另，张伟（乙方）与天山公司（甲方）签订的《天津市商品房买卖合同》约定：建设区划内的水泵房、换热站、配电室、小区道路及绿地属业主共有，除此以外的一切配套归甲方所有，但属于城镇公共绿地或甲方明示归乙方所有的除外。

张伟向天津市津南区人民法院起诉请求：1.判令天山公司退还车位款 70,000 元；2.诉讼费由天山公司负担。后，张伟将第一项诉求变更为：请求确认双方签订的《协议书》无效，天山公司退还车位款 70,000 元。

判决与理由

一法院认为，建设区划内，规划用于停放汽车的车位、车库应当首先满足业主的需要，由当事人通过出售、附赠或者出租等方式约定，占用业主共有的道路或者其他场地用于停放汽车的车位，属于业主共有。本案中，天山公司作为德秀轩小区的建设单位，其在建设小区之初，享有涉案车位所在地块的土地使用权，有权与业主约定车位归属，但依据法律规定，地上车位应为已经规划审批的车位，且不得占用业主共有的道路或者其他场地等业主共有部分。本案中，案涉车位对应处并非规划的停车位，相应权益应由全体业主共有。建设单位、物业服务企业或者其他管理人等擅自占用、处分业主共有部分、改变其使用功能或者进行经营性活动，权利人请求排除妨害、恢复原状、确认处分行为无效或者赔偿损失的，人民法院应予支持。因此，双方之间关于案涉车位达成的合同关系应属无效。无效的合同自始没有法律约束力，因该合同取得的财产，应当予以返还，故天山公司应当退还车位款 70,000 元。依照《最高人民法院关于适用〈中华人民共和国民法典〉时间效力的若干规定》第 1 条，《中华人民共和国合同法》第 52 条、第 58 条、第 14 条，《中华人民共和国物权法》第 73 条、第 74 条，《最高人民法院关于审理建筑物区分所有权纠纷案件适用法律若干问题的解释》，《中华人民共和国民事诉讼法》第 67 条规定，判决：一、天津市天山房地产开发有限公司于本判决生效之日起 7 日内退还张伟合同款 70,000 元；二、驳回张伟的其他诉讼请求。

一审宣判后，天山房地产开发有限公司不服一审判决，向天津市第二中级人民法院提起上诉，请求撤销一审判决，依法改判驳回张伟的一审全部诉讼请求。其上诉理由：首先，该小区车位的建设合规合法，各车位间均铺设面包砖进行区分，上诉人与被上诉人之间签订的车位协议合法有效。其次，虽然该车位位置在规划中系绿地，但该车位系规划范围内需要建设的车位，不过是将本该修建车位的位置建设为绿地景观。车位位置的变动不影响全体业主的权益，而是对全体业主的景观提升。上诉人身为该小区的建设方，在小区未成立业主委员会之前，上诉人有权代为处理小区内车位事宜，在小区业主委员会成立之后，若有争议，可以由小区业主委员会主张返还。本案争议的标的为车位使用权租赁，并不导致标的物所有权转移，因此无权处分并不必然导致租赁合同无效。被上诉人的诉讼主体地位不适格，被上诉讼人无权主张返还。另外，被上诉讼人在使用车位十余年后，主张合同无效，退还车位款及利息，亦影响了全体业主的公共秩序，于情于理不合。

二审法院经审理认为，案涉车位所在位置在建设规划中应为绿地，根据《中华人民共和国物权法》的规定，建设区划内的绿地，属于业主共有。故案涉车位的相应权益归属全体业主。根据《最高人民法院关于审理建筑物区分所有权纠纷案件适用法律若干问题的解释》的规定，建设单位、物业服务企业或者其他管理人等擅自占有、处分业主共有部分、改变其使用功能或者进行经营性活动，权利人请求排除妨害、恢复原状、确认处分行为无效或者赔偿损失的，人民法院应予支持。因天山房地产不享有对地上车位的使用权，其对外转让车位行为属无处分权的人处分他人财产的行为，该转让行为无效，天山房地产应返还已收取的车位款。二审最终判决：驳回上诉，维持原判。

评　析

本案当事人双方争议的问题是双方签订的《协议书》是否有效，但涉及的实际是小区内的车位的归属权，是小区建设者即开发商可否处分小区内车位问题。这个问题实际涉及的是建筑物区分所有权人即业主的权利。该案审理中法院是以当时的《物权法》相关规定为依据的，现《民法典》对相关事项的规定与《物权法》的规定并无不同，不妨以《民法典》的相关规定对本案进行评析。

一、建筑物区分所有权的含义与特点

建筑物区分所有权，是在建筑物区分所有上所发生的不动产所有权，指的是建筑物从纵横两个方面区分为若干专有部分，在区分的每一个部分上所设立的所有权。各区分部分的所有权人，通常称为业主。《民法典》第271条规定："业主对建筑物内的住宅、经营性用房等专有部分享有所有权，对专有部分以外的共有部分享有共有和共同

管理的权利。"依此规定，业主的建筑物区分所有权，是指各区分所有权人即业主对建筑物的专有部分所享有的所有权和对专有部分以外的共有部分享有的共有权以及共同管理的权利。可见，业主建筑物区分所有权具有以下特点：

1. 业主建筑物区分所有权的主体是业主

建筑物区分所有权是业主的权利，区分所有权的主体当然为业主。何为业主？依《民法典》规定，业主是对建筑物内的住宅、经营性用房等专有部分享有所有权的人。如果某人对建筑物内的住宅、经营性用房等专有部分不是享有所有权，而仅是占有、使用或者管理建筑物内的专有部分，则该人不属于业主。例如，租住在建筑物内某一单元住宅的，只能称为住户，而不属于业主；租赁建筑物内的经营性用房开店铺的，只能称为店主，也不属于业主。但由于在住宅建设中，所建成的建筑物内区分所有的各住宅、经营性用房并不一定全部都为他人已经取得所有权，而已经取得住宅、经营性用房所有权的人对于共有部分并不能行使全部业主的权利，因此，依照《最高人民法院关于审理建筑物区分所有权纠纷案件适用法律若干问题的解释》（以下简称《建筑物区分所有权的解释》）第1条规定，不仅依法登记取得或者根据民法典第229条至第231规定取得建筑物专有部分所有权的人，应当认定为民法典第二编第六章所称的业主，并且基于与建设单位之间的商品房买卖民事法律行为，已经合法占有建筑物专有部分，但尚未办理所有权登记的人，也可以认定为民法典第二编第六章所称的业主。但是，在由业主共同决定的事项上，对于业主人数和总人数，根据《建筑物区分所有权的解释》第9条，可以按照下列方法认定：业主人数按照专有部分的数量计算，一个专有部分按一人计算。但建设单位尚未出售和虽已出售但尚未交付的部分，以及同一买受人拥有一个以上专有部分的,按一人计算。

2. 业主建筑物区分所有权的客体是建筑物内区分的专有部分

建筑物区分所有权为不动产所有权,该种不动产所有权在客体上的特点主要有二:(1)建筑物区分所有权的客体是建筑物内区分的部分。建筑物区分所有权的客体并不是建筑物的整体,即不是以建筑物整体为一物作为所有权客体的,而是以一建筑物内从纵横方向上区分的各个独立部分,即以将建筑物从纵向和横向上区分的各独立部分的空间作为所有权的客体。(2)建筑物内区分的部分是作为住宅、经营性用房等的,才可为业主建筑物区分所有权的客体。所谓住宅是指用于居住的房屋;所谓经营性用房是指用于经营的房屋。如果建筑物不属于住宅、经营性用房,尽管也可以区分为若干部分,也不能成为建筑物区分所有权的客体。也正因为如此,建筑物区分所有权,在国外的立法上有的称为"住宅所有权""公寓所有权"等。至于建筑物内及住宅、经营性用房区域内的共有部分并不是建筑物区分所有权的客体,而是业主共有权的客体。由于业主对共有部分的共有权是从属于业主所有权的,有专有部分的所有权必享有共有部分的共有权,不享有专有部分所有权则必不享有共有部分的共有权,因此,在观念上有的认为共有部分也是建筑物区分所有权的客体。但这种认识是不准确的。

3. 业主建筑物区分所有权的内容具有复合性

关于建筑物区分所有权的内容,学说上曾有一元说、二元说、三元说及四元说等不同的观点,各国的立法规定也不完全相同。一元说认为,建筑物区分所有权就是指由区分所有的建筑物专有部分所构成的所有权即专有权,也有的认为建筑物区分所有权是指区分所有权人对建筑物的按份共有权。二元说认为,区分所有权是由建筑物专有部分所有权和共有部分的共有权组成的"复合物权",也就是说,区分所有权的内容包括专有权和共有权两部分。三元说认为,区分所有权包括专有部分的所有权、共有部分的共有权及共同关系而产生的成员权。四元说主张区分所有权是由专有部分所有权、共有部分共有权、管理权和相邻权四要素构成的。上述各说均有其道理,只是看问题的角度不同。依《民法典》第271条规定,建筑物区分所有权是由专有部分所有权、共有部分的共有权以及共同管理权所构成。正是从这一意义上说,建筑物区分所有权的内容具有复合性,而不同于一般的建筑物所有权。一般的建筑物所有权人只是对作为客体的建筑物享有占有、使用、收益及处分的权利,而不会同时享有共有部分的共有权与管理权,因为这种所有权的所有权人不发生对建筑物的共有部分如何利用和管理问题。

4. 专有权的主导性和流转上的一体性

尽管业主建筑物区分所有权的内容具有复合性,所有权人既享有专有部分的专有权,又享有共有部分的共有权和共同管理权,但在这三方面的权利中起主导作用的是专有部分的专有权。只有享有专有部分的专有权,才能享有共有权和管理权;不享有专有部分的专有权,也就不能享有共有部分的共有权和共同管理权。共有部分的共有权与管理权是附随于专有部分的专有权的,区分所有权人的专有部分的大小决定着共有权及管理权的大小,因为共有权与管理权的行使依业主的持有份为依据。所谓持有份,是指业主根据专有部分的面积占建筑物总面积的比例所确定的份额。依《民法典》第278条规定,由业主共同决定的事项,是按照同意者的业主的持有份及业主人数与建筑物总面积和业主总人数的比例来计算表决结果的。《民法典》第283条规定:"建筑物及其附属设施的费用分摊、收益分配等事项,有约定的，按照约定；没有约定或者约定不明确的，按照业主专有部分面积所占比例确定。"由于业主的专有权具有主导性，在业主所有权登记上，也就仅须登记专有部分所有权即可。专有部分所有权的主体变更，共有权和管理权的主体也就变更；失去专有部分所有权的，也就同时失去其他权利。也正因为如此，业主建筑物区分所有权的各项内容只能一体地而不能分开流转。业主建筑物区分所有权作为一项重要的财产权，可以转让也可以继承，但由于业主区分所有权是由专有部分的专有权和共有部分共有权及共同管理权不可分割地统一构成的，因此，它只能一体流转，决不能将专有部分的专有权、共有部分的共有权及共同管理权分离开单独转让。不仅专有部分专有权转移的，共有权与管理权当然随之转移，并且共有权与管理权也只能随专有权的转移而转移。《民法典》第 273 条第 2 款明确规定："业主转让建筑物内的住宅、经营性用房，其对共有部分享有的共有和共同管理的权利一并转让。"

二、业主的权利

建筑物区分所有权内容的复合性决定了区分所有权人即业主享有以下三方面的权利：

1. 专有部分的专有权

专有部分的专有权亦即专有部分所有权，是指业主对其建筑物专有部分享有占有、使用、收益和处分的权利。专有权的客体是归业主专有的专有部分。建筑物中的哪些部分能够成为专有部分呢？这应从该部分能否专有上来确定。这里的所谓专有，是指可以为特定人专门所有而可以不与他人共有的建筑物的组成部分。由此可见，只有在构造上能够明确区分、独立，具有排他性且可以独立使用的建筑物组成部分，才能够成为建筑物中的专有部分。《建筑物区分所有权的解释》第2条中规定："建筑区划内符合下列条件的房屋，以及车位、摊位等特定空间，应当认定为民法典第二编第六章所称的专有部分：（一）具有构造上的独立性，能够明确区分；（二）具有利用上的独立性，可以排他使用；（三）能够登记为特定业主所有权的客体。规划上专属于特定房屋，且建设单位销售时已经根据规划划入特定房屋买卖合同中的露台等，应当认定为前款所称的专有部分的组成部分。"依此规定，是否可以成为专有部分，决定于三个方面：

其一，是否具有构成上的独立性。所谓构成上的独立性，又称物理上的独立性，是指能够以某种标志（如四至或墙壁、柱、地板、天花板等）为界与其他部分明确区分开。若不能以某种标志与其他部分明确区分开，则该部分不具有构造上的独立性。

其二，是否具有使用上的独立性。所谓使用上的独立性，是指建筑物构造上的独立部分可以单独使用并排除他人的非法侵入。能否单独使用决定于其是否能够独立满足人们的生活需要和实现物的经济目的，而能否排除他人的非法侵入是决定能否单独使用的根本标准。如果建筑物的某一部分虽也可由某人单独使用，但无法排除或不能排除他人也必须使用的，那么该部分就不具有使用上的独立性。

其三，能够登记成为所有权的客体。所谓登记成为所有权的客体，是指从法律上能够使他人从外部予以识别。因为建筑物区分所有权为不动产物权，专有部分是区分所有权的客体，而不动产物权的公示方式就是登记。只有经过登记，才能公示区分所有权的存在。因此，若建筑物的某构成部分虽具有构成上的独立性和使用上的独立性，但不能单独登记为所有权的客体，也就不能成为作为专有权客体的专有部分，因为如果在该部分上设立物权，就无法公示该物权。例如，建筑物内的一套住宅，其中每一个房间在构造上都是独立的，也可以分别由一人单独使用某一房间，但由于每一个房间并不能登记为所有权客体，因而也就不能成为业主建筑物区分所有权中的专有部分。

专有部分是专有权的客体，但在区分所有中各专有部分毕竟是有连接性的，即此专有部分与彼专有部分是相互连接的，因此，如何区分专有部分的范围，也就成为现实问题。在如何确定专有部分的范围上，理论上有不同的观点，主要有中心说、空间说、墙面说等。中心说又称壁心说认为，专有部分的范围达到墙壁、柱、天花板、地板等境界的中心；空间说认为，专有部分的范围仅限于由墙壁、天花板、地板等境界所围成的空间；墙面说又称最后粉刷表层说认为，专有部分的范围为墙壁、天花板、地板等境界的最后粉刷的表层。通说认为，对于专有部分的范围应区分内部关系与外部关系来确定。在区分所有权人之间的内部关系上，尤其是在建筑物的维护、管理关系上，应采墙面说，即专有部分的范围为包括墙壁、柱、天花板、地板等境界部分表层所粉刷部分。而在外部关系上诸如买卖、保险、税收关系上尤其对于第三人，专有部分的范围应采中心说，即专有部分的范围应达到墙壁、柱、天花板、地板等境界的中心线。由于建筑物中的内墙壁、天花板、地板等境界，各方的专有部分范围扩张到中心线，而该境界又是不可分割的，并且作为境界的墙壁等整体又是由各方共用的，因此，建筑物的内墙壁等境界具有共有性。但作为建筑物的外墙面只能为业主共有，而不在专有部分的范围内。[1]但是业主为

---

[1] 王利明：《物权法研究（第四版）》（上卷），中国人民大学出版社2016年版，第567页。

了专有部分使用的需要，也仅限于为专有部分使用的需要，可以利用该共有部分，如在外墙面安装空调。

2. 共有部分的共有权

共有部分的共有权，是指业主对专有部分以外的共有部分享有的占有、使用及收益的权利。共有权的客体是共有部分。共有部分是指建筑区划内除专有部分以及公有部分以外的其他部分。建筑区划内不能成为独立的专有部分的部分，只能成为共有部分；但是可以独立成为专有部分的部分也可以属于共有部分，而不为专有部分。共有部分的范围依法律、行政法规的规定以及其性质确定。《民法典》第274条、第275条对共有部分作了规定。依第274条规定，建筑区划内的道路，属于业主共有，但是属于城镇公共道路的除外。建筑区划内的绿地属于业主共有，但是属于城镇公共绿地或者明示属于个人的除外。建筑区划内的其他公共场所、公用设施和物业服务用房，属于业主共有。依第275条规定，建筑区划内，规划用于停放汽车的车位、车库的归属，由当事人通过出售、附赠或者出租等方式约定。占用业主共有的道路或者其他场地用于停放汽车的车位，属于业主共有。《建筑物区分所有权的解释》第3条规定："除法律、行政法规规定的共有部分外，建筑区划内的以下部分，也应当认定为民法典第二编第六章所称的共有部分：（一）建筑物的基础、承重结构、外墙、屋顶等基本结构部分，通道、楼梯、大堂等公共通行部分，消防、公共照明等附属设施、设备，避难层、设备层或者设备间等结构部分；（二）其他不属于业主专有部分，也不属于市政公用部分或者其他权利人所有的场所及设施等。建筑区划内的土地、依法由业主共同享有建设用地使用权，但属于业主专有的整栋建筑物的规划占地或者城镇公共道路、绿地占地除外。"从上述规定可见，共有部分既包括法定的共有部分，也包括约定的共有部分。

法定的共有部分，是指由法律明确规定为业主共有的部分。法定共有部分不得约定为由某业主专有，不能基于当事人的约定而成为专有部分。一般说来，法定共有部分主要包括构造无独立性，须由他人共同使用的部分；构造上虽有独立性，但有从属性，须由全体业主共同使用而不宜为某业主单独所有的部分。

约定的共有部分，是指可以约定为业主共有也可以约定为业主专有的部分。约定的共有部分，一般属于构造上具有独立性的部分，因此，它可以通过当事人的约定而成为专有部分。对于约定共有部分，若无特别的不违反法律规定的约定为专有的情形，也就为共有部分。如果当事人对该部分特别约定为某业主专有且该约定又不违反法律、法规的规定，则该部分也就成为专有部分而不属于共有部分。

共有部分既有为规划区内业主全体共有的部分，也有仅为部分业主共有的部分。一般来说，一栋建筑物内的共有部分，除有特别规定或者约定外，应为该建筑物内的业主共有而不为规划小区内的全体业主共有，而在各栋建筑物外的共有部分应为规划小区内的全体业主共有而不能仅限于由某栋建筑物内的业主共有。

3. 共同管理权

共同管理权，是指区分所有权人即业主对共同事务管理的权利。由于共同管理权是规划小区内的业主作为基于建筑物的构造上的关联、专有部分的相邻、共有部分的权利行使等方面的密切关系而形成的对规划小区内的共同事务的管理团体的成员所享有的权利和负担的义务，因此共同管理权又称为业主的成员权。共同管理权是以业主的身份为前提的，只有住宅、经营性用房等的所有权人即业主，才享有共同事务管理权；非住宅、经营性用房等所有权人，不能享有共同管理权。业主的共同管理权主要包括以下内容：

①决定设立业主大会，选举业主委员会，制定和修改业主大会议事规则。《民法典》第277条规定："业主可以设立业主大会，选举业主委员会。"业主有权设立业主大会，选举业主委员会，其他人无权干涉。为了小区社会事务管理上的便利，地方人民政府有关部门应当为设立业主大会和选举业主委员会给予指导、协助和帮助，但地方人民政府有关部门无权代替业主行使设立业主大会和选举业主委员会的权利。业主大会议事规则是业主大会组织、运作的规程，是对业主大会的宗旨、组织体制、活动方式、业主委员会的组成、成员任期及权利义务等内容进行记载的业主自律性文件。依《民法典》第278条规定，业主制定和修改业主大会议事规则、业主选举业主委员会或者更换业主委员会成员，应当经专有部分面积占比2/3以上的业主且占总人数占比2/3以上的业主参与表决。决定上述事项，应当经参与表决专有部分面积占比过半数的业主且参与表决人数过半数的业主同意。

②决定制定和修改建筑物及其附属设施的管理规约。管理规约是对业主具有拘束力的有关业主共同事务及共有财产管理的具体规则。依《民法典》第286条规定，业主应当遵守法律、法规以及管理规约，相关行为应当符合节约资源、保护生态环境的要求。对于物业服务企业或者其他管理人员执行政府依法实施的应急处置措施和其他管理措施，业主应当依法予以配合。业主大会或者业主委员会，对任意弃置垃圾、排放污染物或者噪声、违反规定饲养动物、违章搭建、侵占通道、拒付物业费等损害他人合法权益的行为，有权依照法律、法规以及管理规约，请求行为人停止侵害、消除危险、排除妨害、赔偿损失。由于管理规约对全体业主都有约束力，因此，制定和修改管理规约，是业主共同决定的事项。该事项的决定应当经参与表决专有

部分面积总过半数的业主且参与表决人数过半数的业主同意。

③决定物业管理的方式，决定选聘和解聘物业服务企业和其他管理人。《民法典》第284条规定："业主可以自行管理建筑物及其附属设施，也可以委托物业服务企业或者其他管理人管理。""对建设单位聘请的物业服务企业或者其他管理人，业主有权依法决定更换。"依此规定，对于物业是由业主自行管理还是委托物业服务企业或者其他人管理，是业主的权利。业主决定聘请物业服务企业者其他管理人管理物业的，双方形成委托关系，物业服务企业或者其他管理人应当认真按照合同约定对业主的共有部分和共同事务进行管理。物业服务企业或者其他管理人违反物业服务合同的约定，对业主共有部分和共同事务的管理不符合合同要求的，业主有权予以解聘。依《民法典》第278条的规定，业主选聘和解聘物业服务企业或者其他管理人的决定，也应当经参与表决专有部分面积过半数的业主且表决人数过半数的业主同意。

④决定筹集和使用建筑物及其附属设施的维修资金，改建、重建建筑物及其附属设施。建筑物及其附属设施的维修资金，是指用于建筑物共有部分的维修及设备更新的专项资金。《民法典》第281条特别规定："建筑物及其附属设施的维修资金，属于业主共有。经业主共同决定，可以用于电梯、屋顶、外墙、无障碍设施等共有部分的维修、更新和改造。建筑物及其附属设施的维修资金的筹集、使用情况应当定期公布。紧急情况下需要维修建筑物及其附属设施的，业主大会或者业主委员会可以依法申请使用建筑物及其附属设施的维修资金。"由于建筑物及其设施的维修资金须用于业主共有事务，因此，其筹集和使用应由业主共同决定。建筑物及其附属设施的改建、重建，不仅所费资金不菲，而且会改变规划区域内的建筑物及其附属

设施的格局，对业主利益影响甚大，自应由业主共同决定。依《民法典》第 278 条规定，业主关于筹集建筑物及其附属设施的维修资金以及改建、重建建筑物及其附属设施、改变共有部分的用途或者利用共有部分从事经营活动的决定，应当由专有部分占建筑物面积占比 3/4 以上的业主且参与表决人数 3/4 以上的业主同意。

⑤决定有关共有和共同管理权的其他重大事项。所谓有关共有和共同管理权的重大事项，是指有关共有部分的使用、收益以及规划小区的共同事务的管理等会直接影响业主利益的重大事项。凡是有关共有和共同管理权的重大事项的决定，也均应经参与表决专有部分面积过半数的业主且参与表决人数过半数的业主同意。

本案中争议的是建设单位处分车位的行为是否有效。这需要确定涉案车位的性质和归属。

确定争议车位的归属应从业主建筑物区分所有权的特性上分析。从功能上说，车位是用于停放汽车的，不属于住宅和经营性用房，因此车位、车库能否成为业主专有权的客体也就不无疑问。从性质上说，车位、车库具有构造上和使用上的独立性，是可以成为专有部分的，但能否成为专有权的客体，还决定于该专有部分可否予以登记。因此，对于车位、车库可否为专有权的客体应作具体分析。

《民法典》第 276 条规定："建筑区划内，规划用于停放汽车的车位、车库应当首先满足业主的需要。"依据该条规定，建筑区划内，规划的车位、车库在没有满足全体业主需要的情形下，开发商不得将车位、车库出卖或者出租给业主以外的人。从反面解释，在满足全体业主需要的前提下，开发商可以将业主不再需要的多余的车位、车库出卖或者出租给业主以外的人。这里的业主应是指住宅、经营性用房的所有权人。

建筑区划内规划的车位、车库是否是可以在满足全体业主需要的前提下出卖给业主以外的人呢？如果可以由业主以外的人取得所购买的车位、车库的所有权，取得车位、车库的人是否也为业主呢？对此有不同的观点。笔者认为，对此应当作具体分析，而不能简单地肯定或否定。

建筑区划内规划的车位、车库从其所处位置上可分为两种情形：一种是与住宅、经营性用房同在一座建筑物结构内的，如建筑物上层为住宅、经营性用房，该建筑物的地下结构层或其他层面内的车位、车库；另一种是在住宅、经营性用房外为单独用于停放汽车所建的建筑物内的车位、车库。对于前一种情形的车位、车库，其在结构上实际上构成住宅、经营性用房的从物，这类车位、车库无论是从规划设计的数量上还是从主体间的关系上看，都应为业主取得，而不应为业主以外的其他人取得。因为，从数量上说，这类车位、车库在满足业主的需要外，并不会有多余的，之所以出现多余的车位、车库，往往只是因为有的业主在购买住宅、经营性用房时尚不需要车位、车库，但这不能否认其以后有此需要；另外，如果允许业主以外的人取得这类车位、车库，其权利人与业主之间的权利义务不易确定，例如，仅取得车库、车位的人是否享有共同事务的管理权就是个问题。而对于专用于停放汽车的建筑物内的车位、车库，由于一方面这类车位、车库从规划设计上看，数量较多，有时候也会考虑到业主以外的人停放汽车的可能和需要，另一方面从结构上看，它与住宅、经营性用房并非构成主从关系，因此，对于此类车位、车库在满足全体业主的前提下，可以出卖、出租给业主以外的人。但一般地说，可以出卖的车位、车库只能是可以以登记公示的车位、车库，不能通过登记予以公示权利的车位、车库，不能出卖。业主以外的人取得车位、车库的，享有何种权利呢？其是否也享有业主的权利呢？笔者认为，这些虽不享有住宅、经营性用房专有权但享有车位、车库所有权的人，也应属于业主，因为他们也属于对于专有部分享有所有权的人，因此也就应享有相应的权利和负担相应的义务。

车位、车库可以作为专有部分的，其权利归属又应如何确定呢？对此，在物权法的立法过程中就曾有两种不同的观点。一种观点认为，车位、车库应当为业主共有，因为车位、车库已经计入建设成本，且车位、车库属于配套设施，应当共同使用。另一种观点认为，车位、车库的归属应通过约定来确定。① 从《民法典》第275条的规定看，车位、车库的归属是区分情形分别采取了共有说与约定说的。

首先，车位、车库可以约定归属为业主。《民法典》第275条第1款规定："建筑区划内，规划用于停放汽车的车位、车库的归属，由当事人通过出售、附赠或者出租等方式约定。"可见，可以通过约定归属于业主的车位、车库，只能是建筑区划内，规划用于停放汽车的车位、车库。且如前所述，可以约定归属业主的应是在建筑物结构内的车库、车位，而不能是其他的车位、车库。开发商与业主通过出售、附赠等方式约定车位、车库归业主的，业主取得的是何种权利呢？对此应区分不同的情形。一种情形是业主取得的车位、车库是可以办理产权证的，对于这类车位、车库，约定归属于业主的，也就由业主取得所有权；另一种情形是不能办理产权证的，如在地下防空空间中的车位即人防工程中的车位是不能办理产权证的，此类车位约定归属业主的，业主也只能取得使用权，而不能取得所有权。如上所

---

① 参见王利明：《物权法研究（第四版）》（上卷），中国人民大学出版社2016年版，第593—594页。

述,对于规划内专用于停放汽车的建筑物内的车位、车库,在满足住宅、经营性用房业主的前提下,也可以为住宅、经营性用房业主以外的人取得,取得此类专用车位、车库的人也是取得所有权。

对于规划用于停放汽车的车位、车库可否不通过约定归属于业主呢?对此法律未明确规定。但从民法典规定"应当首先满足业主的需要"的要求上说,只要业主需要,就应将车位、车库在出售住宅、经营性用房的同时约定其归属,而不能不约定归属于业主,由开发商保留归自己所有。如果开发商在出售住宅、经营性用房时不考虑业主的要求而在其后单独通过出售等方式确定车库、车库的归属,是违反诚信原则的。对此种行为,有关主管部门应给予相应的处罚。另外,笔者主张,如果开发商未将此类车位、车库通过出售、附赠等方式确定为归属业主,则应推定为属业主共有,由业主共同决定车位、车库的使用和收益。

其次,车位、车库依法归业主共有。《民法典》第275条第2款规定:"占用业主共有的道路或者其他场地用于停放汽车的车位,属于业主共有。"依该条款规定,占用业主共有的道路或者其他场地的车位,属于业主共有。这是法定共有。这种共有是不能依当事人的约定而改变的,也就是说开发商不能与业主约定这类车位归某一业主专有或者专用,开发商也不能与业主约定该类车位不为业主所有,而保留为自己所有。当然,作为车位,一个车位不可能由若干业主同时使用。所谓车位归业主共有,只是说车位构成共有部分,而不属于由特定业主专有的专有部分。共有的车位如何利用,应由业主共同决定,所得收益应为业主的共有财产。

依上述分析,本案中涉争的车位归属如何确定,要应看该车位是何种性质的车位,即其是否属于可以约定归属的车位。从案情看,发生争议的车位不是位于建筑物结构内的下层或上层，也不是位于专用于停放车辆的建筑物内，因此，它不属于可以约定归属的车位。本案中争议的车位是建在规划的绿地，而建筑区划内的绿地，除法律另有规定外，属于业主共有。依《民法典》第275条第2款规定，该类车位只能属于业主共有，而不属于可以约定归属的车位。因此，尽管所争议的车位是开发商建设的，"购买"该车位的张伟也属于业主，但开发商处分涉案车位的行为违反了《民法典》第275条第2款这一强制性规定，该约定是无效的。

综上所述，笔者认为，一、二审法院对本案的判决是正确的。

第八专题　共有物的管理与费用负担

——陈维与陈路共有纠纷案

案例索引

北京市第三中级人民法院（2022）京03民终字5711号民事判决；北京市朝阳区人民法院（2021）京0105民初10089号民事判决。

基本案情

陈之深与陈秀忠生育子女三人，即陈维、陈路与陈建。2015年11月10日陈建去世。2013年10月2日陈之深去世。2015年3月17日陈秀忠去世。15号房屋是陈之深、陈秀忠婚后共同财产，产权人登记在陈之深名下。法院于2017年10月30日作出（2016）京0105民初9146号民事判决书，确认15号房屋由陈维、陈路按份共有，由陈维享有50%的产权份额，由陈路享有50%的产权份额。陈维上诉至二审法院，二审法院于2018年3月14日作出（2018）京03民终1178号民事判决书，维持上述判项内容。陈维向北京市高级人民法院申请再审，2018年12月29日京民申4926号民事裁定书，驳回陈维的再审申请。陈维、陈路均于2018年12月29日收到上述再审裁定。

陈路从 1983 年开始在 15 号房屋居住，2015 年 3 月 18 日以后 15 号房屋由陈路一家居住，包括陈路、陈路妻子及陈路女儿。

陈维以陈路为被告向朝阳区人民法院起诉请求：要求陈路支付 15 号房屋自 2015 年 3 月 18 日至 2021 年 8 月 1 日期间的房屋占有费 199,500 元。

陈路向朝阳区人民法院反诉请求：要求陈维支付 15 号房屋自 2015 年至 2021 年的供暖费 6917.4 元。

关于 15 号房屋租金标准，陈维主张 2015 年 3 月 18 日至 2019 年 12 月 31 日期间每月 5000 元，2020 年 1 月 1 日至 2021 年 8 月 1 日期间每月租金为 6000 元。陈路主张 2020 年前的月租金为 4000 元，2020 年之后的月租金为 5000 元。

判决与理由

一审法院认为，因人民法院、仲裁委员会的法律文书或者人民政府的征收决定等，导致物权设立、变更、转让或者消灭的，自法律文书或者人民政府的征收决定等生效时发生效力。侵害物权，造成权利人损害的，权利人可以请求损害赔偿，也可以请求承担其他民事责任。按份共有人对共有的不动产或者动产共同享有所有权。

本案中，依据生效民事裁决书，15 号房屋为陈维、陈路按份共有。陈路曾在庭审中自认其一家人在 2015 年 3 月 18 日之后居住在 15 号房屋，虽其在第二次庭审中提出反言，但未提交充分证据证明予以证明，应当承担举证不利的法律后果。且陈路在答辩状中自认，15 号房屋内放置的陈路的家具家电、生活用品及其他个人财产，视为陈路占有使用 15 号房屋。综上情况，陈路作为按份共有人之一，长期独自占有使用 15 号房屋，同时陈维未能占有使用 15 号房屋，故陈路对陈维就 15 号房屋享有的物权造成损害，应当向陈维支付房屋占有使用费。

关于房屋占有使用费的起算时间，在关于陈之深、陈秀忠遗产的继承纠纷作出生效判决前，15号房屋为陈之深、陈秀忠的所有继承人，即陈维、陈路共同共有，各共同共有人均可居住使用15号房屋，陈路作为共有人之一，亦可独自居住使用15号房屋，无需向其他共同共有人支付房屋占有使用费。法院于2018年3月14日作出（2018）京03民终1178号民事判决书，确认陈维、陈路就15号房屋为按份共有，各自按照生效判决确定的份额对15号房屋享有所有权。陈维对此提出再审，因此，房屋占有使用费的起算时间应为（2018）京民申4926号民事裁定书生效之日，即2018年12月29日。

关于房屋占有使用费的标准，法院综合考虑双方当事人的意见及15号房屋按份共有的权属情况，并参考15号房屋所在地区域的租金市场价格，酌定陈路向陈维支付2018年12月29日至2021年8月1日期间的房屋占有使用费79,250元。

关于陈路主张的供暖费，共有人对共有物管理费用以及其他负担，有约定的，按照其约定；没有约定或者约定不明确的，按份共有人按照其份额负担，共同共有人共同负担。本案中陈维为15号房屋的按份共有人，应当负担15号房屋的供暖费。法院对陈路要求陈维支付2018年12月29日至2021年12月31日期间的供暖费2973元的诉讼请求予以支持，超出部分不予支持。

据此，一审法院判决：一、陈路于判决生效后七日内向陈维支付房屋占有使用费79,250元；二、陈维于判决生效后七日内向陈路支付供暖费2973元；三、驳回陈维的其他诉讼请求；四、驳回陈路的其他诉讼请求。

一审判决后，陈维、陈路不服一审判决，向北京市第三中级人民法院提起上诉。

二审法院认为，本案二审争议焦点为：一、陈路应否向陈维支付房屋占有使用费及如应支付，占有使用费的数额认定问题；二、陈维应否向陈路支付供暖费及如应支付，供暖费数额的认定问题。

关于争议焦点一：因人民法院、仲裁机构的法律文书或者人民政府的征收决定等，导致物权设立、变更、转让或者消灭的，自法律文书或者征收决定等生效时发生效力。（2018）京03民终1178号民事判决书生效后，15号房屋即由陈维和陈路按份共有，各占50%的产权份额。关于15号房屋的占有使用情况，陈路上诉称因家庭历史原因其自1983年就在15号房屋长期居住，2018年2月至今未在15号房屋居住。一审中，陈路称其与家人在2015年3月18日之后在15号房屋居住，其后又反言称2018年2月至今未在15号房屋居住，就其反言陈述，一审法院未予采信，并无不当，结合陈路在15号房屋内放置家具家电、生活用品及其他个人财产，并占有房屋钥匙等事实，可以认定15号房屋至今一直处于陈路控制之下。确认双方按份共有15号房屋的民事判决书生效后，陈维作为房屋的按份共有人对房屋享有占有、使用的权利，陈路无权单独占有、使用或控制15号房屋的权利，基于上述事实，陈路侵害了陈维占有使用15号房屋的权利，应向陈维支付占有使用费。陈路以陈维未就房屋居住使用与其进行过协商、陈维默许陈路占有使用房屋为由主张不给付占有使用费，依据不足，本院不予支持。关于房屋占有使用费的计算时间和标准一节。（2018）京03民终1178号民事判决书生效后，陈维作为按份共有人即应按份享有相应权益，但考虑到15号房屋长期由陈路占有使用之事实，宜给陈路合理时间处理个人物品。故对一审法院酌定自2018年12月29日开始计算占有使用费，本院不再调整，对陈维要求自 2018 年 3 月 14 日起计算占有使用费的上诉请求,本院不予支持。综合考虑房屋位置、面积和所在区域房屋租赁市场价格等因素,一审法院酌情认定的占有使用费标准及数额适当,本院予以支持。

关于争议焦点二:按份共有人对共有的不动产或者动产按照其份额享有所有权,共有人按照约定管理共有的不动产或者动产;没有约定或者约定不明确的,各共有人都有管理的权利和义务。对共有物的管理费用以及其他负担,有约定的,按照约定;没有约定或者约定不明确的,按份共有人按照其份额负担,共同共有人共同负担。陈维作为按份共有人,理应按其享有的份额交纳 15 号房屋的供暖费。陈维上诉主张其不应负担供暖费,缺少法律依据,本院不予采信。关于陈维应负担的供暖费期间,考虑陈路自 2015 年起即一直占有使用 15 号房屋,期间的供暖费应由其自行承担。陈路上诉主张陈维应自 2015 年 3 月起承担供暖费,缺少事实及法律依据。本院不予支持。如前所述,鉴于陈路自 2018 年 12 月 29 日开始支付占有使用费,一审法院确认陈维支付自 2018 年 12 月 29 日至 2021 年 12 月 31 日期间的供暖费 2973 元,并无不当,本院予以支持。

综上所述,陈维、陈路的上诉请求均不能成立,应予驳回;一审判决认定事实清楚,适用法律正确,应予维持。依照《中华人民共和国民事诉讼法》第 177 条第 1 款第 1 项规定,判决:驳回上诉,维持原判。

评 析

本案案情较简单,争议的焦点是按份共有人单独占有使用共有物是否应支付占有使用费和不占有使用共有物的按份共有人应否负担共有物的管理费用及其他负担。这涉及的是共有人对于共有物管理的权利和共有物的负担问题。

一、共有的含义

《民法典》第297条规定："不动产或者动产可以由两个以上组织、个人共有。共有包括按份共有和共同共有。"可见，共有就是指两个以上的民事主体对同一物共同享有所有权的法律状态。

按照"一物一权"原则，在一物之上只能有一个所有权，而不能同时有两个以上的所有权。但是一物之上只能有一个所有权，并不意味着一物只能为一人所有，也可以由两个以上的人所有。一物由一人所有的，即发生单独所有权；由两个以上人所有的，即发生共同所有权，简称为共有。共有是相对于单独所有而言的。所谓单独所有，是指一人所有，所有权的主体仅为一人；而共有，是两个以上的人共享一个所有权，所有权的主体为二人以上，此共享所有权的人即为共有人。

共有主体的多数性，是共有的特点之一，也是共有与单独所有的根本区别。共有的标的为物，既可以是不动产，也可以是动产。但由于不仅物可以为权利标的，可以由二人以上共享所有权，其他权利也可以为二人以上共同享有。其他权利为多数人共同享有的，因为权利客体的不同，当事人之间的权利义务也与共有人之间的权利义务有所不同。所以，此种情形，学者多称为"准共有"。对于准共有，可以参照适用法律关于共有的规定，但其与共有是不同的。《民法典》第310条明确规定："两个以上组织、个人共同享有用益物权、担保物权的，参照适用本章的有关规定。"

《民法典》物权编不仅在第八章以专章规定了共有，在第六章"业主的建筑物区分所有权"中也规定了业主对专有部分以外的共有部分享有共有的权利。建筑物区分所有权中业主共有部分的共有与物权编第八章中规定的共有，虽都为共有，但也有一定的区别。这一区别主要表现在：业主对共有部分的共有权构成业主区分所有权的内容，是以业主对专有部分的专有权为前提的，不能脱离专有权而单独存在；而共有是所有权的一种形态，并不以对某物的专有部分享有所有权为前提，共有物就是独立之物，而非为他物的从属物或依附他物存在。

当然，作为共有客体的物可以是单一物，也可以是集合物。但不论共有的客体为何物，每个共有人的权利都及于共有物的全部，而不是及于共有物的部分。如果二人以上对同一物经分割后的各个部分分别享有所有权，每一人的权利仅及于该部分，则属于分别所有，而不是共有。正因为共有中各共有人的权利均及于共有物的全部，各共有人只能共同行使共有物的占有、使用、收益和处分权，这才发生共有人权利行使的特殊问题。

二、共有的类别

共有包括按份共有和共同共有。

按份共有，是指各共有人按照确定的份额对共有物共同享有所有权的共有。按份共有一般是基于当事人的意思而发生的共有，例如，甲、乙共同出资购买某物，并约定各自享有50%的份额，甲、乙对所购买之物即形成按份共有关系。按份共有，也可以基于法律规定而非基于当事人的意愿而发生，例如，在发生添附时，若由双方共同取得添附物所有权，则当事人之间即形成按份共有关系。《民法典》第 322 条规定:"因加工、附合、混合而产生的物的归属,有约定的,按照约定;没有约定或者约定不明确的,依照法律规定;法律没有规定的,按照充分发挥物的效用以及保护无过错当事人的原则确定。因一方当事人的过错或者确定物的归属造成另一方当事人损害的,应当给予赔偿或者补偿。"《最高人民法院关于适用〈中华人民共和国民法典〉有关担保制度的解释》(以下简称《有关担保制度的解释》)第 41 条第 3 款规定:"抵押权依法设立后,抵押人与第三人因添附成为添附物的共有人,抵押权人主张抵押权的效力及于抵押人对抵押物享有的份额的,人民法院应予支持。"共同共有,是指各共有人不分份额地对共有物共同享有所有权。共同共有一般是以共同关系为基础的,如当事人间无共同关系,则除当事人有明确约定外,当事人间不能发生共同共有关系,而只能发生按份共有关系。对此,《民法典》第 308 条规定:"共有人对共有的不动产或者动产没有约定为按份共有或者共同共有,或者约定不明确的,除共有人具有家庭关系等外,视为按份共有。"

按份共有的根本特点在于各共有人对共有的不动产或动产按照确定的份额享有所有权。这是按份共有与共同共有区别的根本所在。共同共有的共有人是不分份额地共同享有共有物所有权。所谓不分份额,是指各共有人没有确定的应有部分,或者说每个共有人的份额仅是"潜在的"。例如,在共同继承中,继承人在遗产分割前对遗产的共有就是一种不分份额的共同共有,尽管各继承人有其应继份,但这只是一种潜在的份额,只有在遗产分割时才能确定,在遗产共有期间,各继承人不能按照确定的份额享有所有权。而在按份共有,各共有人的份额是确定的。《民法典》第 298 条规定:"按份共有人对共有的不动产或者动产按照其份额享有所有权。"这里所谓的确定份额,通常称为各共有人的"应有部分"。这里的"应有部分"是指所有权的应有部分，绝不是共有物的应有部分。也就是说，按份共有人对共有物所有权的应有部分是各共有人在所有权上的量的份额，而不是对于共有物的量的份额。按份共有人所享有的所有权与单独所有权在权利内容和权利性质上并无不同，仅是有量的差异。单独所有权人享有的是一个完整的所有权，而按份共有人仅是享有一定份额的所有权。至于各共有人享有的所有权份额，一般由共有人约定。各共有人对其应有份额的约定应当明确。《民法典》第309条规定："按份共有人对共有的不动产或者动产享有的份额，没有约定或者约定不明确的，按照出资额确定；不能确定出资额的，视为等额享有。"这也就是说，如果按份共有人对各自的应有部分未作出明确约定，则依其各自的出资额比例确定各自的应有部分；若出资额也不能确定的，则推定为各共有人的份额相等。

按份共有人对共有物享有的所有权尽管在内容和性质上与单独所有权无异，而只有量上的差异，但也正因为共有人所有权有量上的区别，各共有人在行使所有权上必会受到他权利人的限制和制约。又由于按份共有人行使其所有权必及于共有物的全部，而不是仅及于共有物的某一部分，因此，也就发生各共有人如何行使对共有物的占有、使用、收益和处分权问题。

三、共有物的管理

《民法典》第300条规定："共有人按照约定管理共有的不动产或者动产；没有约定或者约定不明确的，各共有人都有管理的权利和义务。"管理有广义与狭义之分。广义的管理包括对物的保存、改良、使用、收益及处分。狭义的管理仅指对物的保存行为、改良行为和利用行为。①《民法典》第 300 条中所指的管理是否指狭义的管理呢？对此有不同的观点。笔者认为，从体系解释上看，《民法典》第 301 条对于共有物的处分和重大修缮有另外的规定，第 300 条中所称的管理行为自然不应包括第 301 条中所称的处分和重大修缮行为，但是否其他的管理行为都属于第 300 条中所指的管理呢？对此并不无疑问。从第 300 条的规定看，对于共有物的管理首先应依共有人的约定，也就是说在共有人有约定时，共有人即可也应依其约定进行管理。这里的管理应包括对共有物占有、利用和收益的各种方式。共有人关于共有物管理的约定，学理上一般称为分管协议或分管契约。对于分管契约属于债权行为还是物权行为，理论上有不同的观点。如果分管协议属于债权行为，则该分管协议只能是对共有人有效，而不能对抗第三人；如果分管协议属于物权行为，则物权有排他效力，分管协议也就有对抗第三人的效力。笔者认为，不论对分管协议的性质如何认识，一般说来，未经登记的分管协议不具有对抗善意第三人的效力，共有人违反分管协议的管理行为，对外仍发生效力；对内违反协议的共有人应向他共有人承担违反约定的民事责任。在共有人对于共有物的管理没有约定或者约定不明确时，如何管理共有物呢？依《民法典》第 300 条规定，各共有人都有管理的权利和义务，也就是说各共有人都可单独予以管理，也都应予以管理。从共有的特点上说，共有人对共有物的管理行为，对于他共有人都会发生效力，因而在没有另外约定的情形下，只有其管理行为有利于其他共有人，而不会损害共有物的情形下，共有人才可单独对共有物进行管理；同时，在共有物若不予以

---

① 参见崔建远:《物权法》(第五版)，中国人民大学出版社 2021 年版，第 250 页。

管理就会使共有物的价值减损时,共有人也就应予以管理。由此可见,《民法典》第 300 条中所称的管理应仅是指维持共有物现状,并不会使共有物的性质和效用改变的行为,而不包括其他的占有、使用、收益等行为。因此,这里共有物的管理行为仅是包括对共有物的保存行为、简易修缮以及一般改良行为。例如,将共有物出租或者出借给他人使用的行为,就应不属于可由共有人单独为之的管理行为。

所谓保存行为,是指维持共有物现状而不使其减损或权利丧失的行为,如将共有的车辆存放于车库,将抵押或者出质的共有车辆以清偿债务而取回。因此,在共有物质押时,任何一个共有人都可单独清偿债务而取回共有物;在共有物为非共有人侵占时,任何一个共有人都有权请求非法占有人返还共有物。所谓简易修缮,是指出于对共有物的保存目的,对共有物为通常的一般修缮,以维护共有物的行为,如更换共有车辆损坏的轮胎。[①] 所谓一般改良,是指通常所为的不改变共有物的性质和效用而维持共有物效用的行为,如粉刷共有房屋的墙壁。实际上,简易修缮和一般改良行为也都属于保存行为。因为这些行为的目的仅在于维持和维护共有物的现状,而不会使其他共有人的权益受到实质性影响,且有利于其他共有人,所以各共有人都有实施的权利和义务。但是,如果管理行为会改变共有物的性质或者虽不改变其性质但增加共有物的价值或效用,超出通常的维持共有物现状的限度,例如对共有房屋进行装修,则属于重大修缮行为,任何共有人不得单独为之,只能依《民

---

① 参见黄薇主编:《中华人民共和国民法典物权编释义》,法律出版社 2020 年版,第 237 页。

法典》第 301 条的规定处理。

共有人对共有物为有权管理的行为，是其权利的行使，由此而发生的管理共有物的费用是为共有物支出的费用，自应由共有人共同负担。《民法典》第 302 条规定："对共有物的管理费用以及其他负担，有约定的，按照其约定；没有约定或者约定不明确的，按份共有人按照其份额负担，共同共有人共同负担。"但这里所指的管理费用，应是指共有人的管理行为符合法律规定所支出的费用。如果在没有约定或者约定不明确时管理人的管理行为不属于可以单独实施的行为，则其支出的费用，不应依该条规定处理。但无论在何种情形下，管理共有物所发生的费用相对于第三人来说，共有人之间发生连带之债，任何一个共有人均负有清偿该债务的责任。对于因共有物发生的债权债务的承担，应适用《民法典》第 302 条规定。

本案中陈维与被告陈路共同继承了 15 号房屋，基于共同继承该 15 号房屋为二人共同共有。但经法院判决陈维与陈路对共有的房屋从共同共有变更为按份共有，陈维与陈路对其共有的房屋是按照各自 50% 的份额享有所有权的。

本案中陈维与陈路未明确约定对共有房屋的管理方式和费用负担。因此，依《民法典》第 300 条规定，陈维与陈路均有管理的权利和义务。但这种管理应仅限于广义的保存行为，而不包括处分和重大修缮行为。同时，由于陈维与陈路对于共有房屋均有使用的权利，由于对于如何使用二人没有明确约定，因此，也就应当按照其享有的权利份额来确定利用案涉房屋的期间。但本案中共有的案涉房屋一直由陈路一方单独使用，从而损害了陈维对房屋的使用利益，因此，陈路应当向陈维支付相应的使用利益补偿。

从上述分析可见,法院按照案涉房屋所在区域的租赁市场的标准确定陈路向陈维支付使用费,是正确的。同时,因供暖费是维持案涉房屋功能的必要的负担,依《民法典》第302条规定,该费用自应由陈维与陈路按照其份额负担,法院判决陈维应负担部分供暖费用,也是正确的。

第九专题 共有人的处分权

——王东遐与檀金龙、龙虚芳确认《房屋租赁合同》无效纠纷案

案例索引

安徽省宣城市中级人民法院（2022）皖18民终1508号民事判决；安徽省广德市（2021）皖1882民初5291号民事判决。

基本案情

王东遐与龙虚芳共有安徽省广德市桃州镇山南路东17幢A区××号××层房屋，该房屋产权证号为广房地权证桃州镇字第0××3号，其中王东遐所占产权份额为20%，龙虚芳所占产权份额为80%。2013年8月30日，龙虚芳与檀金龙签订《房屋租赁合同》一份，该合同约定：甲方（龙虚芳）将位于横山南路东17幢A区××号××层房屋出租给乙方（檀金龙）使用，租赁期限暂定20年，年度租金为18万元，租期自2013年9月10日至2033年9月9日止。租金采取分期支付制，先租后用。签订合同当日乙方一次性付清前4年租金共计72万元，以后租金乙方以2013年9月10日向檀

金龙借款连本代息抵扣。上述合同签订后，檀金龙未实际向龙虚芳支付租金，檀金龙陈述租金抵扣龙虚芳向其借的款，并提交借条一份，借条载明："今借到檀金龙现金人民币三百二十万元整，此款为购曹旻丽房屋款"，具借人为龙虚芳、傅美，借款时间载明为2013年9月10日。广德县恒基房地产开发经营有限公司出具情况说明，说明涉案房屋在出售给王东遐与龙虚芳前实际产权人为恒基公司，曹旻丽系登记产权人，曹对此予以认可。曹旻丽与吴重春于2013年7月3日签订一份租赁合同，租赁期限自2013年7月1日起至2014年6月30日止。吴重春表示，租赁合同属实，但在得知房屋出售后就未再租赁，租金也未支付。

王东遐向广德市人民法院起诉请求：1.确认檀金龙、龙虚芳于2013年8月30日签订的《房屋租赁合同》无效；2.案件诉讼费由檀金龙与龙虚芳承担。

判决与理由

一审法院认为，本案争议焦点为龙虚芳与檀金龙于2013年8月30日签订的《房屋租赁合同》是否合法有效。依照《中华人民共和国合同法》第52条规定："有下列情形之一的，合同无效：（一）一方以欺诈、胁迫的手段订立合同，损害国家利益；（二）恶意串通，损害国家、集体或者第三人利益；（三）以合法形式掩盖非法目的；（四）损害社会公共利益；（五）违反法律、行政法规的强制性规定。"关于龙虚芳就涉案房屋对外出租是否因无权处分而无效。《中华人民共和国物权法》第97条规定："处分共有的不动产或者动产以及对共有的不动产或者动产作重大修缮的，应当经占份额三分之二以上的按份共有人或者全体共同共有人同意，但共有人之间另有约定的除外。"王东遐与龙虚芳对案涉租赁房屋系按份共有,龙虚芳占份额80%,达 2/3 以上,且两人对共有物的处分没有约定,故龙虚芳有权处分共有物即案涉房屋租赁事宜,王东遐认为龙虚芳未经其同意系无权处分案涉房屋因此合同无效的理由不予支持。关于龙虚芳与檀金龙是否构成恶意串通,并损害王东遐的利益。所谓恶意串通的合同,系作为合同的双方当事人通过非法勾结,为牟取私利而达成合意后共同订立。龙虚芳购房款系向檀金龙所借,檀金龙有理由相信案涉房屋系龙虚芳所有,王东遐未能举证证明檀金龙在签订案涉租赁合同时,对房屋的实际权利归属系王东遐与龙虚芳按份共有这一情况属于明知或者应当明知。案涉租赁合同签订时,原承租人已解除原租赁合同,案涉租赁合同约定期限为 20 年,亦符合承租人期望长期经营,稳定成本的合同利益,并不违反法律法规的强制性效力性规定,王东遐也未能举证证明涉案房屋租赁合同约定的租金明显低于市场价或龙虚芳与檀金龙签订涉案房屋租赁事宜存在"阴阳合同",即另行签订价款更高的租赁合同。因此,王东遐应当就龙虚芳与檀金龙签订房屋租赁合同系恶意串通承担举证不能的不利后果。一审法院对王东遐该诉请理由不予支持。至于王东遐未收到租金,并非案涉合同无效的法定事由,对其依据产权份额享有的权利可依法另行主张。综上,王东遐要求确认龙虚芳与檀金龙所签订的《房屋租赁合同》无效的诉讼请求不予支持。依照《中华人民共和国合同法》第 52 条,《中华人民共和国物权法》第 97 条,《最高人民法院关于适用〈中华人民共和国民法典〉时间效力的若干规定》第 1 条,《中华人民共和国民事诉讼法》第 67 条、第 147 条规定,判决:驳回王东遐的诉讼请求,案件受理费 80 元,由王东遐负担。

一审宣判后,王东遐不服一审判决,向安徽省宣城市中级人民法院提起上诉，请求撤销一审判决，改判支持其一审的诉讼请求。

二审法院认为，2013年8月30日龙虚芳与檀金龙签订《房屋租赁合同》，王东遐作为案涉房屋的共有人（占份额20%）虽未在合同上签字，但根据《中华人民共和国物权法》第97条规定："处分共有的不动产或者动产以及对共有的不动产或者动产作重大修缮的，应当经占份额三分之二以上的按份共有人或者全体共同共有人同意，但共有人之间另有约定的除外。"龙虚芳有权处分共有物即案涉房屋租赁事宜，王东遐认为龙虚芳未经其同意擅自与他人签订房屋租赁合同无效的理由不能成立。

关于案涉《房屋租赁合同》中檀金龙以房屋租金抵扣龙虚芳2013年9月10日向檀金龙借款本息的约定是否合法有效应是本案的审查重点，经审理认为，龙虚芳与檀金龙的该项约定部分无效，理由如下：一、在房屋租赁关系中，作为承租人租赁房屋时，首先应确定房屋出租人是否系该房屋产所有权人或是否有权出租房屋以及对房屋面积等重要事项进行核实，以免在承租过程中产生不必要的纠纷。本案中，《房屋租赁合同》中明确载明有房地产权证。檀金龙称其在签订《房屋租赁合同》时未查看房地产权证，不具有说服力，可信度较低。若仅凭龙虚芳的单方陈述即相信龙虚芳系租赁房屋所有权人及租赁房屋的面积大小，亦与情理不符。二、2014年9月11日，即相隔一年多之后，龙虚芳向檀金龙提交了一份由王东遐出具的授权委托书，意欲证明王东遐对案涉《房屋租赁合同》的全部内容予以认可，若从檀金龙收到该委托书知晓租赁房屋属龙虚芳、王东遐按份共有时起，檀金龙亦同样知晓王东遐在委托书上未对龙虚芳的介人借款抵扣檀金龙应付的全部租金予以授权。至于檀金龙是否向龙虚芳出借320万元借款，系龙虚芳与檀金龙个人之间的债权债务关系，与案涉《房屋租赁合同》无依存关系,更与王东遐无关联。龙虚芳将共有房屋出租给檀金龙,并以檀金龙应付的租金抵扣其个人借款,其行为明显损害了王东遐的合法利益;檀金龙称其在签订《房屋租赁合同》时未查看房屋产权证,但在收到授权委托书后,亦未向王东遐征询是否同意以房屋租金抵付龙虚芳个人借款或采取其他补救措施,其重大过失行为,也对王东遐的可得利益造成损害。因此,二人所签订的《房屋租赁合同》中檀金龙只能对龙虚芳的个人借款抵扣龙虚芳应享有的租金份额作出约定,二人以龙虚芳个人的借款本息抵扣应属于王东遐享有的租金份额,已超出约定范围,且明显损害王东遐的利益,应为无效。

综上,一审认定事实清楚,但适用法律不当,判决驳回王东遐的全部诉请错误,本院予以纠正。依照《中华人民共和国民事诉讼法》第 177 条第 1 款第(二)项规定,判决如下:一、撤销安徽省广德市人民法院(2021)皖 1882 民初 5291 号判决;二、确认龙虚芳、檀金龙于 2013 年 8 月 30 日签订的《房屋租赁合同》中关于檀金龙以龙虚芳 2013 年 9 月 10 日向檀金龙的借款本息抵扣应属于王东遐享有的租金份额的约定无效;三、驳回王东遐的其他诉讼请求。一审案件受理费 80 元,由龙虚芳、檀金龙负担 40 元,王东遐负担 40 元;二审案件受理费 80 元,由龙虚芳、檀金龙负担 40 元,王东遐负担 40 元。

评 析

本案原被告争议的是《房屋租赁合同》是否有效,实际涉及的是共有人的处分权问题。

一、共有人处分权的标的

谈到共有人的处分权，应明确共有人处分的标的为何？即共有人所处分的是共有物呢，还是共有人的应有部分即共有的份额呢？如果共有人所处分的标的物为共有物，则因共有物为共有人共有，任何一个共有人均无权单独行使处分权。依《民法典》第301条规定，除共有人之间另有约定外，处分共有的不动产或者动产，应当经占份额2/3以上的按份共有人或者全体共同共有人同意。如果共有人所处分的并非共有物，而是其共有份额，则并无《民法典》第301条规定的适用。当然，可以处分其份额的共有人，只能是按份共有的共有人，因为共同共有的共有人在共有期间并无确定的份额。由于按份共有人按照其份额享有共有物所有权，如前所述，共有人的份额是共有物所有权的"量"上的区分，各共有人对其份额享有的权利与单独所有权并无质上的不同。因此，按份共有人有权处分其份额，如同单独所有权人有权处分其所有权一样。按份共有人处分其共有份额是共有人的权利，只是因共有关系，会受到一定的限制而已。《民法典》第305条规定："按份共有人可以转让其享有的共有的不动产或者动产份额。其他共有人在同等条件下享有优先购买的权利。"依此规定，按份共有人有权转让其份额，仅是受其他共有人优先购买权的限制。

二、共有人处分行为的性质

共有人的处分行为有广义与狭义之分。广义上共有人处分包括事实处分和法律上的处分。因事实处分只能对共有物为之，共有人不可能对其份额为事实上的处分。因此，各共有人对其份额单独有权所为的处分只能是法律上的处分。法律上的处分，一般来说是指转让所有权以及设定担保物权和用益物权。那么,《民法典》第301条中所讲的处分是否包括出租等行为呢？对此有不同的观点。有的学者指出,《民法典》第301条中的"处分"应界定为导致或者可能导致其他共有人无法对共有物享有共有权利的行为。通常所讲的无权处分行为是指转让、设定抵押或者赠与等处分行为,严格来讲,出租并非《民法典》第301条意义上的处分行为,此时并非发生物权变动,只是物权权能的部分让渡。① 这种观点将《民法典》第301条中所讲的"处分"理解为与通常所说的法律上的处分的含义一致,不无道理。但笔者认为,理解《民法典》第301条中所说的处分还应与《民法典》第300条的规定结合起来。如果共有物的出租等行为不应包括在第301条中所讲的"处分"行为,就应属于第300条中所讲的"管理"行为,而依第300条规定,管理行为除当事人有明确约定外,各共有人都有管理的权利和义务,各共有人都可单独为之。显然,对于出租共有物这种行为是不应由每个共有人都有权单独为之的。因此,从体系解释上说,笔者认为应对《民法典》第301条中的"处分"作扩张解释,即这里的处分应当也包括将共有物出租等会导致由非共有人使用共有物的情形。

  本案中案涉房屋为龙虚芳与王东遐按份共有,而将房屋出租应属于对共有的不动产的一种处分,因此,在共有人没有另外约定的情形下,对共有房屋的出租应经占共有份额2/3以上的共有人同意。而在该共有关系中,龙虚芳占共有份额的80%,王东遐占共有份额的20%,由于龙虚芳所占案涉共有房屋的份额超过2/3,因此,龙虚芳

---

① 参见张柳青主编:《物权法审判实务疑难精解》,中国法制出版社2007年版,第159—161页。

即使未经王东遐同意也是有权出租该房屋的，换言之，龙虚芳出租共有房屋的处分行为，是合法有效的。但是，任何人行使权利，都不得损害他人的利益，龙虚芳虽然有权出租共有的房屋，但不能损害他共有人的利益。龙虚芳与檀金龙签订的《房屋租赁合同》中约定以全部租金抵扣龙虚芳的个人借款本息，损害了王东遐的利益，因此，本案的二审法院判决"确认龙虚芳、檀金龙于2013年8月30日签订的《房屋租赁合同》中关于檀金龙以龙虚芳2013年9月10日向檀金龙的借款本息抵扣属于王东遐享有的租金份额的约定无效"，是正确的。

第十专题 关于"从随主"规则的适用

——刘学明诉王彤皓返还原物纠纷案

案例索引

天津市第三中级人民法院(2021)津 03 民终 3491 号民事判决；天津市滨海新区人民法院(2021)津 0116 民初 3759 号民事判决。

基本案情

刘学明于 2003 年 5 月 29 日与案外人天津塘沽贻成实业有限公司签订《天津市商品房买卖合同》，购买由案外人天津塘沽贻成实业有限公司开发建设的坐落于天津市滨海新区的房屋，商品房屋价款 199,653 元。在合同的附件一中标注了房屋的位置以及地下室的位置，在合同的补充条款中约定有地下室按每户一间配套，按交款顺序挑选，地下室内各种管线根据各专业要求确定（个别地下室管线较为集中），乙方不得以任何理由进行干涉或提出其他如减价、退换等要求。在合同附件五载明地下室的房号为 11-1-2 号，费用为 4326 元，该部分费用为另行支付的费用。原告在合同签订当日支付了该地下室的相关费用 4326 元。

2016年11月13日,刘学明与王彤皓通过居间介绍签订了《房屋买卖居间合同》,刘学明将坐落于天津市滨海新区房屋出售给王彤皓,出售时房屋无抵押、无租赁,合同第一条约定该房屋附属设施包括水、电、煤、暖气、防盗门,约定房屋成交价为1,900,000元,合同第五条约定,原告承诺于款清交房将该房屋钥匙交付买方使用,同时承诺该房屋转让的附属设施(本合同第一条约定)齐全、完好、无欠费。此外,该份合同还约定了双方其他权利义务。

2016年12月30日,针对坐落于天津市滨海新区房屋,双方签订了《天津市房产买卖协议》。双方确认实际履行的协议为2016年11月13日签订的《房屋买卖居间合同》。现案涉房屋已过户至王彤皓名下,地下室部分未在房屋权属登记簿中体现。

刘学明以王彤皓为被告向天津市滨海新区人民法院提出诉讼请求:1.要求被告腾空并返还滨海新区西小庄11-1-2号地下室;2.要求被告支付占用期间的使用费20,000元;3.要求被告返还日本自行车一辆、电饭煲、电磁炉、自行车里外胎(包括钢圈)等一些杂物,预估10,000元;4.本案诉讼费用由被告承担。

判决与理由

一审法院认为,本案中双方当事人争议的焦点在于被告对天津市滨海新区的地下室占用是否有合法的依据。原告自案外人天津塘沽贻成实业有限公司处通过买卖的方式取得了天津市滨海新区的房屋以及天津市滨海新区的合法权益,支付相应的对价,可以进行相应的处置行为,其与被告针对天津市滨海新区房屋所签订的买卖合同依法成立,并不存在法定的无效情形,合同合法有效,该份合同效力是否及于天津市滨海新区的地下室,这便涉及天津市滨海新区的地下室与天津市滨海新区房屋之间的关系如何界定。通过原告与案外人天津塘沽贻成实业有限公司签订的《天津市商品房买卖合同》，诉争西小庄11-1-2号地下室作为西××号房屋附属设施一并受让于本案原告，二者虽然相互分离，亦具有独立的价值体现，但由于二者同处于一座构筑物中，在空间上亦具有直接关联性且无独立的产权体现，在权利的取得方面地下室附属于西××号房屋。与此同时在日常使用以及在功能效用方面，西小庄11-1-2号地下室正常使用仍依赖于西××号房屋，尤其在照明方面，且该地下室设置的初衷亦是作为附属设施完善西××号房屋的功能分区，以更好地发挥并满足西××号房屋的居住使用需求，故西小庄11-1-2号地下室其性质应属于西××号房屋的从物，由于双方在买卖合同签订之时并未对地下室的转让单独作出明确约定，根据法律规定，主物转让，从物随之转让，被告通过买卖方式合法取得了西××号房屋的所有权，故其对西小庄11-1-2号地下室的占有具有合法依据，原告在本案中的举证无法证实其主张，对原告提出的诉讼请求一审法院不予保护。

一审法院判决：驳回原告刘学明的诉讼请求。案件受理费275元，由原告刘学明负担。

一审宣判后，刘学明不服天津市滨海新区人民法院（2021）津0116民初3759号民事判决，向天津市第三中级人民法院提起上诉。

二审法院认为，上诉人与被上诉人之间签订的《房屋买卖居间合同》与《天津市房产买卖协议》真实、合法、有效，且双方均不持异议，应当受之拘束。现双方就诉争的地下室的归属产生争议，主要争议焦点为：一、讼争地下室是否属于双方当事人交易房屋的从物；二、讼争地下室是否应随双方当事人交易房屋一并转让。

焦点一：讼争地下室是否属于双方当事人交易房屋的从物。主物与从物的划分规则，是指两个以上的物发生互相附着或者聚合而且在经济上发生密切的关联之后，当物上的权利发生变动时，为确定物的归属所适用的规则。我国当前适用的法律、法规并未对主物和从物进行明确的界定，从物并非主物的组成部分，是为了发挥主物的效用而存在的，一般情况下两者应归属于同一个主体，但主物和从物毕竟是两个物，从物附着于主物一般也有其可分性。本案中，双方当事人交易的房屋与诉争的地下室，从物理结构上看，两者是分离的，没有讼争的地下室并不影响房屋的完整性；从效用上来说，涉案房屋是用于居住，讼争地下室存在与否并不损害其居住功能的发挥，房屋和讼争地下室均有其独立的使用价值。一审判决认定双方交易的房屋与讼争地下室系主从物关系失当，本案予以纠正。

焦点二：诉争地下室是否应随双方当事人交易的房屋一并转让。根据双方当事人签订的《房屋买卖居间合同》第一条第一项约定，买卖双方通过居间方介绍购买及出售位于天津市塘沽区（以下简称为该房屋）。该房屋产权证号塘沽070147050号；产别私产；用途住宅；建筑面积112.99平方米（房屋其他具体情况详见该房屋产权证）；第二条第二项约定，该房屋的附属设施包括水、电、煤、暖气、防盗门。第三条第一项约定，该房屋成效价格为1,900,000元整（此价格含附属设施），上述约定中并未涉及诉争地下室，亦未显示被上诉人就诉争的地下室支付了对价，在《房屋买卖居间合同》明确描述的交易范围亦不包括地下室，现被上诉人认为其对诉争地下室属于合法拥有和占有于法无据，应当返还。上诉人要求被上诉人返还诉争地下室的主张成立，本院予以支持。关于上诉人主张被上诉人支付占有诉争地下室期间的费用及返还其他物品无事实及法律依据，本院不予支持。

二审法院最终判决：撤销天津市滨海新区人民法院（2021）津

0116 民初 3759 号民事判决；被上诉人于判决后生效之日起 15 日内将争诉的地下室返还于被上诉人。

评 析

本案中二审法院认为争议的焦点有两个，但根本的焦点在于诉争地下室与房屋之间的关系，即两者是否构成主物与从物的主从关系。

一、主物与从物的含义

主物与从物是对相互有使用上依存关系的两个物的区分。在使用上有相互依存关系的两物中起主要效用的物为主物，起辅助效用的物为从物。主物相对于从物而言，从物相对于主物而言，没有主物就无所谓从物，无从物也就无所谓主物。在如何判定一物是否为从物上，通常依据以下三个标准：

第一，是否为独立的一物。从物与主物是两个独立的物，从物是独立于主物的单独之物，而非主物的一部分，也不是与主物一同构成一个集合物。凡属构成物的组成部分的，不论其属于重要成分还是非重要成分，均不再为独立之物，也不能成为从物；一物如果与他物已经集合为一体作为一物而为物权标的，则也不发生从物与主物的关系问题。一物是否为独立之物而不为物的组成部分，须依习惯和日常常识而定。例如，手表与表带是否为两个独立之物，有不同的观点。有的认为，依生活经验手表不能没有表带，表带属于手表的组成部分，虽然不属于手表的重要成分，但已不具有独立性，不属于手表的从物。笔者赞同这种观点。但怀表与表链却可以构成主从关系，表链不属于怀表的组成部分，二者均为独立之物。

第二，一物是否为辅助他物而发挥效用。主物与从物是有联系的两个物，这种联系表现在使用中二者存在结合关系，一物辅助他物使用才更有意义，于此情形下辅助他物使用的物即为从物，而需一物辅助使用才能更好发挥效用的物则为主物。若两物之间各物的使用都有独立意义，一物的使用并不存在辅助他物使用的作用，则两物之间也就不存在主从关系。

第三，两物是否属于同一人所有。对于主物与从物是否须为同一人所有，有不同的观点。一种观点认为，主物与从物无须归同一人所有。有学者认为，最高人民法院《关于适用〈中华人民共和国民法典〉有关担保制度的解释》（以下简称《担保制度的解释》）第40条规定："从物产生于抵押权依法设定前，抵押权人主张抵押权的效力及于从物的，人民法院应予支持，但是当事人另有约定的除外。从物产生于抵押权设立后，抵押权人主张抵押权的效力及于从物的，人民法院不予支持，但是在抵押权实现时可以一并处分。"该规定在于强调：只有主物与从物同为一人所有时，按照"从随主"规则，抵押权的效力才能及于从物，但是从物形成于抵押权依法设立后，抵押权的效力不能及于从物。区分主物与从物的法律意义就在于从物与主物同其法律命运，主物上的负担及于从物，从物随主物的转移而转移，其目的在于更好地发挥物的效用。如果只要两物结合使用就更有意义，尽管该两物分属不同的人，也将其确定为主物与从物的关系，那么，就会使处分他人的财产成为合法的、当然的，这显然是不合理的。因此，两物属于同一人所有，是确定两物间是否有主从关系的前提。若两物为不同的人所有，也就不存在区分主物与从物的前提条件。

第四，是否符合交易习惯和法律规定。两物是否有主从关系，还需从交易习惯和法律规定上判断。尽管两物具有上述条件，但在交易习惯上或者法律规定不能区分为主物与从物的，也不能区分为主物从物。例如，房屋与宅基地不能区分为主物与从物。依我国法规定，转让房屋所有权的，房屋占用范围内的土地使用权一并转移；转让土地使用权的，地上建筑物所有权一并转移。这一所谓"地随房走"或"房随地走"规则并不以主物从物的关系而定。

二、区分主物与从物的法律意义

区分主物与从物的法律意义在于在交易中确定从物的归属或者法律命运。《民法典》第320条规定："主物转让的，从物随主物转让，但是当事人另有约定的除外。"该条确立了从物随主物的转移而转移的规则，即所谓"从随主"规则。当然，"从随主规则"不仅适用于从物与主物的关系，也适用于主权利与从权利的关系。例如，有价证券所载明的主权利转移的，从权利也就随之转移。依《民法典》第320条规定，从物随主物转移，属于任意性的规定，而非强制性规定。也就是说，当事人可以排除该规则的适用，如果在交易中当事人有另外的约定，则从物并不当然地随主物的转移而转移，只有在当事人未作出另外约定的情形下，主物（或主权利）转移的，从物（或从权利）才随之转移。

需要注意的是，上述关于主物从物的区分标准仅适用于交易中确定从物的权利归属或者其法律命运，而不适用于其他场合。或者说，在其他场合，主物与从物的区分标准与上述标准并不相同。例如，关于主物与从物的区分，在添附中也有适用。如果一物与另一物发生附合，不易分离或者分离会损害新形成的附合物的价值时，就会发生该附合物应由何人取得所有权问题。如甲的钻石嵌在乙的戒指上，即发生何人取得该戒指所有权。《民法典》第322条规定："因加工、附合、混合而产生的物的归属，有约定的，依照约定；没有约定或者约定不明确的，依照法律规定；法律没有规定的，按照充分发挥物的效用以及保护无过错当事人的原则确定。因一方当事人的过错或者确定物的归属造成另一方当事人损害的，应当给予赔偿或者补偿。"一般说来，在发生附合时，若发生附合的两物可以区分主从关系，则应由主物的原所有权人取得附合物的所有权，由其向从物的原所有权人给予补偿。这时主物与从物的区分标准不适用于上述标准，既不能要求使用上的辅助功能，也不能要求同属于一人。这种情形下确定两物是否有主从关系，应以社会一般观念，根据物的性质、功能、价值等诸方面予以综合考量。

　　本案中一审原告将其房屋出卖给被告。当事人之间转让的是房屋，房屋所有权已经从原告转移给被告，此无疑问。当事人争议的是案涉的地下室是否也随房屋的转让而转让。因为当事人在转让房屋时并未就案涉的地下室转让有另外的约定，因此案涉的地下室是否也随房屋的转让而转让归被告，就要看案涉地下室与房屋是否构成主从关系，案涉地下室是否为房屋的从物。一审、二审法院的判决结果不同，原因就在于对此认定不同。

　　本案中涉案的地下室与房屋分别为独立之物，原本也同属于原告所有，因此，确定地下室是否为房屋的从物，就要看其在效用上是否对于房屋的使用起辅助作用。一审法院认为，案涉地下室与房屋同处于一座构筑物中，在空间亦具有直接关联性且无独立的产权体现，在权利取得方面附属于房屋。与此同时在日常的使用以及在功能效用方面，案涉地下室正常使用仍依赖于房屋，且该地下室设置的初衷亦是作为附属设施完善房屋的功能分区，以更好地发挥并满足房屋的居住使用需求，因此，案涉地下室其性质应属于房屋的从物。而二审法院认为，从物理结构上看，两者是分离的，没有讼争的地下室并不影响房屋的完整性，从效用上看，涉案房屋的功能是用于居住，讼争的地下室存在与否并不损害其居住功能的发挥，房屋和讼争的地下室均有独立的使用价值，故认定二者不为主物从物关系。

　　笔者认为，二审法院在认定案涉地下室非为房屋的从物上的观点有所不妥。主物从物之间，并非没有从物，主物就不能发挥其功能，也不是不存在从物会损害主物的功能，而是从物更有助于发挥主物的功能。从社会观念上说，涉案的地下室的使用对于房屋的使用是起辅助作用的，只有地下室的辅助，房屋使用才更有效用，房屋居住才会更方便，房屋的功能才能得到更好发挥；而该地下室也只有辅助房屋的使用也才更有效用、更有价值，因此，笔者认为，一审法院的认定是合适的，涉案地下室与房屋应构成主从关系，房屋为主物，地下室为从物。当然，就本案来说，法院还应当从当地习惯来考察，以确定房屋与地下室之间是否有主从关系，但法院并未考虑这一点。

　　综上分析，笔者赞同一审法院的判决。本案原告将房屋转让给被告，因双方无另外的约定，地下室为房屋的从物，也就应随房屋的转让而转让，归被告取得所有权，因此，被告占有并使用地下室也就有法律根据，原告无权主张被告返还占有的地下室。另外，笔者认为，二审法院认为被告占有使用诉争地下室于法无据，而又不支持一审原告（二审上诉人）请求一审被告支付占有诉争地下室期间的费用，认为要求支付该费用无法律依据。这并非妥当。如认定为占有地下室无法律根据，该占有就为非法占有，既为非法占有，权利人要求占有人返还占有费用，就应是合理的。

第十一专题　婚前按揭买房婚后共同还贷的房屋产权的归属

——许某诉朱某离婚后财产纠纷案

案例索引

安徽省马鞍山市中级人民法院（2020）皖 05 民终 1363 号民事判决；安徽省马鞍山市花山区人民法院（2020）皖 0503 民初 2331 号民事判决。

基本案情

许某和朱某原系夫妻关系，2019 年 3 月 26 日双方协议离婚，离婚前许某名下有公积金 166,864.84 元和长城安心回报型证券投资基金 33,000 份，银华盛世成长混合型证券投资基金 228.36 份；朱某名下有公积金 183,430.89 元和总市值为 448,162.93 元的股票。离婚时，许某和朱某仅对夫妻婚姻关系存续期间双方共有的两套房产、出租房屋的租金、各自名下的存款及各人物品进行了处理，并表示无其他不同意见，但未对各自名下的公积金、基金和股票予以处理。马鞍山市花山区房屋登记所有人为朱某，销售不动产专用发票载明的价款为

239,338元，抵押贷款100,000元，结婚前还贷本息10,629.36元，结婚后还贷本息109,654.68元；经许某申请，法院委托北京市瑞行房地产评估咨询有限公司对该房屋价值进行评估，该评估机构出具的《房地产司法鉴定咨询评估报告》载明的咨询结果为：截至2006年7月的价值为277,400元，截至2020年11月25日的价值为1,016,400元，产生评估费8700元。朱某提交的建设银行账户交易明细显示2011年9月28日从案外人朱庆海名下银行账户转账存入50,733.1元，2011年现金支取40,000元，2015年6月3日从案外人朱庆海名下银行账户存入60,000元。针对马鞍山市花山区房屋2005年交易价格问题，向马鞍山市价格认证中心进行了价格咨询（约2800元/平方米），以及马鞍山市相近位置房屋交易税票价款（约2300元/平方米）。

许某向花山区人民法院起诉请求：判令依法分割位于马鞍山市花山区房屋贷款部分的价值及其他共有财产。

判决与理由

一审法院认为，许某和朱某在夫妻关系存续期间所得的公积金、基金、股票应为夫妻共同财产，双方离婚时未对该部分财产进行处理，现许某以尚有夫妻共同财产未处理为由请求分割该部分财产，于法有据，予以支持。考虑到涉案财产分别在许某和朱某名下，为便于财产分割，许某名下的公积金、基金和朱某名下的公积金、股票归各自所有为宜，朱某应根据其与许某各自名下的财产差额给予许某对半财产分割款。许某主张分割其与朱某婚后共同偿还的朱某婚前所购房的银行贷款的对应价值，因其提供的证据不足以证明婚后共同偿还该房产银行贷款的具体数额，故对许某的该部分诉讼请求，不予支持。朱某关于离婚时对涉案财产已进行了分割，许某再次要求对已分割完毕的财产进行分割系对离婚协议中关于财产分割内容的反悔和变更，并已超过1年除斥期间的辩称，因离婚协议中关于财产处理的内容中并未涉及涉案财产，故对朱某的该项辩称，不予采信。遂判决：一、许某名下的公积金、各项基金归许某所有；朱某名下的公积金、各种股票归朱某所有；二、朱某于判决生效之日起十日内给付许某上述财产分割款203,445元；三、驳回许某的其他诉讼请求。

一审判决后，许某不服一审判决，向马鞍山市中级人民法院提出上诉。许某上诉请求撤销一审判决第三项，并对马鞍山市花山区房屋依法分割。朱某辩称，案涉房屋系朱某婚前个人购买，但根据物权恒定原则，该房屋不因婚后共同还贷而变成夫妻共同财产，根据《婚姻法解释三》第10条的规定，对共同还贷的款项及其相对应财产增值部分，许某也只能要求进行补偿，现诉请分割没有法律依据，应予驳回。

朱某也不服一审判决，提起上诉，请求撤销一审判决第二项，依法改判驳回许某要求分割财产的请求。

二审法院认为，许某和朱某在婚姻关系存续期间所得的公积金及用共同财产购买的基金、股票、偿还个人婚前购房贷款的款项及相对应财产增值部分应属于夫妻共同财产，而双方在《离婚协议书》中仅对婚姻关系存续期间共有的两套房产、出租房屋的租金、各自名下的存款及各人物品进行了分割处理，对各自名下的公积金、基金、股票，以及婚后共同偿还朱某婚前个人购置的马鞍山市花山区房屋的贷款款项及其相对应财产增值部分没有涉及。依据最高人民法院的司法解释，离婚后，一方以尚有夫妻共同财产未处理为由向人民法院起诉请求分割的，人民法院应当予以分割。许某有权起诉要求进行分割。朱某上诉称许某离婚时明知有公积金、股票、基金，离婚协议已将其概括为各自名下存款，但公积金、基金、股票与存款显然不属于同种类的财产，故该项上诉理由不能成立。依据最高人民法院关于适用婚姻法若干问题的解释（三）第10条规定，夫妻一方婚前签订不动产买卖合同，以个人财产支付首付款，婚后用夫妻共同财产还贷，不动产登记于首付款方名下的，离婚时该不动产由双方协议处理。双方不能达成协议的，人民法院可以判决该不动产归产权登记一方，尚未归还的贷款为产权登记一方的个人债务。双方婚后共同还贷支付的款项及其相对应财产增值部分，离婚时应根据《婚姻法》第39条第一项规定的原则，由产权登记一方对另一方进行补偿。马鞍山市花山区房屋虽然是朱某个人婚前购买，但购房时办理了100,000元银行按揭贷款，婚后还贷本息合计109,654.68元，许某诉请分割共同还贷的款项及其对应财产增值部分有事实和法律依据，应予支持。综合考虑购置价款、银行按揭贷款数额、共同还贷比例及房屋增值评估结果等因素，本院酌定朱某补偿许某206,606.77元。

综上所述，许某的上诉请求成立，予以支持；朱某的上诉请求部分成立，予以部分支持，判决：一、维持马鞍山市花山区人民法院（2020）皖0503民初2331号民事判决第一项；二、撤销马鞍山市花山区人民法院（2020）皖0535民初2331号民事判决第二项及第三项；三、朱某于本判决生效之日起十日内给付许某财产分割款及评估费合计384,401.77元；四、驳回许某的其他诉讼请求和上诉请求；五、驳回朱某的其他上诉请求。

评　析

本案中双方争议的是离婚协议中未涉及的夫妻共同财产于离婚

后可否请求分割问题,焦点在于对于婚前个人按揭贷款购买的房屋婚后共同还贷款的房产权如何处理。

关于个人婚前通过银行按揭贷款购买的房屋登记在自己名下而婚后以夫妻共同财产偿还贷款,在离婚时应如何分割该房产上,曾有不同的观点。一种观点认为,根据《婚姻法》对婚前个人财产的界定来看,双方争议的房屋是在婚前所购买,购买房屋贷的款为一方在婚前所欠的债务,婚后双方共同偿还该债务的,应视为对一方婚前债务的偿还,由购买房屋的一方在婚姻关系解除时给付另一方共同偿还部分款项。第二种观点认为,购房作为人生之大事,如果一方婚前没有按揭贷款买房,婚后双方也将通过按揭贷款买房,由于一方婚前购房行为,婚后双方无再购房需求,双方将全部精力用于偿还银行购房贷款,双方对房屋的最终获得都付出了艰辛的努力,如果房屋归婚前一方按揭贷款购房人所有,则对婚后一方有失公平。为了维护法律的公平公正,综合考虑双方的利益,应将婚前购房首付款作为购买者婚前个人财产从房屋现有价款中予以扣除,对剩余部分应作为夫妻共同财产,房屋由双方通过协商、竞价等方式取得。第三种观点认为,根据物权法和婚姻法的相关规定,婚前按揭贷款所购买的房屋,应作为购买者婚前个人财产,对婚后双方共同偿还贷款部分应视为对购买者婚前个人债务的偿还,由其拿出这部分钱的一半给另一方。另外由于房屋增值的实际情况,对房屋增值部分作为双方的共同财产平均分割。①

上述各种不同的观点,争议的焦点在于如何确定婚前按揭贷款

---

① 上述观点摘编自解自旭、王青松:《婚前按揭贷款买房,婚后共同还贷,离婚如何分割》,载《山东法制报》2010年11月26日第3版。

购买的房屋的产权归属。这涉及房屋所有权的取得和夫妻共有的财产范围问题。

一、所有权的取得根据

所有权是所有权人对自己的不动产或者动产，依法享有占有、使用、收益和处分的权利，是一项完全的全面的物权，具有自物性、全面性、整体性、弹力性及恒久性等特点。与其他权利的取得一样，所有权的取得也必须具有相应的法律事实。《民法典》第129条规定："民事权利可以依据民事法律行为、事实行为、法律规定的事件或者法律规定的其他方式取得。"所有权的取得，当然也不例外。因此，所有权的取得必须具有法律规定的方式和根据。

所有权的合法取得方式包括原始取得和继受取得两种。所谓原始取得，是指根据法律规定最初取得所有权或者不依赖于原所有权人的权利和意志而取得所有权。原始取得包括两种情形：一是在一个新物上第一次取得所有权，如新建成房屋的所有权取得，生产出的新产品的所有权取得；二是物上原存在所有权但不依赖于原所有权人的意志而取得所有权，如基于没收物品而取得该物品的所有权。所有权的原始取得是独立于原所有权人的权利内容的，与物上的原权利状态无关，因此，以原始取得方式取得所有权的，即使物上原本存在负担，如设立有用益物权或者担保物权，除取得人知道该负担存在外，该负担也因所有权的原始取得而消灭，即取得所有权的所有权人不再负担物上原有的负担。所谓继受取得，又称为传来取得，是指基于原所有权人的权利而取得所有权，也就是说所有权的取得是由原所有权人的所有权传来的。所有权的传来取得是以原所有权人的权利为前提的，新所有权人的权利内容和范围不能超过原所有权人的权利内容和范围，因此，依传来取得的方式取得所有权的，对于标的物上原有的负担，新的所有权人仍然应当承受。所有权的具体取得方式，依标的物是不动产还是动产有所不同。房屋是一种不动产，房屋所有权的取得无论是原始取得还是传来取得都有其一定特殊性。

二、房屋产权取得的根据

房屋所有权的取得也包括原始取得与传来取得。

1. 房屋所有权的原始取得的主要方式

（1）建造。即出资用一定的建筑材料在土地上建成房屋。依《民法典》第 231 条规定，合法建造的房屋自建造的事实行为成就时，行为人就取得所有权。因此，因建造而取得房屋所有权的，须具备以下条件：其一，须为合法建造。所谓合法建造是指建房者有合法的建房手续。如果建房者没有合法的建房手续，则其建成的房屋属于违章违法建筑，则建房人不能取得所建房屋所有权。其二，房屋建成。建造房屋是一种事实行为，该行为的成就之时也就是房屋建成之时。若房屋尚未建成，只是在建设过程中，建造行为也就未成就，房屋所有权的客体尚不存在，当然也就不能取得房屋所有权。合法建造的房屋由建房人取得所有权。这里的建房人是指经批准出资建房的人，而不是指建设房屋的施工人。

（2）征收。房屋征收，是指因公共利益的需要，国家依法将个人所有或者组织所有的房屋有偿地征归国家所有的行为。《民法典》第 243 条中规定，为了公共利益的需要，依照法律规定的权限和程序可以征收集体所有的土地和组织、个人的房屋以及其他不动产。征收组织、个人的房屋以及其他不动产，应当依法给予拆迁征收补偿，维护被征收人的合法权益；征收个人住宅的，还应当保障被征收人的居住条件。可见，依征收取得所有权须具备以下条件：其一，须是为了公共利益的需要。若不是基于公共利益的需要，不能通过征收而取得所有权。其二，依法定的权限和程序作出征收决定。超越法定权限和违反法定程序而征收的，属于违法侵害私权利的行为，不能发生征收的效力。其三，须依法给予征收补偿。征收并不是无偿地剥夺他人财产，而是强制性收购他人财产的行为，因此，征收须给被征收人补偿，保障被征收人的利益不受损失。征收只是国家所有权的取得方式，其他任何组织和个人都不能通过征收的方式取得所有权。因此，只有国家才能通过征收取得房屋所有权。

（3）没收。房屋没收，是指依法将被没收人的房屋无偿收归国有。只有国家才能通过没收的方式取得房屋所有权。基于没收取得房屋所有权的条件有二：一是被没收的房屋是被没收人违法所得的财产或者是其犯罪工具；二是须由人民法院依法作出没收的判决。

2. 房屋所有权的传来取得

房屋所有权的传来取得主要包括买卖、赠与、互易、继承和遗赠。买卖、赠与、互易都是通过民事法律行为而发生房屋所有权由原所有权人转归新所有权人的。依《民法典》第209条规定，房屋所有权因民事法律行为发生变动的，经依法登记发生效力；未经登记，不发生效力。因此，基于买卖、赠与、互易而取得房屋所有权的，自办理所有权变更登记时起，买受人、受赠人、互易人才能取得所购买、受赠、互易的房屋的所有权；若当事人未办理所有权变更登记，则不发生所有权的变动，买受人、受赠人、互易人不能取得受让房屋所有权。因继承取得所有权的，是以被继承人死亡为条件的（遗嘱继承和遗赠还须有被继承人的合法有效遗嘱）。基于继承而取得房屋所有权的，不以所有权变更登记为要件。

依民事法律行为而受让房屋所有权的，受让人可以是一人，也可以是数人，此为当然。在数人共同受让时，则发生共有。数人共同受让房屋所有权，而仅登记在一人名下的，此时该房屋所有权是仅为登记记载的所有权人所有还是为共有呢？以买卖为例。设甲、乙共同出资购买丙的房屋，双方办理了所有权变更登记，但将丙的所有权变更为甲的所有权，于此情形下该房屋是仅为甲所有呢，还是为甲、乙共有呢？对此，有不同的看法。有的认为，依《民法典》规定，依民事法律行为发生不动产物权变动的，除法律另有规定外，自登记时发生效力。因此，在上述情形下，因房屋所有权登记在甲的名下，只有甲才为所有权人，乙没有取得所有权。笔者不同意这种观点。笔者认为，不动产物权的变动，除法律另有规定外，自登记时发生效力，就不动产所有权转让而言，这一规定是从转让人与受让人的关系上说的。也就是说，如果未办理变更登记，受让人则未取得不动产所有权。但不动产登记还是不动产物权的公示要件，具有公示公信效力。而不动产物权登记的公示效力也只是一种推定效力，也就是说从法律上推定登记的权利人为真正的权利人，但登记的权利人并非就一定为真正权利人；登记具有公信力，但这种公信力，只是具有保护善意第三人的效力，并不能对抗真正的权利人。因此，如上述情形下，甲、乙共同出资购买丙的房屋，将房屋所有权过户到甲的名下，所有权也就发生转移，于变更登记时起，受让人即甲、乙成为所有权人，丙不再为所有权人；虽然受让房屋所有权仅登记在甲的名下，但甲只是登记上的单独所有权人，而该房屋所有权实为甲、乙共有，乙并不能因为房屋登记在甲的名下就丧失共有权，因此，甲不能以自己为登记的单独所有权人而对抗乙的共有权，乙可以向甲主张房屋共有，但假如甲将该房屋又转让给善意的丁，则乙不能以其为共有人对抗善意第三人丁。

一人在购买房屋后,可否将其所有权的一定份额转让给他人而形成共有呢?对此应无疑问。房屋所有权人既可以将其房屋全部转让给他人所有,也可以将其权利的一定份额转让给他人,与他人共享房屋所有权。实际上,这与两个以上的人共同出资共同购买房屋并无差异,只是发生的时间不同而已。例如,甲购买一所房屋,在其取得所有权后,又与乙约定,将其一定份额出卖或赠与乙,那么该房屋的单独所有也就可转化为共有。

本案中朱某于与许某结婚前通过按揭方式购买住房一套,从案情看,朱某应当取得了涉案房屋所有权。但是该房屋所有权是有负担的,因为朱某的按揭贷款使其取得的房屋所有权转移给银行,只有在还清贷款后,房屋所有权才能回归朱某。朱某于买房后与许某结婚。许某能否认为自己与朱某结婚就取得涉案房屋的产权呢?当然不能。因为结婚是一种身份行为,这种身份行为并不能导致已有的财产关系发生变动。《民法典》第1063条明确规定,"一方的婚前财产"为夫妻一方的个人财产。夫妻一方婚前的个人财产,不因婚姻关系的延续而转化为夫妻共同财产,除非当事人另有约定。当事人的约定,是一种民事法律行为,如果当事人有约定,原本为婚姻一方的个人财产也可以成为夫妻的共同财产。可见,婚姻当事人的个人财产不会仅因结婚行为而成为夫妻共有财产,但却可以基于当事人的约定而转化为共有财产。

本案中朱某于婚前取得涉案房屋的所有权,但这种所有权是存有负担的或者说是受限制的,只有在还清贷款后,房屋所有权的负担才能消除,才能不受限制,或者说才能恢复到圆满状态。如何才能达到此效果呢?一是朱某以自己的财产偿还全部贷款,由其取得房屋的单独所有权；二是朱某向他人借款偿还银行贷款而取得房屋单独所有权，借款给朱某的人成为朱某的债权人，但不会取得房屋的产权；三是朱某将房屋的一定份额转让给他人，由他人出资金偿还银行贷款，由朱某与他人共有该房屋。从本案的案情看，朱某支付了首付款，而婚后以夫妻共同财产偿还贷款本息。许某何以同意以共有财产偿还朱某的借款呢？许某是为了借钱给朱某让朱某单独取得无负担的所有权呢，还是为了共同取得涉案房屋的无负担所有权呢？朱某又是为何同意以夫妻共同财产偿还银行贷款的？是基于向许某借款的目的还是基于夫妻共同取得无负担的房屋所有权的目的？前述关于婚后共同还贷的按揭房屋产权归属的第一种观点，对于这些问题未予思考。按照这种观点，涉案房屋为朱某婚前所购买，应认定婚后双方偿还朱某婚前所欠债务为对个人债务的偿还，由朱某在婚姻关系解除时应偿还许某共同偿还款项的一部分。这样处理显然不妥。笔者认为，除当事人另有特别约定外，从情理上说，夫妻以共同财产偿还银行贷款，正是为了共同取得无负担的房屋所有权。按照前述对此问题处理的第二种观点，如果朱某婚前没有按揭贷款买房，婚后双方也将通过按揭贷款等方式购房，正由于朱某婚前购房行为，使婚后双方无再购房的需求，双方将精力用于偿还银行购房贷款，双方对房屋的最终获得都付出了艰辛努力。但依这种观点处理，将朱某婚前购房首付款作为婚前个人财产从房屋的现价款中予以扣除，对剩余部分作为夫妻共同财产，未考虑到首付款对取得房屋所有权的作用，也不合适。依前述此问题的第三种观点，基于房屋增值的实际情况，主张对房屋增值部分作为双方的共同财产平均分配，将夫妻共同偿还朱某婚前个人债务作为一种共同投资。这种观点考虑到夫妻共同偿还贷款的特殊性，但并不能说明为何应由双方平均分割房屋增值部分。因此，这种观点也不足以说明许某应取得房屋增值的理由及应取得多少份额的增值。

笔者认为,本案中婚前朱某仅支付了首付款以按揭贷款方式购买房屋,并未能取得无负担的不受限制的房屋所有权,婚后许某与朱某双方共同还贷的行为目的在于取得无负担的房屋所有权。许某虽不能基于与朱某结婚而取得朱某婚前所购房屋的产权,但基于其还款行为是可以取得一定产权的。由于朱某婚前仅支付了房屋的首付款,而婚后许某与朱某为最终取得无负担的房屋所有权而共同还贷,因此,涉案房屋所有权也就由朱某的个人所有而转化为共同所有,但这种共同所有并非因婚姻关系的存续而形成的夫妻共有,而应为朱某个人同意朱某与许某夫妻的按份共有,各共有人份额应以个人付款与共同付款的比例确定。①

需要特别说明的是,最高人民法院《关于适用〈中华人民共和国民法典〉婚姻家庭编的解释(一)》第78条规定:"夫妻一方婚前签订不动产买卖合同,以个人财产支付首付款并在银行贷款,婚后用夫妻共同财产还贷,不动产登记于首付款支付方名下的,离婚时该不动产由双方协议处理。""依前款规定,不能达成协议的,人民法院可以判决该不动产归登记一方,尚未归还的部分贷款为不动产登记一方的个人债务。双方婚后共同还贷支付的款项及其是相对应财产增值部分,离婚时应根据民法典第一千零八十七条第一款规则的原则,由不动产登记一方对另一方进行补偿。"笔者认为,该条第2款中提到"可以判决该不动产归登记一方"而非"应当判决该不动产归登记一方"。这说明一方婚前购买房屋以个人财产支付首付款,且婚后将不

---

① 类似观点,参见最高人民法院民事审判第一庭编著:《最高人民法院婚姻法司法解释(三)理解与适用》,人民法院出版社2015年版,第161—162页。

动产登记于首付款支付方名下的,并非就一定为登记记载的权利人的个人财产,也可以为共同财产。依此规定,如果法院判决该不动产归登记一方,对于婚姻关系存续期间由夫妻共同财产还贷的及其相对应财产增值部分,离婚时由登记一方对另一方进行补偿。这一规定旨在保护另一方的利益。

《民法典》第1087条第1款规定,离婚时,夫妻的共同财产由双方协议处理;协议不成的,按照照顾子女、女方和无过错方权益的原则处理。笔者认为,对于婚前一方支付首付款购买房屋,登记在支付首付款一方名下,而由夫妻共同偿还贷款的,在离婚时应认定房屋为支付首付款一方(包括在一方的父母等支付首付款)与夫妻双方间的按份共有,其份额依首付款和共同偿还贷款部分占全部价款的比例确定,至于夫妻共同拥有的份额,则为共同共有。离婚时房屋归登记一方的,登记一方应按照分割共同财产的方式给另一方补偿。

综上所述,二审法院支持许某请求分割共同还贷的款项及其相对财产增值部分的诉请,是正确的。二审法院综合考虑购买房屋的价款、银行按揭贷款数额、共同还贷比例及房屋增值评估结果等因素,认定朱某应补偿许某马鞍山市花山区房屋共同还贷的款项及其相对应财产增值部分分割款206,606.77元,具有合理性,也是符合法律规定的。

第十二专题　所有权的先占取得

——佟德强诉焦晓光返还原物纠纷案

案例索引

辽宁省锦州市中级人民法院（2022）辽 07 民终 428 号民事判决；辽宁省黑山县人民法院（2021）辽 0726 民初 3305 号民事判决。

基本案情

佟德强与焦晓光为同村村民。2020 年冬月，佟德强家母牛产下一头白色母牛犊。2021 年 3 月 13 日早上，佟德强和妻子于风兰将自家白色母牛犊（约 200 斤）用三轮车拉至半拉门镇石狮子村侯坨子西边四组树林里，将牛放置树林里，夫妻离开，后发现牛丢失。2021 年 3 月 15 日早上，佟德强接到本村村民电话得知牛犊被本村村民焦晓光捡到，要求焦晓光将牛犊返还未果。2021 年 3 月 17 日上午，经半拉门镇人民调解小分队调解员调解，焦晓光承认捡牛事实，表示牛已被医治好，不同意将牛犊返还佟德强。

佟德强以焦晓光为被告向黑山县一审法院起诉，请求判令被告返还给原告牛犊一头。

判决与理由

一审法院认为,《中华人民共和国民法典》第235条规定,无权占有不动产或者动产的,权利人可以请求返还原物。本案争议的焦点是案涉的牛犊是否为抛弃物。抛弃物是指所有人以抛弃的意思所涉及的物,它必须有所有人抛弃物的所有权的意思表示,行为使物脱离所有人的占有而成为无主物。原告佟德强为案争牛犊的所有人,其是一名贫困的农民,经济条件并不富裕,而此牛价值万元,对于原告来说是一笔不小的财富,仅仅因牛犊生病就抛弃,不符合正常的逻辑,也不符合农村习惯做法。根据原、被告的陈述,病牛经过两天的打针治疗病情好转,可见该牛并非得了不治之症,必死无疑,原告没有抛弃此牛的理由。原告将病牛放置在村外小树林不到半天,时间并不算长,被告发现牛后并未做调查研究,也未向附近居民询问是否为农民的遗弃物,而是单方主观认为是别人抛弃不要的牛,没有事实依据,完全是自己的主观臆断。综上,原告并没有抛弃自己拥有所有权的牛的理由。原、被告为同村村民,双方应当正确处理村民关系,遵循公序良俗,弘扬社会正气。被告自认为树林里原告所放的无人看管的牛犊系原告抛弃,将原告所有的白色母牛犊占为己有,没有法律依据,且被告也无确切证据证明自己的主张,应当将捡到的白色母牛犊返还原告。一审法院判决:被告焦晓光于判决生效后立即将捡到的白色母牛犊(现约600斤)返还原告佟德强。

焦晓光不服一审判决,向辽宁省锦州市中级人民法院提起上诉,请求二审法院撤销一审判决并依法改判驳回被上诉人的诉讼请求。上诉人认为,被上诉人的行为客观证明被上诉人放弃了该牛所有权的真实意思表示,该行为表示病牛脱离被上诉人的占有,上诉人捡到该牛依据先占原则依法享有对该牛的所有权。

二审法院认为，本案中上诉人焦晓光主张涉案牛犊系被上诉人的抛弃物，其应当对其主张负有举证证明的义务，如上诉人焦晓光不能提供证据证明其主张应承担举证不能的法律后果。

关于涉案牛犊是否构成抛弃物的问题。本院认为，根据现行民事法律理论，民法上的抛弃物系物的所有权人或者处分权人基于个人意志而向特定的相对人或者无相对人作出抛弃所有权的意思表示的物。而意思表示是指行为人产生一定民法上的效果而将其内心意思通过一定方式表达于外部的行为。本案中，虽然上诉人主张涉案牛犊系被上诉人的抛弃物，并提供证人证言及手机通话记录，但证人证言及手机通话记录只是证明上诉人见到牛犊的时间、治疗的过程以及没有看到有人找牛的事实，却不能证明被上诉人佟德强对涉案牛犊已作出了抛弃的意思表示，亦不能证明因被上诉人主张的牛犊不在树林的时间及村委会出具有证明中存在"扔"的字样就推断涉案牛犊系被上诉人抛弃物。故上诉人仍应对其主张的涉案牛犊系被上诉人抛弃物负有进一步举证证明的义务，在上诉人不能提供充分证据证明其主张的事实成立的情形下，上诉人焦晓光主张涉案牛犊系被上诉人佟德强的抛弃物的理由缺乏事实及法律依据，依法不予支持，一审判决上诉人焦晓光将涉案牛犊返还被上诉人佟德强并无不当。

二审法院判决：驳回上诉，维持原判。

评　析

本案争议的焦点实际在于一审被告焦晓光可否依先占方式取得

涉案牛犊的所有权，这涉及先占取得问题。

一、先占的含义与性质

所谓先占，是指占有人以所有的意思，先于他人占有无主动产，并得取得该动产所有权的法律事实。在各国的立法上，一般都规定先占为所有权取得的特别方式，占有人可以通过先占而取得某物的所有权。我国在物权法立法过程中，对于是否规定先占曾有肯定说与否定说两种不同的观点，《物权法》未接受肯定说，在民法典编纂中对是否规定先占取得仍有争议，最终《民法典》也没有规定先占取得。因为所有权只能合法取得，依不法行为或不法事实是不能取得所有权的。既然《民法典》未规定先占制度，当事人能否依先占原则而取得所有权呢？对此，无论理论上还是实务中普通认为，先占也是所有权取得的一种特殊方式，尽管在现代社会，财产一般是有主的，但也不排除无主财产的存在，对于无主财产可以依先占原则而取得所有权。在现实生活中无人否认捡拾废弃物等可以取得该物的所有权的。所有权的合法取得并非仅指依法律明确规定的取得方式取得。法律虽未明确规定某种法律事实为所有权的取得方式，但只要这种法律事实不违反法律的规定，不违反公序良俗，符合社会的习惯，也就可以基于此种事实而取得所有权。因此，尽管民法典没有对所有权的先占取得作出明确规定，先占也是所有权取得的一种特别方式。

作为所有权取得的一种方式，先占属于何种性质的法律事实呢？对此，理论上有不同观点，主要有法律行为说、准法律行为说和事实行为说。法律行为说认为，占有人以所有的意思占有标的物，是先占的成立要件之一，而该所有的意思也就是自己取得所有权的效果意思，因此先占是以意思表示为要素的法律行为。准法律行为说认为，先占本身并不属于达到私法自治目的的制度，仅属于法律对于一定的意思行为，承认其有取得所有权的效果，因此，先占仅是以意思表示为要素的准法律行为。事实行为说认为，先占虽以先占人有以所有的意思占有为要件，但这里的"所有的意思"并非是指取得所有权的效果意思，而是指事实上对标的物有完全管领的意思，法律是基于占有无主物的事实而赋予先占人取得所有权的法律效果的。事实行为说为通说。[①] 既然先占的性质为一种事实行为，因此，先占的成立和效力也就不以先占人有完全民事行为能力为必要。

二、先占的构成条件

顾名思义，先占是先于他人占有，但作为取得所有权的法律事实，先占的成立须具备以下条件：

1. 先占的标的物为无主物

所谓无主物，是指先占人占有之时该物属于没有任何所有权人的物。无主物包括两种情形：一是自始就不为任何人所有的物，如法律上未确定其归属的野生动植物；二是原有所有权人但为所有权人抛弃的物，即废弃物或者抛弃物。当然，该无主物还须未为他人占有的，才能成为先占的标的物。如果某无主物已经为他人占有，某人再去占有的，某人的再占有就不属于先占，而是对他人占有的侵害。占有的物是否为无主物，应以先占人占有该物时物的客观状态为判断，而不以占有人的主观认识为标准。也就是说，占有某物时，在客观上该物是有主的，虽占有人主观上认为该物无主，该物也不属于无主物；若在客观上该物是无主的，虽占有人主观上认为是有主的，该物

[①] 参见梁慧星、陈华彬：《物权法》（第七版），法律出版社 2020 年版，第 256 页。

也属于无主物。例如，遗失物不属于无主物，遗失物虽脱离所有权人的占有，但所有权人并未抛弃其所有权，即使占有人认其属于无主物的，它也并不为无主物；相反，所有权人抛弃的废弃物，即使先占人认为该物属于他人遗失的物，该物也属于无主物。发现物也不属于无主物。发现物在法律上是有所有权人的，只是未被发现而已，因此，发现人认为该物为无主物的，也不能依先占而取得发现物的所有权。受国家保护的野生动植物、法律明确规定归国家所有的文物、矿藏等属于国家所有，不属于无主物。例如，某人在其承包地耕种时发现一块天然钻石，该钻石只属于发现物，而不属于无主物，该物归国家所有，发现人不能依先占取得该天然钻石的所有权。

2. 先占的标的物为适于先占的动产

对于先占的标的物是否限于动产，曾有不同的立法例。从法制史上看，罗马法上采取先占自由主义，不论动产还是不动产，均可依先占而取得所有权；日耳曼上则采先占权主义，只有动产可依先占取得所有权，对于不动产只有国家或政府享有先占权。在现代各国立法上，一般都限定为动产才可以依先占取得所有权，也就说，先占只是动产所有权取得的特别方式，对于不动产不适用先占取得。在我国，对于不动产也不适用先占取得，因为土地不存在无主现象，建筑物即使为他人抛弃，占有人也不能基于先占而即取得所有权。因此，不动产不能成为先占的标的物，先占的标的物只能是动产。动产也并非都可以依先占取得所有权。依法律、法规的规定不能依先占取得所有权的动产，不能成为先占的标的物。诸如毒品、枪支弹药等禁止流通物，其性质决定了当然不能成为先占的标的物，即使该类物品处于无主状态，占有人也不能依先占而取得所有权。依习惯他人享有排他的先占权的动产，也不能成为先占的标的物。例如，水域中的野生的水生动植物,属于无主动产,依其性质可以为先占的标的物,但是如果某一特定的水域由特定的人取得养殖权,依习惯养殖权人对于该特定水域中的非自己放养的水生动植物有排他的占有权,该特定水域中的水生动植物也就不能成为先占的标的物。又如,在自然保护区内明确规定不得猎捕、采挖、捡拾任何物品的,对于该区域内的动植物及其他动产,也都不能依先占取得。

3. 占有人以所有的意思占有标的物

所谓"以所有的意思占有",是指占有人以将占有的标的物归自己所有的意思并实际占有标的物。因此,这一要件包括两层意思:其一,占有人实际控制标的物。也就是说,占有人发现该物且将该物置于自己的控制范围之内。若某物虽在某人的实际控制范围之内但该人并不知道该物的存在,或者某人虽已经发现某物所在,但并未将其置于自己的控制范围之内,则不构成占有。但是,这里的实际控制也不以占有人自己直接占有为限,若利用他人或者指示他人直接占有某物,该物也属于在其实际控制范围之内。其二,占有人占有标的物有将该物归为自己所有的意思,亦即占有人的意思是为自己占有,而不是为他人占有。若某人是为了使他人得到某物而占有该物,则不属于"以所有的意思"占有。占有人是否有"所有的意思",不以占有人公开宣示为要件,只要占有人主观上有此意思而客观上并非表现为他人占有即可。

三、先占的法律效力

先占作为一种法律事实,只要具备以上成立条件,就发生相应的法律效果。先占所引发的法律效果就是由先占人取得先占的标的物所有权。因为先占的标的物只能是无主物,先占人取得的是其不存在所有权的物的所有权，因此，所有权的先占取得属于原始取得。

本案中被告焦晓光对于争议的案涉牛犊能否取得所有权，决定于焦晓光对案涉牛犊的占有是否构成先占。本案双方争议的牛犊为动产，可以成为先占的标的物，焦晓光对该牛犊的占有也是具有"所有的意思"，也没有其他人先于焦晓光占有案涉牛犊。因此，焦晓光能否依先占取得案涉的牛犊所有权，在于案涉的牛犊是否属于无主物。案涉牛犊原是有所有权人的有主物，因此，该牛犊是否为无主物决定于它是否属于抛弃物。这也是本案双方争议的焦点。抛弃物是客观上为所有权人抛弃的即放弃所有权的物，因此，是否为抛弃物，不能以占有人的主观臆断为标准，而应以所有权人是否有放弃其所有权的意思表示为标准。本案中，一审、二审法院都认为焦晓光应举证证明涉案牛犊为抛弃物，而焦晓光不能以充分证据证明涉案牛犊为佟德强抛弃的物，该牛犊也就不为抛弃物，不属于无主物，因此，焦晓光的行为也就构不成先占，当然也就不能依先占规则取得案涉牛犊的所有权。既然焦晓光不能取得案涉牛犊所有权，佟德强就仍对该牛犊享有所有权，佟德强也就享有请求焦晓光返还案涉牛犊的权利，焦晓光负有将牛犊返还给佟德强的义务。

综上所述，笔者认为，本案中的一审法院的判决是正确的。焦晓光不能依先占原则取得争议牛犊的所有权，二审法院驳回焦晓光上诉请求，当然是正确的。

第十三专题　埋藏物的归属

——张扬、张昌华等诉黄溪镇人民政府埋藏物返还纠纷案

案例索引

重庆市黔江区人民法院（2019）渝 0114 民初 6694 号民事判决。

基本案情

20 世纪 70 年代，在位于黔江区黄溪镇黄桥六组小地名"河沟"处有一棵较大的楠木埋藏，其中部分露在外。在土地承包到户后，张昌华家承包小地名"河沟"处一部分土地，该楠木一部分在张昌华家承包地内，后树木被村民砍伐部分，剩下的逐渐全部埋入地下。2017 年他人觉得埋藏的楠木系阴沉木具有较大价值组织挖掘，被张昌华家制止。2019 年 7 月 10 日，黔江区黄溪镇人民政府在其他部门的协助下，将该楠木拉走。对于该楠木的生长、倾倒时间并不清楚，当事人提供的楠木照片为黑色。

张昌华、张扬等 5 位农村土地承包户向人民法院提起诉讼，请求判令被告黔江区黄溪镇人民政府返还原告方家庭承包土地内发现的楠木。

判决与理由

法院认为,《中华人民共和国物权法》第 34 条规定无权占有不动产或者动产的,权利人可以请求返还原物,此条系返还原物请求权的法律依据即请求权基础,返还原物请求权是物权人对于无权占有人请求返还原物的权利,请求权人得证明自己对物有正当权源。行使返还原物请求权需具备下列要件：1. 请求权的主体须为所有人或依法行使所有权之人；2. 相对人须为所有物的现在占有人；3. 相对人须为无权占有。本案中原告请求返还原物的理由不成立。首先,涉案楠木在 20 世纪 70 年代就部分埋藏于地下,并非系原告家承包地内生长的零星树木,涉案楠木虽未经鉴定属于阴沉木,但从原告及原告方证人的陈述(从未看见该树木的生长状态)、树木照片看,涉案树木埋藏时间久远,其所有权归属已无法证明,应属于埋藏物。原告家承包"河沟"处的承包地,其享有的是土地承包经营权,并不对土地享有所有权,其无权基于土地承包经营权而主张承包土地及地下物的所有权,原告方不是物的所有权人或依法得行使所有权之人。其次,被告黔江区黄溪镇人民政府拉走涉案楠木,即使现由其占有,其也不属于无权占有行为,根据《中华人民共和国民法通则》第 76 条的规定,埋藏物应属于国家所有,被告作为乡镇人民政府,对其辖区内的国有财产行使管理职责并无不当,至于其对国有财产的后期处置与本案不具有关联性。再次,原告方也不能够基于占有保护请求权主张返还,虽然占有保护制度是维护占有人与他人之间的事实秩序而非维护物的法律秩序,但当物权请求权与占有请求权竞合时,最终应依据占有人与本权人之间的法律关系决定物的归属,本案中显然原告方不得要求黔江区黄溪镇人民政府作为物的本权人放弃其本权而维护他人的占有保护。

综上，原告要求被告返还原物的诉讼请求不能够得到支持，依照《中华人民共和国民法通则》第 79 条、《中华人民共和国物权法》第 34 条、《中华人民共和国民事诉讼法》第 64 条规定，判决：驳回原告的诉讼请求。

评　析

本案中关于楠木归属的争议，实际上属于确定埋藏物的归属问题，这也涉及埋藏物发现人的权利义务。本案虽发生在《民法典》生效前，但不妨碍我们依《民法典》的规定进行评析，因为关于此类问题的规定，现行法律与案发时的法律规定并无不同。

一、埋藏物的含义

所谓埋藏物，是指埋藏于地下的所有人不明的物。埋藏物不同于隐藏物、漂流物、遗失物。隐藏物是指隐藏于他物之中的所有人不明之物，如藏于夹壁墙中而又不知所有人为何人的物。埋藏物与隐藏物虽都属于包藏于他物之中的物，但埋藏物是包藏于地下之物，可以是动产，也可以是不动产；而隐藏物是包藏于他物之中的物而非地下之物，且只能是动产。漂流物是指非基于所有人的意思丧失占有而漂流于水面上的物。遗失物是指非基于所有人的意思丧失占有且现无人占有之物。漂流物与遗失物都是非基于所有人的意思而丧失占有之物，二者的区别仅在于：漂流物是所有人丧失占有后漂浮在水上的物；而遗失物不是漂浮在水上。埋藏物或隐藏物、漂流物、遗失物，都不属于无主物，而是有所有权人的有主物。但是，埋藏物或隐藏物是包藏于他物之中不易被人发现的,于发现人发现该物时不能确定所有人的物,它可能是因年代久远被藏物之人忘却所藏之处的,也可能是所有人知道藏物之处但被他人发现的,因而属于所有人不明之物;而漂流物、遗失物是处于易于被人发现的明显之处,拾得人拾得时该物属于无人占有且也不知道物之所有人的物。

二、埋藏物的归属

如何确定埋藏物或隐藏物的归属,调整发现人与所有权人之间的关系,在各国立法上有不同的立法例。大体有四种模式。一是所有人取得所有权主义,即埋藏物或隐藏物归包藏该物的物的所有权人所有,也就是由埋藏物的土地所有人或者包藏隐藏物的包藏物所有人取得埋藏物或隐藏物所有权;二是发现人取得所有权主义,即埋藏物或隐藏物归发现该物的发现人所有,由发现人取得埋藏物或隐藏物的所有权;三是公有主义,即埋藏物或隐藏物归公,由国家取得埋藏物或隐藏物所有权;四是报酬主义,即埋藏物或隐藏物归原所有权人所有,发现人可以取得一定报酬。罗马法最初规定埋藏物归土地所有人所有。因为古时财产为家庭共有,地下埋藏物被认为是祖先埋藏的。到共和国末年帝政初期,土地买卖多了起来,一地往往数易其主,埋藏物就不能判断是最后的土地所有人的祖先所埋的了,同时因不给发现者以适当的利益,也不利于发掘宝藏,故哈德里亚努斯帝时正式规定:在自己土地上发现的埋藏物完全归自己所有;在他人土地上发现的,发现人只能得 1/2,另外 1/2 归土地所有人;在公有土地上发现,土地所有人不明的,则全部归发现人(后来改为半数归国库)。君士坦丁一世时规定,不论是在自己或他人土地上发现埋藏物,发现者均应向国库申报,由国库以埋藏物的 1/2 作为奖励。如隐匿不报,一经查出，便没收归公。① 后世各国立法多继受罗马法，但对于埋藏物的归属，极少有单独采取上述中的某一种模式的，而是多采取几种模式的结合。

我国在物权法立法过程中对于埋藏物的归属及发现人的权利义务，也曾有不同的观点。现行《民法典》物权编第 319 条规定："拾得漂流物、发现埋藏物或者隐藏物的，参照拾得遗失物的有关规定。法律另有规定的，依照其规定。"这一规定表明，漂流物、埋藏物、隐藏物与遗失物尽管各不相同，但这些物有着相同的法律地位。确定埋藏物的归属以及发现人的权利义务，应参照法律关于遗失物的规定。依现行法关于遗失物的规定，发现埋藏物的发现人有以下权利义务：

1. 返还埋藏物给所有人的义务

依照我国法规定，埋藏物的发现人不能取得埋藏物的所有权，埋藏物仍归原所有权人所有。因此，埋藏物的发现人的主要义务是将发现的埋藏物返还给所有权人。《民法典》物权编第 314 条规定："拾得遗失物，应当返还权利人。拾得人应当及时通知权利人领取，或者送交公安等有关部门。"作为埋藏物的发现人也应当将发现的埋藏物返还给权利人，而不能占为自己所有。为使发现人能将埋藏物返还给权利人，发现人负有通知或者送交义务，即发现人应将埋藏物被发现的事实通知权利人或者将发现的埋藏物送交有关部门。发现人的通知义务，是以知道权利人为前提的。如果发现人不知道或者不能知道权利人，则当然无法通知，也就不负通知义务。于此情形下，发现人虽

---

① 关于罗马法的规定，参见周枏：《罗马法原论》（上册），商务印书馆 1994 年版，第 335 页。

不负通知义务但负送交义务，即应当将发现的埋藏物送交公安部门等有关部门。发现人将发现的埋藏物送交公安等部门后，发现人因发现埋藏物所负担的义务即消灭。

《民法典》物权编第315条规定："有关部门收到遗失物，知道权利人的，应当及时通知其领取；不知道的，应当及时发布招领公告。"依此规定，埋藏物的发现人将发现的埋藏物送交有关部门后，有关部门负有通知义务：知道权利人的，应及时直接通知权利人领取；不知道权利人的，则应采取公告的方式通知。有关部门发布招领公告的目的，是让权利人知道其埋藏物现已被发现并存放在有关部门，以便权利人前来领取。由此规定可见，发现人在发现埋藏物后，也可以采取发布招领广告的方式通知权利人领取。

2. 妥善保管埋藏物的义务

《民法典》第316条规定："拾得人在遗失物送交有关部门前，有关部门在遗失物被领取前，应当妥善保管遗失物。因故意或者重大过失致使遗失物毁损、灭失的，应当承担民事责任。"参照这一规定，埋藏物的发现人在将发现的埋藏物返还给权利人或者送交有关部门前，对于所发现的埋藏物负有妥善保管的义务。因为发现人对发现的埋藏物并无所有权，该发现物是属于他人所有的，只是由于发现人还未将该物返还给权利人或者送交有关部门，为使该物不发生毁损、灭失，以致使权利人的利益受到损害，发现人才负有保管该发现物的义务。发现人并不是专以保管物为营业的，也不能向所有权人要求支付保管报酬，因此，对于发现人妥善保管的要求不能过高。只要发现人没有故意或者重大过失，即使其占有的所发现的埋藏物毁损、灭失的，发现人也不负赔偿责任。如何判断发现人的过失是否为重大过失或者说发现人应尽何种注意义务呢？对此有不同的观点。有的认为，发现人保管发现物应尽的注意义务为一般人的注意义务，也就是说，只要发现人尽到一般人应尽的义务，其保管就是妥善的，若发现人虽非故意但未尽到一般人应尽的义务，其保管也是不妥善的，其过失属于重大过失。但如何判断一般人的注意义务呢？此又必会发生争议。笔者认为，发现人是否尽到注意义务应以所有人的注意义务为判断标准。也就是说，只要发现人对其发现物的保管尽到如同保管自己的物品一样的注意，就为尽到妥善保管的义务；如果发现人对其发现的物未尽到如同保管自己的物的一样的注意，则其就为有重大过失。

发现人将发现的埋藏物送交有关部门后，妥善保管发现物的义务也就转为由接受该埋藏物的有关部门承担。

3. 请求返还必要费用的权利

《民法典》第317条第1款规定："权利人领取遗失物时，应当向拾得人或者有关部门支付保管遗失物等支出的费用。"参照这一规定，领取埋藏物的所有权人也应当向发现人或者有关部门支付保管埋藏物等支出的费用。这也就是说，埋藏物的发现人有权向领取埋藏物的所有权人请求返还为保管埋藏物所支出的费用。对于遗失物的拾得人，其所请求返还的是支付保管遗失物等支出的费用。也就是说，拾得人支出的不仅有保管费用，还有诸如维持遗失物的能力所支付的其他费用，如拾得散失的动物的，拾得人为动物生存支付的饲养费用。而对于埋藏物的发现人来说，则一般不会发生为维持埋藏物能力支付的费用。发现人或者拾得人何以有权请求权利人返还必要的费用呢？也就说其请求权的根据何在呢？对此有不同的观点。一种观点认为，拾得人是基于无因管理的规则来请求费用返还；另一种观点认为，拾得人是基于法律特别规定的债的关系而请求返还保管费用。^①这两种观点都一定道理。但笔者认为,这还涉及到发现遗失物的人是否有义务捡拾遗失物。从现实生活看,我国法倡导的是"拾金不昧",但并不要求必须"拾金",也就是说,拾得遗失物就负有返还和保管等义务,但发现遗失物而不捡拾该物的,并不负任何义务。遗失物的拾得人之所以拾得该物只能是为遗失物权利人利益而为的,若为自己的利益而拾得遗失物拒不将物返还给权利人的,则会构成对他人权利侵害。因此,笔者认为,拾得人拾得遗失物的行为从性质上可以看作是无因管理。^②正因为无因管理这种法律事实,才使拾得人与遗失物权利人之间形成一种法定的而非意定的债的关系。基于这种债的关系,拾得人应将管理拾得物所生利益返还给权利人,权利人应将拾得人为此所支出的费用予以返还。同理,发现埋藏物的人,并无义务去占有和保管所发现的埋藏物,但一旦发现人发现且占有该埋藏物,发现人就有义务在返还或送交前妥善保管发现物,并有权利就保管所支出的费用请求返还。无论是拾得人还是发现人,所得请求返还的仅为支出的必要费用。无论拾得人还是发现人,之所以有权请求返还保管费用等支出,是因为他是为权利人保管而不是为自己保管物的。如果拾得人或者发现人是为自己的意思占有拾得的遗失物或者发现的埋藏物,其行为构成侵占,当然也就无权要求返还支出的费用。《民法典》第 317 条第 3 款规定:"拾得人侵占遗失物的,无权请求保管遗失物等支出的费用,也无权请求权利人按照承诺履行义务。"至于拾得人或发现人所支出的费用是否为必要,应依费用支出的当时情

---

① 王利明:《物权法研究(第四版)》(上卷),中国人民大学出版社 2016 年版,第 448 页。

② 参见孙宪忠、朱广新主编:《民法典评注:物权编(2)》,中国法制出版社 2020 年版,第 487 页。

形作判断。支出时为必要，虽其后为不必要的，仍为必要费用；相反，支出时不必要，虽其后为必要的，也不属于必要费用。

发现人在埋藏物的所有权人领取埋藏物时，请求所有权人返还支付的保管费用，而所有权人不返还的，发现人可否留置埋藏物呢？对此有不同观点。多数人持赞成说。笔者认为，只要符合留置权的成立要件，发现人当然也就享有留置权。

4. 报酬请求权

如上所述，从立法例上说，即使不规定发现人可取得埋藏物所有权的，一般也规定埋藏物的发现人享有报酬请求权，也就是，发现人有权要求埋藏物所有权人支付一定报酬。我国在物权法立法中对于遗失物等拾得人及埋藏物等发现人是否有权请求一定比例的报酬，曾有两种不同的观点。一种观点主张，法律上规定拾得人有权请求权利人给付一定报酬，这也有利于鼓励人们捡拾遗失物，从而有利于权利人。另一种观点则认为，赋予拾得人报酬请求权，与拾金不昧的传统美德不符，法律上不能承认拾得人的报酬请求权。从《物权法》到《民法典》最终都并未规定拾得人、发现人的报酬请求权，但承认其在一定条件下可以请求报酬。《民法典》第317条第2款规定："权利人悬赏寻找遗失物的，领取遗失物时应当按照承诺履行义务。"依此规定，只要权利人在寻找遗失物的广告中悬赏，允诺给付一定报酬的，拾得人就有权在权利人领取遗失物时请求权利人给付允诺给付的报酬。参照这一规定，埋藏物的所有权人悬赏的，发现人在所有权人领取埋藏物时也就有权请求一定的报酬。悬赏的所有权人在领取埋藏物时不履行其承诺的义务即不给付承诺给付的报酬的，发现人也得享有留置权。

对于埋藏物的归属上还有以下两个问题：一是无人认领的埋藏

物的归属。《民法典》第 318 条规定:"遗失物自发布招领公告之日起一年内无人认领的,归国家所有。"参照这一规定,公告期间届满后无人认领的埋藏物,归国家所有,而不归发现人所有。这里所说的公告期间为 1 年,自有关部门发布招领公告之日起算,而不是自发现人发布的招领启事或广告之日起算。发现人在无认领埋藏物时,只能送交给有关部门。有关部门未发布招领公告的,不论该部门占有多长时间,只要权利人要求返还的,就应当返还,而不能认定超过认领期限就将埋藏物收归国家。二是埋藏物为文物的归属。《民法典》第 319 条规定,"法律另有规定的,依照其规定"。依《文物保护法》的规定,中华人民共和国境内地下、内水和领海中遗存的一切文物,属于国家所有。因此,凡埋藏物为文物的,就属于国家所有,不论何人、何单位发现的,都应当上报并依规定交给国家主管部门管理。任何人不得私自挖掘埋藏在地下的文物,因其他原因发现的,也必须及时上报或上缴国家。

本案中争议的涉案楠木,是埋藏于地下不易被人发现的动产,并不属于文物,且发现时不能明确其所有权人,但它又不可能是无主的,因此,本案中的涉案楠木属于埋藏物。确认涉案楠木的归属应依埋藏物的归属规则处理。

本案中原告主张涉案楠木应归其所有,请求拉走案涉楠木的镇政府返还原物。其主张的理由为:20 世纪 70 年代左右,原告方家庭承包土地内生长着一根楠木,后该楠木倾倒,附近村民经原告许可将楠木作为柴火砍掉七八米,楠木剩余部分经过多年剩下部分经过多年逐渐埋入土内。2017 年 9 月原告在承包地内发现该楠木,被被告阻止,此后原告一直看护。2019 年 7 月 10 日被告联合区公安局等单位,强行将楠木拉走。该楠木属于原告所有,被告强行拉走,侵犯原告合法权益。

案涉楠木是否归原告所有呢？法院认为，原告承包"河沟"处土地，其享有的是土地承包经营权，并不对土地享有所有权，其无权基于土地承包经营权主张承包土地及地下物的所有权。

法院的这一认定是正确的。案涉楠木原是长于原告方承包的土地上后被埋入地下的，因此，该楠木只能归属于土地所有权人，而不能归属于土地承包经营权人。本案中的原告只是埋藏于地下楠木的发现人，埋藏物的发现人是不能基于其"发现"而取得发现物的所有权的。既然原告方对于案涉楠木并不享有所有权，因此也就不享有原物返还请求权。本案中原告方提起的是返还原物之诉，因此，法院判决驳回原告方的诉讼请求，是正确的。但是，法院在阐明判决理由中直接认定该埋藏物归属于国家所有，且认为"被告作为乡镇人民政府，对其辖区内的国有财产行使管理职责并无不当"，并不符合法律规定。埋藏物归国家所有是有前提条件的，这一前提条件就是没有所有权人主张其权利。因此，依照法律规定，公安等有关部门应发出招领公告，只有在公告期间届满后，无人认领的情况下，才能确认该埋藏物归国家所有。依照《民法典》现行规定，公告期间为1年。因此，法院在未经必要的程序就认定案涉埋藏物归国家所有，不妥。就本案而言，黄溪镇人民政府与区公安局等部门拉走案涉楠木后，应发出招领公告，在公告期间届满后，无人认领时，可以认定该楠木归国家所有，黄溪镇人民政府才可以对其行使管理职责。

用益物权

对称论丛

第十四专题　土地承包经营权的取得

——谢可亮诉高庆荣农村土地承包经营权排除妨害纠纷案

案例索引

山东省聊城市中级人民法院（2022）鲁15民再7号民事判决；山东省聊城市中级人民法院（2021）鲁15民终2320号民事判决；山东省聊城市茌平区人民法院（2021）鲁1523民初1055号民事判决。

基本案情

谢可亮与高庆荣系茌平县杨屯乡小谢村村民，双方在本集体土地内均有家庭承包地。2013年前后，谢可亮又使用集体土地一宗，东邻"集体机动地"，西邻其他村民承包地，南邻和北邻都是"路"，面积为0.8亩。该宗土地为双方争议的土地。

2015年10月4日，小谢村委会（发包方）与谢可亮（承包方）在合同书上签章、签名，形成了谢可亮的《茌平县农村土地承包合同（家庭承包方式）》。该合同书载明：谢可亮承包本村土地共计7.23亩（包括上述0.8亩土地），承包期限从1999年10月1日至2029年9月30日。

2015年10月9日，茌平县杨屯乡农村合作经济组织经营管理站在谢可亮的合同书上签章鉴证，茌平县农业局在谢可亮的土地承包经营权证书上进行填证签章，形成了茌平县人民政府核发给谢可亮的《农村土地承包经营权证》。

2020年，小谢村将记载在谢可亮《茌平县农村土地承包合同（家庭承包方式）》及《农村土地承包经营权证》内的0.8亩土地安排给高庆荣使用，高庆荣在该土地上种植了玉米。双方为此发生纠纷。

2021年4月8日谢可亮向茌平区人民法院提起诉讼，请求判令高庆荣停止侵权，排除妨害，赔偿2020年秋季收入1500元。

判决与理由

一审法院认为，《中华人民共和国农村土地承包法》第56条规定："任何组织和个人侵害土地承包经营权、土地经营权的，应当承担民事责任。"《中华人民共和国民法典》第236条规定："妨害物权或者可能妨害物权的，权利人可以请求排除妨害或者消除危险。"因此，谢可亮请求排除高庆荣妨害应以享有土地承包经营权为前提。关于土地承包经营权的取得与确认，《中华人民共和国民法典》第333条规定，土地承包经营权自土地承包经营权合同生效时设立；登记机构应当向土地承包经营权人发放土地承包经营权证、林权证等证书，并登记造册，确认土地承包经营权。原告谢可亮于2015年10月4日与发包方小谢村委会签订《茌平县农村土地承包合同（家庭承包方式）》，取得了案涉0.8亩土地的承包经营权；茌平县人民政府也为原告颁发了《农村土地承包经营权证》，确认其享有该土地的承包经营权。因此，被告占用案涉土地侵犯了原告的合法权益，原告有权请求停止侵害并返还土地。原告请求被告赔偿2020年秋季收入1500元，因庭审中双方均认可如判决返还土地，被告种植的小麦收益归原告，原告也明确表示放弃该1500元的诉求，对此应予确认。高庆荣的抗辩意见无事实及法律依据，不予采纳。据此，一审法院依照《中华人民共和国农村土地承包法》第56条，《中华人民共和国民法典》第336条、第332条，《中华人民共和国民事诉讼法》第64条、第134条规定，作出判决：一、被告高庆荣于判决生效之日起立即停止侵害，将停放在案涉土地上的大型收割机驶离，并向原告谢可亮返还案涉土地；二、案涉土地上高庆荣种植的小麦的收益归原告谢可亮。

高庆荣不服一审判决，向聊城市中级人民法院提起上诉，请求撤销一审判决，改判或者发回重审。

二审法院认为，上诉人认可诉争土地就是谢可亮土地承包经营权证载明的0.8亩土地，根据农村土地承包法的规定，任何组织和个人侵害土地承包经营权的，应当承担民事责任；即土地承包经营权一旦形成，在未被依法撤销的情形下应受法律保护。上诉人对其侵占的土地没有合法的使用根据，理应停止对被上诉人承包经营权的侵害。高庆荣的上诉不能成立，应予驳回；一审判决认定事实清楚，适用法律正确，应予维持。二审判决：驳回上诉，维持原判。

聊城市中级人民法院作出终审判决后，茌平区农村土地承包经营权确权登记领导小组办公室于2021年7月2日在政府网站上发布《关于对杨屯乡小谢村谢可亮一户农村土地承包权证书存在错误予以注销的公告》，并于2021年7月29日向高庆荣核发了《农村土地承包经营权证》，案涉0.8亩土地记载于高庆荣的土地承包经营权证书内。

高庆荣不服二审判决，向二审法院申请再审。聊城市中级人民法院于2021年11月22日作出（2021）鲁15民申192号民事裁定，再审本案。

聊城市中级人民法院再审认为，本案的争议焦点是：高庆荣自2020年6月持续占用案涉0.8亩土地的行为，是否侵犯了谢可亮所在家庭的土地承包经营权。

第一，关于农村土地承包经营权的设立问题。根据《中华人民共和国农村土地承包法》第3条、第19条、第20条、第23条、第24条的规定，农村集体经济组织与其农户之间按照家庭承包原则、承包程序签订承包合同时，才能设立农村家庭的土地承包经营权，县级以上人民政府的确权登记并不构成设立农村土地承包经营权的民事法律关系。根据《最高人民法院关于审理涉及农村土地承包纠纷案件适用法律问题的解释》第1条的规定，农户与农户之间关于土地承包经营权归属的争议，亦不属于人民法院在民事诉讼中的主管范围，该项争议可由双方所在集体经济组织依法处理。

第二，关于农村土地承包经营权的侵权问题。根据《中华人民共和国农村土地承包法》第56条、第57条及《最高人民法院关于审理涉及农村土地承包纠纷案件适用法律问题的解释》第6条规定的侵权责任构成要件，原告提起诉讼主张其土地承包经营权受到本集体经济组织另一农户侵害的，应当举证证明其享有案涉土地的承包经营权，并应当举证证明被告实施了损害原告的地上附着物或者暴力阻拦原告耕种土地等强占土地的侵权行为。被告主张其系根据集体经济组织发包占用土地并提供相应证据材料形成有效抗辩的，原告应当进一步举证证明其与集体组织依照法定原则和程序设立土地承包经营权的事实，并举证证明被告与本集体经济组织实施了共同侵权行为。原告不能充分举证证明其诉讼主张的，应当驳回其诉讼请求。

第三，关于高庆荣占用0.8亩土地是否构成侵权。（1）谢可亮提供其2015年10月的《茌平县农村土地承包合同（家庭承包方式）》

《农村土地承包经营权证》及小谢村委会的书面证明材料主张其取得案涉土地的承包经营权,高庆荣也提供小谢村委会、同村村民及杨屯乡有关部门的书面材料主张其于2020年承包使用案涉土地,双方之间的此项争议涉及案外人即小谢村委会的民事权益,超越了人民法院审理同一集体经济组织的农户与农户之间侵权纠纷的主管范围。(2)谢可亮持有的《茌平县农村土地承包合同(家庭承包方式)》《农村土地承包经营权证》并不足以排除小谢村委会的民事权益;其与小谢村委会签订《茌平县农村土地承包合同(家庭承包方式)》形成的权利义务关系,亦超越了本案的审理范围。高庆荣提供的小谢村委会等的书面材料可以证明其占用案涉土地的原因,也即可以对谢可亮主张其权利受到侵害形成有效抗辩;谢可亮应当进一步举证证明其与小谢村委会按照法定原则和承包程序设立0.8亩土地承包经营权的事实,并应举证证明高庆荣单独实施或者与小谢村委会共同实施了强占土地的行为。(3)本案原审过程中,谢可亮主张其耕种0.8亩土地系应当分得而没有分给宅基地的补偿,这并不属于按照法律规定设立土地承包经营权的情形。其另行举证的小谢村委会的书面证明材料,既不足以证明《茌平县农村土地承包经营合同(家庭承包方式)》系按照法定承包原则和程序形成,也不足以对抗高庆荣举证的小谢村委会等的书面材料的证明效力。同时谢可亮举证的照片仅可以证明高庆荣持续占用案涉土地的状态,不能证明高庆荣在2020年种植玉米时实施了强占土地的行为。(4)鉴于谢可亮不能充分举证证明其与小谢村委会按照《中华人民共和国农村土地承包法》规定的家庭承包原则、承包程序形成《茌平县农村土地承包合同(家庭承包方式)》或者另行订立了土地承包合同,也不能充分举证证明高庆荣2020年种植玉米时单独或者与小谢村委会共同实施了强占土地的违法行为,因此其提起本案诉讼要求高庆荣停止侵权、排除妨害并赔偿损失1500元的证据不足，依法应予驳回。本案原审判决根据谢可亮的《茌平县农村土地承包合同（家庭承包方式）》《农村土地承包经营权证》推定高庆荣强占土地构成侵权，既缺乏法律规定的构成侵权责任的要件事实，也忽略了小谢村委会在农村土地承包关系中的法律地位，依法应予纠正。

第四，关于本案第一、二审受理费的负担问题。根据《中华人民共和国民事诉讼法》第13条规定，民事诉讼双方均应遵循诚信原则行使权利和履行义务，任何一方规避客观事实均不会得到法律支持。根据《诉讼费用交纳办法》第29条规定，鉴于谢可亮提起本案诉讼的诉讼请求不能成立，因此原审判决确定的案件受理费负担应予变更。希望本案双方正确认识农村土地的家庭承包与其他承包方式或占用土地的区别，正确认识农村土地承包经营权的设立与行政确权登记的区别，正确认识合同法律关系与侵权法律关系的区别，正确界定各自的民事权利和义务，在尊重事实、尊重法律、互谅互让的基础上，配合集体经济组织化解矛盾纠纷，构建合法稳定的土地承包关系。

综上，鉴于谢可亮不能充分举证证明高庆荣占用案涉土地构成侵权，因此其诉讼请求应予驳回。高庆荣主张改判的再审请求成立，依法应予纠正。案经院审判委员会讨论，判决：一、撤销本院（2021）鲁15民终2320号民事判决及山东省聊城市茌平区人民法院（2021）鲁1523民初1055号民事判决；二、驳回谢可亮的诉讼请求。

评 析

本案一审原告以被告侵权为由提起诉讼，但双方争议的焦点在于案涉的土地的承包经营权的归属。这涉及土地承包经营权的取得问题。

一、土地承包经营权的含义与特点

土地承包经营权，是指农业生产经营者为种植、养殖、畜牧等农业生产目的对其依法承包的农民集体所有或者国家所有由农民集体使用的土地享有的占有、使用、收益的权利。《民法典》在物权编的用益物权分编专门用一章规定了土地承包经营权。《民法典》第331条规定："土地承包经营权人依法对其承包经营的耕地、林地、草地等享有占有、使用和收益的权利，有权从事种植业、林业、畜牧业等农业生产。"依民法典的规定，土地承包经营权具有以下特点。这些特点也是判断当事人能否取得土地承包经营权以及其享有的权利是否属于土地承包经营权的标准。

1. 土地承包经营权的主体是农业生产经营者

土地承包经营权是农村集体经济组织实行家庭承包为基础、统分结合的双层经营体制的产物。实行土地承包的方式可以是多种多样的，如家庭承包，竞争承包等等。但无论依何种承包方式进行承包，可以取得土地承包经营权的，只能是从事农业生产经营的人。不是从事农业生产经营活动者，不能成为土地承包经营权的主体。这是土地承包经营权与其他用益物权在主体上的区别。

2. 土地承包经营权的客体是农业用地

《民法典》第330条第2款规定："农民集体所有和国家所有由农民集体使用的耕地、林地、草地以及其他用于农业的土地，依法实行土地承包经营制度。"依此规定，土地承包经营权的客体可以是农民集体所有的土地，也可以是国家所有由农民集体使用的土地，但只能是农业用地，而不能是其他用地。所谓农业用地，是指用于农业生产的耕地、林地、草地以及水面、荒山、荒沟、荒丘、荒滩等。一宗土地是否为农业用地,应依土地规划所确定的土地用途为准。依土地规划非用于农业的土地,不论是否为农民集体所有,都不能作为土地承包经营权的客体。在非农业用地上,不论该土地是否为农民集体所有,只能设立建设用地使用权或者宅基地使用权,而不能设立土地承包经营权。对于国家所有但不是由农民集体使用的土地也不能设立土地承包经营权。因此,如果当事人所取得的不是农民集体所有或者国家所有由集体使用的用于农业的土地使用权,而是非农业用地的使用权,则当事人享有的不动产物权不属于土地承包经营权。

3. 土地承包经营权是为从事农业生产经营而使用土地的权利

依我国法规定,在土地上设立的用益物权,按照利用土地的目的不同而不同。土地承包经营权是为利用土地从事农业生产活动而设立的用益物权,而其他用益物权则不是为利用土地从事农业生产经营活动而设立的。例如,建设用地使用权是为利用土地建造建筑物、构筑物以及其附属设施而设立的用益物权。也正因为土地承包经营权是为利用土地从事农业生产经营而设立的用益物权,也就是说设立的目的是从事农业生产经营活动,因此,非为从事农业生产经营的目的,不能取得土地承包经营权。这里的农业是指大农业而言的,既包括种植业,也包括林业、畜牧业以及养殖业等。土地承包经营权的设立目的也决定了土地承包经营权只能是利用承包土地的地表的权利,土地承包经营权的效力范围既不能及于承包地的地上空间,也不能及于承包地的地下空间。

4. 土地承包经营权的内容是占有、使用承包经营的农业用地并取得收益

土地承包经营权是在他人土地上设立的权利,因而属于他物权。

土地承包经营权是为利用他人土地从事农业生产经营活动为目的，也就是以取得土地的使用价值为目的的，因而它属于用益物权而非担保物权。土地承包经营权人为利用土地，必占有土地；为从事农业生产活动，必使用土地，并取得收益。土地承包经营权人占有、使用承包地并取得收益的权利，构成了土地承包经营权的内容。可以说，以对土地的占有、使用和收益为内容的用益物权，并非仅有土地承包经营权。土地承包经营权与其他用益物权如建设用地使用权有所不同的根本区别就在于使用土地的目的不同，即土地承包经营权人占有、使用土地也仅有权从事农业生产经营，而其他用益物权人占有、使用土地不能是从事农业生产经营。土地承包经营权人为从事农业生产经营的需要，也可以在承包地上建造一些建筑物、构筑物，如建造看护果园的房屋、修建灌溉用的水渠等，但不得利用承包地建设住宅和进行其他的开发项目。

当事人是否享有土地承包经营权，不仅决定于其享有的权利是否符合土地承包经营权的特点，还决定于其是否有取得土地承包经营权的依据。

二、土地承包经营权的取得方式

土地承包经营权的取得包括创设取得和转移取得两种方式。

土地承包经营权的创设取得，是指在农业用地上将土地所有权内容中的占有、使用和收益权能与所有权分离和独立出来，设立为土地承包经营权，由承包土地者取得土地承包经营权。土地承包经营权的创设是通过土地承包经营合同实行的。依《农村土地承包法》规定，土地承包应当按照以下程序进行：(1)本集体经济组织成员的村民会议选举产生承包工作小组；(2)承包工作小组依照法律、法规拟定并公布承包方案；（3）依法召开本集体经济组织成员的村民会议，讨论通过承包方案；（4）公开组织实施承包方案；（5）签订承包合同。承包合同的主体双方为发包人与承包人。承包集体所有的土地的，发包人是行使集体土地所有权的集体经济组织或者村民委员会、村民小组；承包国家所有由集体使用的土地的，发包人是使用该国有土地的集体经济组织或者村民委员会或村民小组。

依《农村土地承包法》等法律规定，土地承包经营合同的订立方式有两种：其一是家庭承包。家庭承包是由农村集体与该集体的成员（农户）订立土地承包经营合同。实行家庭承包的，土地承包经营合同的承包人为本农村集体内的农户。这里的"户"实际上指的是一个家庭。以家庭承包方式进行承包的，一般是按照每户的成员人数来确定各户承包的土地数额的，也就是"按户承包，按人分地"。其二是以家庭承包以外的方式承包。以家庭承包以外的方式承包，是由农村集体与确定的承包人订立承包合同。实行家庭承包以外的方式承包的，土地承包合同的承包人可以为自然人，也可以为法人、非法人组织；可以是本农村集体的成员，也可以是非本农村集体的成员。但承包人必须是从事农业生产者，不是从事农业生产经营的，不能成为承包人。以家庭承包以外的其他方式承包的土地，主要是所谓的"四荒地"。在非以家庭承包方式实行承包时，发包人应采取招标、拍卖、公开协商等竞争的方式选择承包人。

土地承包合同一般采用书面形式，合同的内容一般应包括以下条款：（1）有关合同主体的基本情况：发包方、承包方的名称或者姓名，发包方负责人和承包方代表的姓名、住所等。（2）有关客体的基本情况：承包土地的名称、坐落、面积、质量等级等情况。（3）有关承包的期限：承包期的起止日期。《民法典》第332条第1款规定：

"耕地的承包期为三十年。草地的承包期为三十年至五十年。林地的承包期为三十年至七十年。"但具体的承包期限由承包双方在合同中约定。(4)有关承包土地的用途：承包的土地是耕地、林地、草地还是其他农业用地，是用于种植业、林业、养殖业、畜牧业还是用于其他的农业生产，应在合同中明确。当事人关于承包地用途的约定应当符合土地利用的综合规划。(5)有关双方的权利义务：当事人双方关于权利义务的约定，不得限制法律规定的承包方的权利，不得免除法律规定的发包方的义务。对于法律未明确规定的权利义务，可由当事人自由约定。(6)有关违约责任以及争议解决方式等事项。应当承认，实务中的土地承包经营合同并不一定都十分规范，但只要能够确定相关内容而又不违反法律的规定，就应当承认其效力。土地承包经营合同属于合同的一种，当然应当适用有关合同效力的法律规定，土地承包经营合同只有符合民法典规定的民事法律行为的有效条件才能有效。土地承包合同有法律规定的民事法律行为无效情形的，则该合同应为无效；如果有法律规定的可撤销民事法律行为的情形，则有撤销权的当事人一方可行使撤销权，请求撤销土地承包合同。

《民法典》第333条第1款规定："土地承包经营权自土地承包经营权合同生效时设立。"依此规定，只要土地承包经营权合同生效，承包方也就取得土地承包经营权。尽管对于土地承包经营权自何时设立，在立法及理论上有不同的观点，例如，有的主张土地承包经营权自发包方交付土地时设立的，有的主张土地承包经营权自登记时设立的，但法律并未将交付土地或者办理土地承包经营权登记作为土地承包经营权设立的生效要件。因此，自土地承包经营权承包合同生效时起，承包方就取得和享有承包土地的土地承包经营权。《民法典》第333条第2款规定："登记机构应当向土地承包经营权人发放土地承包经营权证、林权证等证书,并登记造册,确认土地承包经营权。"依此规定,登记机构向土地承包经营权人发放土地承包经营权证、林权证等证书,并登记造册,仅是对承包人的权利的确认。登记和发证既不是土地承包经营权的设立要件,也不是取得土地承包经营权的依据。土地承包经营权证等权证及登记造册只是土地承包经营权人享有权利的证明,但不是土地承包经营权归属和内容的根据。

土地承包经营权的转移取得,是指通过土地承包经营权流转而由转让人将其享有的土地承包经营权转移给受让人,由受让人取得土地承包经营权。土地承包经营权人有占有、使用其承包的土地的权利,在他人占有其承包土地时有权要求返还;有自主进行农业生产经营活动并取得其收益的权利,对于他人对其收益的侵占,当然有权要求返还、请求赔偿损失。土地承包经营权作为一项用益物权,是土地承包经营权人的一项重要的财产权利。作为财产权利,除法律另有特别限制外,当然具有流通性。为保障土地承包经营权人的财产权益,发挥土地的效用,土地承包经营权人有权依法自主进行土地承包经营权的流转,由此也就发生基于土地承包经营权的流转而非基于土地承包经营权的直接设立而取得土地承包经营权的情形。

《民法典》第334条规定:"土地承包经营权人依照法律规定,有权将土地承包经营权互换、转让。未经依法批准,不得将承包地用于非农建设。"第339条规定:"土地承包经营权人可以自主决定依法采取出租、入股或者其他方式向他人流转土地经营权。"第342条规定:"通过招标、拍卖、公开协商等方式承包农村土地,经依法登记取得权属证书的,可以依法采取出租、入股、抵押或者其他方式流转土地经营权。"依上述规定,土地承包经营权人可以依法流转土地承包经营权,也可以依法流转经营权。土地承包经营权流转的,则土地承包经营权主体发生变更，受让人成为土地承包经营权人；而仅流转经营权的，则受让人取得承包地的经营权，而土地承包经营权主体不发生变动，转让人仍为土地承包经营权人。这种情形下，也就发生所谓的"三权分置"或"三权分离"。

土地承包经营权不论依何种方式流转，依《民法典》规定均受以下两条限制：其一，流转的期限不得超过土地承包经营权的剩余期限；其二，不得改变承包地的用途。因土地承包经营权流转改变承包地用途的，必须经依法批准。在上述流转方式中，互换与转让属于狭义的土地承包经营权流转，发生土地承包经营权主体的变更。土地承包经营权主体变更的，是否须变更土地承包经营权登记呢？换言之，通过土地承包经营权流转取得土地承包经营权是否以登记为生效要件呢？土地承包经营权流转未经登记的，受让方是否取得受让的土地承包经营权呢？对此，立法中曾有不同的观点，学者中也有不同主张。一种观点认为，土地承包经营权主体变更的，属于不动产物权变动，应以登记为生效要件，也就是说，未经登记的，受让人尚不能取得土地承包经营权。这种观点并不符合法律的规定。《民法典》第335条规定："土地承包经营权互换、转让的，当事人可以向登记机构申请登记；未经登记，不得对抗善意第三人。"依此规定土地承包经营权的互换、转让，并不以变更登记为生效要件。土地承包经营权变更登记仅具有对抗效力，登记与否为当事人的权利，而非当事人之间发生土地承包经营权变更的要件。当事人要求登记的，应向登记机构申请变更登记，登记机构应当依当事人的申请办理变更登记；当事人未要求登记的，不影响土地承包经营权在当事人之间的变更，只是这种变更不能对抗善意第三人。这里的善意第三人应是指交易中的善意第三人。例如，甲将其土地承包经营权转让给乙，未经登记，乙仍取得受让的土地承包经营权。但若甲将该土地承包经营权又转让给丙,而丙并不知道也不应当知道该土地承包经营权转让给乙的,则丙可以取得受让的土地承包经营权,乙不能以其已经取得土地承包经营权对抗丙。但如果丙知道甲已将其土地承包经营权转让给乙或者应当知道土地承包经营权已经转让给乙(例如,丙知道该承包地已为乙占有使用),则丙不为善意第三人,不能取得土地承包经营权。《农村土地承包经营权证管理办法》第 14 条规定:"承包期内,承包方采取转包、出租、入股方式流转土地承包经营权的,不须办理农村土地承包经营权证变更。采取转让、互换方式流转土地承包经营权的,当事人可以要求办理农村土地承包经营权证变更登记。因转让、互换以外的其他方式导致农村土地承包经营权分立、合并的,应当办理农村土地承包经营权证变更登记。"可见,依该规定,因转让、互换方式取得土地承包经营权的,是否办理土地承包经营权变更登记,是当事人的权利而非义务;未办理变更登记的,不影响土地承包经营权在当事人之间发生转移的效力。

本案中再审申请人与被申请人即一审的原告和被告为同村村民,均具有取得农村土地承包经营权的资格,案涉的土地为农业用地,当事人承包土地是为从事农业生产经营的,因此,无论上诉人还是被上诉人都可享有涉案土地的土地承包经营权。本案中当事人的土地承包经营权是通过家庭承包方式设立的,土地承包经营权的设立须由集体与承包人(承包户)签订土地承包经营权合同或者土地承包合同,自承包合同生效时土地承包经营权设立,承包人即取得土地承包经营权。本案中再审的被申请人谢可亮有在 2015 年与小谢村委员会签订的《茌平县农村土地承包合同(家庭承包方式)》,茌平县人民政府为其颁发了《农村土地承包经营权证》。正是基于此,一、二审法院认为，被申请人享有案涉土地的承包经营权，并以此为根据认定再审申请人使用案涉土地侵害了被申请人的土地承包经营权，因此，判决支持被申请人一审提出的诉讼请求。然而，再审申请人高庆荣提出被申请人对案涉土地并不享有土地承包经营权，村委会从未将案涉土地发包给被申请人，只是在 2015 年误将该土地确权在被申请人承包经营权证上，2020 年村委会将该土地收回发包给再审申请人，因此再审申请人取得案涉土地的承包经营权。再审申请人与被申请人究竟何人对案涉土地享有承包经营权，是本案的关键问题。从再审申请人主张的理由看，2020 年村委会将土地收回发包给自己，再审申请人自 2020 年一直使用案涉土地，被申请人的土地承包经营权证书已经被撤销，再审申请人获得了案涉土地承包经营权证。因此，一、二审没有对再审申请人是否取得案涉土地承包经营权，再审申请人使用案涉土地是否为非法使用，未予查清，就判决支持被申请人的诉讼请求，是不妥的。

　　本案的再审法院认为，农村集体经济组织与其农户之间按照家庭承包原则、承包程序签订承包合同的，才能设立农村家庭的土地承包经营权，县级人民政府的确权登记并不构成设立农村土地承包经营权的民事法律关系。由于当事人双方均为同村农户，而根据《最高人民法院关于审理涉及农村土地承包纠纷案件适用法律问题的解释》第 1 条规定，农户与农户之间关于土地承包经营权归属的争议，不属于人民法院在民事诉讼中的主管范围，该项争议可由双方集体经济组织依法处理。因此，再审法院并未就再审申请人与被申请人何人对案涉土地享有土地承包经营权作出裁决。再审法院仅是认为，被申请人未能提供足够的证据证明再审申请人单独或者与本集体组织实施了共同侵权行为，因此，法院应驳回被申请人的诉讼请求。

从案情看，再审法院的判决是正确的。但是，从土地承包经营权的取得上看，笔者认为，2020年小谢村委会将案涉土地收回并发包给再审申请人，再审申请人也就取得案涉土地的土地承包经营权，被申请人对案涉土地不享有土地承包经营权。至于小谢村委会收回案涉土地并发包给再审申请人，是否侵害被申请人的权益，则属于另外的问题。《民法典》第265条第2款规定："农村集体经济组织、村民委员会或者其负责人作出的决定侵害集体成员合法权益的，受侵害的集体成员可以请求人民法院予以撤销。"依此规定，被申请人如认为村委会收回案涉土地发包给再审申请人侵害自己合法权益，可以请求人民法院撤销村委会的此决定。

第十五专题　宅基地使用权的法律属性

——周铨与李敏、周钢抵押合同纠纷案

案例索引

辽宁省沈阳市中级人民法院（2023）辽01民终569号民事判决；沈阳经济技术开发区人民法院（2021）辽0191民初8669号民事判决。

基本案情

1991年10月15日，经沈阳市于洪区翟家乡人民政府审批，周铨取得翟家乡大于村面积354.平方米的集体土地建设用地使用权，土地使用证编号03154。1997年8月7日，周铨取得在该土地上建筑的房屋所有权。2001年3月12日，周铨为李德福出具书面协议一份，载明："因本人欠李德福钱，特此用房子土地折合人民币15,000元整，房子两间半，归李德福。特此同意转让更改，以此据和房照为准，如出现任何手续及房照作废。"2001年3月15日，李德福与李敏签订《买卖协议》一份，约定："兹有李德福将周铨抵债的大于村住宅房两间半，建筑面积约80平方米，宅基地面积347.19平方米，卖给李敏，价值2万元，一次性付清，房地产权归李敏所有。"李德福的其他子女在该协议上签字,同意将该房地产出售给李敏。2001年3月起,李敏、周钢在该房屋居住。李敏、周钢确认因2004年、2005年该地区开始实施动迁,政府不给办理房屋产权证,故房屋未更名过户。

1999年12月20日周铨为李德福出具借据一张,载明:"兹有周铨向李德福于九七年借用人民币本钱85,000元整,特此以本人住房抵押,如按期还不上愿由李德福处理完无怨言,特此立据,利息3分没算。"2001年1月1日,周铨为李德福出具《借据》一张,载明:"有周铨向李德福于九七年一月一日借用人民币85,000元整,利息3分没算,以此据为准,以本人房子抵押。"2001年3月12日,周铨为李德福出具书面协议并与周钢签订《还款协议书》一份,书面协议载明:"因本人欠李德福钱,特此用房子折合人民币15,000元整,房子两间半,归李德福,特此同意转让更改,以此据和房照为准,如出现任何手续及房照作废",《协议书》中约定:"剩余款项,本人每年还5000元至10,000元,特此双方协议而定。(还剩70,000元整)定于2004年还齐。"2005年9月9日,李德福作为原告就其与周铨民间借贷纠纷以周铨、杨秀凤为被告起诉至沈阳市铁西区人民法院,要求周铨、杨秀凤给付其欠款70,000元及利息,该院于2005年11月2日作出(2005)沈铁西民四合初字第122号民事调解书,周铨给付李德福70,000元,李德福自愿放弃其他诉讼请求。在该案的庭审记录中周铨陈述,房屋是2001年3月交付给李德福,东西也是其本人自己拉走。2006年9月11日周钢(甲方)与沈阳市铁西区土地储备交易中心(乙方)签订《大于村宅基地地上物补偿协议》。2016年10月18日周铨(甲方)与沈阳市铁西区翟家街道办事处(乙方)签订《翟家街道大于村"空挂房"人员回迁安置协议》。周铨确认因其属于大于村集体组织成员,故按户籍安置了回迁房。周铨与周钢为兄弟关系，周钢与李敏为夫妻关系，李德福为李敏父亲。李德福户籍为辽中县四方台镇胜利村。李敏、周钢户籍均为大于村。

周铨作为原告以李敏、周钢为被告向沈阳经济技术开发区人民法院起诉请求：1. 判令原告与李德福签订的抵押协议中将原告名下位于沈阳市铁西区大青中朝友谊街道大于村 03154 号上两间半房抵给李德福的条款无效；2. 请求判令被告返还搬离上述房产；3. 请求判令本案诉讼费用由被告承担。

庭审中原告明确其诉讼请求，确认其与李德福签订的抵押协议中将原告名下位于沈阳市铁西区大中青友谊街道大于村 03154 号上两间半房产抵给李德福的条款无效，实际上是确认其与案外人李德福签订的以房抵债协议无效。

判决与理由

一审法院认为，关于原告与案外人李德福于 2001 年 3 月 12 日签订的以房抵债协议是否有效的问题，根据《中华人民共和国土地管理法》(1998 年 8 月 29 日修订) 第 2 条规定："中华人民共和国实行土地社会主义公有制，即全民所有制和劳动群众集体所有制。全民所有，即国家所有土地的所有权由国务院代表国家行使。任何单位和个人不得侵占、买卖或者以其他形式非法转让土地。土地使用权可以依法转让。国家为公共利益的需要，可以依法对集体所有的土地实行征用。国家依法实行国有土地有偿使用制度。但是，国家在法律规定的范围内划拨国有土地使用权的除外。"第 62 条规定："农村村民一户只能拥有一处宅基地，其宅基地面积不得超过省、自治区、直辖市规定的标准。农村村民建住宅，应当符合乡（镇）土地利用总体规划，并尽量使用原有的宅基地和村内空闲地。农村村民住宅用地，经乡

(镇)人民政府审核,由县级人民政府批准;其中,涉及占用农用地的,依照本法第四十四条的规定办理审批手续。农村村民出卖、出租住房后,再申请宅基地的,不予批准。"第63条规定:"农民集体所有的土地的使用权不得出让、转让或者出租用于非农业建设;但是,符合土地利用总体规划并依法取得建设用地的企业,因破产、兼并等情形致使土地使用权依法发生转移的除外。"土地使用权可以依法转让,农村房屋可以依法出卖、出租。另根据《国务院关于深化改革严格土地管理的决定》(国发〔2004〕28号)第二(十)项:"……禁止农村集体经济组织非法出让、出租集体土地用于非农业建设。改革和完善宅基地审批制度,加强农村宅基地管理,禁止城镇居民在农村购置宅基地……"根据"地随房走"的原则,农民转让宅基地上的房屋,宅基地的使用权也随之转让。故宅基地上的房屋仅能在农村集体经济组织成员之间转让,但依据上述规定,并未禁止农村居民之间购置宅基地及房屋。案外人李德福作为农村居民,与原告签订的以房抵债协议,均是双方真实意思表示,并不违反当时的法律、行政法规的强制性规定,原告在沈铁西民四合初字第122号案件法庭审理过程中承认其是本人搬离案涉房屋,于2001年3月将案涉房屋交付给案外人李德福,故实际上原告已经认可了以房抵债协议的有效性,也已经实际履行了自己交付房屋的义务,仅是因为案涉房屋所在地当时的政策原因无法办理房屋所有权更名过户手续,双方以房抵债协议已经实际履行完毕,该协议亦符合成立的基本要件,对协议的依法成立予以确认。依法成立的合同,受法律保护,故该协议合同有效。关于二被告应否搬离案涉房屋的问题,如前所述,原告与案外人李德福签订的以房抵债协议有效,二被告基于与案外人李德福之间的买卖关系占有并使用案涉房屋,自2001年3月至今,该买卖行为并未损害集体及社会公共利益。原告在长达 20 年的时间里并未向二被告主张权利，现案涉房屋所在地开始拆迁，原告因案涉房屋被纳入城市规划将获得拆迁补偿权益而主张协议无效的行为，违反了民事活动所应遵循的基本诚实信用原则。故对于原告主张协议无效并要求二被告搬离房屋的诉讼请求，一审法院不予支持。

综上所述，依照《中华人民共和国民法典》第 7 条，《最高人民法院关于适用〈中华人民共和国民事诉讼法〉的解释》第 90 条、第 91 条的规定，判决：驳回原告周铨的全部诉讼请求。案件受理费 50 元，由原告周铨负担。

一审宣判后，周铨不服一审判决，向辽宁省沈阳市中级人民法院提起上诉，请求撤销（2021）辽 0191 民初 8669 号民事判决。

二审法院认为，依照民事诉讼法及相关规定，本院依法围绕上诉人周铨的上诉请求审理本案。

关于周铨主张本案所涉周铨与案外人李德福之间的借据上载明的贷款是高利贷的问题。因该债务已经在 2005 年 11 月 2 日经沈阳市铁西区人民法院作出的（2005）沈铁西民四合初字第 122 号民事调解书确定了债权债务关系，该调解书系周铨自愿调解后作出，周铨现无正当理由反言，且该调解书已生效也未被撤销，故本院对周铨该主张不予采信。

关于周铨主张周铨与李德福之间的以本案所涉房屋抵顶 15,000 元借款的约定无效问题（即以房抵债协议无效的问题）。本院认为，由于李德福并非涉案房产所在地的农村集体经济组织成员，依照我国当时有关农村宅基地转让的规定，参照《第八次全国法院民事商事审判工作会议（民事部分）纪要》的第 19 条第 2 款之精神，本案争议的 2001 年 3 月 12 日周铨为李德福出具书面协议中约定的"因本人

（即周铨）欠李德福钱，特此用房子土地折合人民币15,000元整，房子两间半，归李德福，特此同意"内容因违反法律效力性强制性规定无效。李德福在以房抵债协议签订后取得房屋占有，又与李敏、周钢签订买卖协议约定将涉案房屋、宅基地转让给李敏、周钢，并转移占有给李敏、周钢。李敏、周钢自身确系涉案房产所在地的农村集体经济组织成员，但其二人并非以房抵债协议的当事人，其二人的特殊身份无法改变李德福非该集体经济组织成员的事实，进而，也无法将无效的合同转为有效。上诉人主张涉案以房抵债协议无效，具有事实和法律依据，本院依法予以支持。一审法院对此认定有误，本院依法予以纠正。

关于上诉人请求返还房屋的问题。涉案以房抵债协议无效，李德福无法依据该协议取得涉案房屋所有权（及对应的宅基地使用权），原则上，应当返还房屋。因李敏、周钢系李德福女儿、女婿，与李德福具有近亲属关系，李敏、周钢理应知晓涉案房屋的实际权利情况。而且，涉案房屋的所有权登记证明从未变更为李德福，故李敏、周钢也无法形成登记公示的合理信赖。在此情况下，李敏、周钢也无法以善意取得制度获得涉案房屋的所有权（及对应的宅基地使用权），其对房屋的占有无法对抗所有权人周铨，原则上本应返还房屋。但本案所涉房屋具有一定特殊性，该房屋已经被划入拆迁区域，正在协商处理拆迁事宜，且李敏、周钢在涉案宅基地上增盖房屋居住。现在判令返还房屋已无实际意义，只能导致双方生活不便，反而没有必要地增加了双方的矛盾，不利于和谐稳定。因此，本院对周铨有关返还房屋的诉讼请求不予支持，其可就房屋相关拆迁补偿另行主张权利解决。

综上所述，上诉人的上诉请求不能成立，应予驳回。依照《中华人民共和国土地管理法》第8条、第10条、第62条、第63条，《中华人民共和国民事诉讼法》第 177 条第 1 款第 2 项规定,判决如下:一、撤销沈阳经济技术开发区人民法院(2021)辽 0191 民初 8669 号民事判决;二、确认 2001 年 3 月 12 日,周铨为李德福出具书面协议约定的"因本人欠李德福钱,特此用房子土地折合人民币 15,000 元整,房子两间半,归李德福,特此同意"内容无效;三、驳回周铨其他诉讼请求。

评 析

本案争议的焦点是周铨与李德福之间关于以房产抵债协议是否有效问题,而涉及的是宅基地使用权的性质及可否转让等问题。

一、宅基地使用权的含义与特点

从语义上说,宅基地也就是住宅建设用地。因此,广义上的宅基地使用权是指在他人所有的土地上建造住宅的权利。但我国民法中规定的宅基地使用权并非广义的,而是狭义的。《民法典》第 362 条规定:"宅基地使用权人依法对集体所有的土地享有占有和使用的权利,有权依法利用该土地建造住宅及其附属设施。"依此规定,我国民法上所称的宅基地使用权,是指依法对集体所有的土地占有和使用,以建造住宅及其附属设施的权利。依此规定,宅基地使用权有以下特点:

1. 从权利客体上看,宅基地使用权是在集体所有的土地上设定的权利,以集体所有的土地为客体

宅基地使用权是利用他人土地建造住宅的权利,在自己土地上

建造住宅的权利为所有权的内容，是行使所有权的方式，并不发生宅基地使用权，只有在他人所有的土地上建造住宅的权利才属于宅基地使用权。但依《民法典》规定，在国有土地上建造住宅的权利属于建设用地使用权，而不属于宅基地使用权。因此，宅基地使用权的客体不能是国有土地，而只能是集体所有的土地。[①] 集体所有的土地实际上只能是农民集体所有的土地，其他集体组织是不享有土地所有权的。从用途上看，集体所有的土地主要是三类：一是用于农业生产的土地为农业用地即农用地。农用地可以设定土地承包经营权，未经依法批准不得改变其用途，不能用于设立宅基地使用权。二是用于乡村公共设施、公益事业以及乡镇企业建设的土地，得利用该类土地的权利称为建设用地使用权。《民法典》第 361 条规定："集体所有的土地作为建设用地的，应当依照土地管理的法律规定办理。"该类建设用地涉及占用农用地的，须办理审批手续。三是用于建造个人住宅的土地，在此类土地上设定的权利为宅基地使用权。可见，集体所有的土地并非全部都可以成为宅基地使用权的客体。除原有的农村住宅占用的土地外，只有依照法律规定经过批准可用于建造住宅的集体土地，才可成为宅基地使用权的客体，在未经依法批准可用于建造住宅的集体土地不能设定宅基地使用权，任何人也不能在该土地上取得宅基地使用权。

2. 从权利内容上看，宅基地使用权是占有、使用他人土地，用以建造住宅及其附属设施的权利

如上所述，在集体所有的土地上依其用途可分别设定土地承包

---

① 参见黄薇主编：《中华人民共和国民法典物权编释义》，法律出版社 2020 年版，第 394 页。

经营权、建设用地使用权和宅基地使用权。在集体土地上所设定的这三类权利都是对集体所有的土地占有、使用的权利，都是占有、使用集体所有的土地的用益物权，这是其共性。但是，这三类权利的设定目的是不同的，从而其内容也就不同。宅基地使用权是为建造私人住宅为目的而设立的。宅基地使用权人是为建造私人住宅、保有私人住宅以及建造和保有住宅的附属设施而占有、使用他人的土地。这里的所谓附属设施，是指辅助住宅发挥效能的与村民生活相关的建筑物、构筑物等设施，包括储粮库、储草房、厕所、猪圈、牛棚、羊棚、沼气池、车库等。[①] 宅基地使用权与房屋所有权是密不可分的，宅基地使用权人不仅可使用宅基地建造住宅及其附属设施，而且还为保有住宅及其附属设施而占有、使用宅基地。宅基地使用权与私人住宅所有权具有一致性，享有住房所有权也必享有住宅占用范围内的土地（即宅基地）的使用权。

3. 从权利主体上看，宅基地使用权的主体主要是农村集体经济组织的成员

宅基地使用权的主体涉及何人可享有宅基地使用权，对此有不同的观点。一种观点认为，宅基地使用权的主体只能是农村集体经济组织的成员或者说村民，其他人不能成为宅基地使用权的主体。有的认为宅基地使用权的主体主要是农村集体经济组织的成员，但不限于农村集体经济组织成员，其他人也会成为农村宅基地使用权主体。笔者是持后一种观点的。笔者认为，这一问题与宅基地使用权的取得有关，需要考察宅基地使用权的取得问题。

[①] 崔建远：《物权法》（第五版），中国人民大学出版社2021年版，第333页。

二、宅基地使用权的取得

宅基地使用权是如何取得的呢？一种观点认为，宅基地使用权是农民无偿地从集体组织取得的。[①]这种观点有一定道理和根据，但并未说明宅基地使用权取得的全部情形。实际上，从我国土地制度的沿革看，宅基地使用权的原始取得至少包括三种情形：

1. 1962 年以前原有的农村房屋占用的宅基地，权利人对宅基地的权利由所有权直接转化为使用权

众所周知，中华人民共和国成立后，经土地改革，农村土地为农民私有，后来在农业合作化运动中，农民将私有的土地入股参加合作社，但房屋及宅基地却从来也未入社，一直为个人所有。农民的合作组织，经初级农业合作社到高级农业合作社，至 1958 年成为人民公社。1962 年《农村人民公社工作条例（修正草案）》规定，生产队范围内的土地，都归生产队所有。生产队所有的土地，包括自留地、自留山、宅基地等，一律不准出租和买卖。社员的房屋，永远归社员所有。自此规定一出，农村的土地都成为集体所有，农民（社员）原来的宅基地也就成为集体所有，尽管房屋永远归农民所有，但农民对其自己房屋占用的宅基地的所有权也就转化为使用权。这一规定为 1982 年《宪法》确认，该宪法规定，宅基地和自留地、自留山，属于集体所有。可见，正是基于中央政策和宪法的规定，使农民原有房屋的宅基地由私有变为公有，原房屋所有权人对其房屋占用的宅基地的权利从所有权转为使用权。这种宅基地使用权的取得仅是基于房屋所有权而当然发生的，并不受其他条件的限制。

---

① 参见黄薇主编：《中华人民共和国民法典物权编释义》，法律出版社 2020 年版，第 394 页。

2.因住房需要而提出申请经批准后取得宅基地使用权

自农村土地归集体所有后,农民以及其他人员在农村建房需要宅基地的,需经审批才能取得宅基地使用权。如1982年国务院《村镇建房用地管理条例》规定,在村镇内,个人建房和社队企业、事业单位建设用地,都应按照本条例的规定,办理申请、审查、批准的手续。农村社员,回乡落户的离休、退休、退职职工和军人,回乡定居的华侨,建房需要宅基地的,应向所在生产队申请,经社员大会讨论通过,生产大队审核同意,报公社管理委员会批准;确实需要占用耕地、园地的,须县级人民政府批准。1993年国务院《村庄和集镇规划建设管理条例》中规定,农村村民在村庄、集镇规划区内建住宅的,应当先向村集体经济组织或村民委员会提出建房申请,经村民会议讨论通过后,按照下列审批程序办理:(1)需要使用耕地的,经乡级人民政府审核、县级人民政府建设行政主管部门审查同意并出具选址意见书后,方可依照《土地管理法》向县级人民政府土地管理部门申请用地,经县级人民政府批准后,由县级人民政府土地管理部门划拨土地;(2)使用原有宅基地、村内空闲地和其他土地的,由乡级人民政府根据村庄、集镇规划和土地利用规划批准。城镇非农业户口居民在村庄、集镇规划区内需要使用集体所有的土地建住宅的,应当经其所在单位或居民委员会同意后,依照前款第(1)项规定的审批程序办理。回原籍村庄、集镇落户的职工、退伍军人和离休、退休干部以及回乡定居的华侨、港澳台同胞,在村庄、集镇规划区内需要使用集体所有的土地建住宅的,依照本条第1款第1项规定的审批程序办理。上述这些规定,不仅规定了农村村民可申请宅基地使用权,而且规定其他人也可以申请宅基地使用权。

在1998年以后修改的《土地管理法》以及其他法律、法规中都仅规定了农村村民一户只能拥有一处宅基地,而未规定其他居民可以申请宅基地,但这不能否认此前非农村居民所取得的宅基地使用权有效。1995年3月国家土地管理局发布的《确定土地所有权和使用权的若干规定》第48条中规定:"非农业户口(含华侨)原在农村的宅基地、房屋产权没有变化的,可依法确定其集体土地建设用地使用权。"这里的集体土地建设用地使用权也就是宅基地使用权。

3. 因受让房屋而取得宅基地使用权

这里既包括受让集体所有的房屋,也包括受让个人私有的房屋。前一种情形主要发生在农村实行承包责任制以后,当时一些原集体所有的房屋包括村办学校的教室、饲养用房等出卖给村民,由村民取得房屋所有权。《确定土地所有权和使用权的若干规定》第49条规定:接受转让、购买房屋取得的宅基地,与原有宅基地合并计算总面积超过当地政府规定标准,按照有关规定处理后允许继续使用的,可暂确定其集体土地建设用地使用权。继承房屋取得的宅基地,可确定集体土地建设用地使用权。因受让房屋取得房屋所有权的,当然也就取得该房屋所占土地的宅基地使用权。这不仅符合我国法上的"地随房走"原则,也符合各国立法的通例。不过在其他国家和地区立法上,房屋所有人因此而取得的土地权利一般称为法定地上权。

三、宅基地使用权的主体

宅基地使用权的主体是个人还是农户呢?对此有不同的观点。一种观点主张,宅基地使用权的主体应为农户。这种观点有一定道理,并且现行法上也是以"户"来确定宅基地使用权的。例如,《土地管理法》第62条第1款规定:"农村村民一户只能拥有一处宅基地,其宅基地的面积不得超过省、自治区、直辖市规定的标准。"在物权法立法过程中，物权法草案中也曾规定："农户占有的宅基地的面积应当符合规定的标准。一户只能拥有一处宅基地。"但原《物权法》最终未作此限制规定。笔者认为，《土地管理法》等法律中关于"农村村民一户只能拥有一处宅基地"规定的含义是不清楚的，这一规定并不妥当。首先，何为"一户"？依一般的农村习惯理解，一户是指未分家的一个家庭。在农村，多是在子女未成年或已成年但未结婚前，父母就为其准备下结婚时的用房，相当多的家庭也不是在子女一经结婚时就与子女分家，让子女另行立户的。因此，在父母为子女准备用房的情况下（包括子女结婚另居而未与父母分家的情形），并不是一户只拥有一处宅基地（尽管这种情形可能不是永久的），而实际上是一"户"会有多处宅基地。这种情形在农村是一种普遍现象，而不是特例。其次，依我国继承法的规定，农村的房屋也属于遗产的范畴，因此，农村村民完全可以通过继承取得农村的房屋，而房屋与宅基地是不可分离的，有房屋所有权也就有宅基地使用权。如果有自己住房的农民（即使仅有一处宅基地）又通过继承取得农村的房屋，也就会有两处房屋，从而也就拥有两处宅基地。在上述情况下，我们总不能以"一户只能拥有一处宅基地"为由而剥夺房屋所有人的宅基地使用权吧。第三，在子女结婚另立门户时，该子或女在结婚前取得的宅基地使用权若为该户享有，是否婚前的房屋也就为配偶共有呢？若为共有，则与婚姻法关于夫妻婚前财产归个人所有的规定不符；若不为共有，则房屋所有权主体与宅基地使用权主体相分离。因此，笔者认为，宅基地使用权的主体应与房屋所有权的主体相一致，可以是家庭成员共有，也可以为个人单独享有。实际上，法律关于"一户一处宅基地"的规定更应属于保障条款，而不是限制条款，也就是说国家应当保障一农户能有一处宅基地，而不是限制一农户只能有一处宅基地。

四、宅基地使用权可否转让

从宅基地使用权的取得上看，自 1996 年以后，法律规定农村居民可以申请宅基地以建造住宅，而未规定非农业户口的居民也可申请宅基地。因此，对于宅基地使用权是否可与房屋一并转让上有不同的观点。这也曾是物权法立法中争议较大的问题之一。物权法草案针对农村宅基地使用权曾规定："宅基地使用权人经本集体同意，可以将建造的住房转让给本集体内符合宅基地使用权分配条件的农户；住房转让时，宅基地使用权一并转让。禁止城镇居民在农村购置宅基地。"有学者称这里规定了宅基地的不可交易性，体现社会正义。一些学者赞同宅基地不可交易的一个理由是：农民的宅基地使用权是一种福利，是通过分配无偿取得的。有学者甚至认为，宅基地是农民的生存之本，宅基地使用权属于财产权，而农民的生存权是不能用财产利益进行交换的，禁止宅基地使用权的流通是保护农民的生存权。但笔者一直认为，反对宅基地使用权流转的这些理由，初看起来确实令人重视，但未必立得住。的确，农民的房屋（与城镇居民的住房一样）是十分重要的，保障农民有其屋是保障农民的基本生活（或生存）条件的需要，也是保障社会安定团结的需要，但这种保障能够通过限制或禁止农民房屋的交易来实现吗？试想一下，农民在何种情形下才会将房屋抵押或转让呢？从实务上看，大体可分为两种情形：一是农民有多余的房屋，想将多余的房屋变现。此种情形下，农民将多余的住房转让，并不会涉及生存问题，只会更好地改善生活、生产条件；二是农民没有其他财产可以用于融资而又急需资金，而不得不将其住房抵押或者转让，以取得急需的资金。在这种情形下，我们禁止农民将房屋抵押或转让就可以保障其生存权吗？恐怕不能。要解决这一问题，只能依靠各种社会保障措施。农民的生存权是需保障其生存条件才能实现的，但生存条件中第一位的决不是有住房，如果一个人到了只有处置自己的住房才能生存下去的地步而又不许可其处置，这恐怕是最不重视生存权的。我们应当看到，财产权也是基本人权，财产权是实现和保障生存权的条件，以保障生存权而限制其财产权本身是个伪命题。衣、食、住、行的财产保障都是实现生存权不可缺少的，难道我们能为了保障生存权而限制或者禁止农民出卖自己的粮食？难道"住"比"衣、食"还重要？既然不能因为要保障生存权而限制农民处分自己的粮食和衣物，也就不应以保障生存权为幌子而限制农民依法处分自己的房屋。实际上，限制或禁止农民房屋交易，也与现行法的有关规定不符合。例如，继承法中规定了遗赠扶养协议，按照这一规定，农民也完全可以通过遗赠扶养协议将其住房遗赠给扶养人，以取得扶养人对其扶养。这也是一种交易，应当说也是保障生存权的重要措施，而这也正是通过房屋的交易达到保护生存权目的的。笔者认为，在是否承认宅基地使用权可以转让上，根本的问题还是应当明确宅基地使用权的权利属性。从《民法典》的规定看，宅基地使用权属于用益物权。《民法典》第323条规定："用益物权人对他人所有的不动产或者动产，依法享有占有、使用和收益的权利。"对他人的不动产进行使用收益是用益物权的重要属性，转让使用权也是实现收益的一种重要方式。用益物权是一项重要的财产权利，如果用益物权不能流通，其财产价值也就难以实现和得以体现。因此，从宅基地使用权为用益物权的性质上说，宅基地使用权虽然如同地役权一样不能单独转让，但是随房屋所有权一并转让是可以的。如果限制农民房屋的转让，使农民的宅基地使用权不能用财产利益进行交换，宅基地使用权也就失去财产属性，也就使农民难以实现其房屋的价值。

如果仅仅将宅基地使用权作为一种生存条件,一种社会福利待遇,那么,宅基地使用权也就不应当规定在《民法典》的物权编,而应规定在社会福利法。

有的认为,我国法律是禁止宅基地使用权转让的。但这一说法并无直接的法律根据。的确,我国的法律及有关规定中有一些有关宅基地转让的限制性禁止规定,如国土资源部《关于加强农村宅基地管理的意见》第13条规定:"严禁城镇居民在农村购买宅基地,严禁为城镇居民在农村购买和违法建造的住宅发放土地使用证。"但是,法律、法规中却并没有一个法律条文明确规定宅基地使用权不得随房屋转让而一并转让。许多人认为法律禁止转让宅基地使用权,其根据是《土地管理法》第62条第4款。然而,该款仅是规定,"农村村民出卖、出租住房后,再申请宅基地的,不予批准"。这一条款并不是一个否定宅基地使用权转让效力的禁止性规定。①

本案一审原告为农村村民,他与案外人李德福签订以房抵债协议,尽管协议中有"用房子土地折合人民币 15,000 元"的字样,但实际上并非是以宅基地抵债,而是以房屋两间半抵债,因房屋与宅基地不可分离,所以根据"地随房走"规则,以房抵债也就包含以房屋及宅基地抵债。因此,该协议并非单纯以宅基地抵债的,也就不会发生单纯转让宅基地使用权的后果。因此,一审法院认定该抵债协议有效应当是正确的。二审法院认为,李德福不是案涉房屋所在地的农村集体经济组织的成员,从而认定原抵债协议的内容违反法律效力性强制性规定,但并未指出法律的具体规定。而从当时的法律规定看,并

---

① 陈小君:《宅基地使用权》,载王利明主编:《物权法名家讲坛》,中国人民大学出版社 2008 年版,第 333 页。

没有规定农村农民的房屋只能在本集体经济组织成员之间转让，更没有规定农民所有的房屋不得转让。即使后来，国家的有关规定也仅是强调城镇居民不能购买农村宅基地，不能取得宅基地使用权。本案中尽管一、二审法院均不支持原告的诉讼请求，但理由是不同的。一审法院认定原告与李德福的以房抵债协议有效，该协议已经履行，因此，法院不能支持原告的诉讼请求；而二审法院却是认定以房抵债协议无效，原告有权请求返还房屋，仅是因案涉房屋处于拆迁状态，返还房屋已无实际意义，因此，原告返还案涉房屋的请求不能成立。若从案涉房屋和宅基地使用权的性质上说，一审法院的判决更有说服力。

第十六专题 建设用地使用权的流转

——高品乐公司、李新平诉百洋农牧公司、马林建设用地使用权纠纷案

案例索引

青海省西宁市中级人民法院（2021）青01民终2042号民事判决；青海省大通回族土族自治县人民法院（2021）青0121民初762号民事判决。

基本案情

百洋农牧公司作为甲方与乙方李新平、丙方马林于2018年8月15日签订《土地使用权转让合同》，百洋农牧公司将出让获得的位于大通县长宁镇双庙村的3630平方米国有土地使用权转让给李新平，转让单价为每平方米600元，总金额为2,200,000元（实际成交价格以红线图确定的面积作为支付依据）。合同还约定：2019年2月银行对案涉土地的抵押权届满后，百洋农牧公司将地块解押分割给李新平，不得进行"质押"，并配合采取合法方式进行使用权变更登记，办理的期限自合同签订起不得超过两年，代办过户的费用由李新平承

担 30,000 元,其余全部由百洋农牧公司承担。双方还对违约责任等其他事宜在合同中进行了约定。马林作为丙方在合同上签字,就合同中百洋农牧公司的违约责任提供连带责任保证,保证范围包括乙方李新平已经支付的转让金、违约金、赔偿损失、因甲方违约乙方产生的包括但不限于诉讼费、调查取证费、保全费、差旅费、律师费等,保证的期限到乙方取得不动产产权证或合法取得土地使用权之日止。合同签订后,李新平先后分三次给付百洋农牧公司转让费 2,100,000 元,并给付办证费用 30,000 元。2018 年 1 月 25 日百洋农牧公司将案涉土地使用权抵押给青海省大通农村商业银行股份有限公司花儿街支行,抵押权至 2019 年 1 月 24 日届满。抵押期间届满后,百洋农牧公司又将案涉土地使用权抵押给中国农业银行股份有限公司西宁市城中支行,抵押期间自 2019 年 6 月 11 日至 2022 年 6 月 10 日止,并办理了抵押登记。

百洋农牧公司于 2016 年 8 月 1 日从原大通回族土族自治县国土资源局以出让方式获得案涉土地使用权,出让合同约定"受让人同意本合同项下宗地建设项目在 2016 年 9 月 14 日之前开工,在 2017 年 9 月 20 日之前竣工",并约定"受让人首次转让的,应当符合本条第(三)项规定的条件:(三)按照本合同约定进行投资开发,已形成工业用地或其他建设用地条件"。

百洋农牧公司在案涉土地上自 2013 年 4 月起投资肉羊养殖基地,修建了相应的基础设施。百洋农牧公司自 2014 年起在案涉土地上开办西宁市百洋机动车驾驶技术培训学校。《土地使用权转让合同》第十一条明确约定:"本合同转让地块上原有的彩钢大棚赠送给乙方。""本合同签订后,乙方在该土地上投资建设的建筑物、其他附着物的使用权人系乙方,因政府征收等行为给予的所有补偿均归乙方所有。"第十二条约定"乙方有权办理独立法人及经济独立的各项手续"。李新平在2018年8月15日与百洋农牧公司签订上述转让合同后，于2018年9月成立了大通新帆高品乐文化用品有限公司。

高品乐公司、李新平以百洋农牧公司、马林为被告向青海省大通回族土族自治县人民法院提起诉讼，请求判令百洋农牧公司继续履行《土地使用权转让合同》，并协助办理案涉土地使用权过户登记手续。

判决与理由

一审法院认为，双方争议的焦点是：当事人之间的《土地使用权转让合同》是否应当继续履行以及百洋农牧公司、马林应否协助办理过户登记的问题。首先原大通回族土族自治县国土资源局与百洋农牧公司签订的《国有建设用地使用权转让合同》规定，"受让人同意本合同项下宗地建设项目在2016年9月14日之前开工，在2017年9月20日之前竣工……但延建期限不超过一年"，并约定受让人转让应当符合"按照本合同约定进行投资开发，已形成工业用地或其他建设用地条件"，但百洋农牧公司在案涉部分土地上未经建设就将使用权转让给李新平，且李新平与高品乐公司拟新建仓储、物流园区。由此可以看出百洋农牧公司对案涉部分土地并未按照出让合同规定的期限竣工，也未按照约定的条件投资开发、利用，故其与高品乐公司、李新平之间转让案涉国有土地使用权违反了《中华人民共和国城镇国有土地使用权出让和转让暂行条例》第19条第2款"未按土地使用权出让合同规定的期限和条件投资开发、利用土地的，土地使用权不得转让"的规定。其次，案涉土地系原大通回族土族自治县国土资源局出让给百洋农牧公司土地的一部分，而李新平与百洋农牧公司协议转让的行为实际系对土地使用权进行分割转让，根据《中华人民共和国城镇国有土地使用权出让和转让暂行条例》第 25 条第 2 款 "土地使用权和地上建筑物、其他附着物所有权分割转让的，应当经市、县人民政府土地管理部门和房产管理部门批准，并依照规定办理过户登记"，而根据现有证据及查明的事实，当事人之间对案涉土地使用权转让并未经市、县人民政府土地管理部门和房产管理部门的批准，故不具备办理过户登记的条件。综合以上分析，案涉土地尚不具备《中华人民共和国城镇国有土地使用权出让和转让暂行条例》规定的转让和办理过户登记的条件，根据《中华人民共和国民法典》第 580 条: "当事人一方不履行非金钱债务不符合约定的，对方可以请求履行，但是有下列情形之一的除外:（一）法律上或者事实上不能履行"，现高品乐公司、李新平要求百洋农牧公司继续履行《土地使用权转让合同》并协助办理土地使用权过户登记，属于法律上不能履行。现案涉土地尚不具备转让和办理过户登记的条件，现有证据无法证实百洋农牧公司未按照约定办理过户登记系违约行为，故其诉求应予驳回，遂判决：驳回大通新帆高品乐文化用品有限公司、李新平的诉求。

一审宣判后，高品乐公司、李新平不服一审判决，向青海省西宁市中级人民法院提起上诉，请求依法撤销青海省大通回族土族自治县人民法院（2021）青 0121 民初 762 号判决，改判支持上诉人一审诉讼请求。

二审法院认为，根据双方当事人的诉辩主张，本案的争议焦点是：1. 双方当事人签订的《土地使用权转让合同》是否有效；2. 高品乐公司、李新平的诉讼请求应否支持。

1. 关于双方当事人签订的《土地使用权转让合同》是否有效的问题

（一）案涉土地办理抵押登记是否导致《土地使用权转让合同》

无效。根据《中华人民共和国担保法》第49条的规定，抵押期间抵押人转让抵押物应当通知抵押权人，否则转让行为无效；《中华人民共和国物权法》第191条亦规定抵押期间转让抵押物须经抵押权人同意。其立法目的是为了确保抵押权人的利益不受侵害。但《担保法司法解释》第67条和《物权法》第191条也规定，未经通知或者未经抵押权人同意转让抵押物的，如受让方代为清偿债务消灭抵押权的，转让有效。即受让人通过行使涤除转让标的物上的抵押权负担的，转让行为有效。上述法律和司法解释的规定体现了相关立法和司法解释的指导思想是要在抵押权人和抵押人、受让标的物的第三人之间实现利益平衡，既充分保障抵押权不受侵害，又不过分妨碍财产的自由流转，充分发挥物的效益。本案双方当事人在《土地使用权转让合同》第七条约定由百洋农牧公司办理解除抵押的相关手续，即以约定的方式将先行解除本案所涉土地的抵押权负担的义务赋予了百洋农牧公司；该约定既保障了抵押权人的利益，也不妨害抵押人和受让土地第三人的利益，与《担保法》《物权法》以及《担保法司法解释》保障各方当事人利益平衡的立法精神并不相悖，不违反法律规定。本案中，转让方对转让标的负有权利瑕疵担保责任，其主动告知土地上的权利负担，并承诺由其先行解除抵押，该承诺构成合同中的负担行为，即承担义务的行为，符合意思自治和合同自由原则，且确保了抵押权人的利益不受侵害，与《担保法》《物权法》和《担保法司法解释》的立法本意和制度设计不相抵触。因此，不应仅以案涉土地转让时存在抵押就认定转让合同无效，双方应按照合同诚信履行，百洋农牧公司有义务清偿银行债务，解除该土地上的抵押权负担。根据《物权法》第15条的规定，当事人之间订立有关设立、变更、转让和消灭不动产物权的合同，除法律另有规定或者合同另有约定外，自合同成立时生效；未办理物权登记的，不影响合同效力。该规定确定了不动产物权变动的原因与结果相区分的原则。物权转让行为不能成就，并不必然导致物权转让的原因即债权合同无效。双方签订的《土地使用权转让合同》作为讼争土地使用权转让的原因行为，是一种债权形成行为，并非该块土地使用权转让的物权变动行为。相关法律关于未经通知抵押权人而导致物权转让行为无效的规定，其效力不应及于物权变动行为的原因行为。因为当事人可以在合同约定中完善物权转让的条件，使其转让行为符合法律规定。本案即属此种情形。因此，案涉土地办理抵押登记并不导致《土地使用权转让合同》无效。

（二）案涉土地转让是否违反《中华人民共和国城镇国有土地使用权出让和转让暂行条例》第19条第2款规定。《中华人民共和国城镇国有土地使用权出让和转让暂行条例》第19条第2款规定：未按土地使用权出让合同规定的期待条件投资开发、利用土地的，土地使用权不得转让。本案中百洋农牧公司于2016年8月1日从原大通回族土族自治县国土资源局以出让方式获得案涉土地使用权，出让合同约定了宗地建设项目开工、竣工期限，并约定受让人首次转让应符合的条件。经查，百洋农牧公司于2013年4月25日成立，其在案涉土地上投资肉羊养殖，修建了办公楼、环保育肥羊舍、硬化道路、修建围栏等。自2014年起在案涉土地上开办西宁市百洋机动车驾驶技术培训学校。百洋农牧公司在2016年8月1日起获得案涉土地使用权后，持续修建西宁市驾驶技术培训学校，硬化道路，该驾校内设施齐全，一直招生经营。因此，百洋农牧公司已按土地使用权出让合同规定的期限和条件投资开发、利用土地。本案土地使用权转让不存在违反上述规定的情形。

（三）案涉转让地块是否具备独立分宗转让条件，是否违反《城镇国有土地使用权出让和转让暂行条例》第 25 条第 2 款的规定。百洋农牧公司受让原大通回族土族自治县国土资源局出让的 87,931 平方米宗地后，将其中的 3639 平方米转让给李新平，李新平于 2018 年 9 月 25 日成立了大通新帆高品乐文化用品有限公司。《土地使用权转让合同》第十二条约定"乙方有权办理独立法人及经济独立的各项手续"。同时，2018 年 10 月 18 日高品乐公司与百洋农牧公司均作为申请单位向大通县住建局提交申请办理大通新帆高品乐文化用品有限公司仓储物流及包装基地建设项目相关手续报告，因此，李新平作为高品乐公司的法定代表人在受让土地后办理独立法人进行经营，符合合同约定，且百洋农牧公司对该事实明知并认可。高品乐公司是本案适格诉讼主体。李新平、高品乐公司受让土地使用权及地上建筑物彩钢大棚与百洋农牧公司产生的纠纷，已经大通回族土族自治县自然资源局处理。根据《青海省人民政府办公厅关于印发完善建设用地使用权转让、出租、抵押二级市场实施方案的通知》的规定，以出让方式取得的建设用地使用权转让，在符合法律法规规定和出让合同约定的前提下，就应充分保障交易自由。现百洋农牧公司、高品乐公司、李新平应依照规定办理土地使用权变更手续。因此，本案《土地使用权转让合同》合法有效。

2. 关于高品乐、李新平的诉讼请求应否支持的问题

基于本案合同的有效性，百洋农牧公司应依合同约定办理解押、土地使用权变更手续。《土地使用权转让合同》第 23 条约定了马林提供担保的范围、期限、方式，对于高品乐公司、李新平诉请的律师费已明确在保证范围内，现高品乐公司、李新平在保证期间内要求债务人、保证人承担违约责任、保证责任合法，同时，提交了委托律师合

同、律师费正规发票等证据，因此，该项诉请应予支持。

综上，百洋农牧公司应继续履行合同义务，上诉人的上诉理由成立，应予支持。一审法院认定事实清楚，但适用法律错误，应予纠正。依照《中华人民共和国民事诉讼法》第 177 条第 1 款（二）项规定，判决：一、撤销青海省大通回族土族自治县人民法院（2021）青 0121 民初 762 号民事判决；二、青海百洋农牧科技有限责任公司于本判决生效之日起三十日内协助大通新帆高品乐文化用品有限公司办理案涉土地不动产变更登记手续；三、青海百洋农牧科技有限责任公司于本判决生效之日起三十日内向大通新帆高品乐文化用品有限公司支付律师费 10,000 元，马林对上述律师费承担连带保证责任。

评　析

本案争议的焦点是当事人签订的《土地使用权转让合同》是否应当继续履行以及被告应否协助原告办理过户登记，涉及的是如何认定建设用地使用权的转让。

一、建设用地使用权的含义

《民法典》第 344 条规定："建设用地使用权人依法对国家所有的土地享有占有、使用和收益的权利，有权利用该土地建造建筑物、构筑物及其附属设施。"依此规定，建设用地使用权是土地使用权人为建造和保有建筑物、构筑物及其附属设施依法对国有土地享有的占有、使用和收益并排除他人干涉的权利。这一权利在《物权法》通过前，称为国有土地使用权。自《物权法》到现在《民法典》上称该项权利为建设用地使用权。这一方面突出了这一权利的设立目的，另一方面也表明这一权利有广义与狭义之分。狭义的建设用地使用权，仅是指以国有土地为客体的建设用地使用权；广义的建设用地使用权也包括在集体土地上设立的以建造建筑物、构筑物及其附属设施为目的的土地使用权，但不包括为个人建筑住宅利用集体土地的权利。《民法典》的物权编第十二章关于建设用地使用权的规定，只是对国有土地作为建设用地即以国有土地为客体的权利的规定，该法第361条规定："集体所有的土地作为建设用地的，应当依照土地管理的法律规定办理。"不过，笔者认为，只要是作为建设用地，无论是国有土地还是集体土地，利用该土地的建设用地使用权的内容不应有差异。

建设用地使用权，是对他人所有的土地依法享有占有、使用和收益的权利。因此，建设用地使用权是他物权中的用益物权，而不是担保物权。建设用地使用权与其他用益物权的区别在于其目的不同。如，建设用地使用权与土地承包经营权、宅基地使用权虽都是对他人的土地依法享有的占有、使用和收益的权利，但土地承包经营权是以利用土地从事农业生产经营为目的的，而不能利用土地进行建设；宅基地使用权是个人利用集体土地建造个人住宅及其附属设施为目的的，而不能进行其他建设。建设用地使用权是以建造建筑物、构筑物及其附属设施为目的的权利，而不是以进行农业生产经营或者其他活动为目的的。这里的建筑物包括各种使用目的的房屋等，而不限于个人使用的住宅用房。这里的构筑物，是指房屋以外的工作物，如道路、桥梁、地窖、隧道等工作物。这里的附属设施，是指建筑物、构筑物以外的辅助建筑物、构筑物使用的其他工作物，如电缆、雕塑等景观设施等。建设用地使用权的设立目的决定了对土地可以综合利用，也就是说，不仅可以在土地的地表上设立建设用地使用权，在土地的地表、地上或者地下的空间也可以设立建设用地使用权。《民法典》第 345 条规定："建设用地使用权可以在土地的地表、地上或者地下分别设立。"第 346 条规定："设立建设用地使用权，应当符合节约资源、保护生态环境的要求，遵守法律、行政法规关于土地用途的规定，不得损害已经设立的用益物权。"依此规定，即使在一宗土地的地表上已经设立土地承包经营权、宅基地使用权、建设用地使用权，只要不损害已设立的这些用益物权，仍可以在该地的地上、地下再设立建设用地使用权。而土地承包经营权、宅基地使用权只是对土地地表利用的权利，只能在土地的地表上设立，而不能在土地的地上、地下的空间设立。

二、建设用地使用权的设立

建设用地使用权的设立是指土地所有权人将土地所有权中的占有、使用和收益权能与土地所有权分离为独立的一项权利，将该权利以一定方式转移给土地使用权人用于建造建筑物、构筑物及其附属设施。土地使用权人通过建设用地使用权的设立取得建设用地使用权的，是建设用地使用权的创设取得。《民法典》第 347 条第 1 款规定："设立建设用地使用权，可以采取出让或者划拨等方式。"可见，建设用地使用权的设立方式主要是出让和划拨两种。

建设用地使用权的出让，是指国家作为土地所有权人通过订立出让合同将建设用地使用权让与土地使用人，并由土地使用人缴纳土地出让金，由土地使用人取得建设用地使用权。建设用地使用权的出让有招标、拍卖以及协议等方式。但《民法典》第 347 条第 2 款规定："工业、商业、旅游、娱乐和商品住宅等经营性用地以及同一土地有两个以上意向用地者的，应当采取招标、拍卖等公开竞价方式

出让。"以通过出让方式设立建设用地使用权而取得建设用地使用权的,须具备以下两个基本条件:

第一,订立建设用地使用权出让合同。依《民法典》第348条规定,采取招标、拍卖、协议等出让方式设立建设用地使用权的,当事人应当采取书面形式订立建设用地使用权出让合同。这里的当事人为出让方和受让方。出让方是代表国家行使土地所有权的县级以上的土地管理部门,受让方为受让建设用地使用权的用地者。建设用地使用权出让合同一般包括以下条款:(1)当事人的名称和住所。(2)土地界址、面积等。这是明确建设用地使用权客体位置的条款。一般应说明用地所在的位置、四至、面积等情况。(3)建筑物、构筑物及其附属设施占用的空间。因为建设用地使用权可以在地表、地上或者地下分别设立,因此,对于建设用地使用权人利用土地的空间范围应予以明确。例如,于地表上设立建设用地使用权的,要明确建筑物的高度限制以及建设所占的地基深度等。(4)土地用途。土地用途关系到土地的整体规划,不同用途的土地上的建设用地使用权期限也不同,建设用地使用权人只能按照约定的用途利用土地,而不得擅自变更土地用途,因此,合同中要明确土地用途。(5)使用期限。使用期限是所设立的建设用地使用权的存续期限,土地用途不同,使用期限也就不同。依现行法规定,建设用地使用权的最长期限为:居住用地70年;商业、旅游、娱乐用地40年;工业用地50年;教育、科技、文化、卫生、体育用地以及综合或者其他用地50年。当事人在土地使用权出让合同中约定的使用期限不得长于法律规定的最长期限。(6)出让金等费用及其支付方式。出让金是土地使用人取得建设用地使用权的对价,合同中不仅须予以明确出让金等费用的数额,还应明确支付的时间、支付方式等。土地使用人未按照出让合同约定支付出让金的，土地管理部门有权解除合同。以招标、拍卖等竞价方式出让建设用地使用权的，出让金应以定标或拍定的价格为准；以协议方式出让建设用地使用权的，建设用地使用权的出让金不得低于订立合同时当地政府按照国家规定确定的最低价格。（7）解决争议的方法。

关于建设用地使用权出让合同的性质历来就有行政行为说与民事法律行为说两种不同的观点。笔者赞同民事法律行为说。建设用地使用权出让合同属于民事合同[①]，因此，建设用地使用权出让合同须符合法律关于民事法律行为有效要件的规定；若不符合法律关于民事法律行为有效条件的要求，则不能发生效力。

第二，办理建设用地使用权登记。依《民法典》第209条规定，基于民事法律行为变动不动产物权的，除法律另有规定外，须经登记才能发生效力；未经登记的，不发生物权变动的效力。《民法典》第349条规定："设立建设用地使用权的，应当向登记机构申请建设用地使用权登记。建设用地使用权自登记时设立。登记机构应当向建设用地使用权人发放权属证书。"依此规定，仅建设用地使用权出让合同有效，建设用地使用权并不能设立，受让人尚不能取得建设用地使用权，只有办理建设用地使用权登记，建设用地使用权才能设立，自登记时受让人才取得建设用地使用权。当事人办理建设用地使用权登记的，登记机构应当向建设用地使用权人发放建设用地使用权属证书，但建设用地使用权权属证书并非建设用地使用权创设的条件。

---

① 黄薇主编：《中华人民共和国民法典物权编释义》，法律出版社2020年版，第372页。

建设用地使用权的划拨，是指经县级以上人民政府依法批准，将国有土地使用权让与用地者的行为。通过建设用地使用权的划拨取得建设用地使用权的，有的须缴纳安置、补偿费用，有的则无须缴纳任何费用，但都无须缴纳出让金，即均不是以支付相应对价为条件取得建设用地使用权的。依划拨方式设立建设用地使用权，实际上是经县级以上人民政府审批由用地者取得建设用地使用权。审批是一种行政行为而非民事法律行为，因此，以划拨方式设立建设用地使用权，不须订立建设用地使用权出让合同。《民法典》第347条第3款规定："严格限制以划拨方式设立建设用地使用权。"依《土地管理法》《城市房地产管理法》的规定，下列建设用地使用权，确属必要的，可以由县级以上人民政府依法批准划拨：（1）国家机关用地和军事用地；（2）城市基础设施用地和公益性事业用地；（3）国家重点扶持的能源、交通、水利等项目用地；（4）法律、行政法规规定的其他用地。不属于法律、行政法规规定的可以划拨方式设立建设用地使用权的，不得以划拨的方式设立建设用地使用权。

以划拨方式设立建设用地使用权的，建设用地使用权自何时起设立呢？换言之，是否也自登记时建设用地使用权才设立呢？对此有不同的观点。一种观点认为，以划拨方式设立建设用地使用权的，自批准时就取得建设用地使用权；另一种观点认为，通过划拨取得的建设用地使用权必须通过登记才能设立。持后一种观点者认为，根据《民法典》第349条的规定，设立建设用地使用权的，应当向登记机构申请建设用地使用权登记。因此通过划拨取得建设用地使用权，也应当办理登记。从体系解释的角度来看，建设用地使用权可以通过两种方式设立，两种方式都必须通过登记设立。所以，通过划拨方式取得建设用地使用权，必须要通过登记，物权从登记之日起生效。① 这种观点有一定道理，但笔者认为第一种观点更可取。因为不动产物权变动不经登记不发生效力，是针对依民事法律行为变动不动产物权的情形而言；若不是基于民事法律行为而发生不动产物权变动的，登记并不是不动产物权变动的生效要件。建设用地使用权的划拨设立，是行政行为引起的不动产物权变动，不应以登记为生效要件。从民法典的规定看，通过征收发生不动产物权变动的，自征收决定生效之日起就发生效力。征收是通过行政行为将他人的不动产权利收归国有，而划拨是将国家的土地权利让渡给他人，前者不以登记为生效要件，后者却须以登记为生效要件，这显然是不公平、不合理的。因此，笔者认为，以划拨方式设立建设用地使用权的，自县级人民政府批准之日起建设用地使用权就设立，用地人即取得建设用地使用权。建设用地使用权的登记只是其公示方式，而不是设立要件。

三、建设用地使用权人的权利

取得建设用地使用权的建设用地使用权人不仅享有权利也负有相应的义务，建设用地使用权人享有的权利和义务构成建设用地使用权的内容。但建设用地使用权人的义务具有相对性，是对土地所有权人负担的义务，包括支付建设用地使用权出让金等费用、合理利用和保护土地、于建设用地使用权消灭时返还土地等；而建设用地使用权人的权利具有绝对性，正是基于此，建设用地使用权才为物权，而不属于债权。建设用地使用权人的权利主要包括以下几项：

---

① 参见王利明：《物权法研究（第四版）》（下卷），中国人民大学出版社 2016 年版，第 866 页。

1. 对土地的占有、使用、收益权。建设用地使用权为一项用益物权，是以取得对土地的使用价值为目的的，因此对土地的占有、使用和收益权能为建设用地使用权的基本内容。为利用土地必占有土地，因此，建设用地使用权人当然有权占有作为权利标的四至界限明确的土地。建设用地使用权人占有土地，是为了利用土地，建设用地使用权人依法对其有权占有的土地进行开发、建设，是其使用权能的基本内容。建设用地使用权人依法有权取得利用土地的收益。这里的收益既可以是直接从土地的开发建设中取得的，也可以是间接地通过许可他人利用土地而取得的。

2. 利用土地建造建筑物等并保有建筑物等所有权。建设用地使用权是利用他人的土地建造建筑物、构筑物及其附属设施的权利，如上所述，建设用地使用权的这一利用土地的目的，是建设用地使用权与其他同样也是以对土地占有、使用和收益为基本内容的用益物权的根本区别。建设用地使用权人有权利用土地建造建筑物、构筑物及其附属设施，也有权进行与建筑物、构筑物及其附属设施有关的附属行为，如种植花木。但若种植花木不为附属行为，而是主要行为，则违背建设用地使用权的设立目的。建设用地使用权人有权建造建筑物等工作物，当然也就有权取得所建造的建筑物等工作物的所有权。建设用地使用权人对所建造的建筑物等工作物的所有权的取得，也并不以登记为要件。可以说，建设用地使用权人取得建设用地使用权的目的也是取得所建造的建筑物等工作物的所有权的。也正因为如此，《民法典》第 352 条规定："建设用地使用权人建造的建筑物、构筑物及其附属设施的所有权属于建设用地使用权人，但是有相反证据证明的除外。"依此规定，只要享有建设用地使用权，也就推定建设用地使用权人享有在该建设用地范围内的建筑物等工作物的所有权。其他人主张自己享有建筑物等工作物所有权的，必须提供建设用地使用权人对争议的工作物不享有所有权而自己享有所有权的证据。

3.处分建设用地使用权的权利。建设用地使用权人有权处分所享有的建设用地使用权。《民法典》第353条规定："建设用地使用权人有权将建设用地使用权转让、互换、出资、赠与或者抵押，但是法律另有规定的除外。"依此规定，建设用地使用权人处分建设用地使用权的方式包括转让、互换，也包括出资、赠与或者抵押。所谓转让，是指建设用地使用权人将其享有的建设用地使用权有偿地让与他人，由受让人以支付一定对价取得受让的建设用地使用权；所谓互换，是指两个建设用地使用权人将其享有的建设用地使用权互易，互换各方将其各自享有的建设用地使用权让与对方，并取得对方的建设用地使用权；所谓出资，是指建设用地使用权人以其建设用地使用权投资，实际上是作价入股；所谓赠与，是指建设用地使用权人无偿地将建设用地使用权让与他人，由受赠与人取得受赠的建设用地使用权；所谓抵押，是指将建设用地使用权作为抵押财产设立抵押权，由债权人取得建设用地使用权抵押权。建设用地使用权人以上述方式处分建设用地使用权的，都是以双方法律行为实施的使建设用地使用权变动的行为。《民法典》第354条规定："建设用地使用权转让、互换、出资、赠与或者抵押的，当事人应当采取书面形式订立相应的合同。使用期限由当事人约定，但是不得超过建设用地使用权的剩余期限。"这一规定要求，以双方法律行为处分建设用地使用权的，应当订立书面合同。由于建设用地使用权是有期限的物权，期限届满后建设用地使用权消灭。建设用地使用权人可以将一定期限内的建设用地使用权让渡给他人，也可以将建设用地使用权存续期限内的建设用地使用权都让渡给他人，因此，建设用地使用权人处分建设用地使用权时可以与他人具体约定他人使用土地的期限，但不得超过建设用地使用权的剩余期限。当事人未约定使用期限的，应推定处分的是建设用地使用权剩余期限内的建设用地使用权；若当事人约定的使用期限超过建设用地使用权的剩余期限，则超过剩余期限的约定部分无效。建设用地使用权转让、互换、出资或者赠与的，建设用地使用权主体发生变更。而依法律行为变动不动产物权的，除法律另有规定外，自登记时发生效力。《民法典》第355条规定："建设用地使用权转让、互换、出资或者赠与的，应当向登记机构申请变更登记。"办理建设用地使用权变更登记，是以法律行为处分建设用地使用权的生效要件，自登记时起建设用地使用权的转让、互换、出资或者赠与才发生物权变动效力，处分建设用地使用权人的相对人才能取得相应的建设用地使用权；未经变更登记的，建设用地使用权的主体不发生变更，相对人不享有建设用地使用权。

建设用地使用权人对享有建设用地使用权的土地上的建筑物等工作物享有所有权，因此，作为所有权人可以对其所有的建筑物等工作物予以处分。由于建筑物等工作物与土地不可分离，为避免发生建筑物等工作物的所有权人与土地使用权人不一致，建设用地使用权人对建设用地使用权的处分和对建筑物等工作物的处分应一并为之。《民法典》第356条规定："建设用地使用权转让、互换、出资或者赠与的，附着于该土地上的建筑物、构筑物及其附属设施一并处分。"第357条规定："建筑物、构筑物及其附属设施转让、互换、出资或者赠与的，该建筑物、构筑物及其附属设施占用范围内的建设用地使用权一并处分。"这也就是通常所说的"房随地走""地随房走"规则。

建设用地使用权人也可以通过单方法律行为处分建设用地使用

权，即抛弃建设用地使用权。建设用地使用权人抛弃建设用地使用权的，自办理注销登记时起，建设用地使用权也就消灭。建设用地使用权也可以依法由继承人继承，继承人自被继承人死亡时起即取得被继承人生前享有的建设用地使用权。

由于建设用地使用权是有着特定目的的权利，建设用地使用权人应当合理利用土地，不得擅自改变土地的用途。建设用地使用权人处分其权利的，也不能违背权利设立的目的。也就说，尽管建设用地使用权可以流通，但其流通也受一定限制。例如，以出让方式取得建设用地使用权进行投资开发的，在未完成相应的开发投资条件时，不得转让建设用地使用权。

4.建设用地使用权被收回时获得补偿的权利。建设用地使用权被提前收回，是指在建设用地使用权期限未届满前，因公共利益的需要，由国家收回建设用地使用权人利用的土地。建设用地的提前收回，是因公共利益的需要，对建设用地使用权"征收"的结果，实际上是以一定的代价有偿地收回，因此，于此情形下，建设用地使用权人有权取得相应的补偿。《民法典》第358条规定："建设用地使用权期间届满前，因公共利益需要提前收回该土地的，应当依照本法第二百四十三条的规定对该土地上的房屋及其他不动产给予补偿，并退还相应的出让金。"如果非因公共利益的需要，建设用地使用权期间届满前，不得收回该土地；因公共利益需要收回该土地的，不给予建设用地使用权人补偿的，建设用地使用权人应有权拒绝返还被收回的土地。可见，建设用地使用权被提前收回的，不同于因建设用地使用权人违反法律、行政法规的规定，不履行义务时因合同解除的强制收回。若为后者，则不发生补偿，建设用地使用权人也无权要求补偿或者拒绝。例如，以出让方式取得建设用地使用权后，建设用地使用权人未在规定的期限内开发利用而闲置土地的，出让方有权收回土地。又如，建设用地使用权人未按照法律规定以及合同约定支付出让金的，出让方有权解除合同，收回出让的建设用地使用权。在这些场合，都不发生补偿问题。

本案中当事人争议的焦点是双方的《土地使用权转让合同》的效力。一审原告主张该土地使用权转让合同是合法有效的，被告应当继续履行合同并协助土地使用权变更登记手续。而一审被告主张该土地使用权转让合同违反了关于土地使用权转让条件的规定，案涉土地使用权转让无效，不具备办理过户登记的条件。一审法院支持被告的主张，驳回原告的诉讼请求；而二审法院支持了一审原告的诉讼请求。本案中关于土地使用权转让合同的效力涉及以下几个问题：

第一，关于百洋农牧公司有无权利转让其享有的土地使用权。从案情看，百洋农牧公司是从原大通回族土族自治县国土资源局通过出让方式获得案涉土地使用权的。该土地使用权属于建设用地使用权，百洋农牧公司作为土地使用权人有权依法将其地的土地使用权转让。

第二，关于百洋农牧公司转让案涉土地使用权是否符合建设用地使用权流转的条件。一审法院之所以认定原被告之间订立的《国有土地使用权转让合同》不能继续履行，主要是认为百洋农牧公司转让案涉土地使用权不具备转让条件。一审法院的主要理由是百洋农牧公司未按出让合同对案涉土地进行投资开发、利用。而在这一点上，一审法院属于认定事实不清。二审法院认定的是，百洋农牧公司在案涉土地上已经按照土地使用权出让合同规定的期限和条件投资、开发利用土地，因此，案涉的土地使用权是具备流转的前提条件的。

第三，关于已经抵押的土地使用权可否转让。一审法院认为，案涉土地处于抵押状态，不具备土地使用权转让条件。这一认定也是不正确的。从现行法律规定看，土地使用权抵押并不是土地使用权转让的限制。当然，已经设立抵押权的土地使用权转让的，受让人取得的受让土地使用权是有负担的，抵押权人可以就其受让的土地使用权行使抵押权。因此，土地使用权处于抵押状态的，并不影响该土地使用权的流转。《民法典》第406条第1款明确规定："抵押期间，抵押人可以转让抵押财产。当事人另有约定的，按照其约定。抵押财产转让的，抵押权不受影响。"

第四，关于一宗土地使用权可否分割为多宗土地使用权转让。本案中百洋农牧公司通过土地使用权出让合同取得了87,931平方米土地的土地使用权，百洋农牧公司向一审原告转让的是3630平方米。一审法院认为：根据《中华人民共和国城镇国有土地使用权出让和转让暂行条例》第25条第2款："土地使用权和地上建筑物、其他附着物所有权分割转让的，应当经市、县人民政府土地管理部门和房产管理部门批准，并依照规定办理过户登记"，而根据现有证据及查明的事实，当事人之间对案涉土地使用权的转让并未经市、县人民政府土地管理部门和房产管理部门的批准，故不具备办理过户登记的条件。依一审法院的理解，一宗土地的使用权人不可将其所使用的土地分割为数宗土地分别转让其土地使用权，除非经市、县人民政府的土地管理部门和房产管理部门批准。这一认知是错误的。《城镇国有土地使用权出让和转让暂行条例》第25条第2款，指的是土地使用权和地上建筑物、其他附着物所有权分割转让的，应当经市、县人民政府土地管理部门和房产管理部门批准，因为这会发生土地使用权人与地上建筑物、其他附着物所有权人的不一致，属于土地使用权转让中的"房随地走""地随房走"的例外。这一规定并非是限制一宗土地的使用权人将其使用的土地分成数宗地分别转让相应的土地使用权。

因此，二审法院认定案涉转让地块具备独立分宗转让条件，不违反《城镇国有土地使用权出让和转让暂行条例》第25条第2款的规定。这一认定是正确的。

第五，关于被告百洋农牧公司应否协助原告办理案涉土地不动产变更登记。如上所述，原被告之间订立的《土地使用权转让合同》是合法有效的，被告应当继续履行合同。土地使用权转让合同的出让方的基本义务是将其享有土地使用权的土地交付给受让方并将其该土地的使用权让与给受让人，即让受让方取得土地使用权并能利用土地。本案中被告已经将土地交付给原告方使用，该项义务已经履行。但被告还有义务让受让方取得相应的土地使用权。依现行法律规定，建设用地使用权自登记时设立。《民法典》第355条规定："建设用地使用权转让、互换、出资或者赠与的，应当向登记机构申请变更登记。"转让建设用地使用权的，只有经不动产登记机构变更登记，受让人才能取得受让的建设用地使用权。因此，本案中的被告有义务协助原告办理土地使用权变更手续。二审法院判决被告百洋农牧公司协助原告办理案涉土地不动产变更登记手续，是正确的。

当然，本案还涉及违约责任及保证人保证责任。因为当事人明确约定了违约责任的范围和保证人的连带责任保证。二审法院判决百洋农牧公司承担原告支付的律师费用，保证人马林对此承担连带保证责任，是符合法律规定的。

综上，本案一审判决是错误的；二审判决符合法律规定，是正确的。

第十七专题 关于地役权的效力

——梁旭东诉白玉平地役权纠纷案

案例索引

安徽省宣城市中级人民法院（2022）皖18民终1861号民事判决；安徽省旌德县人民法院（2022）皖1825民初469号民事判决。

基本案情

梁旭东与白玉平系邻居关系。2009年7月13日梁旭东取得坐落于旌德县××镇××小区地号为150××××5115-02国有出让土地使用权，并办理了旌国用（2009）第0399号国有土地使用证，梁旭东建造的房屋坐东朝南。2009年12月30日梁旭东作为甲方与乙方白玉平签订《土地转让协议》，约定："一、甲方出让土地面积为563.23平方米，转让部分面积约335.23平方米（以实测办证为准）；二、甲方原房屋后檐退后2米为准，重新办理梁旭东住宅用地，办理土地使用权证，其余分割办理乙方土地使用权证；三、甲方后檐2米空地，提供给乙方，长期无偿使用，但不得搭建永久性建筑物……八、双方同意后，共同遵守，不得反悔，双方签字后生效。本协议一式两份，甲乙各执一份。"白玉平建造的房屋坐北朝南。2020年12月，白玉平在梁旭东房后檐2米的空地搭建了加盖石棉瓦简易棚，该简易棚南边高度2.5米、北边高度1.77米、进深6.5米。该简易棚对梁旭东一楼从北往南的第二个窗户造成部分影响。现简易棚已拆除，但该简易棚搭建在北边的铁皮护栏未拆除。梁旭东房屋与白玉平房屋东西有宽2米、长17.24米的土地使用权登记在梁旭东名下。白玉平房屋用于汽车维修经营，案涉空地与白玉平维修厂停车院子连为一体，位于梁旭东房屋后侧。

梁旭东向一审法院起诉请求：判令白玉平将其坐北朝南房屋的西面墙往西宽2米、南北走向长17.24米所搭建的棚子全部拆除，并将该处土地全部交还给梁旭东，且不得干涉和阻挠梁旭东使用。

判决与理由

一审法院认为，《中华人民共和国民法典》第236条规定："妨害物权或者可能妨害物权的，权利人可以请求排除妨害或者消除危险。"本案中梁旭东与白玉平虽然签订了《土地转让协议》，约定梁旭东将其后檐宽2米空地提供给白玉平长期无偿使用，同时也约定了白玉平不得搭建永久性建筑，但白玉平于2010年12月在案涉空地搭建了一处盖石棉瓦的棚子，长达十余年，显然违反了该约定，侵害了梁旭东的物权，梁旭东有权主张返还。白玉平抗辩其搭建的棚子系临时简易棚，非永久性建筑物的理由不能成立，不予采纳。虽然在案件审理中，白玉平主动将其搭建的棚子拆除，但作为该棚子一部分的北边铁皮护栏并没有拆除。综上所述，梁旭东诉请要求白玉平将其搭建的棚子拆除，将土地使用权返还，符合法律规定，应予支持。一审法院判决：一、白玉平于判决生效之日起三日内将其搭建的位于梁旭东房屋与白玉平房屋东、西之间的北边铁皮护栏拆除；二、白玉平于判决生效之日起三日内将梁旭东房屋与白玉平房屋东、西之间宽 2 米、长 17.24 米的土地使用权返还给梁旭东。

一审宣判后，白玉平不服一审判决，向安徽省宣城市中级人民法院提起上诉。白玉平上诉请求撤销原判，改判驳回梁旭东一审诉讼请求。其上诉的事实和理由：1. 白玉平于 2010 年在案涉过道搭建石棉瓦简易雨棚，系为堆放杂物临时避雨之用，是临时搭建物，且在一审诉讼过程是已经拆除，不属于永久性建筑。2. 双方于 2019 年 12 月 30 日签订的《土地转让协议》第三条明确梁旭东将过道长期无偿给白玉平使用，该节系设立地役权。白玉平基于该地役权设立，才同意以相应对价受让梁旭东转让的土地。3. 即使白玉平违反了地役权附加不得搭建永久性建筑的条件，也只需承担采取补救措施和赔偿损失的责任，不符合地役权解除条件。

二审法院认为，本案二审争议焦点为：1. 案涉《土地转让协议》第三条是否为设立地役权条款；2. 梁旭东作为讼争土地使用权人，主张白玉平返还争议空地的土地使用权有无事实和法律依据。

关于焦点一。《中华人民共和国民法典》第 372 条规定："地役权人有权按照合同约定，利用他人的不动产，以提高自己的不动产的效益。"本案中梁旭东将部分土地使用权转让给白玉平，并在协议中书面约定：梁旭东屋檐 2 米空地提供给白玉平长期无偿使用。同时，从双方提供的现场照片及现场核实情况看，诉争土地与白玉平经营的汽车修理厂停车院落连为一体，对该空地的使用能提高其自持不动产的使用效益，符合地役权法律特征，白玉平该节上诉理由成立，应予支持。

关于焦点二。梁旭东主张白玉平返还争议空地，实质系解除双方《土地转让协议》中地役权条款,该诉请不应支持,理由如下:第一,梁旭东系讼争空地的使用权人,该节事实双方均无异议,现其作为土地使用权人主张白玉平返还供役地,需受案涉协议中地役权条款的约束。第二,《土地转让协议》对地役权设立附加了限制性条款,即白玉平不得搭建永久性建筑,但从雨棚的位置及使用材料看,属于房屋之间的简易棚,并不属于永久性建筑范畴,且之后白玉平在诉讼中将该棚拆除并还原空地原状,对此亦能印证。故梁旭东以白玉平违反约定搭建永久性建筑为由,主张解除地役权,事实依据不足。第三,案涉协议中对地役权设立期限仅作"长期无偿使用"约定,并未明确具体使用期限,对此应从两个方面分析:(1)从双方协议订立本意看。本案地役权设立系为《土地转让协议》之一条款,与当事人单独约定地役权相比较,和原协议的牵连性更强,即在双方协议土地使用权转让时,讼争土地长期无偿使用系作为双方商定协议其他条款的考量因素。(2)从该空地对双方不动产使用效益看。如前所述,该空地与白玉平经营的汽车修理厂停车大院物理上连为一体,并未分割;而对于梁旭东而言,该空地单独位于其房屋后侧,与其房屋大门并不相连,梁旭东到达案涉空地需穿过白玉平修理厂大门,使用效益较低。第四,案涉协议签订履行至今已有十余年,梁旭东并未对白玉平无偿使用行为提出异议,现在地役权期限尚在用益物权剩余期限内,双方签订协议时的客观情况未发生重大变化,白玉平使用该空地亦未对梁旭东造成超出协议签订时预期外重大影响,故应当尊重双方在订立协议时对该空地的使用约定。同时需要特别指出的是,白玉平作为地役权人,应当按照合同约定的使用目的和方法利用供役地;梁旭东作为供役地权利人,亦应当允许白玉平利用其不动产,双方应秉着睦邻友好、遵守契约、公平客观的原则正确对待相邻关系及处理地役权纠纷。

综上所述，白玉平关于双方成立地役权的上诉意见成立，本院予以支持。但其关于无需拆除铁皮护栏的上诉意见，因该行为对供役地权利人利益造成了损害，本院不予支持。原判决认定事实清楚，但适用法律错误，且案由定性不准，本院依法予以改判。二审法院判决：一、维持安徽省旌德县人民法院（2022）皖1825民初469号民事判决第一项，即"白玉平于判决生效之日起三日内将其搭建的位于旌德县××镇××小区梁旭东房屋与白玉平房屋东、西之间的北边护栏拆除"；二、撤销安徽省旌德县人民法院(2022)皖1825民初469号民事判决第二项，即"白玉平于判决生效之日起三日内将位于旌德县××镇××小区梁旭东与白玉平房屋东、西之间宽2米、长17.24米的土地使用权返还给梁旭东"；三、驳回被上诉人梁旭东的其他诉讼请求。

评 析

本案中一审法院认为，白玉平对案涉空地的利用为妨害物权的行为，而二审法院白玉平对案涉空地的利用为行使地役权。这涉及的是地役权问题。

一、地役权的含义

地役权是一种役权。役权是自罗马法以来就有的古老的一项物权。罗马法上，役权是为特定的土地或特定人的便利和收益而利用他人之物的权利，故为所有权的一种负担。①役权包括地役权与人役权。地役权是指为自己的土地的便利而利用他人特定土地的权利，人役权是指为特定人的利益而利用他人所有之物的权利，即以他人的物供自己使用和收益的权利。与地役权相比，人役权是为了特定人的利益而设的，故罗马人认为其是人与物间的关系，与土地役权为土地与土地间的关系不同。②后世各国立法一般也都规定了役权制度，不过有的立法规定有人役权，有的立法仅规定地役权。我国在物权法立法中，就是否要规定居住权曾有争议，居住权实际上就是一种人役权。《物权法》最终未规定居住权这种人役权，而仅规定了地役权。但《民法典》不仅规定了地役权，也规定了人役权即居住权。《民法典》在物权编第十四章规定了居住权，第十五章规定地役权。

《民法典》第372条规定："地役权人有权按照合同约定，利用他人的不动产，以提高自己的不动产的效益。""前款所称他人的不动产为供役地，自己的不动产为需役地。"依此规定，我国法上的地役权更准确说应称为不动产役权，是指为了自己的不动产使用的便利和效益，按照合同约定而使用他人不动产的权利。其中，为自己不动产的便利而使用他人不动产的一方称为需役地人或地役权人，将自己的不动产供他人使用的一方称为供役地人。地役权具有以下含义：

1. 地役权是利用他人不动产的权利，是存在于他人不动产之上的他物权

尽管，"房屋等建筑物在罗马法上视为土地的附属物，故地役权关于土地的含义，应包括房屋等在内"，③但传统法上的地役权多是在

---

① 周枏：《罗马法原理》（上册），商务印书馆1994年版，第360页。
② 参见同上书，第368页。
③ 同上书，第362页。

他人土地上设定的供自己土地使用之便利的权利,是存在于他人土地上的物权,这也正是称之为地役权的原因。然而随着现代建筑技术的发展和建筑物、构筑物使用的需要,在他人的建筑物、构筑物上设定地役权的情形已为常见。因此,地役权的标的并不以土地为限,而是以不动产为限,正因为如此,有的立法例上已将地役权改称为不动产役权。地役权只能存在于他人的不动产之上,即以他人的不动产为客体,在自己的不动产上一般不存在地役权的问题。可见,地役权是地役权人利用他人的不动产的权利,因此地役权是存在于他人不动产上的他物权,也就是在他人不动产上存在的一种负担。也正因为地役权是供役地上的负担,所以,地役权本质上是以限制供役地不动产权利为内容的他物权。这种限制不是表现在供役地的不动产权利人为需役地的不动产权利人即地役权人权利的行使为某种积极的行为即作为,而是表现为其不作为。《民法典》第375条规定:"供役地权利人应当按照合同约定,允许地役权人利用其土地,不得妨害地役权人行使权利。"可见,供役地人在地役权的目的范围内,负有容忍及不作为的义务。对于积极地役权,依地役权的目的,地役权人得于供役地上为一定行为,供役地人应容忍地役权人于供役地上为该一定行为,不得禁止、干涉地役权人所为的应为行为;对于消极地役权,依地役权的目的,供役地人负有不在供役地上为一定行为的义务,如不得建造一定高度以上的建筑物,不得种植何种作物等,供役地人应当依约定不为相应的行为即不作为,而不得为积极行为,以免给地役权人造成不利。

2.地役权是为供自己的不动产利用的便利而使用他人不动产的权利

地役权是为自己不动产利用的便利而利用他人不动产的权利。

地役权虽为利用他人不动产的权利，但地役权人使用他人不动产的目的，仅在于为自己不动产的便利之用，以增进其不动产的价值和利用效益，而不是排斥他人对其不动产的利用。这也是地役权与建设用地使用权、土地承包经营权不同之处。建设用地使用权、土地承包经营权也都是利用他人的不动产的权利，但这些权利的设立，是使他人不能利用其不动产的。这里的所谓便利，是指方便利用。按《民法典》第372条中的表述，是为"提高自己不动产的效益"。这里的"效益"也就是方便利用的利益。此种利用的利益不限于经济上的利益，也包括精神上或感情上的利益。例如，通行地役权的通行利益、取水地役权的用水利益，属于财产利益；而眺望地役权的利益则不为财产利益，而是于环境上的舒适感的精神利益。至于便利的具体内容，则由当事人双方依其意思约定，但其约定不得违反法律、法规的规定，不得违反公序良俗。

正因为地役权是以供自己不动产即需役地利用的便利而利用他人不动产的权利，因此，地役权是为需役地而存在的物权，它以需役地和供役地两个不动产的同时存在为前提，没有供役地这一不动产，地役权就没有客体，也就不能存在；同时，地役权又是地役权人以他人的不动产供自己不动产便利之用的权利，是为需役地便利利用之必要而存在的，而不是为特定人的利益而存在的。如果是为特定人利益而存在的利用他人不动产的权利，则属于人役权的范畴，而不是地役权。例如，甲因某种原因需要利用乙的不动产，双方约定以乙的不动产为甲利用，这种在乙之不动产上设立的负担仅是为甲的利益而存在的，不属于地役权，而只能是人役权。《民法典》第366条规定："居住权人有权依照合同约定，对他人的住宅享有占有、使用的用益物权，以满足生活居住的需要。"居住权这种为满足特定人的居住需要而在他人住宅上设立的负担，就是人役权。

3. 地役权是基于合同产生的利用他人不动产的权利

就地役权的取得而言，有创设取得与传来取得之分，而传来取得也是以存在已创设的地役权为前提的。依《民法典》第372条规定，地役权人是按照合同约定利用他人不动产的权利。因此，地役权只能由供役地人与需役地人双方通过合同设立。地役权的创设取得，就是指基于在他人的不动产上设立地役权的地役权合同而取得地役权。

设立地役权的当事人须为需役地的权利人和供役地的权利人。这里的权利人是否仅限于不动产所有权人呢？对此有不同的观点。有的认为，供役地的权利人仅限于所有权人，其他不动产权利人无权设立地役权，至于需役地的权利人则不受限制，可以是用益物权人。另一种观点认为，不论是供役地还是需役地，只要是不动产的权利人，就可以设立地役权。[①] 设立地役权的当事人既可以是所有权人，也可以是用益物权人。笔者赞同后一种观点。地役权的主要机能是调节不动产的利用，所谓"自己的"不动产，"他人的"不动产，都是从使用权的角度上说的，而并非从所有权上来区分"自己的"或"他人的"，因此，设立地役权的当事人不以不动产所有权人为限，地役权不仅可以存在于不同的不动产所有权人之间，在不同的不动产的使用权人之间以及不动产使用权人与所有权人之间也都可以设定地役权。《民法典》第377条规定："地役权期限由当事人约定；但是，不得超过土地承包经营权、建设用地使用权等用益物权的剩余期限。"这一

---

① 参见黄薇主编：《中华人民共和国民法典物权编释义》，法律出版社2020年版，第416页。

规定虽是对地役权的期限的限制规定,但也正说明不动产用益物权人可以设立地役权。土地承包经营权人、建设用地使用权人等用益物权人可以设立地役权,但其设立的地役权的期限不得超过其用益物权的剩余期限。如果用益物权人设立的地役权期限超过用益物权的剩余期限,也就等于无权利地对他人的不动产设立负担,因此,用益物权人设立的超过用益物权剩余期限的地役权无效。《民法典》第379条规定:"土地上已经设立土地承包经营权、建设用地使用权、宅基地使用权等用益物权的,未经用益物权人同意,土地所有权人不得设立地役权。"这一规定正是对不动产所有权人设立地役权的限制。从《民法典》的规定看,设立地役权的当事人仅是限定为不动产的所有权人、用益物权人,不为需役地或者供役地的所有权人、用益物权人的,不能作为设立地役权的当事人。

《民法典》第373条规定:"设立地役权,当事人应当采取书面形式订立地役权合同。""地役权合同一般包括下列条款:(一)当事人的姓名或者名称和住所;(二)供役地和需役地的位置;(三)利用目的和方法;(四)地役权期限;(五)费用及其支付方式;(六)解决争议的方法。"依《民法典》该条的规定,地役权合同应当采取书面形式。未采取书面形式的地役权合同是否有效呢?笔者认为,对此也应按照民法典合同编的规定处理。《民法典》第490条第2款规定:"法律、行政法规规定或者当事人约定合同应当采用书面形式订立,当事人未采用书面形式但是一方已经履行主要义务,对方接受时,该合同成立。"依此规定,书面形式并非地役权合同的成立生效要件。地役权的设立尽管未采取书面形式,但是若当事人无异议或者已经依地役权合同行使地役权,不影响地役权的效力。这里所规定的地役权合同一般包括的条款并非都是必要条款,在笔者看来,只有其中的前三项为必要条款，缺乏此三项内容的，地役权合同不成立；而后三项属于普通条款，缺乏这些内容，不影响地役权合同的成立。

《民法典》第374条规定："地役权自地役权合同生效时设立。当事人要求登记的，可以向登记机构申请地役权登记；未经登记，不得对抗善意第三人。"依此规定，地役权登记仅具有公示效力，仅是地役权的公示方式，而非地役权的设立要件。因此，只要地役权合同符合法律规定的合同有效要件，自合同生效时起，地役权人就取得地役权，但未经登记的地役权，不具有对抗善意第三人的效力。也就是说，地役权即使未登记，对于设立地役权的供役地权利人也发生效力，自不待言。即使供役地权利人将其权利转让给第三人，该第三人知道或者应当知道该地役权存在的，该第三人也不能否认地役权的效力。但若第三人为善意的，不知道或者不应当知道该地役权存在，则该第三人可以否定该地役权的效力。

二、地役权的效力

地役权的效力表现为地役权人与供役地人的权利义务。

1. 地役权人的主要权利和义务

（1）合理使用供役地的权利。地役权设定的目的是为需役地所有权人、用益物权人使用他人不动产提供方便。因此，地役权人当然享有使用供役地的权利。这是地役权人的最基本权利。地役权依当事人的合意创设，地役权的内容和范围等都由当事人约定。地役权人应当按照当事人约定的使用方法、范围和程度使用供役地。同一供役地上并存数个地役权时，根据物权的优先效力规则，设定在先的地役权优先于设定在后的地役权，也就是说设定在先的地役权有优先使用供役地的权利。依照诚信原则，地役权人使用供役地时，应选择对于供役地损害最小的方法和处所对供役地为必要的使用,以免给供役地造成不必要的负担,避免过分限制供役地的权利人的权利。《民法典》第376条规定:"地役权人应当按照合同约定的利用目的和方法利用供役地,尽量减少对供役地权利人物权的限制。"

(2) 为附随行为与设置的权利。地役权人为达到设定地役权的目的,享有为必要的附随行为和设置必要设施的权利。如,为达到取水或者排水的目的而通过供役地开凿沟渠或者设置管道;为达到通行的目的而于供役地上修筑道路。地役权人实施这些行为时,同样应以实现地役权的目的为必要,并应选择对于供役地损害最小的方法和处所为之。地役权人所为的附属行为和设置是否为必要,应从是否为实现地役权的目的所必要为判断。如果并不是为实现地役权目的所必需的,当事人又无另外约定,则不能认为是必要的。

(3) 行使基于地役权所生的物权请求权的权利。地役权人在其权利范围内,对供役地有直接支配和排除妨害的权利。因此,对于一切人包括供役地人妨害地役权的行为,地役权人得请求排除;有妨害地役权的危险的,地役权人得请求消除。地役权人的这一权利是地役权作为物权的排他性效力的表现。

(4) 工作物取回权与恢复原状的义务。在地役权消灭后,原地役权人对在供役地上所设置的工作物有取回的权利,同时也负有恢复原状的义务。但是,如果供役地的权利人愿以适当价格购买其工作物时,原地役权人不得拒绝。

(5) 维护设置和支付费用的义务。地役权人既然享有为必要的附随行为,并设置工作物的权利,对于因行使权利而建造的设置,就自然有维护的义务,以防止使供役地因此而受到损害。例如,对因行使通行地役权而修筑的道路,对因取水、排水设置的沟渠、管道,应积极维护、保养，以免给供役地造成损害。地役权设立时当事人约定地役权人应当给付费用的，地役权人有依约定给付费用的义务。

2.供役地人的主要权利和义务

（1）费用请求权。设立地役权可以是有偿的，也可以是无偿的。当事人约定地役权人应当偿付费用的，地役权的设立就是有偿的。有偿设立的地役权中，供役地人则享有请求费用的权利，地役权人负有支付费用的义务。当事人在设立地役权时没有约定费用的，地役权的设立为无偿的。对于无偿设立的地役权，地役权人当然无支付费用的义务，供役地人不享有费用请求权。

（2）使用设置的权利与分担维持设置费用的义务。对地役权人在供役地上所设置的必要设施，在不妨害地役权行使的范围内，供役地人有权使用，地役权人不得拒绝其使用。当然，在当事人没有另外约定的情况下，供役地人使用地役权人所设置的必要设施时，也应按其受益程度分担维持设置的费用，以求公平。

（3）供役地使用场所及方法的变更请求权。设定地役权时当事人约定了地役权的行使场所或者方法的，供役地人当然应许可地役权人依约定行使地役权，但如果变更约定的该行使场所及方法对地役权人并无不利，而对于供役地人有利益的，则供役地人对于地役权人有请求变更地役权行使场所或者方法的权利。地役权人应当依照供役地人的请求变更地役权行使的场所及方法，由此而发生的费用由供役地人负担。

（4）容忍及不作为义务。所谓容忍及不作为义务，是指供役地人应当容忍地役权人依地役权而利用其不动产，承受合同中约定的负担。因为地役权本是以供役地供需役地利用为目的的，是对供役地设定的负担，供役地人当然也就应依合同的约定许可地役权人在地役权范围内利用其不动产。供役地人的义务依地役权的内容不同而有不同，但总的说来，供役人的容忍义务是一种不作为义务，而不是作为义务。对于积极地役权，供役地人的义务表现为不禁止、不干涉地役权人于供役地上为行使地役权所实施的行为；对于消极地役权，供役人的义务表现为应依约定不为相应的行为，如不建造超过一定高度的建筑物等。

三、地役权的特殊属性

地役权是一项用益物权，既有与其他用益物权相同的一些特性，又有不同于其他用益物权的特殊属性。地役权的特殊属性主要表现在以下方面：

其一，地役权具有从属性。

地役权本质上是用益物权的一种，是独立的物权，而不是他权利的从权利，但与其他用益物权具有独立性而无从属性不同，地役权却具有从属性的特点。因为地役权是为需役地的利用便利，以提高其不动产效益而设立的，因此，地役权必从属于需役地而存在，若无需役地，便不会产生地役权。[①] 地役权的从属性具体还表现为以下方面：（1）设立上的从属性。只有对需役地享有不动产使用权的人才可以设立地役权，对于需役地不享有使用权的人无权设立地役权。建设用地使用权人、土地承包经营权人等用益物权人可以为其利用的不动产设立地役权，但设立的地役权不得超过其享有的用益物权的剩余期限，因为用益物权的期限届满，用益物权就会消灭，用益物权人对需

---

① 参见黄薇主编：《中华人民共和国民法典物权编释义》，法律出版社2020年版，第417页。

役地也就不享有利用权。因此，用益物权人设立的超过用益物权剩余期限的地役权，因不合地役权设立上从属性的要求，超过用益物权剩余期限的地役权应为无效。（2）转让上的从属性。所谓转让上的从属性，是指地役权须随需役地的所有权或使用权的转移而一并转移。《民法典》第380条规定："地役权不得单独转让。土地承包经营权、建设用地使用权等转让的，地役权一并转让，但是合同另有约定的除外。"该规定表明：第一，地役权不得单独转让。所谓不得单独转让是指不得与需役地所有权或使用权分离而转让，一方面，需役地所有权人或使用权人不得仅将地役权转让给他人，而自己仍然保留需役地的所有权或使用权；另一方面需役地人也不得仅将其所有权或使用权转让给他人而自己保留地役权。因为如果地役权可与需役地的所有权或使用权相分离，地役权也就失去存在的意义，与地役权的设立目的相悖。第二，地役权随用益物权的转让而一并转让。依《民法典》第378条规定："土地所有权人享有地役权或者负担地役权的，设立土地承包经营权、宅基地使用权等用益物权时，该用益物权人继续享有或者负担已设立的地役权。"用益物权人转让土地承包经营权、建设用地使用权等用益物权的，除合同另有约定外，地役权也就随之转移。第三，合同另有约定时，地役权不随之转移。这里的合同另有约定，是指需役地的土地承包经营权人、建设用地使用权人等用益物权人将其用益物权转让给他人的合同。如果转让人与受让人在合同中约定，地役权并不一并转移，则受让人虽取得受让的用益物权却不能取得需役地的地役权，转让人也不能保留该地役权。地役权只能归于消灭。（3）抵押上的从属性。地役权作为一项用益物权，可以用于抵押，但是，地役权不得与需役地的用益物权相分离而单独抵押。《民法典》第381条规定："地役权不得单独抵押。土地经营权、建设用地使用权等抵押的,在实现抵押权时,地役权一并转让。"(4)消灭上的从属性。这是指地役权随需役地的权利的消灭而消灭,需役地的用益物权不存在时,从属于该用益物权的地役权也就不存在。

其二,地役权具有不可分性。

所谓地役权的不可分性,是指地役权不得分割为部分或仅为部分而存在。因为地役权是为需役地的便利而存在于供役地之上的,必须及于需役地和供役地的全部,不能分割为数部分或仅为一部分而存在。也就是说,地役权不得被分割为两个以上的权利,也不得使其一部分消灭。地役权的不可分性表现在:(1)发生上的不可分性。需役地为共有的,各共有人不能仅为自己的应有部分取得地役权,共有人之一基于需役地取得地役权的,该地役权当然也存在于他共有人的应有部分;供役地为共有的,各共有人不能仅就其应有部分设定地役权,共有人之一就供役地设立地役权的,该地役权的负担当然也及于他共有人的应有部分;共有的供役地已设定地役权的,各共有人就地役权的负担是全部的,而不能是各按其应有部分负担部分。(2)享有或者负担上的不可分。地役权设定后,需役地为共有的或者设定地役权后成为共有的,各共有人共同享有地役权;供役地为共有的或者设定地役权后成为共有的,各共有人共同负担地役权。(3)消灭上的不可分性。地役权设定后,需役地为共有的,各共有人不能按其应有部分使已存在的地役权部分消灭;供役地为共有的,各共有人也不能仅就其应有部分消灭地役权。(4)转让上的不可分性。《民法典》第382条规定:"需役地以及需役地上的土地承包经营权、建设用地使用权等部分转让时,转让部分涉及地役权的,受让人同时享有地役权。"依此规定,需役地以及需役地使用权转让的,涉及地役权部分的不动产受让人同时享有地役权。需役地被分割的,地役权为各分割部分的利益而存在，在各分割部分上的土地承包经营权、建设用地使用权成为分别单独享有的权利，则分割后的各地块的土地承包经营权人、建设用地使用权人仍享有相应需役地上的地役权，当然，若其中分割的某一地块不动产无地役权的需要，则地役权仅就其他需役地块而存在。需役地上的土地承包经营权、建设用地使用权为共有的，共有人之一将其权利转让的，受让该共有份额的受让人当然仍享有地役权。《民法典》第383条规定："供役地以及供役地上的土地承包经营权、建设用地使用权等部分转让时，转让部分涉及地役权的，地役权对受让人具有法律约束力。"依此规定，供役地以及供役地上的使用权转让的，涉及地役权部分的不动产受让人同时存有地役权负担。供役地被分割的，地役权的负担继续存在于各被分割的部分；供役地被分割后部分转让的，转让部分涉及地役权的，地役权继续存在，受让人应承受该地役权的负担，履行相应义务；供役地上的权利为共有的，共有人之一转让其份额的，地役权不受影响。当然，如前所述，地役权若未经登记，则供役地及供役地的使用权转让或部分转让时，地役权不能对抗善意第三人，也就是说，若受让人为善意的，地役权对其不发生约束力。

其三，地役权内容的意定性与宽泛性。

地役权与土地承包经营权、建设用地使用权等用益物权一样，是依当事人的意愿设立的，因而也属于意定物权。但与土地承包经营权、建设用地使用权等用益物权不同的是，其他用益物权的内容也是法定的，而地役权的具体内容并不是法定的，而是由当事人具体约定的。由于地役权是为需役地便利之用而由当事人合意设定的权利，而这种便利的利益是多种多样的，因而地役权的内容十分广泛，包括：供役地供使用的，如通行、通过、取水、排水等；供役地供收益的，如得于供役地采取牧草，以供需役地使用；为排除基于相邻关系所发生的限制的，如双方设定的需役地房屋上的流水得直接注入供役地的地役权，需役地林木之枝根得逾越供役地的地役权；禁止或者限制供役地为某种使用的，如为需役地的采光、眺望，限制供役地建造高楼或者栽种高大林木等的地役权。因此，地役权的内容须由当事人在地役权合同中明确。通常从不同角度可将地役权分为以下种类：

根据地役权行使的内容分为积极地役权与消极地役权。积极地役权，又称为作为地役权，是指地役权人得于供役地上为一定行为的地役权，供役地人负有容忍需役地人为一定行为的义务，如通行地役权、排水地役权、取水地役权等都属于积极地役权。消极地役权，又称不作为地役权，是以供役地人在供役地上不得为一定行为为内容的地役权。消极地役权不是以需役地人得为一定行为为内容的，而是以供役地人的不作为为内容，供役地人并非仅负容忍义务，而是负不作为的义务，如供役地上不得建设妨碍观光的建筑物的地役权、不得栽种高大林木的地役权等都属于消极地役权。

根据地役权行使的方法可分为继续地役权与非继续地役权。继续地役权是指地役权权利内容的实现，无须每次都有地役权人的行为，在时间上能够无间断地继续行使权利，例如，筑有道路的通行地役权、设有管道的取水地役权等。这些地役权的行使，无须每次都要求有地役权人的行为。消极地役权因不以地役权人的作为为内容，一般都属于继续地役权。非继续地役权，是指地役权权利内容的实现，每次都需要有地役权人的行为，如未修筑道路的通行地役权，排水地役权等。这类地役权的行使，每次都需有地役权人的行为。

（3）根据地役权存在状态可分为表见地役权与非表见地役权。表见地役权是指地役权的存在有外形的标识为表现，能够从外部认识，故又称为表现地役权。如通行地役权、地面排水地役权等，即为表见地役权。非表见地役权是指地役权的存在无外形事实为表现，不能从外部认识，故又称为不表现地役权，如地下管线通过的地役权。

其四，地役权的期限性。

地役权属于他物权，因而也具有期限性，而不能永恒存在。在发生一定法定事由时，地役权也就消灭。地役权消灭的法定事由主要有以下情形：

（1）地役权的存续期间届满。地役权合同中约定地役权期限的，于约定的期限届满而又未续期的，地役权也就消灭。地役权合同中未明确约定期限，而约定以特定事由的发生作为地役权消灭原因的，则该约定事由成就时，地役权也消灭。用益物权人设立地役权的，于用益物权的期限届满时，地役权也当然消灭，因为用益物权人约定的地役权的期限不能超过其用益物权的存续期限。

（2）供役地权利人因法定事由解除地役权合同。《民法典》第384条规定："地役权人有下列情形之一的，供役地权利人有权解除地役权合同，地役权消灭：（一）违反法律规定或者合同约定，滥用地役权；（二）有偿利用供役地，约定的付款期间届满后在合理期限内经两次催告未支付费用。"该条规定了供役地人的地役权合同单方解除权。供役地人行使解除权的法定事由只有两项：一是地役权人滥用地役权，所谓滥用，是指其地役权的行使违反法律或者合同的约定，超出地役权的内容而利用供役地人的不动产；二是地役权为有偿的，而需役地人在约定期限届满后经过两次合理催告仍未付费，若未经两次合理催告，供役地人不能解除地役权合同。供役地权利人行使解除权应采意思通知的方式，即将解除地役权合同的意思通知地役权人，自通知到达地役权人，即发生地役权合同解除的效力，地役权也就消灭。

当然，因地役权是基于地役权合同而设立的，若地役权合同因有可撤销事由而被撤销时，地役权也应当消灭。

（3）不动产灭失或者被征收。地役权以供役地和需役地的同时存在为其成立与存续要件。因此，地役权不但因需役地的灭失而消灭，而且供役地灭失的，地役权也消灭。在需役地或者供役地被征收，致使地役权成为不必要或者不能行使时，地役权消灭。[①]

（4）地役权的抛弃。地役权是一项用益物权，具有可让与性，权利人自当可以抛弃。地役权人抛弃地役权的，自抛弃之日起，地役权消灭。

（5）设立地役权的目的事实上不能实现。这是指供役地事实上已经不能再为供需役地的便利而利用。设立地役权的目的是为需役地的便利而利用供役地，若供役地已经失去为需役地提高效益而利用的条件，地役权的设立目的也就不能实现，地役权亦应消灭。例如，设立从供役地取水地役权是以供役地有水源为条件的，如果供役地的水源已经枯竭，地役权的设立目的事实上已不能实现，地役权也就失去存在的意义，该取水地役权消灭。

（6）地役权的混同。地役权的混同，是指于地役权设立后，需役地与供役地的使用权同属于一人享有，即地役权人取得供役地的使用权，或者供役地人取得需役地的使用权。例如，甲地为需役地，乙地为供役地，在设立地役权后，甲地的土地承包经营权人取得了乙地的土地承包经营权，或者乙地的土地承包经营权人取得甲地的土地承

[①] 王利明：《物权法研究（第四版）》（下册），中国人民大学出版社2016年版，第1019页。

包经营权，需役地与供役地的使用权人同为一人，为乙地设立的地役权也就消灭。但发生混同时，如果供役地或者需役地为第三人权利的客体（如第三人享有抵押权），地役权存续期间对于所有权人或者第三人有法律上的利益时，地役权不能因混同而消灭。

依《民法典》第385条规定，已经登记的地役权消灭的，应当办理注销登记，未办理注销登记的，地役权的消灭对于第三人不发生效力。

四、地役权与相邻关系的区别

地役权是地役权人利用他人不动产的权利，是为供役地设定的负担，限制了供役地权利人的权利。就此而言，地役权与相邻关系极为相似。相邻关系也称为相邻权，也是相邻不动产权利人一方对另一方权利的限制。但地役权不同于相邻关系，二者的区别主要有以下几点：

第一，二者的性质不同。地役权是用益物权的一种，是一项独立的权利；而相邻关系是对所有权或者使用权的合理扩张或必要的限制，本身并不构成一项新的独立的物权。

第二，二者发生的原因不同。地役权一般是由当事人自行约定的，具有约定性，属于意定物权；而相邻关系是由法律直接规定的，具有法定性，不依当事人的约定发生。

第三，二者的机能不同。地役权是依当事人的意思广泛调节不动产的利用，需役地与供役地不以邻近为限，而相邻关系是法定的对不动产利用的最小限度的调节，以不动产的相邻为限。

第四，二者的对价不同。地役权可以是有偿的，也可以是无偿的，是否有偿全由当事人约定；而相邻关系因是所有权或使用权的合理延伸和必要限制，相邻权人利用他人的不动产是无偿的，只有因行使权利给相邻方造成损失时，才负赔偿责任。

第五，二者的公示方式和效力不同。地役权是由当事人约定的，以登记为公示方式，未经登记不具有对抗善意第三人的效力；而相邻关系是法定的，不以登记为公示方式，无须登记就当然具有对抗第三人的效力。

第六，存续期间不同。地役权为有期限的物权，可因期限届满、合同解除等原因而消灭；而相邻关系不会因此类原因而消灭。

本案中，梁旭东与白玉平是为白玉平建设用地使用权的便利而许可白玉平长期无偿使用梁旭东享有土地使用权的案涉空地，这一权利并不是为白玉平的特定利益设立的，而是为白玉平享有使用权的建设用地的利用便利即增加白玉平用地的效益而设立的，因此，这一权利不属于人役权，而属于地役权。

梁旭东与白玉平约定的白玉平享有的利用案涉空地的权利，它既不是白玉平享有的建设用地使用权的合理延伸，也不是对梁旭东的建设用地使用权的必要限制，因此，它不属于梁旭东、白玉平之间基于双方建设用地的相邻而发生的相邻关系。

本案中梁旭东与白玉平虽然没有单独订立地役权合同，但是双方在《土地转让协议》中明确约定了白玉平利用梁旭东享有建设用地使用权的案涉空地的利用，以提高白玉平建设用地使用权的效益。可以说，该《土地转让协议》中包含了地役权设立的必要条款，因此，应当认定地役权设立。当然，双方在协议中仅约定梁旭东将案涉土地提供给白玉平长期无偿使用，而没有规定具体期限。但这不意味着白玉平对该案涉空地可永久使用。依《民法典》第377条规定，地役权期限由当事人约定，但是，不得超过土地承包经营权、建设用地使用权等用益物权的剩余期限。因此，本案中双方约定的"长期使用"的期限，也就是双方建设用地的剩余期限，即该地役权以建设用地使用权的期限为存续期间，在该期限内白玉平地役权存续。白玉平有权依照地役权合同的约定利用案涉空地，梁旭东负有容忍白玉平利用该空地的义务。

本案中双方约定，白玉平不得在供役地上"搭建永久性建筑物"。这也可以说是双方对白玉平利用供役地的目的和方法的限制。《民法典》第376条规定："地役权人应当按照合同约定的利用目的和方法利用供役地，尽量减少对供役地权利人物权的限制。"本案中发生争执的起因是白玉平在供役地上搭建了简易雨棚，一审法院认为白玉平的这一行为妨害了梁旭东的物权，因此，判决白玉平返还其利用的梁旭东有使用权的案涉空地。正如二审法院所指出的，"梁旭东主张白玉平返还争议空地，实质系解除双方《土地转让协议》中地役权条款"。梁旭东可否解除地役权条款呢？依《民法典》第384条规定，地役权人违反法律或者合同约定，滥用地役权的，供役地权利人有权解除地役权合同。因此，本案中，如果白玉平违反约定在供役地上搭建永久性建筑，构成滥用地役权，则梁旭东有权解除地役权约定，请求白玉平返还占用的供役地。但是，白玉平搭建的并非永久性建筑，而属于临时性的简易雨棚，因此，梁旭东无权解除地役权条款。当然，白玉平作为地役权人在行使地役权时，应尽量减少对供役地权利人物权的限制。白玉平在供役地上搭建简易雨棚，对梁旭东物权的行使有一定的限制，因此，白玉平应当将其搭建的雨棚全部彻底拆除。

综上，笔者认为对于本案的处理，一审判决是错误的，二审判决是正确的。

第十八专题　居住权的特性与设立

——张某2、张亚欧等居住权纠纷案

案例索引

山东省泰安市中级人民法院（2021）鲁09民终4938号民事判决；山东省泰安市泰山区人民法院（2021）鲁0902民初5631号民事判决。

基本案情

王建民与杨继兰系夫妻关系，共同生育女儿王某某。王某某与张某2系夫妻关系，生育女儿张亚欧、儿子张某1。2005年5月22日，张某2、王某某出具住房协议一份，内容为：父母（王建民、杨继兰）购买的普照小区26号楼301室这套房子在他们有生之年有权管理居住，他们百年之后房产归我和王某某所有，立此据为证。2005年10月，该房屋登记在王某某名下，产权证号为泰字第××××××××号，房屋坐落普照小区北侧进贤村26号-2-3层东户。此前房屋登记在杨继兰名下，该房屋系2004年购买，购买合同中购房人为杨继兰。房屋现由王建民与杨继兰居住使用。2012年

11月22日，王某某因病去世。2020年王建民、杨继兰对张某2、张亚欧、张某1提起诉讼，要求确认该房由其二人继承。一审法院作出（2020）鲁0902民初2974号民事判决，判决诉争房屋归张某2、张亚欧、张某1所有。2021年6月16日，涉案房屋权利人登记为张某2、张亚欧、张某1，产权证号鲁（×××）泰安市不动产权第×××××××号。

王建民、杨继兰以张某2、张亚欧、张某1为被告向泰安市泰山区人民法院起诉请求：确认王建民、杨继兰对位于泰安市××小区××村的上述房屋享有永久居住权；依法判决张某2、张亚欧、张某1协助其办理涉案房屋的居住权登记手续。

判决与事由

一审法院认为，《中华人民共和国民法典》（以下简称《民法典》）第366条规定："居住权人有权按照合同约定，对他人的住宅享有占有、使用的用益物权，以满足生活居住的需要。"第367条第1款规定："设立居住权，当事人应当采用书面形式订立居住权合同。"民法典设立居住权制度，赋予居住权人对他人所有住宅享有占有、使用的权能，既沿袭了为达到赡养、抚养或者扶养目的的传统司法实践基础，又拓展了其社会保障属性，体现了立法对于居住权保障弱势群体的功能定位，具有重要的现实意义和时代特征。本案中，王建民、杨继兰一直在涉案房屋居住，张某2、王某某出具住房协议承诺王建民、杨继兰对诉争房屋在有生之年有权管理居住，即张某2、王某某就涉案房屋与王建民、杨继兰设立了居住权的合同，该合同成立并生效。张某2、王某某应当履行该合同义务。2005年5月22日签订住房协议之前诉争房屋产权登记在杨继兰名下，虽然协议签订后变更在王某某名下，王某某去世后因发生继承而后该房屋登记在三被告名下，但该协议承诺两原告在有生之年有权管理居住，百年之后产权归王某某和张某2所有。产权登记人虽然进行了变更，但不影响住房协议的效力。被告张某2应承担合同义务。王某某去世后三被告因继承取得王某某对房屋享有的房屋份额，同时亦应承担王某某所应承担的合同义务。协议形成于2005年5月22日，当时的法律并未对居住权的设立及其效力等作出明确规定，根据《最高人民法院关于适用〈中华人民共和国民法典〉时间效力的若干规定》第3条"民法典施行前的法律事实引起的民事纠纷案件，当时的法律、司法解释没有规定而民法典有规定的，可以适用民法典的规定……"张某2、王某某承诺对居住权的约定协议，可以适用《民法典》的规定。张某2、王某某承诺："父母（王建民、杨继兰）购买的普照小区26号楼301室这套房子在他们有生之年有权管理居住，他们百年之后房产归我和王某某所有"。该约定系双方当事人真实意思表示，不违反法律强制性规定，且符合民法典关于设立居住权的形式要件及其立法精神，既保障了老年人满足生活居住的需要，又维护了家庭和谐的良好氛围，符合社会主义核心价值观和公序良俗。两原告要求对诉争房屋享有永久居住权的请求符合法律规定，一审法院予以支持。根据《中华人民共和国民法典》第368条"设立居住权的，应当向登记机构申请居住权登记。居住权自登记时设立"的规定，居住权作为一种特殊的用益物权，采用登记生效的设立原则。本案中，两原告基于协议条款，主张办理居住权登记，一审法院予以支持。案涉房屋登记在三被告名下，三被告作为房屋所有权人，应当积极协助两原告办理涉案房屋的不动产居住权登记手续。据此，依照《最高人民法院关于适用〈中华人民共和国民法典〉时间效力的若干规定》第3条，《中华人民共和国民法典》第366条、第367条、第368条,《中华人民共和国合同法》第4条、第6条、第7条规定,判决:一、原告王建民、杨继兰对位于泰安市××小区××村××号楼××单元××层东户房屋享有居住权;二、被告张某2、张亚欧、张某1于本判决生效之日起十日内协助王建民、杨继兰办理涉案小区北侧进贤村26号-2-3层东户的不动产居住权登记手续。

一审宣判后张某2、张亚欧、张某1不服一审判决,向泰安市中级人民法院提起上诉,请求撤销一审判决,改判驳回被上诉人的诉讼请求。其主要理由:一是本案中不存在居住权合同,2005年的住房协议不属于居住权合同,而是属于附条件的所有权由被上诉人杨继兰转移至上诉人张某2及妻子王某某的协议;二是居住权采取的是登记要件主义,本案涉案房产未办理过居住权登记;三是一审法院在被上诉人自行购买的房产上为出卖人设立居住权是没有法律依据的,涉案房产已被生效判决认定属于王某某的个人财产,两被上诉人继承了涉案房产的五分之二的份额,三上诉人向两被上诉人支付了84万元购买了两被上诉人对涉案房产享有的份额,两被上诉人为出卖人,三上诉人为购买人。

二审法院认为,关于一审法院适用法律是否恰当,《最高人民法院关于适用〈中华人民共和国民法典〉时间效力的若干规定》第3条规定:"民法典施行前的法律事实引起的民事纠纷,当时的法律、司法解释没有规定而民法典有规定的,可以适用民法典的规定,但是明显减损当事人合法权益、增加当事人法定义务或者背离当事人合理预期的除外。"本案为居住权纠纷,涉案住房协议签订于2005年5月22日,当时的法律、司法解释并未对居住权的设立及效力作出规定,一审法院适用《中华人民共和国民法典》关于居住权的相关规定对本案作出处理，并无不当。三上诉人关于一审法院适用法律错误的主张，理由不成立，不应支持。如前所述，涉案房屋未能进行居住权登记系因涉案住房协议签订时并无相关法律法规对居住权的登记设立等作出具体规定，因此，三上诉人关于涉案房屋未办理居住权登记不发生居住权效力的上诉主张，理由不成立，不应支持。

关于涉案住房协议是否有效，该协议系张某2与王某某共同向王建民、杨继兰出具，系双方的真实意思表示，协议内容不违反法律、行政法规强制性规定，符合民法典关于设立居住权的形式要件及立法精神，亦符合社会主义核心价值观和公序良俗，一审法院对该住房协议的效力予以认定并据此对王建民、杨继兰的诉讼请求予以支持，并无不当。该住房协议与2005年5月23日的分家析产协议所涉人员与内容均不同，后者亦未对前者中关于王建民、杨继兰在有生之年对涉案房屋有权管理居住的内容作出变更，且另案法定继承权纠纷生效判决并未否定该住房协议的效力，因此，三上诉人关于该住房协议因2005年5月23日的分家析产协议失去法律效力的上诉主张，无事实和法律依据，不应支持。

关于另案法定继承权纠纷生效判决是否影响本案居住权的设立，根据另案法定继承权纠纷生效判决三上诉人取得了涉案房屋的所有权并向王建民、杨继兰支付相应继承份额的折价款，并不影响在涉案房屋上为王建民、杨继兰设立居住权，三上诉人关于在自行购买的房屋上为王建民、杨继兰设立居住权没有法律依据的上诉主张，理由不成立，不应支持。

综上所述，张某2、张亚欧、张某1的上诉请求不能成立，应予驳回；一审判决认定事实清楚，适用法律正确，应予维持。依照

《中华人民共和国民事诉讼法》第 177 条第 1 款第（一）项之规定，判决：驳回上诉，维持原判。

评　析

本案当事人争议的焦点在于王建民、杨继兰可否对涉案房屋享有居住权。这涉及居住权的特性及设立问题。

一、居住权的含义

《民法典》第 366 条规定："居住权人有权依照合同的约定，对他人的住宅享有占有、使用的用益物权，以满足生活居住的需要。"这是我国法律首次对居住权概念的定义。

从法制史上看，居住权是一项有着悠久历史的制度，在罗马法中就有规定。我国在现实生活中也存在居住权现象。在物权法立法过程中对于物权法是否规定居住权存有争议，最终原《物权法》中未规定居住权。由于现实中一直存在居住权，为满足现实中社会对居住权的需求，特别是为了满足以房养老的多种形式的需要，《民法典》明确规定了居住权。[①]

从法律对居住权人权利的规定看，居住权是自然人享有的一项权利。因为居住权是为满足生活居住需要而设立的权利，而只有自然人才会有生活居住的需要，因此，法人、非法人组织均不可能享有居住权。尽管有学者主张，居住权分为生活性居住权和投资性居住

[①] 参见郭明瑞：《物权法通义》（修订本），商务印书馆 2022 年版，第 227 页。

权①，但并不能由此得出法人、非法人组织可成为投资性居住权主体的结论。

居住权是以生活居住为内容的权利，尽管依当事人的约定，居住权人也可以出租设立居住权的住宅，但这不是居住权的主要内容，而且居住权人一般也不可能将全部住宅出租。

居住权是对他人住宅享有的权利。对自己住宅享有居住的权利，是所有权权能的体现；当事人居住在自己的住宅，是所有权人行使所有权，因为所有权就是以占有、使用、收益和处分为内容的。因此，居住权不能在自己的住宅上设立。

二、居住权的特性

居住权具有以下特性：

其一，居住权为他物权。居住权是居住权人对他人所有的住宅享有占有、使用的权利。也就是说，居住权是在他人之物上设立的物权，因此，居住权属于他物权。对自己住宅的占有、使用，以满足居住需要的权利，不属于居住权。

其二，居住权为用益物权。在他人之物上设立的他物权包括用益物权和担保物权。凡以取得物的使用价值为目的的他物权，为用益物权；凡以取得物之价值为目的的他物权，则为担保物权。居住权是为满足生活居住而设立的，以居住权人占有、使用他人的住宅为内容，因此，居住权以是取得物的使用价值为目的的，属于用益物权，而非担保物权。

其三，居住权是以住宅为客体的用益物权。用益物权可以在他

---

① 参见崔建远：《物权法》（第五版），中国人民大学出版社2022年版，第341页。

人的不动产或者动产上设立，就我国民法典的具体规定看，法律规定的各项用益物权都是以不动产为客体的，是在他人的不动产上设立的。与其他用益物权所不同的是，居住权的客体仅为住宅，而不能在其他不动产上设立。①

其四，居住权为人役权。役权是在他人之物上设立的负担，有地役权与人役权之分。为特定不动产权利行使的便利在他人之不动产上设立的役权，称为地役权；而为特定之人的利益需要在他人之不动产上设立的役权，则为人役权。居住权是为满足特定之人的居住需要而在他人之住宅上设立的一种负担，因此，居住权为人役权，只能为特定人享有。也正因为如此，《民法典》第369条中规定"居住权不得转让、继承"。

其五，居住权具有长期性。居住权是为满足特定人的生活居住需要而设立的权利，而人的生活居住之需求并不会是一时性或短时的。因此，居住权具有长期性的特点。居住权的期限由当事人约定，若没有特别约定，则为居住权人终身享有。《民法典》第370条中规定，"居住权期限届满或者居住权人死亡的，居住权消灭"。

三、居住权的设立

居住权的设立，也就是居住权人取得居住权。《民法典》第367条第1款规定："设立居住权，当事人应当采用书面形式订立居住权合同。"第371条规定："以遗嘱方式设立居住权的，参照适用本章的有关规定。"依此规定，居住权的设立有两种方式：一是合同；二是遗嘱。

---

① 崔建远：《物权法》（第五版），中国人民大学出版社2022年版，第342页。

合同是双方民事法律行为，只有双方当事人的意思表示一致，居住权合同才能成立；也只有符合民事法律行为有的有效要件，居住权合同才能有效。也就是说，只有当事人双方设立居住权的意思表示真实、合法，才能导致居住权的设立。《民法典》第367条规定："设立居住权，当事人应当采用书面形式订立居住权合同。居住权合同一般包括下列条款：（一）当事人的姓名或者名称和住所；（二）住宅的位置；（三）居住的条件和要求；（四）居住权期限；（五）解决争议的方法。"依此规定，设立居住权，当事人应当采用书面形式订立合同。但是，书面形式并非是居住权合同的有效条件。当事人虽未采用书面形式订立合同，但只要居住权人举证成功双方之间的确存在居住权关系，就应当予以肯定的认定，支持居住权人享有居住权的主张。[①] 依《民法典》规定，居住权合同一般包括当事人的姓名或者名称和住所、住宅的位置、居住的条件和要求、居住权期间和解决争议的方法，但是这些条款并非全是居住权合同的必要条款。实际上，只有当事人的姓名或名称和住所以及住宅的位置，才是居住权的必要条款。居住权合同如缺乏有关主体和客体的内容，则该合同不能成立。《民法典》第368条规定："居住权无偿设立，但是当事人另有约定的除外。设立居住权的，应当向登记机构申请居住权登记。居住权自登记时设立。"依此规定，居住权设立以登记为生效要件，居住权登记是居住权设立的有效要件，居住权自登记时设立。但是，居住权登记仅是物权性的居住权有效的要件。当事人未办理居住权登记的，并不影响居住权合同的效力。也就是说，虽然没有办理居住权登记不发生居住权设立的效力，但是只要居住权合同有效，当事人就应当履行居

---

① 参见崔建远：《物权法》（第五版），中国人民大学出版社2022年版，第345页。

住权合同，居住权人享有居住权对合同当事人双方是有约束力的，也可以说于此情形下，居住权人享有债权性的居住、使用住宅的权利，该项权利虽不能对抗善意第三人，确可以对抗合同相对人和非善意的第三人。

遗嘱是遗嘱人生前实施的于死亡后发生效力的单方法律行为。以遗嘱设立居住权的，是遗嘱人以自己的意思在其享有处分权的住宅上为他人设立居住权。以遗嘱设立居住权的，遗嘱必须有效，无效遗嘱设立的居住权，当然无效。遗嘱设立居住权的，自遗嘱生效时起，居住权人就可享有居住权，居住权人或者遗产管理人可以向登记机构申请居住权登记，自登记时起，居住权人享有的居住权可以对抗一切人。

本案中，关于王建民、杨继兰对案涉房屋是否享有居住权，当事人的主要争议有三：

其一，王建民、杨继兰与张某2、王某某之间于2005年订立的住房协议是否为设立居住权的合同。首先，当事人之间订立的合同是否为居住权合同不决定于合同的名称，而决定于合同的内容。本案中王建民、杨继兰与张某2、王某某间以书面形式订立的住房协议，虽然没有标明为"居住权合同"，但实质上关于是设立居住权的居住权合同，合同中明确规定了居住权的客体，明确规定了居住权的主体，还规定了居住权的期限，在该住房协议中，张某2、王某某承诺："父母（王建民、杨继兰）购买的普照小区26号楼301室这套房子在他们有生之年有权管理居住，他们百年之后归我和王某某所有。"其次，居住权合同中并非不可以有与此相关的其他内容。张某2等辩称，在签订住房协议时涉案房屋为王建民、杨继兰所有，居住权人只能对他人的住宅主张居住权，而不能对自己所有的房屋主张居住权，双方签订的住房协议并不属于居住权合同，而是属于附条件的房产所有权由杨继兰转移至张某2及王某某的协议。的确，2005年5月当事人双方订立的住房协议也"属于附条件的"房产所有权转移的协议，而这里所附的条件，也就是王建民、杨继兰对该房屋在"有生之年有权管理居住"，因此，这也可以说明该协议是以转移所有权为条件的设立居住权的合同。在涉案房屋所有权未转移前，王建民、杨继兰居住在该房屋，为行使所有权；而在该房屋所有权转移后，则王建民、杨继兰对涉案房屋的管理居住，则是行使居住权。因此，一审法院认定当事人之间的住房协议"符合民法典关于设立居住权的形式要件及其立法精神"，是正确的。

其二，涉案房屋已经法院判决为张某2、张亚欧、张某1继承，王建民、杨继兰能否对该房屋享有居住权。这涉及居住权的效力。居住权是人役权，并不属于地役权。居住权人有权占有、使用设立居住权的住宅，居住权不会因其客体即住宅的产权变更而消灭。《民法典》第370条规定："居住权期限届满或者居住权人死亡的，居住权消灭。"因此，居住权的消灭原因只能是期限届满或者居住权人死亡，其他任何事实都不会导致居住权消灭。即使设立居住权的住宅的所有权变更，居住权对新的所有权人仍然有效。因此，二审法院认定，"根据另案继承权纠纷生效判决三上诉人取得涉案房屋的所有权并向王建民、杨继兰支付相应继承份额的折价款，并不影响在涉案房屋上设立居住权"，是正确的。

其三，居住权的设立以登记为生效要件，王建民、杨继兰对涉案房屋的住宅权未经登记，其是否享住宅权。本案中一、二审法院认为，涉案房屋未能进行居住权登记系因涉案住房协议签订时并无相关法律法规对居住权的登记设立等作出具体规定，因此，不能支持

"关于涉案房屋未办理居住权登记不发生居住权效力"的主张。这是有道理的。但更应当指出的是，如上所述，居住权设立虽采取登记生效主义，但并不意味着未经登记，在当事人之间就不发生效力。《民法典》第215条规定："当事人之间订立有关设立、变更、转让和消灭不动产物权的合同，除法律另有规定或者当事人另有约定外，自合同成立时生效；未办理物权登记的，不影响合同效力。"就本案来说，当事人间设立居住权的合同是有效，虽然未办理居住权登记，该合同对当事人仍然是有拘束力的，当事人应当履行合同约定的义务。于此情形下，也可以说王建民、杨继兰享有债权性的居住权。其实。居住权登记仅是对居住权的确认，并不是居住权设立的根据。居住权登记是赋予居住权以不动产物权的效力，也使居住权具有对抗第三人效力。本案中，王建民、杨继兰一直居住权涉案的房屋中，事实上享有居住权，或者说已经取得事实居住权。该项权利在未经登记前，虽不具有对抗善意第三人的效力，但可对抗合同相对人和非善意的第三人。正因为当事人之间设立居住权的居住权合同，对当事人是有约束力，当事人双方应履行合同义务，因此，法院判决支持王建民、杨继兰关于张某2、张亚欧、张某1协助办理涉案房产的居住权登记手续的请求，是符合法律规定的。

担保物权

第十九专题　物的担保与保证并存

——申达作物科技有限公司等诉李爱红等担保追偿权纠纷案

案例索引

山东省潍坊市中级人民法院（2023）鲁07民终97号民事判决；山东省寿光市人民法院（2022）鲁0783民初7075号民事判决。

基本案情

2015年8月26日，第三人门宁、郇彦兰与寿光张农商村镇银行股份有限公司（简称张农商行）签订《最高额流动资金借款合同》一份，约定第三人门宁、郇彦兰向张农商行最高额贷款额度500万元，借款期限自2015年8月26日至2017年8月25日。同日，赵士明、王秀玲、山东申达作物科技有限公司及董克秀、门保明、潍坊腾翔木业股份有限公司作为保证人，分别与寿光张农商村镇银行股份有限公司签订《个人最高额保证担保合同》和《最高额保证担保合同》，为门宁、郇彦兰前述借款提供保证担保，被担保主债权为本金最高余额为500万元，保证期限为主合同履行期限届满之日起2年。同日，李爱红作为抵押人与寿光张农商村镇银行股份有限公司签订《最高额抵押担保合同》，约定以其所有的大棚为门宁、郁彦兰借款提供抵押担保，被担保的主债权本金最高余额为500万元；并签订《抵押财产清单》，刘明华作为财产共有人在《抵押物财产清单》上签字、捺印。合同签订后，寿光张农商村镇银行股份有限公司分别于2016年12月26日和2017年1月22日向门宁、郁彦兰发放贷款1,200,000元、800,000元。后因门宁、郁彦兰到期未按约定偿还寿光张农商村镇股份有限公司借款本息，寿光张农商村镇银行股份有限公司向一审法院提起诉讼，经一审法院审理后依法于2010年9月2日作出鲁0783民初4019号民事判决，判令门宁、郁彦兰偿还借款本息2,600,932.83元，赵士明、王秀玲、门保明、董克秀、山东申达作物科技有限公司、潍坊市腾翔木业有限公司在最高额5,000,000元限额内对门宁、郁彦兰借款承担连带清偿责任。若门宁、郁彦兰到期不履行付款义务，寿光张农商村镇银行股份有限公司有权就李爱红、刘明华抵押的大棚在最高余额500万元限额内与抵押人协议折价或者以拍卖、变卖该抵押物所得的价款优先受偿。上述判决生效后，因门宁、郁彦兰未履行还款义务，赵士明、王秀玲、山东申达作物科技有限公司分别于2020年8月26日、2020年9月10日向寿光张农商村镇银行股份有限公司支付代偿款500,000元、840,000元，合计1,340,000元。门保明、董克秀、潍坊市腾翔木业股份有限公司、李爱红、刘明华均未履行担保义务。赵士明、王秀玲、山东申达作物科技有限公司履行代偿义务后，依据（2020）鲁0783民初4019号民事判决书的内容向门宁、郁彦兰进行追偿并申请法院强制执行，因门宁、郁彦兰无财产可供执行，一审法院于2021年6月29日作出（2021）鲁0783执251号执行裁定终结本次执行程序。赵士明、王秀玲系夫妻，山东申达作物科技有限公司的两股东分别为赵士明与寿光申达化学工业有限公司，而寿光申达化学工业有限公司的两股东分别为赵士明与王秀玲。

赵士明、王秀玲、山东寿光作物科技有限公司以门保明、董克秀、潍坊市腾翔木业股份有限公司、李爱红、刘明华为被告向山东省寿光市人民法院提起诉讼，请求依法判令五被告偿还原告保证担保代偿款 765,714.29 元。

判决与理由

一审法院认为，原被告与第三人之间的担保借款合同依法成立。三原告已按保证合同约定代债务人履行了保证责任，依照相关法律规定，承担了担保责任的担保人可以向债务人追偿，也可以要求其他担保人清偿其应当分担的份额。其向借款人不能追偿的部分，可以向其他共同保证的保证人按比例要求分担，没有约定比例的，平均分担。同时，同一债权上既有第三人提供的物的担保又有人担保的保证时，物的担保人与保证人处于同一法律地位。债权人可以要求物的担保人承担担保责任，也可以要求保证人承担保证责任。当事人对保证担保的范围或者物的担保的范围没有约定或者约定不明的，两者构成债的共同担保。无论保证人或者物的担保人承担了担保责任后，均可以向债务人追偿，也可以要求保证人或者其他物的担保人清偿其应当分担的份额。物的担保人与保证人对彼此责任的数额没有约定的，在行使追偿权时，应当平均负担。因本案中三原告所垫付款项 1,340,000 元已超出生效判决所确定的其应承担的保证份额 1,129,739.93 元，且向借款人不能追偿。故原告有权要求其余担保人对借款人不能清偿的超出份额部分予以平均分担。本案中，包括原、被告在内共有 6 名保证人以及共有大棚提供抵押的被告李爱红、刘明华，故原告可以要求被告门保明、董克秀、潍坊市腾翔木业股份有限公司以及被告李爱红、刘明华在抵押的大棚实际价值范围内各自承担原告进出应担保份额部分的四分之一。

综上，一审法院判决：一、门保明、董克秀、潍坊腾翔木业股份有限公司各自支付山东申达作物科技有限公司、赵士明、王秀玲垫付款 52,565.02 元；二、李爱红、刘明华在抵押的大棚实际价值范围内支付原告山东申达作物科技有限公司、赵士明、王秀玲垫付款 52,565.02 元。

一审判决后，门保明、董克秀、潍坊市腾翔木业股份有限公司不服一审判决，向山东省潍坊市中级人民法院提起诉讼，请求依法撤销、改判门保明、董克秀、潍坊市腾翔木业有限公司各自支付山东申达作物科技有限公司、赵士明、王秀玲垫付款 52,565.02 元，其主要理由是被上诉人并未解除担保责任，被上诉人应继续承担担保义务，三被上诉人承担担保数额，并未超出自身担保责任。

二审法院认为，《中华人民共和国民事诉讼法》第 175 条规定："第二审人民法院对上诉请求的有关事实和适用法律进行审查。"《中华人民共和国担保法》第 12 条规定："同一债务有两个以上保证人的，保证人应当按照保证合同约定的保证份额，承担保证责任。没有约定保证份额的，保证人承担连带责任，债权人可以要求任何一个保证人承担全部保证责任，保证人都负有担保全部债权实现的义务。已经承担保证责任的保证人，有权向债务人追偿，或者要求承担连带责任的其他保证人清偿其应当承担的份额。"《最高人民法院关于适用〈中华人民共和国担保法〉若干问题的解释》第 20 条规定："连带共同保证的债务人在主合同规定的债务履行期限届满没有履行债务的，债权人可以要求债务人履行债务，也可以要求任何一个保证人承担全部保证责任。连带共同保证的保证人承担保证责任后，向债务人不能追偿的部分，由各连带保证人按其内部约定的比例分担。没有约定的，平均分担。"第 38 条规定："同一债权既有保证又有第三人提供物的担保的，债权人可以请求保证人或者物的担保人承担担保责任。当事人对保证担保的范围或者物的担保范围没有约定或者约定不明的，承担了担保责任的担保人，可以向债务人追偿，也可以要求其他担保人清偿其应当分担的份额。"《中华人民共和国物权法》第 176 条规定："被担保的债权既有物的担保又有人的担保的，债务人不履行到期债务或者发生当事人约定的实现担保物权的情形，债权人应当按照约定实现债权；没有约定或者约定不明确，债务人自己提供物的担保的，债权人应当先就物的担保实现债权；第三人担保物的担保的，债权人可以就物的担保实现债权，也可以要求保证人承担保证责任。提供担保的第三人承担担保责任后，有权向债务人追偿。"就本案而言，涉案的借款合同及抵押担保合同、保证合同成立的时间均发生在《民法典》施行前，根据《最高人民法院关于适用〈中华人民共和国民法典〉时间效力的规定》第 1 条第 1 款"民法典施行前的法律事实引发的民事纠纷案件，适用当时的法律、司法解释的规定，但是法律、司法解释另有规定的除外"的规定，本案应适用当时的法律及司法解释的相关规定。本案涉及的担保责任属于混合担保，混合担保的民事法律行为发生于《中华人民共和国物权法》施行后，亦应适用物权法的相关规定，因《中华人民共和国物权法》第 176 条关于混合担保的规定与《最高人民法院关于适用〈中华人民共和国担保法〉若干问题的解释》第 38 条第 1 款关于混合担保的规定不一致，根据《中华人民共和国物权法》第 178 条"担保法与本法的规定不一致的，适用本法"的规定，对于混合担保的法律适用问题，本案应适用《中华人民共和国物权法》第 176 条的规定处理。该条规定中并未规定混合担保人之间可以相互追偿，且各担保人在担保合同中并未约定可以相互追偿，故被上诉人无权向其他担保人行使追偿权。所以，被上诉人山东申达作物科技有限公司、赵士明、王秀玲一审起诉主张中以其承担的保证责任已超出其应承担担保责任的份额为由，请求其他担保人分担代偿款的诉讼请求，不能成立，应予驳回。上诉讼人门保明、董克秀、潍坊市腾翔木业股份有限公司关于被上诉人的担保责任尚未解除以及一审对于担保份额的计算错误的上诉理由虽然不能成立，但主张其不应向被上诉人支付代偿款的上诉请求成立，本院予以支持。

综上，一审法院认定事实基本清楚，但适用法律错误，应予纠正。二审法院判决：撤销山东省寿光市人民法院（2022）鲁0783民初7075号民事判决，驳回被上诉人山东申达作物科技有限公司、赵士明、王秀玲的诉讼请求。

评 析

本案中寿光张农商村镇银行股份有限公司的借款债权既有第三人提供的抵押权担保，又有保证人提供的保证担保，发生担保物权与保证并存，也有的称为发生混合担保。本案中保证担保又有赵士明、王秀玲、山东申达作物科技有限公司与董克秀、门保明、潍坊市腾翔木业股份有限公司分别提供的最高额保证担保。因债务人到期未履行还款义务，经债权人请求，保证人赵士明、王秀玲、山东申达作物科技有限公司清偿了部分债务。该三人在为债务人清偿债务后，因向债务人追偿不能，现向其他担保人追偿，请求其他担保人偿还其保证担保代偿款项。本案中的原告可否向其他担保人追偿，这涉及的是在物的担保与保证并存时的各担保人的担保责任如何承担问题。

一、担保物权与保证并存的含义

担保物权与保证并存，就是指对于同一债务既有担保物权担保又有保证担保的情形。众所周知，担保物权与保证都是债权的担保方式。保证担保也就是人的担保，是以保证人即债务人以外的第三人的信用担保债权实现的担保方式，而担保物权则是物的担保方式。保证担保中的保证人只能是债务人以外的第三人，而担保物权的担保人可以是债务人，也可以是债务人以外的第三人。若担保物权的担保人为债务人以外的第三人，则该担保人也称为"物上保证人"，因为担保物权的担保人虽也与保证人一样地负担保责任，但其仅以担保财产的担保价值承担担保责任，而保证人则应以自己的全部责任财产承担担保责任。

在现实生活中，债权人为确保自己的债权实现，对同一债权往往既设定保证担保，又设立担保物权，并将此情形称为"双保险"。于此情形下，在同一债权上既存在保证担保又存在担保物权担保，也就发生保证与担保物权的并存（也称为保证与担保物权的竞合、混合担保）。

二、担保物权与保证并存时担保人的责任

在担保物权与保证并存时应如何处理呢？这涉及债权人应如何行使担保权，以及担保人之间如何承担责任问题。对此，理论上曾有不同的观点。

一种观点是物的担保优先说。此说认为，在债权有物的担保与人的担保并存时，主债务人届期不清偿的，债权人应先行使担保物

权。在物的担保优先说中，学者的理由不尽相同。有的认为，担保物权为物权，而保证担保为债权关系，基于物权优先于债权的规则，物的担保优先于人的担保，因此在担保物权与保证并存时，债权人应先行使担保物权。有的认为，在物的担保与保证并存时，因为保证人有代位权，亦即保证人在承担保证责任后债权人对于主债务人的债权当然移转于保证人，债权人的担保物权也当然随同转移于保证人，债权人致使保证人可代位行使的担保物权消灭的，保证人的保证责任在此限度内的也就消灭，因此，债权人应优先行使担保物权。①

第二种观点是区别说。此说主张，在担保物权与保证并存时，应视担保物权与保证责任的形式、保证责任的内容来定其关系。若担保财产属于主债务人，而保证又属于一般保证的，则债务不能清偿时，债权人应先行使担保物权，只有在债权人就担保财产变价所得仍不能完全受偿债权的情形下，保证人才承担保证责任。若担保财产属于主债务人，而保证为连带责任保证的，则保证人不能主张债权人先行使担保物权。若担保财产属于第三人，则债权人有权选择是先行使担保物权还是先行使对保证人的请求权，但保证人无权主张债权人先行使担保物权。有的主张，在担保物属于主债务人时，债权人应优先行使担保物权，当物的担保是由第三人提供时，物上保证人与保证人应处于平等地位，债权人放弃该物的担保不会对保

---

① 有学者将物的担保优先说又区分为"物的担保责任绝对优先说"与"物的担保责任相对优先说"。并认为，我国原《担保法》第 28 条第 1 款采取的是"物的担保责任绝对优先说"。此说的理由是：物的担保相对于保证而言，具有物权的追及效力、物权行使的不可分性、物上代位性及优先受偿性等功能。基于物的担保，债权人可以直接支配担保人供作担保的特定财产，债务人不履行债务时，债权人可以变价担保财产以优先于其他债权人受偿。参见朱岩、高圣平、陈鑫：《中国物权法评注》，北京大学出版社 2007 年版，第 551 页。

证人产生不利的影响。①

第三种观点是平等说。此说中又有不同的看法。有的主张，物上保证人与保证人的担保责任平等，债权人只有在物的担保提供人为第三人的情形下才可选择是要求物上保证人还是要求保证人承担担保责任。有的主张，物的担保责任与人的担保责任平等，不论物的担保人是第三人还是债务人，债权人均可以选择行使担保权，已承担担保责任的担保人可向其他担保人追偿其应承担的份额，而不论该担保人是物的担保人还是人的担保人。②

笔者曾经主张担保物权优先说，并提出以下理由：第一，从权利性质上说，担保物权为物权，而保证关系为债权关系，根据物权优先于债权的民法一般原理，担保物权应优先行使。物权有对抗第三人的效力，而债权对第三人原则上不发生效力，担保物权会影响保证人的责任，而保证债务不会影响提供担保物的第三人。第二，从保护债权人利益上看，债权人先处分担保标的物更为方便。债权人先行使担

---

① 参见李国光等：《最高人民法院〈关于适用〈中华人民共和国担保法〉若干问题的解释〉理解与适用》，吉林人民出版社 2000 年版，第 163 页。

② 持此观点的学者提出以下理由：(1) 就连带保证而言，保证人与债务人几乎处于同一地位，此保证并不具有补充性，在保证债务清偿问题上，法律无特别惠顾保证人的必要。同一债权既有保证又有债务人提供物的担保，债务人不履行主债务时，债权人可基于其判断，选择向保证人或物上保证人主张权利，此时法律限制债权人的选择权，强行介入本不涉及公益的事项，其制度设计值得检讨。(2) 就成本考量而言，债权人如果向保证人主张权利，保证人承担责任后再向债务人追偿，是否一定会增加社会成本？如债权人选择向保证人主张保证债权能完全满足其债权，选择向物上保证人（债务人）主张担保物权并不能完全满足其债权，此时，如限制债权人的选择权，则保证人只能先向物上保证人主张担保物权，其不足部分再向保证人主张保证债权，保证人承担责任后再向债务人求偿。就两者之间的成本比较，显以后者为低。由此可见，从成本考量的角度，尚不足以得出限制债权人选择权的结论。见朱岩、高圣平、陈鑫：《中国物权法评注》，北京大学出版社 2007 年版，第 554 页。

保物权，如能以担保物权的标的物的价值满足其请求，则可免却诉讼上的麻烦。第三，从保证第三人利益上看，债权人先行使担保物权，对第三人的利益保护更为公平。物上保证人与保证人的地位尽管并不完全相同，但就其清偿债务的后果上看，二者相同，保证人在清偿后享有代位权，物上保证人也应享有代位权。物上保证人在债权人处分担保物后取得代位权，得就其物用于清偿债务人债务的价值向债务人追偿。而在保证中因为于保证成立后，债权人与保证人间形成附条件的债的关系，债权人对保证人的附条件的债权不具有附随性，不能于物上保证人清偿债务后而当然地随主债权移转于物上保证人，所以物上保证人不能向保证人追偿。但就保证人来说，保证人代债务人清偿后取得代位权，此时因担保物权具有附随性，当然地随主债权移转于保证人享有，保证人追偿时，得先就担保标的物的价值求偿。可见，不论债权人先处分担保物还是先向保证人求偿，物上保证人的责任并无不同，但对于保证人则不同。笔者主张债权人应优先行使担保物权，并非说债权人不得向保证人求偿。作为一项权利，在担保物权与保证并存时，债权人有权选择先行使何种担保权。但先行使担保物权作为一项规则，意味着债权人不得抛弃担保物权。若债权人抛弃担保物权，保证人得就担保标的物的担保价值范围内不承担保证责任。[①]但这种观点是基于担保物权与保证构成共同担保而言的。

三、立法规定的发展

从立法上的规定看，对于担保物权与保证并存时的关系，我国立法在不同阶段曾采取不同的观点，经历了由采取担保物权优先说到

---

① 参见郭明瑞：《担保法原理与实务》，中国方正出版社1995年版，第51—52页。

采取物上保证人与保证人的担保责任平等说的一个发展过程。

1994年最高人民法院《关于审理经济合同纠纷案件有关保证的若干问题的规定》(法发〔1994〕8号)(以下简称8号文)15条中规定:"债权人在保证责任期限内,无正当理由拒绝被保证人履行债务的,保证人不再承担责任;债权人放弃抵押权的,保证人就放弃抵押权的部分不再承担保证责任。但保证人同意继续承担保证责任的除外。"由于当时我国法上未区分抵押与质押,因此这里所提到的抵押权包括质权。依此规定,只要担保物权与保证并存,保证人就仅对担保物权所能担保的以外的债权清偿承担保证责任,在债务人不履行债务时债权人当然应当先行使担保物权。除保证人继续同意承担保证责任外,债权人明确放弃担保物权而不行使的,保证人就该担保物权的价值担保的部分不再承担保证责任;债权人未明确表示放弃担保物权,但于债务届期未受清偿可行使担保物权时,保证人可以要求债权人行使担保物权,经保证人催告债权人仍不及时行使的,其后担保财产的价值低落的,由此造成的损失也应属于债权人放弃权利的结果,对由此而使债权人不能受偿的债权部分,保证人也可不再承担保证责任。

1994年8号文的这一规定,为1995年10月生效的《担保法》所继受。该《担保法》第28条规定:"同一债权既有保证又有物的担保的,保证人对物的担保以外的债权承担保证责任。""债权人放弃物的担保的,保证人在债权人放弃权利的范围内免除保证责任。"这一规定与8号文的规定一样,都坚持物的担保责任优先,既没有如区分说所坚持的区分保证人的保证责任方式,也没有区分担保物的提供人。依该规定的字面含义,只要物的担保责任与保证责任共存,债权人就应优先行使担保物权,保证人仅于物的担保价值不能受偿的债权部分承担保证责任。

2000 年 12 月 13 日施行的《最高人民法院关于适用〈中华人民共和国担保法〉若干问题的解释》(简称《担保法的解释》)对《担保法》的规定实质上作了修改。《担保法的解释》第 38 条规定:"同一债权既有保证又有第三人提供物的担保的,债权人可以请求保证人或者物的担保人承担担保责任。当事人对保证担保的范围或者物的担保的范围没有约定或者约定不明的,承担了担保责任的担保人,可以向债务人追偿,也可以要求其他担保人清偿其应当分担的份额。""同一债权既有保证又有物的担保的,物的担保合同被确认无效或者被撤销的,或者担保物因不可抗力的原因灭失而没有代位物的,保证人仍应按照合同的约定或者法律规定承担保证责任。""债权人在主合同履行期届满后怠于行使担保物权,致使担保物的价值减少或者毁损、灭失的,视为债权人放弃部分或者全部物的担保。保证人在债权人放弃权利的范围内减轻或者免除保证责任。"从这一规定可得出以下几点结论:

第一,依该规定的反面解释,同一债权既有保证又有物的担保的,物的担保不是第三人提供而是由债务人提供的,物的担保责任优先于保证责任,债权人只能先行使担保物权,而不能选择先向保证人请求保证人承担保证责任;若债权人先要求保证人承担保证责任,则保证人享有先诉抗辩权。这是因为"债务人是本位上的债务承担者,保证人仅是代替其承担责任,在承担了责任后,仍然对债务人享有求偿权。在债务人自己提供物的担保的情况下,首先处理该物清偿债务,可以避免日后再行使追偿权"。① 依此规定,只有在债权人放弃

---

① 参见曹士兵:《中国担保诸问题的解决与展望》,中国法制出版社 2001 年版,第 83 页。

债务人提供的物的担保的情形下，保证人才能在债权人放弃权利的范围内免除保证责任。其理由在于：只有当债权人放弃这种物的担保时才会导致债务人本来可以用来清偿的财产无法再用来清偿，势必会增加保证人的保证责任，因此，保证人需要相应地免责。[①]

第二，同一债权既有保证又有第三人提供的物的担保的，物的担保人的保证责任与保证人的保证责任平等。于此情形下，债权人有选择权，可以先要求物的担保人承担担保责任，也可以先要求保证人承担保证责任。在没有明确约定时，保证人与物的担保人按照一定份额分担责任。承担了担保责任的担保人可以向债务人追偿，也可以要求其他担保人清偿其应当分担的份额。如此规定的理由有三：其一，无论是在何种保证类型中，保证人都处于保证人地位。其中，在一般保证情形，保证人是债权人的第二次序债务人；在连带责任保证情形中，保证人与债务人处于同一地位。其二，对债权人而言，物上担保人的法律地位与保证人的法律地位相同，两者也都是保证人（提供物的担保的第三人也被称为"物上保证人"），因此，物上担保人与保证人应分担担保责任。其三，根据公平原则和诚信原则，承认物上担保人对保证人的追偿权和保证人对物上担保人的追偿权，可以维护物上担保人与保证人之间的权益平衡，防止债权人不当免除某担保人的担保责任而损害其他担保人的利益。

第三，同一债权既有保证又有第三人提供的物的担保的，物的担保无效或者物的担保因担保物毁灭而消灭的，保证人的保证责任不受影响。

---

① 参见李国光等：《最高人民法院〈关于适用〈中华人民共和国担保法〉若干问题的解释〉理解与适用》，吉林人民出版社 2000 年版，第 163 页。

第四，同一债权既有保证又有物的担保的，债权人放弃部分物的担保的，保证人在债权人放弃权利的范围内减轻保证责任；债权人放弃全部物的担保的，保证人在债权人放弃担保物权的范围内免除保证责任。但若债权人先要求保证人承担保证责任时，必先确定物的担保与保证担保的责任范围，方能确定债权人放弃权利的范围。对此，该解释中只提到担保人"应当分担的份额"，而未明确该份额如何确定。

《物权法》基本上继受了《担保法的解释》中关于物的担保与保证并存时担保权行使的规定。该法第176条规定："被担保的债权既有物的担保又有人的担保的，债务人不履行到期债务或者发生当事人约定的实现担保物权的情形，债权人应当按照约定实现债权；没有约定或者约定不明确，债务人自己提供物的担保的，债权人应当先就该物的担保实现债权；第三人提供物的担保的，债权人可以就物的担保实现债权，也可以要求保证人承担保证责任。提供担保的第三人承担担保责任后，有权向债务人追偿。"这一条确立了以下规则：

（1）在物的担保与保证并存时，债权人应当按照约定实现债权，即债权人是优先就物的担保实现债权还是优先就保证担保实现债权，以及就物的担保与保证担保实现的债权数额，应取决于当事人的约定。只要当事人有明确约定，债权人就应依约定行使担保权；

（2）在当事人就担保权的实行没有约定或者约定不明时，债务人自己提供物的担保的，债权人应先行使担保物权，而不应未行使担保物权就要求保证人承担保证责任，债权人未行使担保物权而要求保证人承担保证责任时，保证人可以提出抗辩而不承担责任；

（3）在当事人没有约定或者约定不明时，物的担保是第三人提供的情形下，物上保证人与保证人的担保责任是平等的，在清偿上无先后次序之分，债权人可以选择就物的担保实现债权或者要求保证人承担保证责任。这是因为，在此情形下，第三人与保证人处于担保人的平等地位，都不是债的最终义务人，债务人才是最终义务人。因此，债权人无论是先实现物的担保还是先实现人的担保，物的担保人或者保证人都存在向债务人追偿的问题。为保障债权人的债权得以充分实现，法律尊重债权人的意愿，允许担保权人在这种情况下享有选择权。[①]

从立法规定看，尽管在关于物的担保与保证并存时如何行使担保权问题上，《物权法》基本上继受了《担保法的解释》的规定，但在物上保证人与保证人的担保责任承担和求偿关系上，二者的规定有所不同。

《担保法的解释》第38条第1款中规定："当事人对保证担保的范围或者物的担保范围没有约定或者约定不明的，承担了担保责任的担保人，可以向债务人追偿，也可以要求其他担保人清偿其应当分担的份额。"依此规定，物上保证人与保证人应当分担担保责任，不论债权人选择先行使担保物权还是先行使保证债权，承担了担保责任的担保人均可以向债务人追偿，也可以向其他担保人追偿其应当分担的份额。也就是说，该解释明确规定物上保证人与保证人之间可发生相互间的求偿关系。而《物权法》第176条中规定："第三人提供物的担保的，债权人可以就物的担保实现其债权，也可以要求保证人承担保证责任。提供担保的第三人承担担保责任者，有权向债务人追偿。"可见，该条只是明确规定了物上保证人或保证人承担担保责任

[①] 参见胡康生主编：《中华人民共和国物权法释义》，法律出版社2007年版，第380—381页。

后,有权向债务人追偿,但未规定其有权向其他担保人追偿。

无论是人的担保人还是物的担保人在承担担保责任后,都有权向债务人追偿,这是不言自明的,因为债务人是最终的债务承担人。但是,在各担保人之间有无求偿权上,因《物权法》第176条中未作规定,学者中也就有不同的意见。一种观点认为,承担了担保责任的担保人无论是物上保证人还是保证人,都只能向债务人追偿,而不能向其他担保人追偿,因为法律未规定担保人之间的这种追偿权。另一种观点则认为,承担了担保责任的担保人既可以向债务人追偿,也可以向其他担保人追偿。其主要理由是,既然依《物权法》第176条规定在第三人提供物的担保与保证并存时,物上保证人与保证人的担保责任是平等的,债权人有选择权,也就应当如同《担保法的解释》中的规定一样地承认各担保人之间的求偿权,即承担了担保责任的担保人有权向其他担保人追偿其应当承担的份额。如果承担担保责任的担保人只能向债务人追偿,而债务人又无力清偿,则等于只由承担了担保责任的担保人承担责任,而债权人未向其主张担保责任的担保人却不负任何担保责任。这显然是不公平的。因此,对于《物权法》第176条未规定的各担保人之间的求偿问题,仍应为同《担保法的解释》第38条第1款同样的解释。物上保证人或者保证人在应债权人的选择承担担保责任后,可以要求其他担保人清偿其应当分担的份额。那么,物上保证人与保证人的担保责任份额应如何确定呢?对此,《担保法的解释》第38条并未明确,学者中有不同的观点。有学者认为,物上保证人与保证人应平均分担其债务,承担了担保责任的人只能向其他担保人求偿1/2;有学者认为,物上担保人与保证人之间应依主债务人所负之债务以及担保物之价值或者最高限额之比例,定其分担额,而非平均分担。① 有学者提出，物上保证人与保证人责任分担的计算，因担保物的价值与物的担保债权额的关系不同而有别。在担保物的价值小于或等于物的担保债权额时，计算公式为：

物上保证人分担额＝代偿金额×［担保物的价值÷（保证债权额＋担保物的价值）］

保证人分担额＝代偿金额×［保证债权额÷（保证债权额＋担保物的价值）］。

担保物的价值大于物的担保债权额时，计算公式为：

物上保证人分担额＝代偿金额×［物的担保债权额÷（保证债权额＋物的担保债权额）］

保证人分担额＝代偿金额×［保证债权额÷（保证债权额＋物的担保债权额）］。②

本案中一审法院采取了上述第二种观点，而二审法院采取了上述第一种观点。

本案中第三人向银行的贷款分为两笔，一笔为120万元，一笔为80万元，两笔借款都在最高额度500万元的贷款限额内。债权人就该500万最高额贷款设立了物的担保与人的担保，且当事人都未明确约定担保权的实现顺序。

本案中第三人与债权人之间贷款纠纷经一审法院审理后作出（2022）鲁0783号民初4029号民事判决，判令第三人偿还借款本息，各保证人在最高额500万元限额内对第三人所欠债务承担连带责任；债权人有权就李爱红、刘明华抵押的大棚在最高余额500万元限额内

---

① 朱岩、高圣平、陈鑫：《中国物权法评注》，北京大学出版社2007年版，第556页。
② 参见同上书，第557—558页。

与抵押人协议折价或者以拍卖、变卖该抵押物所得的价款优先受偿。可见，该判决也未判决债权人应先行使保证担保权还是担保物权。在判决生效后，一审原告按保证合同约定代债务人履行了保证责任。在原告可否请求其他担保人追偿上，一审法院与二审法院采取了不同观点。一审法院认为，承担了担保责任的担保人，可以向债务人追偿，也可以要求其他担保人清偿其应当分担的份额。其向借款人不能追偿的部分，向其他共同保证的保证人按比例要求分担。同一债权上既有第三人提供的物的担保又有人提供的保证时，物的担保人与保证人处于同一法律地位。债权人可以要求物的担保人承担担保责任，也可以要求保证人承担保证责任。当事人对保证担保的范围或者物的担保的范围没有约定或者约定不明的，两者构成共同担保。无论是物的担保的范围或者物的担保人承担了担保责任后，均可以向债务人追偿，也可以要求保证人或者物的担保人清偿其应当分担的份额。可以说，一审法院是依据《担保法解释》作出如此认定的。而二审法院认为，《物权法》施行后，依《物权法》第 178 条"担保法与本法的规定不一致的，适用本法"的规定，《担保法解释》第 20 条、《担保法》第 38 条第 1 款的规定，也就失效。《物权法》第 176 条并未规定物的担保人与保证人之间可以相互追偿，各担保人在担保合同中并未约定可以相互追偿，因此，承担了担保责任的担保人不能向其他担保人追偿，而只能向债务人追偿。

应当承认，二审法院适用《物权法》的规定裁判本案，适用法律是正确的。《物权法》第 178 条的规定，也为《民法典》第 392 条所采纳。但是，需要指出的是，一审法院的裁决理由中很重要的一点是认为，各担保人之间构成共同担保。物的担保与人担保共存，或者有多个保证人时，如果担保人之间构成共同担保，则承担了担保责任的担保人有权向其他担保人追偿。本案中,一审法院错在认定各担保人构成共同担保上,根据不足。《最高人民法院关于适用〈中华人民共和国民法典〉有关担保制度的解释》第13条第2款规定:"同一债务有两个以上第三人提供担保,担保人之间未对相互追偿作出约定且未约定承担连带共同担保,但是各担保人在同一份合同书上签字、盖章或者按指印,承担了担保责任的担保人请求其他担保人按照比例分担向债务人不能追偿部分的,人民法院应予支持。"依此规定,除当事人另有约定外,只有各担保人在同一份合同书上签字、盖章或者按指印的,才构成共同担保。本案中赵士明、王秀玲、山东申达作物科技有限公司与债权人签订《个人最额保证担保合同》,董克明、门保明、潍坊市腾翔木业股份有限公司与债权人签订了《最高额保证担保合同》,李爱红、刘明华与债权人签订《最高额抵押担保合同》,各担保合同均为独立的,因此,这三份担保合同的担保人之间不构成共同担保,从而也就不享有相互追偿权。

第二十专题　抵押权人的抵押权保全权

——河北冀州农村商业银行股份有限公司前庄支行诉衡水豪邸房地产开发有限公司损害抵押房产纠纷案

案例索引

河北省衡水市冀州区人民法院（2020）冀1181民初70号民事判决。

基本案情

2016年10月12日河北冀州农村商业银行股份有限公司前庄支行与衡水豪邸房地产开发有限公司签订（冀州市联社）农信抵字（2016）第17612016880144号抵押借款合同一份，约定衡水豪邸房地产开发有限公司为河北冀州农村商业银行股份有限公司前庄支行与债务人张利签订的编号为冀州市联社农信借字2016第17612016592815号的《个人借款合同》项下债务人的一系列债务提供抵押担保。抵押财产为冀新东路房产（权属证书编号：冀州房权证冀州市字第××）及土地使用权（权属编号：冀国用2014第××号），担保范围为本金人民币壹佰贰拾万元，包括但不限于主合同项下每笔贷款的本金、利息、违约金、赔偿金、债务人支付的其他款项、乙方为实现债权和担保权而发生的一切费用。另约定如因抵押人原因导致抵押财产价值减少，且抵押人与债务人不是同一人，抵押权人有权要求抵押人在约定的担保范围内对主合同债务与债务人承担连带责任。同日，衡水豪邸房地产开发有限公司出具自愿担保承诺书。2016年10月12日，衡水正誉资产评估有限公司对抵押财产冀新东路房产的评估价值为2,052,000元。2016年10月21日衡水冀州豪邸房地产开发有限公司就其所有的上述房屋及土地使用权办理了抵押登记。2017年，衡水冀州豪邸房地产公司在未通知河北冀州农村商业银行股份有限公司前庄支行的情况下，将冀新东路房产的建筑物私自拆除。

2018年4月12日河北冀州农村商业银行股份有限公司前庄支行向衡水市冀州区人民法院起诉借款人张利、邸雪英及衡水豪邸房地产开发公司，请求偿还贷款本金及利息。2018年6月7日法院作出（2018）冀1181民初881号民事判决书，判决：一、被告张利于本判决生效之日起十日内偿还原告河北冀州农村商业银行股份有限公司前庄支行借款1,200,000元及利息（从2017年6月30日起至执行完毕止，按保证担保借款合同的约定计算利息）；二、被告邸雪英对上述借款负连带清偿责任；三、原告河北冀州农村商业银行股份有限公司前庄支行对冀州区北侧房产及土地使用权享有优先受偿权，在被告不履行上述给付义务时，以抵押物折价或者拍卖、变卖该抵押物所得价款优先受偿。该判决生效后，原告向法院申请对被告的抵押财产强制执行。

2018年9月26日，衡水光辉资产评估有限公司对拆除建筑物以后的抵押财产价值的评估价值为50.58万元。2019年6月25日，衡水市冀州区人民法院在对（2018）冀1181民初881号民事判决书的执行过程对本案抵押人拆除建筑物以后的抵押财产经京东网司法拍卖，该部分财产拍卖款为702,060元。衡水市冀州区人民法院在2019年5月16日作出的（2018）冀1181执190号民事裁定书中查明：被执行人衡水豪邸房地产开发有限公司已抵押在申请执行人河北冀州农村商业银行股份有限公司前庄支行，位于冀州区北侧房产已经灭失。2020年5月27日，经衡水正誉资产评估有限公司评估，拆除建筑物以后的抵押财产价值减少为1,630,000元。

2020年1月6日，河北冀州农村商业银行股份有限公司前庄支行向冀州区人民法院提起诉讼，要求衡水豪邸房地产开发公司赔偿私自损毁抵押房产给原告造成的损失120万元（结息至2019年11月13日），2020年4月16日庭审过程中原告当庭追加利息456,424.82元（2019年11月13日到2020年4月15日）。

另，2018年1月30日冀州市农村信用合作联社前庄信用社变更为"河北冀州农村商业银行股份有限公司前庄支行"。2017年1月20日冀州市豪邸房地产开发有限公司变更为"衡水豪邸房地产开发有限公司"。

判决与理由

冀州区人民法院认为，原、被告之间签订的（冀州市联社）农信抵字（2016）第17612016880144号抵押借款合同系双方真实意思表示，合同内容符合法律规定，故原告河北冀州农村商业银行股份有限公司前庄支行对被告衡水豪邸房地产开发有限公司所有的位于冀州区北侧房产及土地使用权依法享有抵押权，在债务人不履行到期债务时，以抵押物折价或者拍卖、变卖所得价款优先受偿，如因抵押人原因导致抵押财产价值减少，且抵押人与债务人不是同一人，抵押权人有权要求抵押人在约定的担保范围内对主合同债务与债务人承担连带责任。

本案被告作为抵押人在抵押期间,私自拆除已经设立了抵押权的房屋以致灭失,致使抵押财产价值减少,且本案被告作为抵押人与债务人不是同一人,被告的这一行为侵害了原告的抵押权,违反了双方签订的抵押借款合同的约定,故被告应当在因私自拆除抵押房屋造成的抵押物价值减少范围 1,630,000 元内对主合同债务承担连带责任。综上,依照《中华人民共和国合同法》第 172 条,《中华人民共和国物权法》第 173 条和第 193 条,《中华人民共和国担保法》第 49 条,《中华人民共和国民事诉讼法》第 144 条之规定,判决:一、被告衡水豪邸房地产开发有限公司在 1,630,000 元范围内对债务人张利与原告签订的编号为冀州市联社农信借字 2016 第 17612016592815 号的《个人借款合同》中的债务承担连带责任。二、驳回原告河北冀州农村商业股份有限公司前庄支行的其他诉讼请求。

评　析

本案未经二审,被告也未在法庭提出抗辩。本案的焦点问题是在抵押物价值减少时,抵押权人有何权利以资救济。这涉及抵押权人的抵押权保全权。

一、抵押权保全权的含义与成立条件

所谓抵押权人的抵押权保全权,是指在抵押期间抵押权人享有的于抵押财产的价值受到侵害时得采取相应措施,以使抵押权益不受

损害的权利。

抵押权保全权虽是抵押权人的一项权利，但其并非自抵押权设立时起就发生，而须具备一定的条件才能发生。因为抵押权保全权，是抵押权人保全抵押权益的权利。如果抵押权人的抵押担保权益未受侵害，抵押权人当然也就无行使保全权利的必要，不发生抵押权的保全权问题。因此，只有在抵押权人的担保权益受到侵害时，才会发生抵押权的保全权。也就是说，抵押权的保全权是以存在抵押权人的抵押担保权益受到侵害为条件的。

抵押权为价值权，抵押权人的担保权益体现在可直接支配抵押财产的担保价值上。因此，抵押权人的担保权益受侵害也就表现在抵押财产的担保价值减少上。因抵押财产担保价值的减少是因抵押财产受侵害造成的，所以，一般说来，抵押财产受到侵害，也就会使抵押权人的抵押权受到侵害，尽管此时抵押权受侵害是间接发生的。但是，抵押财产受到侵害并不等于抵押权就受到侵害，只有在抵押财产的价值因此而减少时，才构成对抵押权益的侵害。至于抵押财产的价值是否减少，则应以抵押权设立时抵押财产的价值为标准衡量。另外，所谓抵押财产价值减少，应不仅是指抵押财产的现价值少于在抵押权设立时的抵押财产价值，并且还指这种价值的减少致使抵押权人不能完全受清偿或者减缩优先受偿的范围。若抵押财产价值的减少并不影响抵押权人的担保权益，则应也不发生抵押权的保全权。例如，抵押财产于抵押权设立时价值100万元，当事人约定担保50万元债权，其后该抵押财产受到侵害，价值减为80万元。尽管抵押财产的价值减少，但因抵押权人的担保权益并不因此而受影响，也不发生抵押权的保全问题。

抵押权保全权仅是在抵押财产受不法侵害致使价值减少时才能

成立的权利。因为抵押人在抵押期间对抵押财产仍有使用收益的权利，所以，抵押人对抵押财产为正常的正当的使用收益的，即使因此而使抵押财产的价值减少，也不属于侵害抵押权益。当然，如在抵押权设立后因市场价格的变动而使抵押财产价值减少的，也不属于对抵押权益的侵害，不发生抵押权人的保全抵押权的权利。因为这种风险也是抵押权人于设立抵押担保时应当预见的。有的主张，于此情形下，抵押权人有请求抵押人增加担保的权利，即抵押权人享有增担保请求权。笔者不同意这种观点。增担保请求权为抵押权的保全权的内容，只要不存在抵押权益受不法侵害的事实，就不能发生增担保请求权。

侵害抵押财产使其价值减少的行为，不以积极的破坏行为为限，也包括消极的不作为行为。抵押人损坏抵押财产使抵押财产价值减少的，当然为对抵押权的侵害。抵押人以消极的不作为使抵押财产价值减少的，如应对抵押财产予以修缮而不修缮，也构成对抵押权的侵害。

侵害抵押权的主体是否仅限于抵押人呢？对此有不同的看法。笔者认为，因抵押人占有抵押财产并负有保管义务，所以侵害抵押权的主体通常为抵押人，但不限于抵押人。也就是说，第三人也会成为侵害抵押权的主体。例如，如果第三人的行为足以使抵押财产价值减少，就可构成对抵押权的间接侵害；而在第三人冒用抵押权人的名义注销抵押权登记，以及不法地妨碍抵押权的实现等情形下，第三人的行为构成对抵押权的直接侵害。于第三人侵害抵押权的情形下，抵押权人可以要求不法行为人停止侵害、排除妨碍等。

二、抵押权保全权的内容

关于抵押权人保全抵押权的权利，《民法典》第408条规定："抵押人的行为足以使抵押财产价值减少的，抵押权人有权请求抵押人停止其行为；抵押财产价值减少的，抵押权人有权请求恢复抵押财产的价值，或者提供与减少的价值相应的担保，抵押人不恢复抵押财产的价值，也不提供担保的，抵押权人有权请求债务人提前清偿债务。"按照该条规定，抵押权人保全抵押权的权利亦即抵押权保全权的内容包括以下几项：

1. 停止侵害请求权

在抵押人的行为足以使抵押财产价值减少而损害抵押权益，构成对抵押权侵害时，抵押权人有权请求抵押人停止该侵害行为，以防止或者避免抵押财产价值减少。这一权利即为抵押权人的停止侵害请求权，有学者将此称为防止抵押财产价值减少请求权、停止实施减少抵押财产价值行为请求权或抵押物价值减少的防止权。①

依《民法典》第408条规定，抵押权人的停止侵害请求权的条件是，抵押人的行为足以使抵押财产价值减少。也就是说，只有在抵押人的行为足以使抵押财产价值减少时，抵押权人才可行使停止侵害请求权。何为"足以减少"？这当然属于事实判断问题。有学者指出，所谓"足以"，是指抵押权人能够举证证明，抵押人的行为会明显造成抵押物的价值减少。对于"足以"的举证责任，应当由抵押权人承担。②这种见解甚有道理。我们认为，是否构成"足以"，应以会发生使抵押财产价值减少而损害抵押权人的担保权益的现实危险为标准。也就是说，只要抵押人的行为会导致抵押财产价值减少而损害抵押权人的担保权益，抵押权人就可以请求抵押人停止该侵害行为，而

---

① 参见梁慧星、陈华彬：《物权法》（第七版），法律出版社2020年版，第341页。
② 王利明：《物权法研究（第四版）》（下卷），中国人民大学出版社2016年版，第1241页。

不论该行为是积极行为（如拆除抵押的建筑物），还是消极行为（如抵押的建筑物应维修而不维修）。

抵押人的行为足以使抵押财产价值减少的，也就构成侵害抵押权的现实危险，抵押权人有权请求抵押人停止该行为；抵押人不停止的，抵押权人可以请求法院强制其停止。此应无疑问。有疑问的是，该请求权的相对人是否仅限于抵押人呢？如上所述，抵押人以外的人实施侵害抵押财产的行为，也会构成对抵押权益的侵害。若第三人有使抵押财产价值减少的危险时，如第三人的行为会损坏抵押财产使其价值减损而侵害抵押权人的担保权益，抵押权人可否以第三人为相对人而请求其停止侵害行为呢？对此有不同的观点。笔者曾经提出，不论抵押人还是第三人，只要其行为有足以使抵押财产价值减少或者继续减少的情形时，抵押权人均得请求其停止侵害。[①]但《民法典》中未作此规定。笔者认为，于此情形下，因为第三人的侵害行为是对抵押财产的侵害，作为抵押财产所有人的抵押人有权请求第三人停止侵害行为，抵押人如行使该请求权，抵押权人自无行使的必要；如果抵押人不对第三人行使停止侵害请求权，抵押权人有权要求抵押人排除该侵害，请求抵押人停止不要求第三人停止侵害的不作为。但若抵押人应抵押权人的请求仍不要求第三人停止侵害行为的，抵押权人应有权请求第三人停止其侵害行为，这是由抵押权的物权属性所决定的。

有学者指出，抵押人的行为足以造成抵押财产的价值减少，且情况十分紧急，抵押权人不采取自助行为不足以防止抵押财产价值减少的，可以采取必要的自助防卫措施，以制止抵押人的妨碍或者侵害

---

① 参见郭明瑞：《担保法原理与实务》，中国方正出版社1995年版，第183页。

行为。① 此种观点值得赞同。

2. 抵押财产的价值恢复请求权

抵押财产的价值恢复请求权，也就是抵押财产价值恢复原状请求权，简称为恢复原状请求权，是指抵押人的行为使抵押财产的价值减少的，抵押权人可以要求抵押人恢复抵押财产的价值的权利。抵押权人的担保利益是靠抵押财产的价值体现的，抵押财产价值减少就会使抵押权人优先受偿的数额减少。因此，使抵押财产价值减少的侵害行为，是对抵押权的一种侵害。使抵押财产价值减少的侵害行为是通过侵害抵押财产表现出来的，因为抵押权为对抵押财产价值的支配权，因此侵害抵押财产并不就是对抵押权益的侵害，只有因该侵害行为致使抵押财产价值减少的，侵害抵押财产才构成对抵押权的侵害。于此情形下，恢复抵押财产的价值，才能消除对抵押权的侵害。恢复抵押财产的价值，唯有恢复抵押财产的原状。因此，抵押权人行使抵押财产价值恢复请求权，应当具备以下两个条件：

（1）抵押人的行为已使抵押财产价值减少。只有在抵押财产的价值已经减少，即损害抵押权人的担保权益的事实已经存在，并且该损害是可归责于抵押人的情形下，抵押权人才可以请求抵押人恢复抵押财产价值的原状。如果使抵押财产的价值减少的损害只是由第三人造成的，则可发生抵押财产的物上代位，抵押权存在于因抵押财产受侵害所产生的保险金、赔偿金上，抵押权人不能行使恢复原状请求权。如果损害是由第三人造成的，但抵押人也有过错时，抵押权人可否行使恢复原状请求权呢？对此，学者中有不同的意见。一种观点认

---

① 邹海林：《抵押权》，载王利明主编：《物权法名家讲坛》，中国人民大学出版社2008年版，第392页。

为，此种情形下发生抵押财产上物的代位，不产生抵押权人的恢复原状请求权。笔者认为，这种情形下，一方面可发生抵押财产的物上代位，另一方面因抵押人有过错，抵押权人也可以行使抵押财产价值恢复请求权。因为仅由抵押权人行使物上代位权，不足以保障抵押权人的担保权益。

（2）须有恢复抵押财产原状的可能和必要。首先，须有抵押财产价值恢复原状的可能性，也就是说，只有损毁的抵押财产能够恢复，才可满足抵押权人恢复原状请求权。如果抵押财产已经不可能恢复原状，也就不能恢复原状，则自然不能满足抵押权人要求恢复抵押财产价值的请求；其次，须有恢复原状的必要，即恢复抵押财产的原状符合经济合理的要求。如果尽管可以恢复抵押财产的原状，但从社会经济效益上看，恢复原状是不合算的，例如，恢复原状耗费过巨，则抵押权人也不能要求抵押人恢复抵押财产的原状，而应通过其他方式保障自己的权益。

3. 提供相应担保的请求权

所谓提供相应担保，亦称为增担保，是指在原抵押担保外再提供与减少的抵押财产价值相应的担保。抵押权人请求抵押人增担保的，须具备以下条件：

第一，须抵押财产的价值因可归责于抵押人的行为而减少。因为抵押人提供抵押担保是以抵押财产的价值为限的，抵押权人实现抵押权时也仅是优先从抵押财产的价值受偿其债权。因此，对于抵押权人不能从抵押财产的价值中优先受偿的债权，抵押人不负清偿责任，只能由债务人负责清偿；即使抵押人为债务人，抵押权人不能从抵押财产的价值优先受偿部分的债权也属于一般债权，只能与其他债权人一样以抵押人的其他财产平等受偿。同时，为保障抵押权人的担保权益，为使抵押权人优先受偿的数额不致因抵押财产价值的不当减少而减少，抵押人在抵押期间负有维护抵押财产的价值不减少即不得侵害抵押权的义务。如抵押人违反该义务，也就是因可归责于抵押人的行为使抵押财产的价值减少，则抵押担保的效力也就减弱。因此，于此情形下，为保全抵押权，抵押权人有权请求抵押人在原提供的抵押担保之外另外再提供担保。如果未发生抵押财产价值减少的事实，或者虽发生抵押财产价值减少的事实但这不是因可归责于抵押人的原因造成的，则抵押人仅在原来提供的抵押担保的范围内承担担保责任，抵押权人无权请求抵押人再提供担保。

　　第二，抵押权人要求抵押人另提供的担保应与抵押财产减少的价值相应。这里所谓的"相应"，也就是指提供的增担保额与减少的抵押财产的价值额相当。这既是抵押权人行使保全权的限度，也是抵押人所负的增担保义务的限度。从抵押权人来说，抵押权人只可以要求抵押人提供与减少的价值相当的新担保，而不能要求抵押人提供大大超过减少的价值的担保，只要抵押人提供的新的担保与减少的价值相当，抵押权人就应当接受，而不能要求债务人提前清偿债务；从抵押人来说，抵押人增加的担保应与抵押财产减少的价值相当，抵押人提供的担保如果少于减少的抵押财产价值的，抵押权人有权拒绝接受，而采取其他保全措施。至于抵押人所提供的担保是物的担保还是人的担保，供为担保的物是由抵押人提供的还是由其他第三人提供的，均在所不论。如何判断抵押人另行提供的担保是否与减少的价值相当呢？笔者认为，判断是否相当，首先应采主观标准，即只要抵押权人认为相当即为相当；其次应采取客观标准，即尽管抵押权人认为不相当但客观上足以保障抵押权人的担保权益的，也就应认为相当。

　　抵押人提供相应的担保与恢复抵押财产的价值，都是使抵押权人得不到的担保权益得以确保得到，而不受损失，因此，提供相当的担保也可以看作是恢复抵押财产价值的一种措施。《民法典》第408条中规定，"抵押权人有权请求恢复抵押财产的价值，或者提供与减少的价值相应的担保"。依此规定，因可归责于抵押人的行为致使抵押财产价值减少的，抵押权人既可以行使要求恢复抵押财产价值请求权，也可以行使要求提供相应担保请求权。由于这两项请求权的目的是同一的，抵押权人只能从中选择一项请求权行使，而不能同时行使两项请求权。但是，如果抵押权人选择其中一项请求权行使而未得到满足的，抵押权人可以再行使另一项请求权，而不能因已经选择行使一项请求权而不得再行使另一项请求权。当然，只有抵押财产价值的恢复有可能又有必要时，抵押权人才可以行使恢复抵押财产价值请求权。如果抵押财产价值的恢复已不可能或者不必要，则抵押权人只能请求抵押人提供与减少的抵押财产价值相应的担保。

4. 请求债务人提前清偿债务

债务的清偿期限是对债务人履行义务的要求，债务人应按期履行，而不能延期履行。债务人在清偿期届满时未清偿全部债务的，也是构成不履行。债务的清偿期限也是对债权人行使权利的要求，即债权人不得要求债务人提前履行。债权人要求债务人提前履行债务的，是对债务人期限利益的剥夺，因此，在正常情形下，债权人无权要求债务人提前清偿债务。但由于债务人的经济状态是在不断变化的，届期债务人是否能够清偿债务，是债权人要求设定担保的重要因素。正是由于担心债务人届期不能清偿债务，债权人才会要求提供担保。在设定有抵押担保的情形下，如果因可归责于抵押人的行为使抵押财产的价值减少，则抵押权人可以请求抵押人恢复抵押财产的价值或者提供与减少的价值相应的担保，以使在债务人届期不清偿债务时能够以抵押权益保障债权的实现。然而，如果在抵押财产的价值减少时，抵押人不恢复抵押财产的价值也不提供相应担保的，于债务履行期限届满时抵押权人的权益就会受到损失。在此情形下，如何保障抵押权人的利益呢？有不同的立法例。如依《瑞士民法典》第809条规定，在规定的期限内，抵押权人的保全请求未得到答复的，抵押权人得要求债务人清偿足以保全其利益即相当于担保额的债务。依《德国民法典》第1133条规定，因土地毁损致抵押权担保受到危害时，债权人可以规定一个适当期限要求所有权人消除危害；期限届满后，如果未通过修缮土地或者设定另一抵押权而消除危害，债权人有权立即就土地取得清偿；债权未附利息且尚未到期的，债权人只能得到连同从支付之日起至到期为止附加的法定利息与债权金额相等的金额。但总的来说，于此情形下，抵押权人有权要求债务人提前清偿债务，使债务人丧失其期限利益。我国《民法典》第408条中也规定，"抵押人不恢复抵押财产价值，也不提供担保的，抵押权人有权请求债务人提前清偿债务"。依该条规定，抵押权人请求债务人提前清偿债务的，须具备以下条件：（1）发生因可归责于抵押人的行为致使抵押财产价值减少的事实。（2）抵押权人请求抵押人恢复抵押财产价值或者要求抵押人提供与减少的价值相应的担保。抵押权人未请求抵押人恢复抵押财产价值或者提供与减少的价值相应的担保的，不得径行要求债务人提前清偿债务。（3）抵押人拒不恢复抵押财产价值也不提供相应的担保。抵押人的拒绝行为可以是明示的也可以是默示的，不论是抵押人明确表示不恢复抵押财产价值或者不提供担保，还是应抵押权人请求后在合理的期间内抵押人未恢复抵押财产的价值也未提供担保，抵押权人都有权请求债务人提前履行债务。

要求债务人提前清偿债务，虽也是抵押权人保全担保权益的措施，但与其他措施不同的是，抵押权人的该项请求权的相对人为债务人而非抵押人。如果抵押权人要求债务人提前清偿债务而债务人并不清偿时应如何处理呢？在外国法上一般规定，于抵押人或债务人不能满足抵押权人的请求时，抵押权人得立即实现抵押权，《民法典》对此未明确规定。有学者提出，如果抵押人确实无法恢复价值，也无法提前清偿，其也可以与抵押权人协商，要求其不行使提前清偿的权利。① 这应无疑问。问题是，如果抵押人与抵押权人协商不成，抵押权人坚持请求债务人提前清偿债务时应如何处理呢？有学者指出，抵押权人要求债务人提前清偿债务，实际上无异于抵押权人提前行使抵押权。抵押权人要求债务人提前清偿而债务人不予清偿的，抵押权人自然可以行使抵押权。② 这是有道理的。我们认为，于此情形下，债务人不提前清偿债务应属于不清偿到期债务，抵押权人即可以实现抵押权。③

5. 损害赔偿请求权

损害赔偿请求权，是指抵押权人于抵押权因不法侵害受到损害时得请求侵权人赔偿的权利。

抵押权人行使损害赔偿请求权，以受有损失为前提。因为无损失即无赔偿。抵押权人是否受有损失，应以抵押权实现之时为判断和确定时点。因为只有于抵押权实现之时，抵押权人才能知道是否因抵押权被侵害而受有损失，才能知道其所受损害的范围。

---

① 王利明：《物权法研究（第四版）》（下卷），中国人民大学出版社2016年版，第1243页。
② 邹海林：《抵押权》，载王利明主编：《物权法名家讲坛》，中国人民大学出版社2008年版，第393页。
③ 郭明瑞、房绍坤：《担保法》（第四版），中国政法大学出版社2023年版，第122页。

抵押权人的损害赔偿请求权，是因侵权行为而发生的请求权。如上所述，对于抵押权的侵害可以是直接的，也可以是间接的；侵害抵押权的行为人可以是抵押人，也可以是第三人。一般说来，因抵押人的行为侵害抵押财产而间接侵害抵押权的，抵押权人可以行使停止侵害、恢复原状或者提供相应担保等请求权，以求救济。在第三人侵害抵押财产而间接侵害抵押权时，第三人的行为同时构成对所有权的侵害，第三人负有向抵押人赔偿的责任，基于抵押权的物上代位性，抵押权的效力当然及于抵押人的这项损害赔偿请求权。于此情形下，抵押权人可否再对第三人行使损害赔偿请求权呢？笔者认为，对此应当区分不同情形：如果第三人只是侵害抵押财产，并不知抵押权的存在，因为侵权损害赔偿一般以侵权人的过错为必要条件，由于在侵害抵押权上第三人并无过错，抵押权人不能对第三人行使损害赔偿请求权；如果第三人知道抵押权的存在，对于抵押权的侵害有过错，则第三人对于抵押权人应负损害赔偿责任，第三人不能以对抵押人的赔偿责任对抗抵押权人的损害赔偿请求权，抵押权人仍可对第三人行使损害赔偿请求权。

这里涉及物上代位与抵押权保全权的关系。有一种观点认为，抵押权人的抵押权保全权也属于物上代位制度。另一种观点认为，抵押权的物上代位制度与抵押权的保全制度是不同的制度。[①] 笔者同意后一种观点。抵押权的物上代位性与抵押权的保全是不同的。《民法典》第 390 条规定："担保期间，担保财产毁损、灭失或者被征收等，担保物权人可以就获得的保险金、赔偿金或者补偿金等优先受偿。被

---

① 详见王利明：《物权法研究（第四版）》（下卷），中国人民大学出版社 2016 年版，第 1242—1243 页。

担保债权的履行期未届满的,也可以提存该保险金、赔偿金或者补偿金等。"这是关于担保物权的物上代位性的规定。依据此规定,只要抵押物的价值形态发生变化,抵押权仍存在于变化后的抵押物的价值形态上。可见,抵押权(担保物权)的物上代位性,是由抵押权(担保物权)的价值性决定的,而不取决于抵押财产(担保财产)是因何原因毁损、灭失或者被征收的。而抵押权的保全权是抵押权人保全抵押权的权利,这权利是在抵押权受侵害时发生的。就抵押权人的损害赔偿请求权来说,它以第三人过错侵害抵押权为要件的。如果第三人在抵押权侵害上没有过错,虽可发生抵押权的物上代位但不发生抵押权人的损害赔偿请求权。

本案中原告与被告之间签订了抵押借款合同,被告衡水豪邸房地产开发公司作为抵押人以自己的价值2,052,000元的房产作为张利、邸雪英借款120万元本息的抵押担保,双方就抵押房屋及土地使用权办理了抵押登记,抵押权设立,原告河北冀州农村商业银行股份有限公司前庄支行享有抵押房产的抵押权。在原告申请对被告的抵押财产强制执行期间,被告抵押人拆除了抵押房屋。因在抵押权实现前,抵押权仍在抵押有效期间存在,抵押人的行为也就构成对抵押权的侵害,抵押权人有权行使其保全抵押权的权利。

本案中因抵押财产已被作为抵押人的被告拆除,且该侵害抵押财产即拆除抵押物的行为是发生在法院生效判决债务人清偿债务,原告得以抵押物折价或者拍卖、变卖抵押物所得价款优受偿的情形下,因此,原告可行使的保全权利也就是请求被告赔偿损失。原告的损失,也就是因被告的行为导致抵押财产减少的价值。依据资产评估公司的评估,被告私自拆除抵押房屋造成的抵押物的价值减少范围为1,630,000元。这也就是原告因被告拆除抵押物造成的抵押权益损失。

综上，笔者认为本案中法院支持原告请求被告衡水豪邸房地产开发有限公司在 1,630,000 元范围内对债务人与原告签订的《个人借款合同》中债务承担连带责任的诉求的判决是正确的。

第二十一专题　抵押权的取得

——张某与盛某抵押权纠纷案

案例索引

北京市第三中级人民法院（2021）京 03 民终 1641 号民事判决；北京市朝阳区人民法院（2020）京 0105 民初 19148 号民事判决。

基本案情

2014 年 7 月 22 日，玄某（贷款人，甲方）和杨某（借款人，乙方）、施某 1（借款人，乙方）、盛某（借款人，乙方）签订《借款合同》，双方约定借款本金为 2,100,000 元，借款利息为同期银行贷款利息 4 倍，借款期限为 45 日，借款期限以实际支付借款日起算，乙方应于到期日之前向甲方归还全部借款本息，乙方违反约定逾期还款的应向甲方支付违约金，日违约金按乙方应还总额的 1‰计算。

2014 年 7 月 24 日，玄某（抵押权人，乙方）与盛某（抵押人，甲方）签订《借款抵押合同》，约定甲方因个人资金周转问题现将坐落在朝阳区×房产抵押给乙方，双方协商估价 210 万元，抵押借款 210 万元，期限为 45 天，利息月息 1.8%，抵押担保范围为本金及利息。同日，玄某与盛某前往办理抵押登记手续，玄某取得了朝阳区×房产的抵押权，他项权证中登记的债权数额为210万元。在《北京市国有土地房屋一般抵押权设立登记申请书》中询问一栏，盛某对于申请登记的房屋或份额是否为夫妻共有一项中回答为否。

2017年5月5日，玄某（甲方，转让方）与张某（受让方，乙方）签订《债权转让协议书》，双方约定甲方自愿将对施某1、杨某、盛某的全部债权600,000元及利息、违约金等全部转让给乙方，包括申请执行的权利和收取执行款的权利也全部转让给乙方；乙方自愿接受转让。北京市东方公证处对上述债权转让协议进行了公证，并出具了公证书。

2017年5月22日，玄某死亡。

2018年4月，张某以盛某、杨某、施某1为被告提起民间借贷纠纷，请求盛某、杨某、施某1连带偿还借款本金708,668.92元、按照月利息2%的标准支付利息，并支付为实现债权而支出的合理费用。后法院经审理判决，盛某、杨某、施某1偿还张某借款本金555,735.9元并支付违约金。判决后，张某申请执行，但盛某、杨某、施某1无财产可供执行，故法院裁定终结执行。

张某向朝阳区人民法院起诉请求：判决张某对×京房地产证朝字第×××号项下的抵押物拍卖、变卖所得价款在本金555,735.9元及违约金、案件受理费13,240元及迟延履行期间的债务利息范围内优先受偿。

施某2向朝阳区人民法院提出诉讼请求：1.判令张某与盛某签订的《借款抵押合同》无效；2.撤销编号为×京房他证朝字第×××号房屋他项权证的登记。

判决与理由

一审法院认为,关于玄某与盛某所签《借款抵押合同》效力,根据物权法相关规定,不动产登记簿是物权归属和内容的根据,所有权人有权在自己的不动产或者动产上设立用益物权和担保物权。本案中,涉案房屋产权证上明确写明房屋为盛某单独所有,并未反映出与第三人的共有关系,玄某有理由依据房产证的公示效力判断涉案房屋为盛某个人所有。盛某主张玄某在签订抵押合同时知晓房屋系夫妻共同财产,但是盛某并未提供证据证明其主张,亦无证据证明玄某与盛某有恶意串通损害第三人利益的情形,故第三人主张抵押合同无效,并无法律依据,法院不予支持。即使该房屋为夫妻共同财产,根据《最高人民法院关于适用〈中华人民共和国婚姻法〉若干问题的解释(三)》第11条规定:"一方未经另一方同意出售夫妻共同共有的房屋,第三人善意购买、支付合理对价并办理产权登记手续,另一方主张追回该房屋的,人民法院不予支持。夫妻一方擅自处分共同共有的房屋造成另一方损失,离婚时另一方请求赔偿损失的,人民法院应予支持。"此条系对夫妻一方出卖不动产的效力性规定,本案中盛某处分的是抵押权,但保护善意第三人权益、维护交易秩序的司法精神对本案仍应适用。玄某信赖房产证的公示公信效力,与盛某签订抵押合同并办理抵押登记,属于善意第三人,其依法享有对涉案房屋的抵押权。第三人本可以通过登记为共有人保护其权利,但其怠于行使。当事人不应以夫妻共同所有为由而免于不动产登记,进而对抗商事交易行为,有害交易安全。故,法院对于第三人诉请抵押合同无效,并因此要求注销抵押登记,不予支持。

关于张某抵押权的实现,根据我国物权法相关规定,设立抵押权，当事人应当采取书面形式订立抵押合同。当事人以建筑物抵押的，应当办理抵押登记，抵押权自登记时设立。本案中，玄某与盛某签订了抵押合同，抵押合同中明确约定了被担保的主债权数额、债务人履行债务的期限、抵押担保的范围等，且双方办理了抵押登记，玄某已取得相应抵押权。抵押权是从属于主合同的从权利，玄某将对盛某等人的债权转让给张某，应认定为担保该债权的抵押权一并转让，盛某以张某不是抵押合同当事人、未办理抵押登记为由提出的抗辩，法院不予采纳。《物权法》第195条规定："债务人不履行到期债务或者发生当事人约定的实现抵押权的情形，抵押权人可以与抵押人协议以抵押财产折价或者以拍卖、变卖该抵押财产所得的价款优先受偿……抵押权人与抵押人未就抵押权实现方式达成协议的，抵押权人可以请求人民法院拍卖、变更抵押财产。"本案中，盛某、杨某、施某1未按双方约定向张某偿还借款本息，现张某主张对盛某名下位于北京市朝阳区×房产的房屋的折价、拍卖、变卖所得的价款优先受偿，于法有据，法院亦予以支持。但需说明的是，债权人行使担保物所得价款优先受偿的范围应以当事人约定为准，玄某与盛某签订的抵押合同明确约定了抵押担保范围为本金和利息，张某主张的违约金、另案案件受理费、迟延履行期间的债务超出了双方约定的抵押权担保范围，故张某仅能就其主张的剩余本金行使抵押物的优先受偿权。

一审法院依据《物权法》第179条、第180条、第185条、第195条，《合同法》第196条、第206条、第210条、第211条，《最高人民法院关于审理民间借贷案件适用法律若干问题的规定》第29条之规定，判决：一、张某有权就盛某名下的位于北京市朝阳区×房产拍卖、变卖所得的价款在本金五十五万五千七百三十五元九角（555,735.9元）范围内优先受偿；二、驳回张某的其他诉讼请求；

三、驳回施某2的诉讼请求。

一审判决后，盛某与施某2提起上诉。盛某上诉请求：撤销一审判决，将本案发回重审或改判驳回张某的全部诉讼请求。施某2上诉请求：撤销一审判决，将本案发回重审或改判驳回张某的全部诉讼请求。

二审法院认为，《物权法》第106条规定，无处分权人将不动产或者动产转让给受让人的，所有权人有权追回；除法律另有规定外，符合下列情形的，受让人取得该不动产或者动产所有权：（一）受让人受让该不动产或者动产时是善意的；（二）以合理的价格转让；（三）转让的不动产或者动产依照法律规定应当登记的已经登记，不需要登记的已经交付给受让人。受让人依照前款规定取得不动产或者动产的所有权的，原所有权人有权向无处分权人请求赔偿损失。当事人善意取得其他物权的，参照适用前两款规定。本案中，首先，根据法院查明的事实，涉案房屋的产权证明确记载房屋为盛某单独所有，盛某在涉案房屋办理抵押登记时，其在"房屋或份额是否为夫妻共有"一项中回答为"否"。涉案房屋的不动产登记情况具有公示公信效力，玄某作为第三人对于该登记情况享有信赖利益，其依据该房屋产权证的登记情况有理由判断该房屋为盛某个人所有，其取得该房屋抵押权时具有善意。其次，玄某作为出借人与借款人盛某等签订了《借款合同》，并实际向其提供了借款。再次，玄某与盛某签订了《抵押借款合同》，并办理了涉案房屋的抵押登记手续。故而，玄某已经实际取得了涉案房屋的抵押权。

盛某、施某2上诉主张，玄某在办理抵押登记时知晓涉案房屋属于其夫妻共同财产，玄某的抵押权损害了施某2的合法权益。对此本院认为，即使涉案房屋属于盛某、施某2的夫妻共同财产，但玄某已经善意取得了该房屋的抵押权，故而一审法院驳回施某2要求确认抵押合同无效并注销抵押登记的诉讼请求，于法有据，本院二审予以维持。施某2提交的证据不能证明其上诉请求成立，本院二审对此不予采信。

玄某取得涉案房屋的抵押权后，其将对盛某等人的债权转让给张某，抵押权作为从权利，与担保的债权一并转让，张某作为债权人、抵押权人有权就涉案房屋的折价、拍卖、变卖所得价款优先受偿。一审法院判决张某有权就盛某名下位于北京市朝阳区×房产拍卖、变卖所得的价款在本金范围内优先受偿，具有事实和法律依据，本院二审予以维持。

综上所述，盛某、施某2的上诉请求均不能成立，应予驳回；一审判决认定事实清楚，适用法律正确，应予维持。依照《中华人民共和国民事诉讼法》第170条第1款第1项，判决：驳回上诉，维持原判。

评　析

本案争议的问题是张某能否就涉案房屋行使抵押权，以拍卖、变卖该房屋所得价款优先受偿其债权，焦点是张某是否对涉案房屋享有抵押权。这涉及抵押权的取得问题。

抵押权的取得方式有二：一是受让取得；二是设立取得。前者属于抵押权的传来取得，后者属于抵押权的原始取得。

一、抵押权的受让取得

抵押权的受让取得，是指通过转让而取得抵押权。

《民法典》第407条规定:"抵押权不得与债权分离而单独转让或者作为其他债权的担保。债权转让的,担保该债权的抵押权一并转让,但是法律另有规定或者当事人另有约定的除外。"依此规定,我国现行法与多数国家的法律规定一样,不认可抵押权具有流通性,抵押权人不能单独将抵押权转让,也就是说他人不能单独地从抵押权人受让取得抵押权。但是,抵押权不具有流通性,不等于他人就不能从抵押权人受让抵押权。抵押权与担保的债权构成主从关系,抵押权为从权利,抵押权所担保的债权为主权利。根据"从随主规则",从权利可随主权利的转移而转移。因此,法律规定,除法律另有规定或者当事人另有约定外,债权转让的,担保该债权的抵押权一并转让,受让人也因受让债权而取得担保该债权的抵押权。

通过受让债权而取得担保该债权的抵押权,须具备以下条件:(1)受让的债权是有效债权;(2)债权转让行为有效;(3)担保该债权的抵押权有效存在。

二、抵押权的设立取得

抵押权设立取得,是债权人依抵押权的设立而取得抵押权。抵押权的设立是抵押权取得的常态。并且,只有设立了抵押权,才会发生抵押权的受让取得。

抵押权的设立须具备一定条件,若不具备这些条件,则抵押权不能设立或者说不成立。抵押权的设立条件涉及抵押合同、抵押财产和抵押权登记问题。

1. 关于抵押合同

抵押合同是当事人设立抵押权的协议,是抵押权设立的基础。作为合同,只有符合合同成立和有效条件的抵押合同,才能发生抵押权设立的法律后果。抵押合同涉及合同当事人、合同的形式和合同的内容等问题。

抵押合同的当事人为抵押人和抵押权人。抵押人为提供财产供为债权担保的一方，又称为设抵人，抵押权人为抵押权设立后享有抵押权的人。只有抵押合同的当事人符合法律规定的条件即主体适格，抵押合同才能有效成立。

作为抵押合同的当事人，首先抵押人和抵押权人须具备相应的民事行为能力；其次抵押人和抵押权人还须具备相应的条件。

就抵押权人来说，由于抵押权设立后，于债务人不履行到期债务或者当事人约定的实现抵押权的事由发生时，抵押权人得将抵押财产变价而从中优先受偿其债权，因此，抵押权人须为抵押权所担保债权的债权人。非为被担保债权的债权人（包括未来的债权人）的，不能成为抵押合同一方的权利人。换言之，不能成为债权人的人作为抵押权人订立抵押合同的，抵押合同便无效，不能发生抵押权设立的后果。这是由抵押合同的从属性决定的。

就抵押人而言，抵押人可以是债务人，也可以是债务人以外的第三人，但因抵押权设立后会发生抵押财产用以优先清偿被担保的债权，因此，抵押人一方面应具有相应的行为能力，另一方面应对抵押财产具有处分能力。无完全民事行为能力的人不能作为抵押人订立抵押合同，自不待言。无完全民事行为能力人可否由法定代理人代理订立抵押合同而为抵押人呢？法无规定。笔者认为，无完全民事行为能力的法定代理人也不能代无完全民事行为能力人订立抵押合同，因为抵押合同不是使抵押人受益而是使抵押人负担保责任的合同。因此，以无完全民事行为能力人作为抵押人的抵押合同，不论是否是由有代理权的人代理订立的，合同均应为无效。

虽具有完全民事行为能力但对供与抵押担保的财产无处分权的，也不能为抵押人。但抵押人以其没有处分权的财产设立抵押权的，抵押是否有效？抵押权是否能够设立呢？这需要具体分析。

笔者认为应当区分抵押是否有效与抵押合同是否有效。抵押合同无效的，抵押无效；但抵押无效，不等于抵押合同无效。抵押合同是否有效，应依合同法的规定。一般说来，笔者认为，无处分权人无权处分的处分无效，应是指抵押权不能设立，设立的抵押权不能发生效力，但不等于当事人之间签订的抵押合同就无效。抵押人以自己没有处分权的财产设立抵押权的，有两种情形：

一是抵押人于订立合同时对自己的财产有处分权而其后处分权受到限制。于此情形下，抵押应为可撤销的，一经撤销则抵押无效，抵押权不设立；若未经撤销，则抵押有效。如，依《破产法》规定，人民法院受理破产前一年内，债务人"对没有财产担保的债务提供财产担保的"，管理人有权请求撤销。可见，对于此情形下设立的抵押担保，若管理人撤销，则抵押无效，也就是说抵押权无效；若管理人不撤销，则抵押仍为有效，抵押权可设立。但是，这里的撤销是否为对抵押合同的撤销，值得讨论。通常认为，这里的撤销是指抵押合同的撤销。但是，这里的撤销应为抵押撤销或者说抵押权撤销更为合理。也就说，尽管撤销权人撤销抵押，但抵押合同并非撤销，因为这种情形不属于法律规定的可撤销民事法律行为的情形。

二是抵押人于订立合同时对于供为抵押的财产无处分权。对于这种情形下的抵押，通常认为抵押合同应为效力待定的合同。其理由是：原《合同法》第51条规定，"无处分权的人处分他人财产，经权利人追认或者无处分权的人订立合同后取得处分权的，该合同有效"。依此规定，无处分权的抵押人订立抵押合同的，抵押合同并非自始当然无效，而属于效力待定的合同。如果订立合同后抵押人取得抵押财产的处分权或者经用于抵押的财产的权利人追认，则该抵押合同有效。这涉及对于原《合同法》第51条的理解。上述观点认为，依《合同法》第51条规定的反面解释，无处分权人处分他人财产，未经权利人追认或者无处分权人订立合同后未取得处分权，该合同无效。但笔者认为，这里的无效，不应是合同无效，而是处分行为无效，也就是说不能基于该合同发生物权变动，无处分权人不能履行合同。这两种理解，对于无处分权人的责任是不同的：如认为属于合同无效，则无处分权人会承担缔约过失责任；如认为属于合同有效，则无处分权人承担的是债务不履行责任。

抵押人无处分权包括共同共有人未经其他共有人同意而以其共有财产设定抵押。由于共同共有人不同于按份共有人，不能按照一定的份额享受权利，也不享有对自己份额的处分权，因此，共同共有人以共有财产抵押的，属于以自己无处分权的财产抵押。共同共有人以共有财产抵押的，必须经其他共有人同意，也就是得到他共有人授权。其他共有人同意抵押的意思表示可以是明示的，也可以是默示的，只要其他共有人知道或者应当知道而未提出异议，就视为同意。因此，共同共有人以其共有财产设定抵押的，在其他共有人提出异议时，只要抵押权人能够证明该共有人在此前已经知道或者应当知道而未提出异议，抵押就有效。

但无论在何种情形下，虽确认抵押合同无效，但如果抵押已经登记而未注销抵押登记的，抵押权形式上仍为有效存在。

抵押人对抵押财产无处分权而订立抵押合同的，如果债权人可依善意取得规则而取得抵押权，则抵押权的设立有效。依《民法典》第311条第3款规定，其他物权也可以依善意取得规则取得。根据该条规定，抵押人非为抵押财产的处分权人，但订立抵押合同时抵押权人善意地相信抵押人为处分权人，抵押权人有相应债权存在，且办理了抵押登记手续的，抵押权有效。例如，抵押财产为不动产的，抵押人为不动产登簿上登记的财产所有人而事实上不是所有人，如甲建造的房屋或者购买的房屋错误地登记记载在乙的名下，债权人因善意相信该登记而与登记簿上记载的权利人订立抵押合同，并办理了抵押权登记的，抵押权设立，债权人取得该抵押权，真正的财产所有人不能主张抵押权设立无效。抵押财产为动产的，抵押人为占有人而非所有权人，债权人善意地相信该人为权利人而与之订立抵押合同，且办理了抵押权登记的，该抵押权也有效设立，该债权人善意取得抵押权。

《民法典》第400条第1款规定："设立抵押权，当事人应当采取书面形式订立抵押合同。"依此规定，抵押合同应当采用书面形式。抵押合同应采用书面形式，是否意味着抵押合同未采用书面形式的就无效呢？有学者认为，书面形式为抵押合同的法定形式，当事人不能采用书面形式以外的其他形式订立抵押合同，例如订立口头抵押合同；当事人订立抵押合同未采取书面形式的，抵押合同不生效力，自不得向登记机关请求办理抵押登记。[①] 我们认为，抵押合同应当采用书面形式，并不意味着未采用书面形式的合同就无效。《民法典》第490条第2款规定："法律、行政法规规定或者当事人约定合同应当采用书面形式订立，当事人未采用书面形式但是一方已经履行主要义务，对方接受时，该合同成立。"因此，当事人若未采用书面形式订立抵押合同，已经履行合同的，如办理了抵押登记，抵押合同仍然成

---

① 邹海林：《抵押权》，载王利明主编：《物权法名家讲坛》，中国人民大学出版社2008年版，第385页。

立。[1]如果当事人所设立的抵押权为依法律规定须经登记才能设立的，会因未订立书面合同而不能办理抵押登记，抵押权因未登记不能设立，但这不能说抵押合同就无效；如果当事人所设立的抵押权依法律规定未经登记仅不能对抗善意第三人（例如动产抵押），则当事人未采用书面形式而采用其他形式如口头形式订立抵押合同的，只要当事人无疑义，抵押合同也不能就因未采取书面形式而无效，抵押权仍应设立。

抵押合同的内容，在抵押合同是独立于主债权合同的单独的合同时，是指抵押合同中的条款；在抵押合同未与主债权合同独立而立于同一合同文件时，是指该合同中有关抵押关系的合同条款。《民法典》第400条第2款规定，抵押合同一般包括下列条款："（一）被担保债权的种类和数额；（二）债务人履行债务的期限；（三）抵押财产的名称、数量等情况；（四）担保的范围。"

关于抵押合同的内容有以下问题值得讨论：

其一，上述内容中哪些为抵押合同的必要条款？依《民法典》第400条规定，上述四项条款属于抵押合同一般包括的条款，而并非都是必有的必要条款。合同的必要条款是合同成立必须具备的条件，若无必要条款，则合同不能成立。上述抵押合同中的四项条款中何为必要的条款，这决定于缺乏该条款时抵押合同能否成立。对此，法无明文规定。从抵押合同成立要求上看，抵押合同的必要条款应有两项：一是被担保债权的种类；二是抵押财产。这是由作为担保物权的抵押权的特定性所决定的。抵押权的特定性一方面表现为被担保的债权须特定，如果担保合同不能确定担保的是何债权，则担保合同不能

---

[1] 郭明瑞、房绍坤、张平华：《担保法》，中国人民大学出版社2006年版，第109页。

成立。当然，这里所谓被担保债权的特定，并非指债权数额的特定。凡是诸如债权的发生原因、债权的性质等方式能够使担保债权特定的，都为债权特定的方法，合同中规定了这些特定方式的，也为被担保债权确定。抵押权的特定性的另一方面表现为抵押财产的特定。如果抵押财产不特定，也就不能确定是何种财产用于抵押担保的，抵押合同也就不能成立。

其二，除上述内容外，当事人还可以约定哪些内容？抵押合同作为合同，其条款当然可由当事人自行约定，因此，抵押合同的内容一般包括上述内容但决不限于上述内容。除上述内容外，当事人还可以约定其他内容。例如，当事人可以在合同中约定抵押权人可以实现抵押权的情形。但是，当事人并非可以任意约定其他事项，换言之，有一些事项，当事人不得约定，即使约定也是不能履行的。在是否可以约定的事项上，主要涉及以下两点：

（1）关于流押的约定条款。流押条款，是指当事人在抵押合同中约定的于债务人在债务清偿期届满不清偿债务时，抵押财产即归抵押权人所有的条款。这种条款，学说上称为抵押物代偿条款、流押（流质）契约。对于流押（流质）条款，自罗马法以来，各国立法一般都不承认其效力。这是因为这种约定，一般说来，在其后物价上涨时会损害抵押人和抵押权人的其他债权人的利益，而在设定抵押权时由于各种因素当事人对抵押物的价值可能会估计不充分，不利于保护抵押人的利益。我国原《担保法》和《物权法》也都有关于流押（流质）的禁止性规定。原《担保法》第40条规定："订立抵押合同时，抵押权人和抵押人在合同中不得约定在债务履行期届满前抵押权人未受清偿时，抵押物的所有权转移为债权人所有。"原《物权法》第186条规定："抵押权人在债务履行期届满前，不得与抵押人约定债务人不履行到期债务时抵押财产归债权人所有。"依该条规定,只要在债务履行期届满前,无论在抵押合同中还是在抵押合同订立后,当事人都不得约定债务人不履行到期债务时抵押财产归债权人所有。

但是,关于流押(流质)条款的禁止性规定,值得研究。有学者认为,在现代社会,流押(流质)条款,可以简化抵押权的实现程序,有利于节省交易成本。因为承认此种条款的效力,于债务人不履行到期债务时,抵押权人即可取得抵押财产的所有权而实现抵押权。因此,在现代社会,不应一律禁止流押(流质)条款,特别是在商事交易中应当认可流押(流质)条款的效力。笔者同意这种观点。笔者认为,关于流押(流质)的事项,并不关涉社会公共利益,法律实无禁止的必要,而应贯彻意思自治原则,尊重当事人的意愿,允许当事人约定在债务人不履行到期债务时抵押财产归债权人所有。当事人的该项约定,如果损害抵押人的其他债权人的利益,则受损害的他债权人得行使撤销权予以撤销;当事人的该项约定,如果并非出于抵押人的真实意思而是抵押人在意思不自由的情形下做出的,则抵押人可以行使撤销权予以撤销。因此,当事人的此种约定,若经撤销权人行使撤销权被撤销的,则归于无效;若未被撤销,则应为有效,于抵押权可实现时抵押权人即可依此约定实现抵押权。但是,《民法典》一方面没有再禁止当事人设定流押(流质)条款,另一方面也不认可当事人可以履行流押(流质)条款。《民法典》第401条规定,抵押权人在债务履行期限届满,与抵押人约定债务人不履行到期债务时抵押财产归债权人所有的,只能依法就抵押财产优先受偿。

(2)关于抵押期间的约定。当事人可否在抵押合同中约定抵押期间,换言之,当事人约定抵押期间的,该期间的约定是否有效呢?这涉及担保期间问题。关于担保期间与担保物权的关系,有不同的观点。

一种观点被称为"担保物权存续说"。此种观点认为,担保期间的约定无效,在当事人约定的担保期间届满后,担保物权仍继续存在。其主要理由有三:其一,就物权法理论而言,根据物权法定原则,当事人不能在物权法之外设定物权,也不能以物权法之外的方式消灭物权。作为担保物权的抵押权、质权,若因合同约定或者登记规定的期限届满而消灭,自然有违物权法定主义。其二,就法律根据而言,现行法律未规定抵押权、质权可因当事人约定的期间或者登记时强制登记的期间届满而消灭。其三,就担保实务而言,若承认担保期间届满使担保物权归于消灭,会导致对抗担保权人对担保物行使权利,从而直接降低物的担保之信用,极大地损害担保物权制度的功能。

另一种观点被称为"担保物权"消灭说。此种观点认为,在担保期间届满后,担保物权应归于消灭。理由有三:其一,物权中的所有权的无期限性并不排斥其他物权的有期限性;其二,担保物权的从属性理论已有新的进展,虽然债权的消灭决定着担保物权的消灭,无疑是其从属性的基本表现,但是担保物权的消灭并不导致债权的消灭,也是其附属性的体现;其三,允许当事人约定担保物权期间,符合意思自治的私法精神。

第三种观点被称为"担保物权对抗效力丧失说"。此种观点认为,担保期间既不是担保权的存续期间也不是时效期间,而是担保权登记对抗力有效期间。在担保期间届满时,若不继续登记,虽然担保权仍继续存在,但将丧失对抗力。其理由是:首先,应当区分担保物权存续期间与登记期间两个概念。当事人约定的担保物权期限以及登记机关强制登记的担保物权存在期间,属于担保物权存续期间;而当事人约定的或者登记部门强制规定的担保物权登记有效期间，则属于登记期间。根据抵押权从属性的规定，抵押权的存续期间是不能约定的，否则应认定该约定无效；其次，根据"抵押权非经登记不得对抗第三人"的规定，登记制度仅在于使抵押权具有对抗第三人的效力而已；特别是在动产抵押场合，登记并非动产抵押的成立要件，仅仅属于对抗要件而已，抵押权的登记与抵押权本身的存续无关，因而当事人是可以约定登记期间的；最后，从比较法解释的角度看，美国《统一商法典》和我国台湾地区"动产担保交易法"中都对抵押权的登记期间作出规定，该期间的性质也被解释为抵押权登记的对抗力有效期间。

原《担保法的解释》第12条第1款采取了上述第一种观点，该款规定："当事人约定的或者登记部门要求登记的担保期间，对担保物权的存续不具有法律约束力。"依此规定，当事人在抵押合同中不得约定担保期间，有担保期间约定的，该项约定无效。

原《物权法》对于当事人是否可以约定担保期间没有明文禁止，但在第202条规定"抵押权人应当在主债权诉讼时效期间行使抵押权；未行使的，人民法院不予保护"。《民法典》第419条沿用了这一规定。因此，对于当事人可否约定担保期间，仍有否定和肯定的两种观点的争议。否定说认为，既然法律明文规定，抵押权人应当在主债权诉讼时效期间行使抵押权，这实际上意味着抵押期限与诉讼时效期间是一致的，所以，只要有主债权的诉讼时效期间，就不必要存在抵押期限。肯定说认为，抵押权作为他物权，只能于一定期限内存在，这种期限除了法律规定之外，当事人也可以自行约定。按照《民法典》第400条规定，抵押合同的内容中并没有包括抵押期限，但由于该条文表述上使用"一般包括"的提法，因而，该条文并不是强行性规范，当事人完全可以在该条所列举的各项条款之外作出其他事项的约定。虽然《民法典》第419条对抵押权的最长存续期间作出了规定，但是，该条并没有绝对禁止当事人自主约定抵押期限。在《民法典》法第419条规定的最高期限内，当事人虽不能约定永久存续的抵押权，但是，可以约定一定期限内存在的抵押权。主要原因在于：第一，主债权的诉讼时效期间在一定程度上确定了抵押权的最长期限，但是，在主债权的诉讼时效期间届满之前，抵押权可以在任何阶段存在，当事人完全可以约定较短的抵押期限。第二，如果当事人的约定超过了主债权的存续期间，也并非当然无效，因为主债权在履行期届满前，即使债务人不履行债务，并不意味着诉讼时效期间届满。因此在主债的存续期间内，仍然存在着当事人约定抵押期限的空间。第三，当事人约定了抵押权生效的时间，例如，合同订立后某个时期内办理登记手续，此时，主债务期限和抵押期限的起算点就不相同。

笔者认为，虽然《民法典》第419条规定了"抵押权人应当在主债权诉讼时效期间行使抵押权；未行使的，人民法院不予保护"，但这不能成为当事人不得约定抵押权存续期间的理由，当事人完全可以在抵押合同中约定抵押期间。当然，当事人约定的抵押期间不能短于或者等于债务履行期限，当事人约定的抵押期间短于或者等于债务履行期限的，该约定无效，应视为当事人没有期限的约定；当事人约定了抵押权存续期间，如抵押期间为一年，但没有约定起算点的，该期限应自债务履行期届满之日起计算。允许当事人约定抵押期间，并不会导致物的担保的信用降低，而只会促使抵押权人及时行使抵押权，既贯彻了意思自治，又有利于维护抵押权人和抵押人各方的利益。

2. 关于抵押财产

抵押财产是抵押人供为担保用于设定抵押权的财产，为抵押权的标的。没有标的，权利不能成立，因此抵押合同中应明确抵押财产。用什么财产设立抵押权，由当事人自行决定，但当事人用于设立抵押权的财产须为法律许可抵押的财产。这也就是说哪些财产可用于抵押，是由法律规定的，当事人只能在法律许可抵押的财产上设定抵押权。

依《民法典》第395条规定，债务人或者第三人有权处分的下列财产可以抵押：(1) 建筑物和其他土地附着物；(2) 建设用地使用权；(3) 海域使用权；(4) 生产设备、原材料、半成品、产品；(5) 正在建造的建筑物、船舶、航空器；(6) 交通运输工具；(7) 法律、行政法规未禁止抵押的其他财产。[①] 依《民法典》第399条规定，下列财产不得抵押：(1) 土地所有权；(2) 宅基地、自留地、自留山等集体所有的土地使用权，但是法律规定可以抵押的除外；(3) 学校、幼儿园、医院等为公益目的成立的非营利法人的教育设施、医疗卫生设施和其他社会公益设施；(4) 所有权、使用权不明或者有争议的财产；(5) 依法被查封、扣押、监管的财产；(6) 法律、行政法规规定不得抵押的其他财产。

当事人以《民法典》第399条规定不得抵押的财产设立抵押权的，抵押权的设立是否就无效呢？对此有不同的观点。这主要涉及以下问题：

---

① 《民法典》所列举的可抵押财产和不得抵押财产与原《担保法》规定的最大区别就在于：《担保法》第34条列举可抵押财产的最后一项为"依法可以抵押的其他财产"。依《担保法》规定，只有法律、行政法规规定可以抵押的财产才可用于抵押。而依《民法典》的规定，只要法律、行政法规未规定不得抵押的财产，就可用于抵押。

第一，以社会公益为目的非营利法人的教育设施、医疗卫生设施和其他社会公益设施是否完全不可用于抵押？对此，学者中有不同的看法。笔者曾经提出，承认这些财产可为抵押权的标的，使经营者得以之为担保进行融资，更会有利于这些单位事业的发展；相反，若不许以之设定抵押，则会使其失去一个有效的融资手段，更不利于其事业的发展，因此，建议允许当事人可以以上述财产设定抵押，但不得以该类财产为他人的债务设定担保。[①] 在《物权法》立法中，关于这类财产可否抵押，也存在几种不同的观点。一种观点认为，任何用于公益事业的财产，都不能抵押，否则与财产目的相矛盾。另一种观点认为，应当区分公办和民办，凡是公办学校等具有公益性质，而民办学校等具有一定营利性质。如果不允许民办学校等抵押其财产，将严重影响其融资，妨碍民办教育事业的发展。还有一种观点认为，应当允许公办学校和民办的学校等都可以抵押，如此可以促进融资，只不过，抵押权实现时不能改变抵押财产的用途。《物权法》采纳了第一种观点，禁止以学校、幼儿园、医院等以公益为目的事业单位、社会团体的教育设施、医疗卫生设施和其他社会公益设施设定抵押。[②]《民法典》第 399 条的规定与《物权法》的规定基本相同。但这并不是说，以公益为目的非营利法人提供担保的均无效。《最高人民法院关于适用〈中华人民共和国民法典〉有关担保制度的解释》（以下简称《担保制度解释》）第 6 条规定：以公益为目的的非营利性学校、幼儿园、医疗机构、养老机构等提供担保的，人民法院应当认定担保合同无效，但是有下列情形之一有除外：（一）在购入或者以融资租

---

① 参见郭明瑞：《担保法原理与实务》，中国方正出版社 1995 年版，第 134—135 页。
② 王利明：《物权法研究（第四版）》（下卷），中国人民大学出版社 2016 年版，第 1175—1176 页。

赁方式承租教育设施、医疗卫生设施、养老服务设施和其他公益设施时,出卖人、出租人为担保价款或者租金实现而在公益设施上保留所有权;(二)以教育设施、医疗卫生设施、养老服务设施和其他公益设施以外的不动产、动产或者财产权利设立担保物权。登记为营利法人的学校、幼儿园、医疗机构、养老机构等提供担保,当事人以其不具备担保资格而主张担保合同无效的,人民法院不予支持。

第二,依法被查封、扣押、监管的财产何时可以抵押?依法被查封、扣押、监管的财产,于被查封、扣押、监管期间,所有权人无权擅自处分,实际上处于一时的不可让与状态,因此,不可用于抵押。如果这类财产已经被解除了查封、扣押或其他强制措施,则可以用于抵押。[①] 此为当然。基于抵押权的性质,已经设定抵押的财产被采取查封、扣押等财产保全或者执行措施的,不影响抵押权的效力,亦应无疑问。有疑问的是,在财产被查封、扣押、监管期间,当事人以该财产设定抵押订立抵押合同的,抵押合同可否有效?对此有不同的观点。有的认为,抵押合同无效,因为法律禁止此类财产抵押。有的认为,于此情形下,抵押合同并非一定无效。从禁止此类财产抵押的理由上看,主要是因为于财产被查封、扣押、监管期间,所有权人不得擅自处分,但这种限制毕竟是一时的,而非永久的。抵押人以当时自己无处分权的财产抵押而订立抵押合同的,抵押合同并不因此就为无效合同。被查封、扣押、监管财产的所有人以自己一时无处分权但其后可能回复处分权的财产抵押而订立抵押合同的,抵押并非就无效,如果其后用于抵押的财产被解除查封、扣押、监管,则

---

① 王胜明主编:《中华人民共和国物权法解读》,中国法制出版社2007年版,第397页。

抵押有效。例如，某一不动产被采取强制措施，在此期间财产所有人与债权人订立抵押合同，在财产被采取强制措施期间，当事人无法办理抵押登记，抵押权自不能设立，但一经解除强制措施，则当事人完全可以该抵押合同为设立抵押权的依据办理抵押登记，抵押权自登记时设立；若被采取强制措施的财产为动产，所有人与债权人订立抵押合同的，则于强制措施解除前，抵押合同不发生效力，而于强制措施解除时，抵押合同生效，抵押权设立。《担保制度解释》第37条第2、3款规定："当事人以依法被查封或者扣押的财产抵押，抵押权人请求行使抵押权，经审查查封或者扣押已经解除的，人民法院应予支持。抵押人以抵押权设立时财产被查封或者扣押为由主张抵押合同无效的，人民法院不予支持。以依法被监管的财产抵押的，适用前款规定。"因此，笔者认为，这里的不得抵押，应是指以被查封、扣押、监管的财产设立的抵押权不能对抗执行权。

第三，农村居民的房屋可否抵押？由于农村居民的房屋是建在宅基地上又是与宅基地不可分的，而《民法典》中规定宅基地使用权不得抵押，因而对于农村居民的房屋是否可以抵押就有不同的观点。有一种观点认为，农民的房屋不可用于抵押，其主要理由是：（1）按照现行法律规定，一户只能有一处宅基地，农民的房屋一旦用于抵押，会使农民失去房屋而无处安身，从而造成大量流民，造成社会的不稳定；（2）法律中明确规定宅基地使用权不得用于抵押，而我国法是采取房地一并抵押原则的，既然宅基地使用权不得用于抵押，农民的房屋也就不得抵押。应当指出，关于宅基地使用权可否抵押，在立法中也是有争议的，曾有观点主张，宅基地使用权既然是用益物权，是农民的重要财产，就应当允许宅基地使用权转让和抵押。但由于立法者"考虑到目前我国农村社会保障体系尚未全面建立,土地承包经营权和宅基地使用权是农民安身立命之本,从全国范围看,现在放开土地承包经营权、宅基地使用权的转让和抵押的条件尚不成熟",①因此,从《物权法》到《民法典》最终没有规定宅基地使用权的可转让性,《民法典》第399条中将宅基地使用权规定为不得抵押的财产。但是,笔者认为,宅基地使用权不可抵押,并不等于农民的房屋也不得抵押。依《民法典》规定,凡法律、行政法规未规定不得抵押的财产,都可以用于抵押。既然法律、行政法规未规定农民的房屋不得抵押,农民的房屋也就可以抵押,因此,以农民的房屋设立抵押权的,抵押应有效。"从我国现行法来看,法律并没有对农民房屋的转让作出太多的限制,也没有严格禁止农民以其房屋设立抵押。其主要原因在于:房屋是广大农民的一项重要财产,如果禁止以其房屋抵押,则房屋的交换价值难以发挥,农民自然不能以房屋作抵押获得融资。在农民融资渠道本来就有限的情形下,如果法律禁止以房屋获得融资,将会影响农民经济活动的进行,也会妨碍农村市场经济的发展。"②

第四,法律、行政法规规定不得抵押的财产包括哪些财产?关于法律、行政法规规定不得抵押的其他财产,在解释上应当是法律不予保护的不法财产以及法律限制或禁止其交易的财产。③不仅法律、行政法规中明确规定不得抵押的财产不得抵押,并且凡依法律、行政

---

① 王兆国:《关于〈中华人民共和国物权法(草案)〉的说明》,新华社2007年3月8日电。笔者是主张宅基地使用权可以转让和抵押的。

② 参见王利明:《物权法研究(第四版)》(下卷),中国人民大学出版社2016年版,第1174页。

③ 邹海林:《抵押权》,载王利明主编:《物权法名家讲坛》,中国人民大学出版社2008年版,第380页。

法规规定不具备抵押财产应具备的条件的财产，都属于不得抵押的其他财产。但须说明的是，对于财产的禁止流通或交易，只能由法律、行政法规作出规定。若非法律、行政法规规定的而是由地方性法规或者部门规章规定不得抵押或者不得流通或交易的财产，不属于不得抵押的其他财产，此类财产仍应可用于抵押。法律、行政法规规定禁止抵押的财产，主要包括：（1）国家机关的财产，但是与国家机关行使职权无直接关系的财产，虽然也属于国家机关的财产，但并非不可抵押；（2）违法、违章的建筑物；（3）宗教财产。①

第五，以建筑物设立抵押权后可否再以该建筑物占用范围内的建设用地使用权设立抵押权？依《民法典》第395条规定，建筑物和建设用地使用权都可以抵押。但该法第397条规定："以建筑物抵押的，该建筑物占用范围内的建设用地使用权一并抵押。以建设用地使用权抵押的，该土地上的建筑物一并抵押。""抵押人未依照前款规定一并抵押的，未抵押的财产视为一并抵押。"由此就产生一个问题：建筑物所有权人将建筑物抵押后，又将该建筑物占用范围内的建设用地使用权抵押的，或者建设用地使用权人将建设用地使用权抵押后再将该土地上的建筑物抵押的，抵押是否有效呢？对此有不同的观点。一种意见认为，分别设立的两个抵押权皆违反"房随地走、地随房走"原则，故应认定两个抵押权均无效；第二种意见认为，先设立的抵押权有效，后设立的抵押权无效；第三种观点认为，根据"一并抵押"的规定，将建筑物和建设用地使用权解释为一个集合体设定抵押，故该集合体上先后设定了两个抵押权，构成一物两押，两个抵押

---

① 参见王利明：《物权法研究（第四版）》（下卷），中国人民大学出版社2016年版，第1179—1180页。

权皆应认定为有效,并按照登记先后确定抵押权的顺序。①另一种观点认为,既然《民法典》第397条已采取法律拟制的方式,使得在先设立的抵押权效力及于建筑物和建设用地使用权,而在后设立的抵押权也及于该两项标的,所以,只能理解为,抵押人设立了重复抵押。后来的抵押权人是顺位在后的担保物权人。②还有一种观点认为,两个抵押权均有效,但各个抵押权人只能就约定的抵押财产(建筑物或建设用地使用权)的变价优先受偿。笔者赞同最后一种观点。若当事人仅以建设用地使用权或者建筑物抵押的,抵押权实现时须将建设用地使用权和该土地上的建筑物一并处分,但抵押权人只能就约定的抵押财产的价值优先受偿。③我们的理由是:(1)依我国法规定,建筑物与建设用地使用权为不同的财产,甚至可以为不同的人所有,从法理上说,应当许可当事人分别以建筑物和建设用地使用权设定抵押。(2)法律规定一并抵押的目的只是为了避免建筑物和建设用地使用权的主体不同一,以避免发生权利冲突,并不是为了限制当事人仅能以其中的一项财产抵押。(3)抵押权是由当事人约定的,即使对同一财产当事人也可以约定仅以其价值的一部分担保。例如,抵押人以一建筑物设定抵押权,虽然该建筑价值200万元,当事人也可约定只以其100万元的价值担保债权人的债权。基于意思自治原则,当事人以建筑物和该建筑物范围内的建设用地使用权分别抵押的,应当尊重当事人的意愿。(4)法律规定建筑物与建设用地使用权分别抵押时视为

---

① 参见王闯:《规则冲突与制度创新(中)——以物权法与担保法及其解释的比较为中心展开》,载《人民法院报》2007年6月27日第6版。

② 王利明:《物权法研究(第四版)》(下卷),中国人民大学出版社2016年版,第1183页。

③ 郭明瑞、房绍坤:《担保法》(第四版),中国政法大学出版社2023年版,第105页。

"一并抵押"，只是要求变价时一并变价，但这不影响在实现抵押权时可以对建筑物和建设用地使用权分别评估其价值，也就不影响抵押权人只能就约定设定抵押权的财产变价优先受偿。例如，甲以某建筑物设定抵押权，担保 A 银行 200 万元的债权；其后甲又以该建筑物占用范围内的建设用地使用权设定抵押权，担保 B 银行 300 万元债权。两个抵押权均予以登记。于 A 银行债权届期不能受偿时，银行实现抵押权时可将抵押的建筑物和其占用范围内的建设用地使用权一并变价，假设变价时，该建筑物评估值为 150 万元、建设用地使用权值 200 万元，则 A 银行只能优先受偿 150 万元，而不能从 350 万元中优先受偿 200 万元。反之，亦然。

3. 关于抵押登记

抵押登记，是指由登记主管机关依法在登记簿上就抵押财产上的抵押权状态予以记载。

依《民法典》规定，凡以登记为物权变动要件的物权，其设立、变更、消灭均应办理相应的设立登记、变更登记、注销登记。抵押登记从广义上说，包括抵押权的设立登记、抵押权的变更登记以及抵押权的注销登记。

关于抵押登记的效力，《民法典》区分抵押财产的不同性质分别采取了登记生效主义和登记对抗主义。

这里的所谓登记生效主义，是指未经登记，抵押权的变动不发生效力。就抵押权的设立而言，依《民法典》第 402 规定，以不动产和正在建造的建筑物抵押的，应当办理抵押登记，抵押权自登记时设立。可见，对于以建筑物和其他土地附着物、建设用地使用权、土地承包经营权和正在建造的建筑物抵押的，虽订立抵押合同但未办理抵押登记的，抵押权不设立，而只有在办理抵押登记后，抵押权才设立。但是，应注意的是，我国《民法典》第215条规定："当事人之间订立有关设立、变更、转让和消灭不动产物权的合同，除法律另有规定或者当事人另有约定外，自合同成立时生效；未办理物权登记的，不影响合同效力。"该条坚持了物权变动的合同与物权变动相区分的原则。因此，当事人未办理抵押登记的，仅是抵押权不设立，抵押合同若符合合同有效的条件仍然是有效的。《担保制度解释》第46条规定："不动产抵押合同生效后未办理抵押登记手续，债权人请求抵押人办理抵押登记手续的，人民法院应予支持。抵押财产因不可归责于抵押人自身的原因灭失或者被征收导致不能办理抵押登记，债权人请求抵押人在约定的担保范围内承担责任的，人民法院不予支持；但是抵押人已经获得保险金、赔偿金或者补偿金等，债权人请求抵押人在其所获金额范围内承担赔偿责任的，人民法院依法予以支持。因抵押人转让抵押财产或者其他可归责于抵押人自身的原因导致不能办理抵押登记，债权人请求抵押人在约定的担保范围内承担责任的，人民法院依法予以支持，但是不得超过抵押权能够设立时抵押人应当承担的责任范围。"依这一规定，凡法律规定抵押权自登记之时起设立的，抵押合同签订后，因可归责于抵押人自身的原因未能办理抵押登记致使债权人受到损失的，抵押人应当承担赔偿责任。笔者认为，该赔偿责任应当属于违约责任，而不是缔约过失责任。

以不动产抵押，当事人办理抵押权设立登记的，该登记属于本登记，此无疑问。而在以正在建造的建筑物设立抵押权的登记是何种性质登记的问题上，则有不同的观点。一种意见认为，此种抵押登记与一般的建筑物抵押时的登记性质完全相同，因为《民法典》第402条将"正在建造的建筑物抵押"与建筑物的抵押登记一并加以规定，建筑物的抵押登记为抵押权登记，正在建造的建筑物抵押登记也就是抵押权登记。另一种观点认为，正在建造的建筑物设定抵押时的登记不属于抵押权登记，即不是本登记，而是预告登记。因为正在建造的建筑物尚未办理所有权的初始登记，而抵押权作为在所有权基础上产生的他物权，不可能在所有权尚未登记的情况下进行登记。还有一种观点认为，尽管《民法典》第402条将在建的建筑物的抵押登记与一般建筑物的抵押登记规定在一起，但这并不意味着二者的性质完全相同。因为在建的建筑物抵押时，抵押权的客体还没有最终确定，所以，以在建的建筑物设定抵押权时办理的登记不是本登记，而应当属于预告登记。[①] 笔者认为，以正在建造的建筑物抵押所进行的抵押登记，应属于抵押权设立的本登记，而不属于预告登记。其理由并不是因为将建筑物抵押的抵押登记与正在建造的建筑物的抵押登记一并规定于《民法典》第402条，因为该条只能说明以正在建造的建筑物抵押的，抵押权也如不动产抵押权一样，自办理抵押登记时设立。笔者之所以不同意以正在建造的建筑物抵押的抵押登记为预告登记，是因为预告登记与本登记二者性质不同。本登记是物权登记，登记公示的是物权。依照一般观点，预告登记是为了保障不动产交易中取得物权的债权人能够依合同的约定取得物权而于物权变动之前向登记机关申请预先办理的登记。可以说，预告登记公示的只能是债权人将来获得某不动产物权的权利，而不是物权。例如，预售商品房的买受人所办理的预售登记，此时买受人并不享有该房屋的所有权，房屋所有权还没有办理初始登记，买受人也没有取得房屋所有权，买受人所享有的仅是债权，但经预售登记具有物权的对抗效力。如果预售商

[①] 参见王利明：《物权法研究（第四版）》（下卷），中国人民大学出版社2016年版，第1168页。

品房的买受人以其将来取得的商品房抵押,则属于以其将来取得的财产抵押。于此情况下办理的登记属于抵押预告登记。正在建造的建筑物抵押登记与上述的预告登记不同,此种登记既不是对抵押人将来可取得的财产抵押的登记,也不是将来发生效力的抵押权登记。此种登记在办理时,抵押人已经取得抵押财产即正在建造的建筑物(它不属于不动产,也不是一般的动产),自登记时起抵押权设立,而并非待将来债权人才可取得抵押权。《不动产暂行条例实施细则》中也未将此种登记列入预告登记的类型,而是规定在"抵押权登记"一节中。该细则第75条规定:"以建设用地使用权以及全部或者部分在建建筑物设立抵押的,应当一并申请建设用地使用权以及在建建筑物抵押权的首次登记。当事人申请在建建筑物首次登记时,抵押财产不包括已经办理预告登记的预购商品房和已经输预售备案的商品房。前款规定的在建建筑物,是指正在建造、尚未办理所有权首次登记的房屋等建筑物。"依该细则第76条规定,申请在建工程抵押权首次登记的,当事人应当提交下列材料:(1)抵押合同与主债权合同;(2)享有建设用地使用权的不动产权属证书;(3)建设工程规划许可证;(4)其他必要材料。依该实施细则第85条规定,以预购商品房设定抵押权的,可以按照约定申请不动产预告登记。

这里所谓的登记对抗主义,是指未经登记,抵押权仍可设立,但不能对抗善意第三人。《民法典》第403条规定:"以动产抵押的,抵押权自抵押合同生效时设立;未经登记,不得对抗善意第三人。"依此规定,我国法对于动产抵押采取了登记对抗主义。以动产抵押的,抵押权自抵押合同生效时设立,只要抵押合同发生效力,抵押权也就设立,抵押登记并非抵押权设立的条件,但未经登记的,抵押权不具有对抗善意第三人的效力。这里的"第三人"包括哪些人呢?对此有不同的观点。一种观点认为，这里的第三人是指任何第三人，包括普通债权人，任何人只要不知道抵押权已经设立，就都属于不得对抗的善意第三人；另一种观点认为，该第三人仅是指动产抵押权人、动产质权人、留置权人以及该动产所有权的取得人等物上第三人，不应包括一般债权人，否则将得出未登记的抵押权与一般债权地位平等的结论。这里的所谓第三人不包括普通债权人，未经登记的抵押权也是物权，只要是物权就可以对抗普通债权。王利明教授主张，此处所说的第三人，是指合法交易中的善意第三人。① 此观点颇值赞同。未经登记的动产抵押权，"是不得对抗善意第三人，而不是不得对抗第三人，即物权法赋予了未登记的动产抵押权对抗的效力，对于恶意的第三人和一般债权人具有对抗的效力"。②

如上所述，依我国法规定，抵押登记的效力依抵押财产的性质不同而不同，或具有使抵押权设立的效力，或具有使抵押权得以对抗第三人的效力。若抵押登记记载的内容与抵押合同约定的内容不一致，则应如何处理呢？对此也有不同的观点。一种观点认为，在不动产抵押权权属证书与登记簿发生冲突时，应当按照《民法典》第217条规定处理，除有确切证据证明不动产登记簿确有错误外，以不动产登记簿为准；在动产抵押合同与登记簿不一致时，原则上应以抵押合同记载为准，登记簿中超出抵押合同范围的抵押物没有对抗力。笔者认为，抵押权登记属于物权登记的一种，应当具有公示效力和公信效力，即使登记为对抗要件，抵押权登记也具有公示公信力。因此，不

---

① 王利明：《物权法研究（第四版）》（下卷），中国人民大学出版社2016年版，第1187页。

② 郭明瑞主编：《中华人民共和国物权法释义》，中国法制出版社2007年版，第346页。

论何种抵押权,即使主债权不成立、无效或者因清偿等原因而消灭,或者在抵押登记后抵押合同被确认无效或被撤销,抵押登记也具有形式上的效力,未经注销的,抵押权不消灭。在抵押权登记错误或者遗漏、误被注销时,因相信登记而取得抵押财产的善意第三人可以取得相应的权利,而不论该抵押是属于不动产抵押还是动产抵押。

就本案来说,玄某与盛某之间就设立抵押权订立有书面《借款抵押合同》,已经办理了抵押登记手续,抵押的标的物即涉案房屋也是法律许可抵押的财产。从各方争议看,玄某能否取得抵押权主要在于盛某以涉案房屋向玄某提供抵押是否属于无权处分。因为只有在抵押人以无权处分的财产设立抵押权的情形下,才发生债权人可否依善意取得规则取得抵押权的问题。

本案中盛某与施某2以案涉房屋为夫妻共同财产、施某2对涉案房屋享有权利,盛某无权以该房屋设立抵押权为由,否定玄某的抵押权设立。双方争议的焦点是如何判断善意问题。主张玄某可取得抵押权的,认为不动产登记簿上记载的房屋所有权人盛某单独所有,在办理抵押登记时,盛某也否定房屋为夫妻共有,玄某信赖不动产登记簿的登记记载,也就是善意的。否定玄某取得抵押权的,认为玄某应当知道盛某用于抵押的房屋属于夫妻共同财产,施某2享有权利份额,因而玄某不属于善意,不能取得抵押权。《最高人民法院关于适用〈中华人民共和国民法典〉物权编的解释(一)》第14条规定:"受让不动产或者动产的,不知道转让人无处分权,且无重大过失的,应当认定为受让人为善意。真实权利人主张不构成善意的,应当承担举证证明责任。"第15条规定:"具有下列情形之一的,应当认定不动产受让人知道转让人无处分权:(一)登记簿上存在有效的异议登记;(二)预告登记有效期内,未经预告登记的权利人同意;(三)登记簿上已经记载司法机关或者行政机关依法裁定、决定查封或者以其他形式限制不动产权利的有关事项；（四）受让人知道登记簿上记载的权利主体错误；（五）受让人知道他人已经依法享有不动产物权。真实权利人有证据证明受让人应当知道转让人无处分权的，应当认定受让人具有重大过失。"依此规定，从双方争议的理由上看，认定玄某依善意取得规则取得抵押权的观点，更为可取。因为盛某用于抵押的房屋登记在其名下，且在办理抵押登记时否定该房屋有其他人享有份额，可以说玄某已经尽到必要的审查义务，而施某2并不能证明玄某知道或者应当知道其为案涉房屋的共有人。

本案中玄某对案涉房屋的抵押权设立。玄某在取得案涉房屋抵押权后又将该担保权担保的债权转让给张某，该债权转让行为是有效的，张某取得了玄某所转让的债权。根据"债权转让，担保该债权的抵押权一并转让"的规定，张某取得玄某转让的债权，也就取得担保该债权的抵押权。因此，张某对案涉房屋享有抵押权，当然也就有权行使抵押权，就案涉抵押房屋变价所得优先受偿其抵押权担保的债权。

综上，本案中两级法院的判决是正确的。

第二十二专题　抵押对抵押人的效力

——郭金苹诉李博房屋买卖合同纠纷案

案例索引

辽宁省葫芦岛市中级人民法院（2022）辽14民终1905号民事判决；辽宁省葫芦岛连山区人民法院（2022）辽1402民初177号民事判决。

基本案情

郭金苹与李博于2019年5月30日签订《房屋买卖协议》，李博将坐落于连山区、面积为109.08平方米、房权证号连字××号的房屋，以伍拾伍万柒仟元整（557,000元）的价格转让给郭金苹。合同签订当日，李博将房屋交付郭金苹占有并使用。

该《房屋买卖协议》约定："一、甲方声明保证所出售房地产（以下简称房屋）权属清晰，无物权纠纷，无承租人优先购买权，无其他共有权人或者已经征得共有权人同意交易，有银行抵押，但是在乙方配合下，甲方有权将该房屋上市交易。该房屋上市如果有违反国家及地方相关法律、法规和政策而引起的法律及经济责任，以及与甲方有关的房屋产权纠纷或债权、债务纠纷等均由甲方负责解决并承担。二、乙方声明,乙方已亲自看房,对甲方所出售的该房屋现状(含办证情况)做了充分了解,并且对此房屋抵押情况也充分知情,愿意购买该房屋。三、甲乙双方约定该房屋成交总价计人民币伍拾伍万柒仟元整(557,000元)签订本协议时,乙方支付甲方购房款壹拾柒万柒仟元整(177,000元)以确立甲乙双方对该房屋的买卖关系。四、甲乙双方在签订本协议当日,乙方须将上述购房款交付给甲方,甲方须将该房屋所有权证及相关有效证件(注:用于办理房产交易的后续手续,并作为对房产交易安全性的担保)交于乙方保管。由于该房屋甲方在银行有抵押贷款,乙方承诺在甲方解除房屋抵押后,乙方将剩余购房款380,000元支付给甲方。……六、违约责任,本协议签订后,如甲方违约,则甲方应退还已付购房款作为违约金给乙方,若乙方违约则购房款作为违约金归甲方所有。甲乙任何一方违约造成合同无法继续履行的(或解除合同),由违约方承担赔偿责任。如果因为此房屋抵押银行的原因不办理解押导致无法履行,任何一方可追究房屋抵押银行的责任,乙方不因此追究甲方的责任。"

2018年8月3日第三人与沈阳群升装饰工程有限公司(简称群升公司)签订《流动资金借款合同》,约定第三人葫芦岛银行向群升公司提供流动资金借款18,000,000元,借款期限24个月,即从2018年8月3日至2020年7月24日,实际借款期限以实际借款借据记载为准。合同约定了利息、罚息、复利的计算方式,其中利率为月固定利率6.25‰,借款逾期的,罚息为约定利率上浮50%,约定由李博和王春婷为担保人提供连带责任保证,并提供房产作为抵押物担保上述债务,其中包含李博出售给郭金苹的房屋。同时,王春婷、李博与葫芦岛银行签订《抵押合同》,2018年8月9日,《抵押合同》各方就抵押的房屋、车库办理了抵押登记以担保 12,742,541 元。2018年 8 月 10 日，葫芦岛银行按照约定发放贷款 18,000,000 元。该笔借款到期后，应借款人要求，葫芦岛银行为借款人办理了转贷手续。2020 年 11 月 16 日，葫芦岛银行与群升装饰工程有限公司签订了一份《流动资金借款合同》，约定银行向群升公司提供流动资金借款 18,000,000 元，借期 36 个月，即自 2020 年 11 月 16 日至 2023 年 11 月 16 日，借款期限以借据记载为准。合同约定了利息、罚息、复利计算方式，约定由李博与王春婷提供连带责任保证，并提供房产等作为抵押物担保上述债务，其中包含李博出售给郭金苹的房产。同日，王春婷、李博与葫芦岛银行签订《抵押合同》，各方于 2020 年 11 月 16 日，就已经抵押的房产等未解押前提下增加二顺位抵押并进行抵押登记，以担保 10,930,011.56 元债务。

郭金苹以李博为被告向连山区人民法院起诉称：1. 请求法院依法确认原被告之间签订的《房屋买卖协议》有效；2. 请求法院依法判令被告为原告办理案涉房屋的解押手续，解押后立即配合原告办理房屋过户手续；3. 请求法院依法判令第三人葫芦岛银行配合李博办理案涉房屋的还款及解押手续。

判决与理由

一审法院认为，关于本案第一项诉讼请求案涉《房屋买卖协议》的效力认定，主要存在以下三个方面争议：一是关于未经抵押权人葫芦岛银行同意抵押物转让合同是否当然无效的问题，《最高人民法院关于适用〈中华人民共和国民法典〉时间效力的若干规定》第 8 条规定，"民法典施行前成立的合同，适用当时的法律、司法解释的规定合同无效而适用民法典的规定合同有效的，适用民法典的相关规定",本案房屋买卖协议系原、被告于2019年5月30日签订,根据合同订立时的《中华人民共和国物权法》第191条第2款规定,抵押期间,抵押人未经抵押权人同意,不得转让抵押财产,该转让合同应为无效合同,而《民法典》第406条第1款规定,抵押期间,抵押人可以转让抵押财产,该转让合同为有效合同,故应适用《民法典》第406条第1款规定,不应当认定转让抵押财产合同无效。二是关于《房屋买卖协议》是否构成无权处分而效力待定的问题。案涉买卖协议系郭金苹与被告人李博签订,而标的房屋(坐落于连山区,房屋住宅面积109.09平方米,房权证号葫房权证连字第××号)为被告人李博与案外人王春婷共同共有,本案审理过程中,案外人王春婷以自书说明的方式向该院表示对《房屋买卖协议》予以认可,故案涉房屋买卖协议系房屋所有权人与买受人真实意思表示,成立买卖合同关系。三是案涉买卖合同是否是构成因损害第三人利益而无效的问题,《房屋买卖协议》第六条违约责任载明:"……如果因为此房屋抵押银行葫芦岛银行的原因不办理抵押解除导致无法履行,任何一方可以追究房屋抵押银行的责任,乙方不因此追究甲方的责任。"该条款仅约定了诉权,并未造成对第三人葫芦岛银行的权益的实际损害,不构成导致合同无效的法定事由。综上,案涉《房屋买卖协议》有效。关于本案第二项、第三项诉请被告李博配合解除抵押过户、第三人葫芦岛银行配合办理还款手续解除抵押的诉讼请求,因原告向一审法院起诉前,第三人葫芦岛银行已于2021年9月9日向沈阳市浑南区人民法院就案涉流动资金借款合同提起诉讼,并主张就案涉房屋行使抵押权,故原告第二项、第三项诉讼请求,不予支持,原告可另行主张权利。本案经一审法院民事部类专业委员会讨论决定,依照《最高人民法院关于适用〈中华人民共和国民法典〉时间效力的若干规定》第 8 条、《中华人民共和国民法典》第 406 条第 1 款、《中华人民共和国民事诉讼法》第 147 条，判决：一、原告郭金苹与被告李博签订的《房屋买卖协议》有效。二、驳回原告郭金苹的其他诉讼请求。

一审宣判后，郭金苹不服一审判决，向辽宁省葫芦岛市中级人民法院提起上诉，请求撤销葫芦岛市连山区人民法院作出的（2022）辽 1402 民初 177 号民事判决第二项，并依法支持上诉人的一审诉讼请求。

二审法院认为，李博与郭金苹 2019 年 5 月 30 日签订《房屋买卖协议》。李博将案涉房屋转让给郭金苹，案外人王春婷在一审法院审理本案时以自书说明的方式亦认可该案涉房屋的转让行为。《最高人民法院关于适用〈中华人民共和国民法典〉时间效力的若干规定》第 8 条规定，"民法典施行前成立的合同，适用当时的法律、司法解释的规定合同无效而适用民法典的规定合同有效的，适用民法典的相关规定"。《民法典》第 406 条第 1 款规定，"抵押期间，抵押人可以转让抵押财产。当事人另有约定的，按照其约定。抵押财产转让的，抵押权不受影响"。按照上述法律、司法解释的规定，一审判决郭金苹与李博签订的《房屋买卖协议》有效正确。因在本案本次诉讼前，葫芦岛银行于 2021 年 9 月 9 日已就案涉流动资金借款合同向沈阳市浑南区人民法院提起诉讼，并就案涉抵押房屋主张优先受偿权，因此一审法院对郭金苹提出的李博配合解除抵押及过户，葫芦岛银行配合办理还款手续并解除抵押的诉讼请求，留有诉权并无不当。综上，一审判决认定事实清楚，适用法律正确，应予维持。依据《中华人民共和国民事诉讼法》第 177 条第 1 款第（一）项规定，判决：驳回上诉，维持原判。

评 析

本案中关于郭金苹与李博签订的《房屋买卖协议》的效力认定，争议的焦点在于抵押期间抵押人可否出卖已经抵押的房屋。这涉及抵押权设立后，抵押对于抵押人的效力，即抵押人有何种权利问题。抵押期间，抵押人作为抵押财产所有权人虽其财产上有抵押负担，但仍享有相应的权利。

一、抵押财产的占有、使用收益权

《民法典》第394条第1款规定："为担保债务的履行，债务人或者第三人不转移财产的占有，将该财产抵押给债权人的，债务人不履行到期债务或者发生当事人约定的实现抵押权的情形，债权人有权就该财产优先受偿。"可见，抵押是不需要转移担保财产的占有的，抵押权设立后，抵押财产仍为抵押人占有，于抵押期间抵押人仍得对抵押财产为使用收益，这是抵押担保的优势所在，也是抵押权与动产质权的区别之一。

当然，《民法典》第412条第1款规定，债务人不履行到期债务或者发生当事人约定的实现抵押权的情形，致使抵押财产被人民法院依法扣押的，自扣押之日起抵押权人有权收取该抵押财产的天然孳息或者法定孳息，但是抵押权人未通知应当清偿法定孳息的义务人的除外。依此规定，于抵押财产被扣押之日起，抵押人无权收取抵押财产的天然孳息及法定孳息，因为此时抵押财产的孳息已为抵押权效力所及。

二、抵押财产的出租权

抵押财产的出租也就是抵押人将对抵押物的使用权转让给承租人。财产出租的，承租人根据租赁合同的约定享有对租赁物为占有、使用、收益的权利。承租人的这一权利称为租赁权。租赁权为债权，但现代法又赋予租赁权一定的物权效力。因此，抵押人将抵押物出租时，一方面在同一财产上可以同时存在租赁权和抵押权；另一方面因为依《民法典》第725条规定"租赁物在承租人按照租赁合同占有期间发生所有权变动的，不影响租赁合同的效力"，于抵押权实现时租赁权会与抵押权发生冲突。这样一来，如何处理租赁权与抵押权的关系，也就成为问题。

抵押人在抵押期间可否将抵押财产出租呢？原《担保法》中未作规定，但原《担保法的解释》第66条规定，"抵押人将已抵押的财产出租的，抵押权实现后，租赁合同对受让人不具有约束力"。"抵押人将已抵押的财产出租的，如果抵押人未书面告知承租人该财产已抵押的，抵押人对出租抵押物造成承租人的损失承担赔偿责任；如果抵押人已书面告知承租人该财产已抵押的，抵押权实现造成承租人的损失，由承租人自己承担。"该解释确认了抵押人可将已抵押的财产再出租，同时确认不论何种情形下，租赁权都不能对抗抵押权，承租人因抵押权实现而受到的损失，依抵押人是否书面告知承租人出租财产已抵押而由抵押人或者承租人承担。从理论上说，因为抵押人仍享有抵押财产的所有权，可对该财产为占有、使用、收益，抵押人可以自己使用该财产，也可以许可他人使用该财产，因此，抵押人可以将抵押财产用于出租。但是，在租赁关系对于抵押权是否有影响上有不同的观点。一种观点认为，只有当租赁关系的存在影响抵押权人的利益时，抵押权才能对抗租赁权，否则，租赁关系仍然有效。另一种观点则认为，抵押人于抵押权设立后将抵押财产出租的，承租人的租赁权不能对抗抵押权。原《物权法》基本采取了第二种观点，该法第190条中规定，"抵押权设立后抵押财产出租的，该租赁关系不得对抗已登记的抵押权"。这是因为抵押权已登记的，承租人于订立租赁合同时应当知道租赁财产已经设立抵押权，从而也就自愿地承担了于抵押权实现时会失去租赁权的风险。并且由于该财产上已设立抵押权，后设立的租赁权虽也具有一定的物权效力，但也不能优于先设立的抵押权。所谓"租赁关系不得对抗已登记的抵押权"应如何理解呢？一种观点认为，这是指于抵押权实现时，抵押权人认为租赁权的存在会使其抵押权受影响的，得请求除去租赁权，使租赁关系终止；另一种观点主张，这是指在抵押权实现时，租赁合同不能继续有效，而是自然终止，抵押财产的买受人不受租赁关系的约束，如果买受人愿意负担原抵押财产上存在的租赁负担，则可以与承租人重新订立租赁合同。我们持后一种观点。笔者认为，"租赁关系得对抗已登记的抵押权"就是指于抵押权实现时，若租赁关系仍存在，则实现抵押权时不受《合同法》第229条规定的"买卖不破租赁"规则的限制。并且，承租人由此受到的损失，只能自己负担，而不能由抵押人负担，除非当事人有另外的特别约定。

需要说明的是，原《物权法》第190条中规定的是"该租赁关系不得对抗已登记的抵押权"，那么可否依反面解释，得出"该租赁关系可以对抗未登记的抵押权"的结论呢？对此也有两种不同的解释。笔者认为不能依反面解释来理解，而应依体系解释来确定租赁权与未登记的抵押权的关系。依体系解释，对于未登记的动产抵押权，应依该抵押权"不得对抗善意第三人"的规则处理。因此，如果承租人于订立租赁合同时知道或者应当知道租赁财产已经抵押的，则该租赁关系不得对抗未登记的抵押权；若承租人于订立租赁合同时不知或不应知道租赁财产已抵押的，则承租人属于"善意第三人"，租赁关系可以对抗该未登记的抵押权。

《民法典》未如原《物权法》一样规定抵押权设立后抵押财产出租的效力。这是因为抵押权存在于租赁权成立前，抵押权自然也就不受租赁权的影响，而后设立的租赁关系当然受已设立的抵押权的影响。

抵押财产上同时存在抵押权和租赁权的情形不仅会因抵押权设立后抵押人出租抵押财产发生，也会因抵押人将已经出租的财产抵押而发生。由于所有权人出租财产后仍享有对租赁物的处分权，当然也就可以将已经出租的财产抵押。所有权人将已出租的财产又设立抵押权的，也就发生在同一财产上同时存在租赁权和抵押权。但此种情形下，租赁权与抵押权的关系，不同于抵押权设立后出租抵押财产的情形。将出租的财产抵押的，已经存在的租赁关系可以对抗抵押权，不论该抵押权是否登记。《民法典》第405条规定："抵押权设立前，抵押财产已经出租并转移占有的，原租赁关系不受该抵押权的影响。"所谓"不受该抵押权的影响"，是指于该抵押权实现时，抵押权人在将抵押财产变价时，承租人在同等条件下享有优先购买权；抵押财产为他人取得的，实行"买卖不破租赁"规则，即租赁关系对于抵押财产变价时的买受人继续有效。这是因为租赁权虽为债权但其具有一定的物权效力，已构成抵押财产上的负担，而抵押权人于设立抵押权时，就知道或应当知道该抵押财产上存在租赁权的事实和租赁权对抵押权的影响，其自愿承担了抵押权受租赁关系影响的风险。

三、抵押财产的再抵押设立权

对于抵押人在抵押权设立后，可否再将该抵押财产用于设立抵押权上，曾有不同的观点。一种观点认为，抵押物上不能存在数个抵押权，抵押物一经抵押，抵押人就无权把所有权已经不完整的抵押物同时再抵押给其他人，因此，对已发生的重复抵押，应认定先行之抵押有效，其他抵押无效。另一种观点认为，抵押人可以在同一抵押物上设立数个抵押权，但不能就同一担保价值重复抵押。第三种观点认为，抵押人设立抵押权后可以将抵押财产再抵押，而不论是否是就同一担保价值的重复抵押。笔者是持第三种观点的。[①] 原《担保法》第35条规定，"抵押人所担保的债权不得超出其抵押物的价值"。"财产抵押后，该财产的价值大于所担保债权的余额部分，可以再次抵押，但不得超出其余额部分。"依此规定，抵押人可以将抵押财产担保价值的余额部分再抵押，但不得就已担保债权的担保价值部分再抵押。可见，在原《物权法》实施前，我国对于抵押财产的再抵押基本是采取第二种观点。但原《物权法》以及《民法典》对抵押财产的再抵押并没有再作如同原《担保法》第35条一样的规定，因此，我们认为，自原《物权法》到《民法典》对原《担保法》的规定已经予以修改，即不限制抵押人在已设立抵押权的抵押财产上重复抵押。重复抵押与恶意抵押是不同的。恶意抵押不受法律保护，受损害的权利人可以撤销恶意抵押。恶意抵押之所以可以撤销，且抵押一经撤销，抵押权的设立也就无效，是因为抵押人与债权人恶意串通损害了第三人的利益。而重复抵押时，并不存在当事人双方的恶意，更不会损害第三人的利益。禁止以同一担保价值重复抵押的理由，是为了保护债权人利

[①] 参见郭明瑞：《担保法原理与实务》，中国方正出版社1995年版，第173页。

益，但这实无必要。因为是否设立抵押权，是否接受重复抵押，本来就是由债权人自己决定的，如果重复抵押对于债权人完全没有意义，债权人也就不会接受这种抵押。债权人之所以会接受重复抵押，主要是期待前一抵押权人放弃担保利益或者前一抵押权所担保的债权会得到全部或者部分的清偿。笔者认为，依据《民法典》的规定，在抵押权设立后，抵押人有权再将已经抵押的财产抵押，而不论该财产是否还有剩余的担保价值。不过，在同一财产上存在数个抵押权时，发生抵押权的顺序问题。若抵押财产为不动产（包括在建的建筑物），则先登记的抵押权的顺位在先；若抵押财产为动产，则登记的抵押权顺位依登记的顺序而定，登记的抵押权顺位先于未登记的抵押权，未登记的抵押权处于同一顺位，但是如果后设立的动产抵押权的抵押权人知道或者应当知道抵押财产上已设立抵押权的，后设立的动产抵押权不能与前设立的抵押权处于同一顺序，而应为后一顺序，因为未登记的动产抵押权只是不能对抗善意第三人，而可以对抗非善意的第三人。

四、抵押财产上用益物权的设立权

依《民法典》第 323 条规定，用益物权是对他人所有的不动产或者动产，依法享有的占有、使用和收益的权利。但现行法上规定的具体用益物权均是在不动产上设立的。在将不动产设立抵押权后，抵押人可否于该不动产上再设定用益物权呢？对此，各国法上一般规定，抵押人可以设定用益物权，但抵押权不受影响。我国原《物权法》和现行《民法典》对此都没有规定，也少有人讨论该问题。笔者认为，这与我国的不动产所有权和用益物权的种类有关。依我国现行法规定，土地归国家和集体所有，而且不能用于抵押，可用于抵押的仅是建设用地使用权和土地承包经营权等集体土地的使用权，而法律又未规定建筑物等不动产上的用益物权，所以，基本上不会发生在用于抵押的财产上设定用益物权问题。但这种情形也并非不会出现。例如，土地经营权、建设用地使用权等抵押的，就会发生抵押人可否在该土地上设定地役权问题。《民法典》第381条中规定，"土地经营权、建设用地使用权等抵押的，在实现抵押权时，地役权一并转让"。从理论上说，用益物权与抵押权是可以并存的，因此，土地经营权、建设用地使用权等抵押的，抵押人也可以再在该土地上设定地役权。但是，因用益物权的设定是在抵押财产上增加了负担，会降低抵押财产的价值，而这又是抵押权人所不能预期的。有学者曾指出，对于抵押权设定后新设定的用益权应强调抵押权效力对抵押人处分权的影响，新设定的用益物权不得对抗买受人，以突出抵押权的效力作用。[①]这种观点有道理。因此，我们认为，于抵押期间，抵押人虽可以就该抵押财产设定用益物权，但抵押权不受影响。所谓"抵押权不受影响"，是指后设定的用益物权不得对抗已存在的抵押权，于抵押权人实现抵押权时，该后设定的用益物权不应存在；若仍存在的，则应归于消灭。

五、抵押财产的转让权

从理论上说，抵押权设立后，抵押人对抵押财产不得为事实上的处分，这毫无疑问，因为事实处分会导致抵押物的灭失。但在抵押人可否对抵押财产为法律上的处分上，曾有不同的观点。原《担保法》第49条第1款规定："抵押期间，抵押人转让已办理登记的抵押

---

① 参见董开军、高云超:《论土地使用权抵押》，载《法律科学》1993年第1期。

物的，应当通知抵押权人并告知受让人转让物已经抵押的情况；抵押人未通知抵押权人或者未告知受让人的，转让行为无效。"依该规定，抵押人转让抵押财产虽无须经抵押权人同意，但应受两条限制：第一是"应当通知抵押权人"，这里说的是"通知"而不是经"其同意"。依该条第2款规定，"转让抵押物的价款明显低于其价值的，抵押权人可以要求抵押人提供相应的担保；抵押人不提供的，不得转让抵押物"。因此，只有在转让抵押物的价款明显低于其价值的情况下，抵押权人要求抵押人提供相应担保而抵押人拒不提供的，抵押人才不得转让抵押物；第二是"告知受让人转让物已经抵押"。依原《担保法》的该条规定，抵押人未通知抵押权人或者未告知受让人转让物抵押的，转让行为无效。

原《物权法》关于抵押财产的转让作了与《担保法》不同的规定。该法第191条规定："抵押期间，抵押人经抵押权人同意转让抵押财产的，应当将转让所得的价款向抵押权人提前清偿债务或者提存。转让的价款超过债权数额的部分归抵押人所有，不足部分由债务人清偿。""抵押期间，抵押人未经抵押权人同意，不得转让抵押财产，但受让人代为清偿债务消灭抵押权的除外。"依此规定，抵押期间抵押人转让抵押财产的，须经抵押权人同意；抵押人未经抵押权人不得转让抵押财产，但受让人有涤除权。

如果抵押人未经抵押权人同意转让抵押财产，会发生何种后果呢？由于上述条款并没有如同以前《担保法》的规定那样规定"转让行为无效"，因此对此有不同的理解。一种观点认为，抵押人未经抵押权人同意转让抵押财产的，转让抵押财产的合同无效；另一种观点认为，抵押人未经抵押权人同意转让抵押物的，转让合同仍为有效，只是抵押权人仍可对抵押财产行使抵押权。笔者赞同后一种观点。抵押人未经抵押权人同意转让抵押财产的，抵押权人仍可追及抵押财产实现抵押权，而并非转让抵押财产的合同无效。因为，该条款中的但书也赋予了受让人以涤除权，即受让人有权代为清偿债务消灭抵押权。如此以来，实际上是指若受让人代为清偿债务，则抵押权消灭，受让人可完全取得受让财产的所有权；否则，"抵押财产的受让人对抵押财产的所有权利益，不具有对抗抵押权的效力"。[①] 如果抵押人未经抵押权人同意而转让其抵押财产的合同无效，那么，受让人代为清偿债务时又何以可以除外呢？

  现《民法典》第406条作出了与原《物权法》第191条不同的规定。《民法典》第406条规定："抵押期间，抵押人可以转让抵押财产。当事人另有约定的，按照其约定。抵押财产转让的，抵押权不受影响。""抵押人转让抵押财产的，应当及时通知抵押权人。抵押权人能够证明抵押财产转让可能损害抵押权的，可以请求抵押人将转让所得的价款向抵押权人提前清偿债务或者提存。转让的价款超过债权数额的部分归抵押人所有，不足部分由债务人清偿。"依此规定，关于抵押财产的转让，抵押人与抵押权人有约定的，按照其约定办理。当事人没有约定的，抵押期间，抵押人可以转让抵押财产，而不必征得抵押权人的同意。抵押人转让抵押财产，抵押权人的抵押权不受影响。所谓抵押权不受影响，也就是说抵押权人仍可以追及该抵押财产行使抵押权。这也就是认可抵押权的追及性。

  抵押人转让抵押财产的，应当通知抵押权人，以使抵押权人知道抵押财产所在。抵押权人知道抵押财产转让的事实后，如能够证明

[①] 邹海林：《抵押权》，载王利明主编：《物权法名家讲坛》，中国人民大学出版社2008年版，第391页。

抵押财产转让可能会损害抵押权,则可以请求抵押权人将转让所得的价款向抵押权人提前清偿债务或者提存。这一方面说明经抵押权人同意,抵押人转让抵押财产的,受让人取得的所有权利益不具有对抗抵押权的效力,即抵押权人不可以追及已转让的抵押财产实现抵押权;另一方面说明应抵押权人的请求抵押人应将转让所得向抵押权人提前清偿债务或者提存。

除上述权利外,抵押人为物上保证人的,在抵押权实现后,抵押人作为担保人有权向债务人追偿。

本案中李博是将已经抵押的房屋转让给郭金苹的。从案情看,抵押房屋的转让发生在抵押期间,抵押人与抵押权人双方关于抵押财产的转让并无另外的约定。依据《民法典》第406条第1款规定,抵押期间,抵押人可以转让抵押财产。并且作为案涉房屋的共有人王春婷也认可李博的转让行为,李博对案涉的抵押房屋产权的转让属于有权处分,李博与郭金苹双方转让案涉房屋的意思表示是真实有效的,因此,郭金苹与李博签订的《房屋转让协议》是有效的。

依《民法典》第406条第1款规定,"抵押财产转让的,抵押权不受影响"。这一规定表明抵押人在抵押期间转让抵押财产的转让协议虽有效,但是抵押权不因抵押财产的转让而受影响,抵押权仍及于转让的抵押财产。就本案来说,郭金苹与李博签订的《房屋转让协议》有效,但这不能影响抵押权人葫芦岛银行对案涉房屋的抵押权,因此,葫芦岛银行作为案涉房屋的抵押权人有权主张对案涉房屋行使抵押权。由于葫芦岛银行已经行使该权利,从而,郭金苹诉请被告李博配合解除抵押及过户、第三人葫芦岛银行配合办理还款手续解除抵押的诉讼请求,不能得到法院的支持。

综上,本案一、二审法院的判决是正确的。

第二十三专题　浮动抵押的效力

——沃土丰达合作社等与农发行青冈支行金融借款合同纠纷案

案例索引

黑龙江省绥化市中级人民法院（2022）黑12民终字1603号民事判决；青冈县人民法院（2022）黑1223民初700号民事判决。

基本案情

2021年5月14日沃土丰达合作社（全名为沃土丰达现代农机专业合作社）与农发行青冈支行就借款事宜签订了《流动资金借款合同》[编号：23120400—2021年（青冈）字0004号]，合同约定：借款用途为流转土地、购买种子和化肥，借款金额为人民币1000万元，借款期限12个月，自2021年7月14日起至2022年5月13日止；借款利率为固定利率，年利率为4.85%，按月结息，结息日为每月20日；此外，双方同时就合同解除、违约责任、提前收回借款等事宜进行了约定。同日，农发行青冈支行与永昌投资公司签订23120400-2021年青冈（保）字002号保证合同，与单清芝、仲纪良签订23120400-2021年青冈（保）字003号保证合同，与马国荣、仲维华签订23120400-2021年青冈（保）字004号保证合同。三份保证合同约定了保证方式为连带责任保证，保证期间为主合同约定的债务履行期届满之次日起3年。在上述借款合同与保证合同签订后，2021年5月21日农发行青冈支行向沃土丰达合作社发放贷款1000万元。2021年8月5日农发行青冈支行与沃土丰达合作社签订了编号为231220400-2021年青冈（抵）字005号的动产浮动抵押合同，约定沃土丰达合作社以其现有的以及在生产经营中继续取得的原材料作为抵押物为农发行青冈支行设定抵押担保，并于同日在中国人民银行征信中心动产融资统一登记系统办理了抵押登记，登记担保债权为100万元。2022年5月13日农发行青冈支行在中国人民银行征信中心动产融资统一登记公示系统将主合同金额更正为1000万元。2022年2月16日，沃土丰达合作社在农发行青冈支行开立的两个银行账户被人民法院冻结，冻结金额3300万元。农发行青冈支行根据双方签订的《流动资金借款合同》第13.5、13.5.13、10.15条款的约定，在借款人的财产被扣押或者冻结时，贷款人有权提前收回全部借款。农发行青冈支行与沃土丰达合作社协商未果，于2022年2月28日向沃土丰达合作社发出解除合同并提前收款的书面函件。

另，黑龙江省鹤岗市工农区人民法院于2022年3月31日作出（2022）黑0403民初354号民事判决。该判决查明：2021年3月25日，鹤岗信用联社下属单位向阳信用社与沃土丰达合作社签订流动资金借款合同，该合同约定贷款为可循环流动资金借款，借款金额5000万元，额度有效期自2021年3月25日起至2022年3月22日，单笔借款期限届满日不超过2022年3月22日。借款用途为粮食收购。借款利率执行固定利率，年利率为6.264%。并约定未按合同约定的期限归还借款本金的按毛利率加收50%罚息。同日，沃土丰达合作社与鹤岗信用社联社下属单位向阳信用社签订最额动产质押合同，为上述借款提供质押担保，并约定由寒地黑土供应链管理公司作为质物监管人，沃土丰达合作社先后交付了11,800.99吨玉米干粮的质押物，现剩余8,125.926吨玉米干粮质押物。同日单清芝、马国荣、仲纪良、仲维华、单喜忠、单喜圣、新亿融资担保公司与鹤岗信用联社下属单位向阳信用社签订了最高额保证合同，为上述借款提供保证，约定保证方式为连带责任保证，保证范围为借款本金、利息及各项费用，保证期间为主债务期间届满之日起3年，截至判决时尚欠鹤岗信用联社借款本金16,251,365.21元。该判决主文第三项为："若被告青冈县沃土丰达现代农机专业合作社到期不能清偿上述借款本息，先以其质押的玉米干粮8125.926吨折价、拍卖、变卖，所得价款原告鹤岗市农村信用合作联社优先受偿。"现判决已进入执行阶段，黑龙江省鹤岗市工农区人民法院已将沃土丰达合作社质押的库存玉米7030.32吨变卖，并将所得价款人民币18,700,651.2元提存。

农发行青冈支行向青冈县人民法院提出诉讼请求：1.请求法院依法判决青冈县沃土丰达合作社立即偿还原告借款本金1000万元以及从2022年5月31日起算至实际还款日止产生和利息及罚息，律师费45,000元、保全费5000元；2.请求法院依法判决原告对被告青冈县沃土丰达合作社所有的位于其院内的库存玉米4300吨享有优先受偿权；3.请求法院依法判决被告单清芝、仲纪良、仲维华、马国荣、青冈县永昌农业投资开发有限公司对上述款项承担连带保证责任；4.请求法院依法判决所有被告承担本案的诉讼费用。

判决与理由

一审法院认为，本案属于金融借款合同纠纷。争议焦点是：一、沃土丰达合作社应否返还农发行青冈支行借款问题；二、在同一动产上既有质权又有抵押权的优先受偿问题。关于沃土丰达合作社应否返还借款本息问题。本案中，农发行青冈支行与沃土丰达合作社签订的流动资金借款合同、动产浮动抵押合同，与永昌投资公司签订的保证合同，与单清芝、仲纪良、仲维华、马国荣签订的自然人保证合同，均是合同双方的真实意思表示，上述合同均成立并生效，对各方当事人具有约束力。沃土丰达合作社应按照合同约定返还借款本金并继续支付自 2022 年 5 月 31 日后的逾期利息，其在庭审中抗辩农发行青冈支行于 2022 年 2 月 28 日单方解除借款合同是违约行为，但截至本判决作出之日，借款合同已经到期，借款未得到进一步清偿。对沃土丰达合作社主张农发行青冈支行应承担违约责任的抗辩主张不予支持。沃土丰达合作社未按照合同归还借款本金，构成根本违约，应承担返还借款的违约责任。对农发行青冈支行要求沃土丰达合作社返还借款本金及继续支付利息的诉讼请求予以支持。关于在同一动产上既有质权又有抵押权的优先受偿问题。因黑龙江省鹤岗市工农区人民法院于 2022 年 3 月 31 日作出（2022）黑 0403 民初 354 号民事判决，判决主文第三项为："若被告青冈县沃土丰达现代农机专业合作社到期不能清偿上述借款本息，先以其质押的玉米干粮 8125.926 吨折价、拍卖、变卖，所得价款原告鹤岗市市区农村信用合作联社优先受偿。"沃土丰达合作社用玉米担保与本案第三人鹤岗信用联社签订最高额质押合同，并于 2021 年 5 月 10 日起至 2021 年 12 月 10 日止逐步交付 43 批次质押的玉米，鹤岗信用联社于 2021 年 7 月 20 日在中国人民银行征信中心动产融资统一登记系统办理了质押登记。本案中，沃土丰达合作社用玉米担保与本案原告农发行青冈支行于2022年8月5日签订动产浮动抵押合同，并于当日在中国人民银行征信中心动产融资统一登记系统办理了抵押登记，登记担保债权额为100万元。农发行青冈支行主张优先受偿的债权标的为1000万元，因关于优先受偿问题已有在先的生效判决确认，故农发行青冈支行仅在登记的抵押担保债权额100万元内享有优先受偿权。农发行青冈支行在担保物权受偿后，不足部分由永昌投资公司（全称为青冈县永昌农业投资开发有限公司）、单清芝、仲纪良、仲维华、马国荣按保证合同的约定承担连带责任。关于农发行青冈支行主张的律师费问题，因在庭审时农发行青冈支行未能提交证明律师费的证据，对其主张律师费45000元的诉讼请求，不予支持。综上，对农发行青冈支行的部分诉讼请求予以支持；对农发行青冈支行的其他诉讼请求，不予支持。依照《中华人民共和国民法典》第392条、第396条、第403条、第411条、第415条、第509条、第577条、第579条、第675条、第676条、第688条、第700条，《中华人民共和国民事诉讼法》第67条的规定，判决：一、青冈县沃土丰达合作社于本判决生效后立即返还中国农业发展银行（简称农发行）青冈县支行借款本金1000万元，并按照合同约定的利率标准，支付自2022年5月31日起至款项付清之日的逾期利息；二、农发行青冈县支行对青冈县沃土丰达现代农机专业合作社所有的位于其院内的库存玉米在折价、拍卖、变卖所得价款中的100万享有优先受偿权；三、对农发行青冈县支行对本判决第一项确定的债权数额经本判决第二项实现担保物权后的不足部分，由青冈县永昌农业投资开发有限公司、单清芝、仲纪良、仲维华、马国荣共同负连带责任；四、驳回农发行青冈县支行的其他诉讼请求。

一审判决后,农发行青冈县支行不服,向绥化市中级人民法院提起上诉,请求:1.维持青冈县人民法院(2022)黑1223民初700号民事判决第一项;2.撤销(2022)黑1223民初700号民事判决第二、三、四项,依法改判:上诉讼人在1000万元贷款本金及相应利息、费用范围内对抵押物享有优先受偿权且优先于第三人受偿。其理由为:上诉人虽然办理抵押登记数额有误,但上传了借款合同和抵押合同,上诉人设定的抵押权是1000万元,且早于第三人质权设立时间,一审判决认定上诉人优先受偿权范围为100万元错误,且应优先于第三人。

二审法院认为,综合各方当事人的诉争,应解决以下问题。

关于农发行青冈支行对沃土丰达合作社的玉米是否享有优先受偿权及优先受偿权范围的问题。根据《中华人民共和国民法典》第403条规定:"以动产抵押的,抵押权自抵押合同生效时设立;未经登记,不得对抗善意第三人。"农发行青冈支行与沃土丰达合作社签订的《动产浮动抵押合同》是双方当事人真实意思表示,不违反法律规定,合法有效,于2021年8月5日生效,因此农发行青冈支行的抵押权自2021年8月5日设立,是否登记及登记债权数额不影响抵押权的设立。《动产浮动抵押合同》约定,被担保的主债权为1000万元,抵押担保范围包括:主合同项下的债权本金、利息、复利、罚息等,抵押物包括现有的以及在生产经营中继续取得的原材料(用于玉米生产产品的各种原材料和辅助材料)。《中华人民共和国民法典》第396条规定:"企业、个体工商户、农业生产经营者可以将现有的以及将有的生产设备、原材料、半成品、产品抵押,债务人不履行到期债务或者发生当事人约定的实现抵押权的情形,债权人有权就抵押财产确定时的动产优先受偿。"《中华人民共和国民法典》第411条规定:"依据本法第三百九十六条规定设定抵押权的,抵押财产自下列情形之一发生时确定……(三)当事人约定的实现抵押权的情形……"本案沃土丰达合作社的银行账户于2022年2月16日被法院冻结(农发行青冈运行与沃土丰达合作社《动产浮动抵押合同》约定的实现抵押权情形),农发行青冈支行于2022年2月25日、28日申请法院扣押沃土丰达合作社的玉米4300吨(市场价值1000万元的部分),农发行青冈支行于2022年2月28日通知沃土丰达合作社解除合同,黑龙江省鹤岗市工农区人民法院于2022年2月25日裁定查封沃土丰达合作社的玉米6788.91吨,后将库存玉米7030.32吨变卖,可以认定农发行青冈支行抵押权确定时沃土丰达合作社的玉米多于4300吨。因此农发行青冈支行诉请就沃土丰达合作社的4300吨玉米对其借款本金1000万元及利息承担担保责任的诉讼请求,应予支持。关于农发行青冈支行主张优先于本案第三人鹤岗信用联社优先受偿的上诉请求,因农发行青冈支行在一审起诉时并未提出此项请求,属超出诉求范围,二审不予审理。

关于承担担保责任的顺序问题。《中华人民共和国民法典》第392条规定:"被担保的债权既有物的担保又有人的担保的,债务人不履行到期债务或者发生当事人约定的实现担保物权的情形,债权人应当按照约定实现债权;没有约定或者约定不明确,债务人自己提供物的担保的,债权人应当先就该物的担保实现债权;第三人提供物的担保的,债权人可以就物的担保实现债权,也可以请求保证人承担保证责任。提供担保的第三人承担担保责任后,有权向债务人追偿。"农发行青冈支行与永昌投资公司、单清芝、仲纪良、仲维华、马国荣签订的三份保证合同均约定,主合同项下的债权存在其他担保(包括债务人提供的担保），债权人可优先和/或单独要求保证人依照本合同约定承担担保责任，无需先行使其他担保权利。因农发行青冈支行与各保证人之间均有约定，根据上述法律规定，应按照约定实现债权，即各保证人均应在1000万元借款本金及利息范围内承担保证责任，无需农发行青冈支行先行使抵押权。

关于沃土丰达合作社是否应支付农发行青冈支行罚息、复利的问题。因农发行青冈支行与沃土丰达合作社签订的《流动资金借款合同》对借款的罚息和复利有约定，该约定系当事人自愿，不违反法律规定，应予支持。

关于上诉人农发行青冈支付支付的律师费是否应由沃土丰达合作社承担的问题。因上诉人未提交律师费发票原件等证据证实案涉律师费真实发生及具体数额，也未举证交付，该上诉理由不予支持。

综上所述，农发行青冈支行的上诉请求部分成立，予以支持。依照《中华人民共和国民事诉讼法》第177条第1款第1项之规定，判决如下：一、撤销青冈县人民法院（2022）黑1223民初700号民事判决；二、青冈县沃土丰达合作社于本判决生效后立即返还中国农业发展银行青冈县支行借款本金1000万元，并按照年利率6.305%标准，支付自2022年6月3日起到款项付清之日的罚息、复利；三、如青冈县沃土丰达合作社到期不能清偿上述借款本息，对其不能清偿部分，农发行青冈县支行沃土丰达合作社抵押的4300吨玉米，经折价或者拍卖、变卖的价款优先受偿；四、青冈县永昌农业投资开发有限公司、单清芝、仲纪良、仲维华、马国荣对上述借款本息承担连带保证责任；五、驳回中国农业发展银行青冈县支行的其他诉讼请求。

评 析

二审法院对本案的判决结果不同,争议主要集中在两个方面:一是农发行青冈支行可否要求扣押抵押财产玉米4300吨?二是农发行青冈支行可否就该4300吨库存的玉米优先受偿全部债权?其焦点在于如何认识浮动抵押的效力。

一、浮动抵押的含义

浮动抵押,有的称为浮动担保、浮动财产负担、浮动式财团抵押,是一种以抵押人的全部财产设立抵押权的制度。以抵押人的整体财产设立的抵押权,通常称为财团抵押。这种抵押,既不同于在一个财产上设立一个抵押权的单独抵押,也不同于在数个财产上为担保同一债权设立抵押权的共同抵押,而是于抵押人的一个集合财产(将抵押人的全部财产作为一个集合物)上设立一个抵押权。这种抵押有利于发挥抵押人的抵押财产的担保价值,增强其担保能力,也有利于抵押人对其财产的利用,发挥抵押财产的使用价值,因此,各国法上都规定有这种抵押制度。但在以抵押人整体财产设立抵押权上,有不同的立法例,主要有固定式财团抵押与浮动式财团抵押两种类型。

固定式财团抵押,是指将企业现有资产中的供企业经营使用的不动产、动产以及知识产权等权利组成一个财团,于其上设立一个抵押权。这种抵押的特点在于:(1)用于设定抵押担保的标的限于企业现有财产中特定的财团,构成财团的财产一般不包括将来可以取得的财产而只是现有的财产,未与企业结合的经营用品诸如有浮动性的商品等也不能为财团的构成部分;(2)抵押权的标的于抵押权设立时就已经确定,而不是于抵押权实现时才能确定;(3)抵押人于抵押权设立后虽仍得对抵押标的所包括的财产予以处分,但其处分受有限制。固定式财团抵押于办理抵押登记后,抵押人可以对抵押财产为使用收益,但原则上未经抵押权人同意,抵押人不得将属于财团的物件从财团中分离;未经抵押权人同意而为任意分离的,其分离之物仍受抵押权的拘束。随企业经营新增加的企业用物,如果当事人于设立抵押权时未为反对的约定,且增加行为不构成诈害行为的,则增加的物也为财团的组成部分,但应为财团目录的变更登记,否则抵押权对新增之物的效力不得对抗第三人。

浮动性财团抵押,起源于英国,原为英美法系国家所采用的制度,是指抵押人将其现有的和将来取得的财产作为一个整体,于其上设立一个抵押权。这种抵押的特点在于:(1)用于设定抵押担保的财产一般为全部财产,既包括现有的财产,也包括将来取得的财产,而不限于抵押设定时已有的财产,抵押人经营用的浮动性的商品也纳入抵押标的财团内;(2)在抵押权实现之前,用于抵押的财产处于变动之中,抵押人的财产随时可退出或加入到抵押财产的范围,这也正是称此种抵押为浮动抵押的原因;(3)于抵押权设立后,抵押人不仅可对用于抵押的标的财产为使用、收益,并且可为处分,因此,抵押人在抵押期间仍得利用抵押财产进行正常的经营活动。这种抵押的浮动性,决定了于抵押财产固定后才能实现抵押权。

我国在原《物权法》的立法过程中对于是否规定浮动抵押,学者中有不同的观点。反对者不赞同规定浮动抵押,其主要理由是:(1)浮动抵押期间,抵押人可以自由处分抵押财产,由于抵押财产处于不确定状态,实现债权的风险很大;(2)浮动抵押制度有赖于良好的市场环境和社会信誉,我国正由计划经济向市场经济转型,变动较大,在这样背景下规定浮动抵押不利于保护债权人的利益。赞成者主张应规定浮动抵押,其理由是:(1)有利于企业融资,促进经济发展;(2)有利于简化抵押手续,降低抵押成本;(3)有利于企业正常经营;(4)可以补充传统抵押的不足;(5)符合国际通行做法;(6)实践的需要。① 原《物权法》最终在第181条规定了浮动抵押。

《民法典》沿用了原《物权法》的做法,于第396条规定了浮动抵押:"企业、个体工商户、农业生产经营者可以将现有的以及将有的生产设备、原材料、半成品、产品抵押,债务人不履行到期债务或者发生当事人约定的实现抵押权的情形,债权人有权就抵押财产确定时的动产优先受偿。"依该条规定,用于设立浮动抵押的财产只能是特定类别的动产。因此,我国物权法上并未规定一般意义的浮动抵押,而是规定了动产浮动抵押。依《民法典》规定,动产浮动抵押,是抵押人将其现有和将有的生产设备、原材料、半成品、产品这些动产设立的抵押权。之所以称我国法规定的浮动抵押为动产浮动抵押,是因为依《民法典》第396条(原《物权法》第181条)规定抵押财产包括现有与将有的动产,在抵押权实现前抵押财产是处于变动之中而非固定的。尽管《民法典》第396条的规定位于"一般抵押权"这一节中,但该条规定的抵押不同于一般抵押,应属于特殊的抵押。这种抵押不是以可以抵押的个别财产为标的设定抵押权的,而是以法律规定的动产作为一个财产整体为标的设定抵押权的。

我国《民法典》第396条规定的抵押,虽也是以特定范围的集

---

① 详细内容参见朱岩、高圣平、陈鑫:《中国物权法评注》,中国人民大学出版社2007年版,第663—664页;黄薇主编:《中华人民共和国民法典物权编释义》,法律出版社2020年版,第481—482页。

合财产为标的的，但它不同于固定式的财团抵押。这不仅表现在设定抵押的集合财产中不包括不动产，而只是动产，更重要的是抵押财产具有浮动性。抵押财产在抵押期间处于变动中的浮动性，决定了这种抵押属于浮动抵押。但这种抵押又不同于浮动式财团抵押，因为在其他国家或地区的浮动抵押的抵押财产一般包括不动产和权利等各种财产，而我国浮动抵押的抵押财产仅限于特定的具有浮动性的动产，也正因为如此，我们称其为动产浮动抵押。

二、动产浮动抵押的特点

我国法上规定的动产浮动抵押主要具有以下特点：

1. 抵押主体上的限定性和广泛性

动产浮动抵押的抵押主体的限定性表现在两个方面：一方面，抵押人只能是债务人，而不能是第三人。在一般抵押，抵押人可以是债务人，也可以是第三人，而动产浮动抵押的抵押人只能是债务人，也就是说抵押人只能为担保自己债务的履行而设立动产浮动抵押，而不能为担保他人债务履行而设立动产浮动抵押；另一方面抵押人只能是经营性主体，而不能是不从事生产经营活动的自然人、法人或其他组织。

动产浮动抵押的主体的广泛性表现在凡经营性主体均可为担保其债务的履行而设定动产浮动抵押。从比较法上看，各国对于浮动抵押的抵押人的范围多有限制，如日本规定抵押人限于股份有限公司，英国等限定抵押人只能是公司，总的来说抵押人多限于规模较大、信用较好又易于监督的生产经营主体。而我国《民法典》第396条规定的抵押人为企业、个体工商户、农业生产经营者，不仅包括各类公司，还包括合作社、合伙企业、独资企业以及其他非公司的营利法人,也包括个体工商户和农业生产经营者。依我国法规定,只要是从事生产经营活动的市场主体,就可以成为动产浮动抵押的抵押人。

抵押人主体资格的限制和广泛,表明法律上确认动产浮动抵押的目的是为了解决商品生产经营者的融资需求。动产浮动抵押制度为增强商品生产经营者特别是中小企业和个体经营者的融资能力提供了有效手段。

2. 用于设定浮动抵押的财产范围的限定性

国外的浮动抵押,用于设定抵押权的财产虽也是抵押人现有和将有的全部财产或者某一类财产,但都可以是不动产、动产和权利。而我国法上规定用于浮动抵押的财产仅是现有和将有的生产设备、原材料、半成品、产品,不仅不能包括不动产和权利,也不能包括全部动产。对于动产浮动抵押的财产范围,是否仅限于上述财产?是否可包括其他动产和权利呢?对此有不同的观点。有的认为,我国法上规定用于抵押的财产包括"将有的财产",表明主要是指的动产,但是在特殊情况下也包括一些无形的财产权利。例如,如果以将来可以取得的租赁收入与其他财产结合在一起,成为集合担保的时候,只能将它们称为动产浮动抵押。[①] 这种看法有道理。而且从理论上说,浮动抵押担保的标的物应是抵押人的全部或某一类财产,这更有利于发挥抵押人财产整体的融资能力。但是,我们认为,从《民法典》第396条的规定,不能得出浮动抵押的财产可以包括无形的财产权利的结论。因为该条中明确规定为"现有的以及将有的生产设备、原材料、半成品、产品",也就是说不

---

① 王利明:《物权法研究(第四版)》(下卷),中国人民大学出版社2016年版,第1277页。

仅设定浮动抵押时现有的动产仅限于包括生产设备、半成品、原材料、半成品、产品,而且将有的财产也是仅限于这些动产。不动产及不动产权利、交通运输工具等动产,只能用于设定固定抵押,而不能用于设定浮动抵押;知识产权以及其他的财产权利,包括将来取得的营业收入,则只能用于设定权利质权,而不能用于设定浮动抵押。从《民法典》第396条的规定也可以看出,我国法上可用于设定动产浮动抵押的动产实际上是生产经营者经营所使用的浮动性的物品,这一制度具有盘活抵押人库存的重要意义。

3. 抵押权标的的集合性与浮动性

首先,动产浮动抵押权的标的是集合财产,即以可设定动产浮动抵押的全部动产或者某几类或某类动产作为一个整体作为抵押权的标的,而不是以具体的一个或者几个动产为抵押权的标的。正因为动产浮动抵押权的标的是集合财产,所以动产浮动抵押属于财团抵押的一种特殊形态。设定动产浮动抵押的集合财产不仅包括现有的财产,也包括将来取得的财产,但仅限于可设定动产浮动抵押的生产设备、原材料、半成品、产品,而不能包括其他财产。动产浮动抵押的集合财产的范围,由当事人约定。当事人可以约定仅为某几类或某类动产的集合,如以现有以及将有的生产设备抵押,或者以现有的和将有的原材料和半成品抵押;当事人也可以约定以现有以及将有的生产设备、原材料、半成品、产品全部动产抵押。如果当事人约定以全部动产抵押的,是否可以认定抵押财产包括各式各样的现有和将有的动产呢?笔者认为,如上所述,用于设立动产浮动抵押的财产,并不能是全部动产,而仅限于法律明确列举的动产类别。因此,如果当事人约定或者登记的抵押财产为全部动产,则应是包括现有和将有的生产设备、原材料、半成品、产品的全部,而不能包括交通运输工具等其他动产和权利。

其次，动产浮动抵押权的标的是浮动的。标的财产的浮动性，是浮动抵押区别于固定抵押的根本特征。动产浮动抵押设定后，抵押财产的范围是在不断变动的，原有的财产会因抵押人的经营处分而退出抵押财产，抵押人因经营所取得的该类财产会加入到抵押财产中。无论是抵押财产的减少还是抵押财产的增加，均不需要变更登记等特别手续。因为抵押权人只能就特定的财产实现抵押权，因此，动产浮动抵押权也只有在抵押财产固定后才能实现。也正为如此，浮动抵押制度中存在抵押结晶制度，以使浮动抵押转变为固定抵押。

三、动产浮动抵押权的设立

动产浮动抵押权的设立也须由当事人双方订立抵押合同。《民法典》第400条第1款规定："设立抵押权，当事人应当采取书面形式订立抵押合同。"这意味着，设立动产浮动抵押也应当采取书面形式订立抵押合同，而且只有在书面抵押合同中约定了动产浮动抵押，才能成立动产浮动抵押权；当事人未订立书面抵押合同的，不能设立动产浮动抵押。但是书面抵押合同或者说书面协议，并不要求当事人签订单独的书面抵押合同，在书面形式的主合同中以担保条款约定动产浮动抵押的，也为有效。

当事人设立动产浮动抵押协议的内容，应依《民法典》第400条第2款关于抵押合同一般包括的条款而定。抵押合同一般包括被担保债权的种类和数额、债务人履行债务的期限、抵押财产的名称、数量等情况、担保的范围等。但对于设立动产浮动抵押的抵押合同在抵押财产的状态中应特别列用以抵押的动产范围，以全部动产抵押的，应注明现有和将有的全部动产；以部分动产抵押的，应注明用于抵押的动产类别。

动产浮动抵押属于动产抵押。依我国《民法典》规定，动产抵押权不以登记为设立要件，登记仅是动产抵押权的公示方式而不是动产抵押权的成立要件。动产浮动抵押也不例外。《民法典》第403条规定："以动产抵押的，抵押权自抵押合同生效时设立；未经登记，不得对抗善意第三人。"依这一规定可得出以下结论：（1）动产浮动抵押权自抵押合同生效时设立。也就是说自抵押合同生效时，债权人就取得动产浮动抵押权，不论是否登记。至于抵押合同是否生效，则应依关于合同生效的法律规定来确定。（2）登记是动产浮动抵押权的公示方式。动产浮动抵押办理登记的，抵押权具有对抗第三人的效力，因为抵押权一经登记，登记信息是公开的、任何人都是可查知的，因此任何第三人都应当知道抵押权设立的事实；动产浮动抵押未经登记的，不得对抗善意第三人。这里的善意第三人是指不知道或者不应当动产浮动抵押权设立事实的第三人。例如，甲企业与乙银行经书面协议，以现有的和将有的原材料、生产设备、半成品、产品设定抵押，该书面协议符合抵押合同的有效要件，乙银行取得动产浮动抵押权，但未办理抵押登记；其后，甲企业又与丙银行经书面协议，设定动产浮动抵押权，该书面协议也符合抵押合同的有效要件，丙银行又不知或不应知甲已就其动产为乙银行设定抵押权的事实，丙银行为善意第三人，丙银行也取得动产浮动抵押权。于此情形下，乙的抵押权不能对抗丙的抵押权，如果丙的抵押权也未办理登记，则乙、丙的抵押权应为同一顺序抵押权；如果丙的抵押权办理了登记，则丙的抵押权可以对抗乙的抵押权，丙的抵押权效力优先于乙的抵押权。

四、动产浮动抵押权的效力

1. 动产浮动抵押权在抵押财产确定前的效力

动产浮动抵押权也为抵押权，当然应具有抵押权的一般效力，但由于其为动产浮动抵押也就具有不同于一般抵押权的特别效力。有学者指出，两者间的最大差别在于浮动抵押权有一个休眠期。[①] 浮动抵押权的休眠，也称为浮动抵押效力的休眠，是指浮动抵押在抵押财产确定之前，抵押权人没有支配具体抵押财产的权利，或不产生禁止抵押人在正常经营范围内处分抵押财产的权利，除非在抵押合同中对某些财产或处分行为做出相反的规定。[②]

如前所述，浮动抵押的一个重要特点是抵押财产处于变动之中，在抵押权固定前，抵押财产是在不断地减少或增加。这是因为抵押人于抵押权设立后仍可利用抵押财产进行正常的生产经营活动。这也正是浮动抵押的一个优点。当然，这也是浮动抵押不利于债权人的一个弊端。因此，如何限制抵押人在抵押权设立后对抵押财产的处分，以使抵押财产的流出和流入不会损害债权人的利益也就是法律要解决的重要问题。

《民法典》第 404 条规定："以动产抵押的，不得对抗正常经营活动中已经支付合理价款并取得抵押财产的买受人。"依此规定，动产浮动抵押权不论是否登记，都不得对抗正常经营活动中已支付合理价款并取得抵押财产的买受人。这意味着，在动产浮动抵押权设立后，抵押人可以在正常经营活动中自由处分抵押财产范围内的动产。这里

---

① 参见朱岩、高圣平、陈鑫：《中国物权法评注》，中国人民大学出版社2007年版，第 669 页。

② 高圣平：《担保法论》，法律出版社 2009 年版，第 455 页。

所谓的"不得对抗",是指抵押权的效力不能及于抵押人已转让的财产,买受人确定地取得受让财产的所有权。《有关担保制度的解释》第56条规定:"买受人在出卖人正常经营活动中通过支付合理对价取得已被设立担保物权的动产,担保物权人请求就该动产优先受偿的,人民法院不予支持,但是有下列情形之一的除外:(一)购买商品的数量明显超过一般买受人;(二)购买出卖人的生产设备;(三)订立买卖合同的目的在于担保出卖人或者第三人履行债务;(四)买受人与出卖人存在直接或者间接的控制关系;(五)买受人应当查询抵押登记而未查询的其他情形。前款所称出卖人正常经营活动,是指出卖人的经营活动属于其营业执照明确记载的经营范围,且出卖人持续销售同类商品。前款所称担保物权人,是指已经办理登记的抵押权人、所有权保留买卖的出卖人、融资租赁合同的出租人。"依此规定,这里的买受人须具备以下五个条件:

其一,是在抵押人的正常经营活动中受让财产的。

其二,买受人受让的是已抵押的动产。

其三,已支付合理价款。买受人未支付合理价款的,抵押权人对抵押人转让的财产仍有追及权,即该转让财产仍受抵押权的约束。买受人支付的价款是否合理,应以交易时的市场价格确定。买受人支付的价款明显低于交易当时的市场价格的,则不为支付了合理价款。价款是否合理,也可以说是判断抵押人是否在正常经营活动中处分抵押财产的一个标准。

其四,买受人已取得受让财产。所谓已取得,是指买受人已经取得受让财产所有权。依《民法典》第224条规定,动产转让的,自交付时发生效力。因此,只有抵押人已将转让的财产交付买受人,买受人才能为取得受让财产。若抵押人未将转让的动产交付买受人,买受人尚不能取得该受让财产的所有权,则该财产仍在抵押财产的范围内。但交付有多种方式,占有改定也是交付的方式。抵押人以合理价格转让浮动抵押标的物范围内的动产的,若采取占有改定的方式交付,能否认为买受人取得抵押财产呢？对此有不同的观点。笔者认为,抵押人采用占有改定的交付方式时,转让的动产仍为抵押人直接占有,买受人仅取得间接占有,而间接占有是不具有公示效力的,第三人难以知道买受人已取得受让动产,抵押权人也不例外。因此,于此情形下,买受人的权利不应对抗抵押权,不能认定买受人已取得受让抵押财产。

其五,买受人不知道也不应知道受让的动产已设立抵押权。

《有关担保制度的解释》第57条规定:"担保人在设立浮动抵押并办理抵押登记后又购入或者以融资租赁方式承租新的动产,下列权利人为担保价款债权或者租金的实现而订立担保合同,并在该动产交付后十日内办理登记,主张权利优先于在先设立的浮动抵押权的,人民法院应予支持:(一)在该动产上设立抵押权或者保留所有权的出卖人;(二)为价款支付提供融资而在该动产上设立抵押权的债权人;(三)以融资租赁方式出租该动产的出租人。买受人取得动产但未付清价款或者承租人以融资租赁方式占有租赁物但是未付清全部租金,又以标的物为他人设立担保物权,前款所列权利人为担保价款债权或者租金的实现而订立担保合同,并在该动产交付后十日内办理登记,主张其权利优先于买受人为他人设立的担保物权的,人民法院应予支持。同一动产上存在多个价款优先权的,人民法院应当按照登记的时间先后确定清偿顺序。"

2.动产浮动抵押权抵押财产的确定

因为浮动抵押的抵押财产于抵押权设立后是处于不断变动的浮

动状态，抵押的标的物不特定，抵押权人可支配的具体财产也就不能确定，抵押权人也就无法实现抵押权。只有在抵押财产确定后，抵押权人才可以就确定的抵押财产行使抵押权。因此，抵押权人在实现抵押权时，必先使浮动的抵押财产停止浮动，使浮动抵押固定下来，抵押标的物特定化。浮动抵押的固定，又称为浮动抵押的结晶。因为抵押权实现时，抵押权人只能就特定的抵押财产变价的价款优先受偿，因此，浮动抵押固定是动产浮动抵押权实现的必经程序。动产浮动抵押一经固定，也就转化为固定抵押，于固定之时抵押人在浮动抵押财产范围内的财产为抵押财产，抵押人未经抵押权人同意处分的，抵押权人得追及该财产。浮动抵押的固定也就是使浮动抵押财产确定。关于浮动抵押固定的事由，各国法上规定并不完全相同。我国《民法典》第411条规定，抵押财产自下列情形之一发生时确定：（1）债务履行期届满，债权未实现；（2）抵押人被宣告破产或者被撤销；（3）当事人约定的实现抵押权的情形；（4）严重影响债权实现的其他情形。依此规定，在我国动产浮动抵押固定的法定事由包括以下四种：

一是债务履行期届满，债权未实现。债务人不履行到期债务是抵押权实现的条件，债务履行期届满债权未实现的，具备了抵押权的实现条件，抵押权人可以实现抵押权，于此时抵押财产当然应当确定。因此，只要债务履行期届满，债权未实现的，不论抵押权人是否要求实现抵押权，抵押财产均于此时即确定，抵押人不得再处分抵押财产。

二是抵押人被宣告破产或者被撤销。抵押人被宣告破产或者被撤销的，抵押人也就不得再进行营业活动，抵押财产也就确定。此时即使债权未到期也视为到期，抵押权人可以就确定的抵押财产实现抵押权。

三是当事人约定的实现抵押权的情形。为保障债权人债权的实现，当事人可以约定抵押权实现的情形。发生当事人约定的实现抵押权的情形时，抵押权人可以实现抵押权。因此，于此时抵押财产须确定，否则抵押权人也就无法实现抵押权。但动产浮动抵押的固定不以抵押权人要求实现抵押权为条件，只要发生当事人约定的实现抵押权的情形，不论抵押权人是否实现抵押权，抵押财产均自此时确定，抵押人不得再处分抵押财产。

四是严重影响债权实现的其他情形。这些情况包括：债务人经营状况严重恶化；转移财产、抽逃资金以逃避债务；丧失商业信誉；有丧失或者可能丧失履行债务能力的其他情形。是否为严重影响债权实现的情形，虽为客观的事实，但应由抵押权人的主观决定。也就是说，即使确实发生严重影响债权实现的情形，但抵押权人不认为严重影响其债权的实现而不主张抵押财产确定的，不发生抵押财产的确定。抵押权人认为发生严重影响债权实现的情形，要求抵押人确定抵押财产的，抵押人无异议的，自该要求到达抵押人时抵押财产确定；抵押人异议的，抵押权人可向人民法院请求确定抵押财产，自法院作出确定抵押财产的裁决之日起抵押财产确定。当然，如果抵押人有放弃其到期债权、无偿转让财产或者以不合理的低价转让财产的行为，严重影响债权实现的，作为债权人的抵押权人可以依《民法典》第538的规定请求法院撤销抵押人的行为。同时，依《民法典》第404条规定，在上述情形下受让抵押财产的受让人也不属于正常经营活动中已支付合理价款并已取得财产的买受人。

除上述法律规定的抵押财产确定的事由外，当事人可否约定抵押财产确定的事由呢？对此我国《民法典》未作规定，从比较法上看，当事人也可以约定抵押财产的确定事由。当事人约定的事由包括：通知确定；自动确定。①笔者也认为，动产浮动抵押财产的确定是可由当事人自愿约定的。基于意思自治原则，当事人完全可以决定自何时起抵押人不得对抵押财产进行经营处分。当事人不仅可以约定实现抵押权的情形，也可以约定动产浮动抵押的抵押财产确定的事由。当事人约定了抵押财产确定的事由的，只要出现该约定的事由，动产浮动抵押就发生固定，抵押财产确定。

本案中，农发行青冈支行与沃土丰达合作社签订了《动产浮动抵押合同》。双方在抵押合同中约定，被抵押担保的债权本金为1000万元，抵押担保范围包括：主合同项下的债权本金、利息、复利、罚息等；沃土丰达合作社以其现有的以及在生产经营中取得的原材料（用于玉米生产产品的各种原材料和辅助材料）抵押。沃土丰达合作社为企业，用于抵押的财产为其现有的及将来取得的原材料，它又是为担保自己的债务履行设立抵押的，因此，沃土丰达合作社设立的该抵押符合《民法典》第396条规定的动产浮动抵押。从案情看，当事人双方签订的抵押合同不存在无效的事由，因此，农发行青冈支行与沃土丰达合作社之间自抵押合同生效时起动产浮动抵押权设立，农发行青冈支行取得动产浮动抵押权。

本案中关于抵押问题上争议的焦点是农发行青冈支行可否请求法院查封沃土丰达合作社库存的4300吨玉米并以其变价优先受偿1000万元债权？

从查封性质上说，财产一经法院扣押、查封，所有权人也就不得处分该财产。本案中农发行青冈支行诉请法院查封沃土丰达合作社

---

① 朱岩、高圣平、陈鑫：《中国物权法评注》，中国人民大学出版社2007年版，第671页。

的 4300 吨库存玉米，也就是要使浮动抵押固定，限制沃土丰达合作对库存货物的自由处分。抵押权人在动浮动抵押期间，使抵押财产确定的，须有法定事由。本案中原告主张抵押财产确定的事由，是被告沃土丰达合作社银行账户被法院冻结。按照当事人双方的约定，沃土丰达合作社银行账户被冻结，农发行青冈支行有权收回全部借款，可以实现抵押权。依《民法典》第 396 条规定，债务人不履行到期债务或者发生当事人约定的实现抵押权的情形，债权人有权就抵押财产确定时的动产优先受偿。本案中发生了当事人约定的实现抵押权的情形，而抵押权人实现抵押权必以抵押财产确定为前提，只有浮动抵押的抵押财产确定，抵押权人即债权人才能实现抵押权。因此，本案中的农发行青冈支行作为抵押权人有权请求将抵押财产确定，其诉请法院查封被告库存的 4300 吨玉米的请求，应得到法院的支持。

那么，农发行青冈支行可否就法院查封的沃土丰达合作的 4300 吨库存玉米变价呢？这涉及动产浮动抵押固定后抵押权人是否就可以实现抵押权问题。从动产浮动抵押的效力可知，动产浮动抵押的固定即抵押财产的确定，是抵押权人实现抵押权的必经程序。抵押权人要实现抵押权必先将抵押财产确定，只有抵押财产确定，抵押权人才能够实现抵押权。但是，抵押财产的确定与抵押权的实现并非一回事。抵押权实现的条件与抵押财产确定的条件也不相同。《民法典》第 410 条规定："债务人不履行到期债务或者发生当事人约定的实现抵押权的情形，抵押权人可以与抵押人协议以抵押财产折价或者以拍卖、变卖该抵押财产所得的价款优先受偿。协议损害其他债权人利益的，其他债权人可以请求人民法院撤销该协议。""抵押权人与抵押人未就抵押权实现方式达成协议的，抵押权人可以请求人民法院拍卖、变卖抵押财产。""抵押财产折价或者变卖的，应当参照市场价格。"

这一条是关于抵押权实现的规定。依该条规定，只有在债务人不履行到期债务或者发生当事人约定的实现抵押权的情形时，抵押权人才可以实现抵押权。《民法典》第411条中规定的动产浮动抵押的抵押财产确定的事由是4种，其中有的并非就为抵押权实现的事由。动产浮动抵押在发生法定事由时，抵押财产确定也就是浮动抵押转化为固定抵押。动产浮动抵押的抵押财产确定后，抵押人不得再自由处分抵押财产，无论对财产的处分是否属于正常的经营活动。至于抵押权的实现，则应依《民法典》第410条的规定。本案中被告沃土丰达合作社的债务不能清偿的数额尚未确定，原告还不能实现抵押权，因此，法院判决在沃土丰达合作社不能清偿其债务时，农发行有权以沃土丰达合作社抵押的4300吨玉米经折价或者拍卖、变卖优先受偿。

  本案中争议的另一个问题是农发行青冈支行的浮动抵押权担保的债权额是多少？一审法院认为，农发行青冈支行的浮动抵押权担保的债权额为100万元，因此判决"中国农业发展银行青冈县支行对青冈县沃土丰达现代农机专业合作社所有的位于其院内的库存玉米在折价、拍卖、变卖所得的100万元享有优先受偿权"。一审法院如此认定的理由是，农发行青冈支行与沃土丰达合作社签订动产浮动抵押合同后于当日在中国人民银行征信中心动产融资统一登记系统办理了抵押登记，登记担保债权为100万元。二审法院改判了一审判决的该内容，而认为农发行青冈支行的抵押权担保的原本债权为1000万元，农发行青冈支行有权就其1000万元及其利息、罚息、复利不能清偿的部分以抵押物的变价优先受偿。一审法院之所以认定错误，是对动产抵押权的设立条件认识有误。《民法典》第403条规定："以动产抵押的，抵押权自抵押合同生效时设立；未经登记，不得对抗善意第三人。"动产浮动抵押也是以动产抵押的，因此，动产浮动抵押权是自抵押合同生效时设立，登记并不是其设立条件。本案中当事人双方在抵押合同中约定担保的债权本金数额为 1000 万元，自抵押合同生效时起，抵押权人也就取得了担保 1000 万元本金的浮动抵押权。在动产抵押，登记仅是动产抵押权的对抗要件，而非成立要件。因此，农发行青冈支行尽管在动产融资统一登记系统登记的是"担保债权 100 万元"，但该登记仅是具有对抗第三人的效力，并不表示抵押权人仅享有担保 100 万元债权的抵押权，就当事人之间的关系来说，抵押权的担保范围仍应以抵押合同的约定为准。

第二十四专题　最高额抵押权的特殊性

——山东润永信息科技公司诉万凯、徐文婕金融借款纠纷案

案例索引

山东省济南市中级人民法院（2021）鲁01民终8762号民事判决；山东省济南市高新技术产业开发区人民法院（2021）鲁0191民初4006号民事判决。

基本案情

2019年5月28日，龙信公司与万凯、徐文婕签订《最高额度授信借款合同》（合同编号lx授字第2019050095）、《借款合同》（合同编号lx借字第2019050095），债权人为龙信公司，债务人为万凯、徐文婕。借款金额：300,000元，借款期限36个月，自2019年5月29日至2022年5月28日，借款利率15%/年，借款逾期的逾期利率为借款利率上浮100%，对未按时支付的利息，按合同约定的借款逾期利率计收复利；借款发放时间：2019年5月29日；还款方式：等额本息，每月20日前还款10,399.60元。《借款合同》第11条违约责任约定："债务人发生下列任一事件即构成违约：（一）债务人不按本

合同规定按照偿还借款本息……；二、违约发生后，债权人有权采取下列一项或多项措施：……（二）停止发放本合同项下未发放的借款；（三）解除借款合同，要求债务人清偿所有到期或未到期的借款本金、利息及其他费用……"

2019年5月28日，龙信公司与万凯、徐文婕签订《最高额度抵押担保合同》，抵押人为万凯、徐文婕，抵押物为万凯所有的位于曲阜市阳春路6号凯伦小区19号楼605室、605跃室（不动产产权证号：曲房权证曲城字第02000378号）；担保债权的确定时间为2019年5月28日至2024年5月28日止；担保额度为300,000元。抵押权不动产登记证号为鲁曲阜市不动产证明第0006575号。《最高额度抵押担保合同》第10条中约定"主合同履行期间，债务人未依主合同约定归还全部或部分借款本金、利息及其他费用的，（债权人）有权处分本合同项下的抵押物"。

2019年5月29日，龙信公司将30万元支付至万凯名下，万凯、徐文婕收到该款项签字确认。

自2020年7月20日之后，万凯、徐文婕未如期还款。

2021年2月25日，龙信公司（甲方）与山东润永公司（乙方，全称为山东润永信息科技公司）签订《债权转让合同》，约定甲方将享有的主债权包括贷款本金及利息、逾期利息、罚息、违约金等及与主债权相关的保证债权、抵押权、质押权等附属权利转让给乙方。基准日为2020年7月20日，交割日为2021年2月25日。债权本金198,950.14元及在《借款合同》项下产生的债权利息、罚息、违约金等，以及附属于该主债权的担保合同权益等从权利，转让价款为214,237.38元。2021年2月25日，山东润永公司支付龙信公司债权转让款214,237.38元。

2021年5月28日，龙信公司向万凯、徐文婕寄送了通知书，通知万凯、徐文婕解除《最高额度授信借款合同》，将《借款合同》项下的全部债权及《最主额度抵押担保合同》项下的全部债权转让给山东润永公司。

山东润永公司向济南高新技术开发区人民法院起诉请求：1.判令万凯、徐文婕偿还山东润永公司借款本金189,850.14元及利息损失；2.判令万凯、徐文婕承担山东润永公司为实现债权所支付的律师代理费12,000元；3.判令山东润永公司对万凯、徐文婕所有的位于曲阜市阳春路6号凯伦小区19号楼605室、605跃室（不动产产权证号：曲房权证曲城字第02000378号）折价或拍卖、变卖所得价款享有优先受偿权；4.判令万凯、徐文婕承担山东润永公司实现债权的各项费用，包括但不限于诉讼费、财产保全费、保全保险费、送达费等一切费用。

判决与理由

一审法院认为，万凯、徐文婕与龙信公司之间的金融借款合同合法有效，万凯、徐文婕未按约定还款，应承担违约责任。龙信公司将债权转让给山东润永公司，山东润永公司要求万凯、徐文婕偿还本金198,950.14元诉讼请求，事实清楚，证据充分，一审法院予以支持。《借款合同》约定的逾期利息过高，但山东润永公司主张2020年7月29日之后利息按年利率24%计算，不违反法律规定，一审法院予以支持。涉案抵押为最高额抵押，债权确定时间为2019年5月28日起至2024年5月28日止，山东润永公司未举证证明龙信公司将涉案债权转让时，担保的债权已确定，且龙信公司与万凯、徐文婕未约定该最高额抵押权可以转让，故涉案最高额抵押的转让无效。山东润永公司关于实现最高额抵押权的诉讼请求，证据不足，一审法院不予支持。关于山东润永公司主张实现债权的各项费用的诉讼请求，万凯、徐文婕未履行按期偿还本息义务，并借款合同中也约定万凯、徐文婕未履行按期偿付本息义务产生实现债权的费用，由万凯、徐文婕承担，故一审法院予以支持。万凯、徐文婕经一审法院传唤无正当理由未到庭参加诉讼，视为放弃答辩权利，应承担相应不利的法律后果。综上，依照《中华人民共和国民法典》第421条、第545条、第674条、第675条、第676条，《中华人民共和国民事诉讼法》第144条规定，判决：一、万凯、徐文婕于判决生效之日十日内向山东润永信息科技有限公司支付借款本金198,950.14元；二、万凯、徐文婕于判决生效之日起十日内向山东润永信息科技有限公司支付利息（以198,950.14元为基数，自2020年7月29日起至实际给付之日止，按年利率24%计算）；三、万凯、徐文婕于判决生效之日起十日内向山东润永信息科技有限公司支付律师代理费损失12,000元、保全保险费500元；四、驳回山东润永信息科技有限公司的其他诉讼请求。

一审法院判决后，山东润永信息科技有限公司不服一审判决，向山东省济南市中级人民法院提起上诉，请求撤销一审判决第四项，并依法改判支持山东润永公司对万凯所有的位于曲阜市阳春路6号凯伦小区19号楼605室、605跃室折价或拍卖、变卖所得价款享有优先受偿权。

二审法院认为，龙信公司与万凯、徐文婕签订的《最高额度抵押担保合同》明确约定，万凯、徐文婕将其所有的位于山东省曲阜市阳春路6号凯伦小区19号楼605室、605跃室抵押给龙信公司，并办理了抵押登记，该抵押担保合同有效。《最高额抵押担保合同》同时约定，主合同履行期间，债务人未依主合同约定归还全部或部分借款本金、利息及其他费用的，债权人有权处分本合同项下的抵押物。龙信公司与山东润永公司签订的《债权转让合同》亦明确约定《借款合同》项下的全部债权及《最高额度抵押担保合同》项下的全部抵押权一并转让给山东润永公司。案涉债权数额已经确定，《中华人民共和国民法典》第421条规定"最高额抵押担保的债权确定前，部分债权转让的，最高额抵押权不得转让，但是当事人另有约定的除外"。因此，案涉抵押权可以转让，山东润永公司对本合同项下抵押物享有抵押权。一审法院判决适用法律错误，本院予以纠正。

二审法院认为，山东润永公司的上诉请求成立，应予支持；一审适用法律错误，应予纠正。依照《中华人民共和国民事诉讼法》第170条第1款第2项规定，判决：一、维持山东省济南高新技术产业开发区人民法院（2021）鲁0191民初4006号民事判决第一、二、三项；二、撤销山东省济南高新技术产业开发区人民法院（2021）鲁0191民初4006号民事判决第四项；三、确认山东润永信息科技有限公司对万凯、徐文婕所有的位于曲阜市阳春路6号凯伦小区19号楼605室、605跃室（不动产权证号：曲房权证曲城字第02000378号）折价或拍卖、变卖所得价款在本判决第一、二项确定的万凯徐文婕所付款项范围内享有优先受偿权。

评　析

本案中，一、二审法院的处理结果之所以不同，根本原因在于对于最高额抵押权与担保的主债权可否转让的理解不同。这涉及最高额抵押权的特殊性。

一、最高额抵押权的含义

最高额抵押权又称为最高限额抵押权，是指当事人约定在最高的债权限额内，以抵押财产为一定范围内的连续发生的将来的债权提供担保而设定的抵押权。最高额抵押权是为适应近现代经济发展的需要而出现的新的抵押担保制度，各国法上几乎无不加以特别规定的。《民法典》物权编第十七章中第一节为一般抵押权，第二节为最高额抵押权。这表明从立法上就是将最高额抵押权作为一种特殊抵押权对待的。当然，最高额抵押权也是抵押权，除其特殊性外，也具有一般抵押权所具有的共性。因此，《民法典》第424条规定，"最高额抵押权除适用本节规定外，适用本章第一节的有关规定"。

《民法典》第420条规定："为担保债务的履行，债务人或者第三人对一定期间内将要连续发生的债权提供担保财产的，债务人不履行到期债务或者发生当事人约定的实现抵押权的情形，抵押权人有权在最高额限度内就该担保财产优先受偿。""最高额抵押权设立前已经存在的债权，经当事人同意，可以转入最高额抵押担保的债权范围。"可见，最高额抵押权所担保的债权是一定范围内的债权，它受到"一定期间""连续发生"和"最高额限度"三方面的限制。所谓一定期间，是指最高额抵押权的存续期期间或决算期前，只有在该期间存在的债权才为最高额抵押权所担保的债权。所谓连续发生，是指在规定的期间内接连发生的各个债权，而不限于一次发生的债权。所谓最高额限度，是指抵押权人基于最高额抵押权可以优先受偿的最高债权额度。

二、最高额抵押权的特点

最高额抵押权与一般抵押权相比，有以下主要特点：

1. 最高额抵押权具有相对独立性

一般抵押权是具有典型从属性的，抵押权的设立、转让或者消灭，都从属于被担保的债权。先有主债权存在，才能设立抵押权；主债权转让，抵押权也随之转让；主债权消灭，抵押权也就消灭。而最高额抵押权是为担保将来连续发生的债权而设立的，最高额抵押权的设立不以主债权的存在为前提，被担保的主债权中的一个或几个消灭，最高额抵押权也不会消灭。因此，最高额抵押权不似普通抵押权那样具有典型的从属性。关于最高额抵押权是否具有从属性，有不同的观点。一种观点为独立性说，又称否定说，该说认为，最高额抵押权不具有从属性，而具有独立性，因为最高额抵押权的设立不以所担保的债权存在为前提，最高额抵押权可以与债权分离而独立存在，不随主债权的转让而转让，也不随主债权的消灭而消灭。另一种观点为特殊从属性说，又称肯定说，该说认为，最高额抵押权具有从属性，但有一定特殊之处。这表现在：最高额抵押权的设立先于债权的成立，在最高额抵押权设立时，所担保的债权可能并未发生；最高额抵押权并不随主债权的转让而转让，只能随基础关系的转让而转让；最高额抵押权也不随具体主债权的消灭而消灭，但是在最高额抵押权确定时，全部债权消灭的，最高额抵押权也消灭。第三种观点是相对独立说，又称折中说。该说中有的认为，最高额抵押权相对于其所担保的特定债权而言没有从属性，而有独立性，但相对于被担保债权发生的特定原因关系（即基础关系）具有从属性；也有的认为，最高额抵押权本来不具有从属性，在确定后从属于被担保债权，即最高额抵押权在确定前具有独立性,在确定后则具有从属性。① 我们是持相对独立性说的。② 依我国法规定,最高额抵押权的设立不以债权的存在为前提,也不能随某一个债权的消灭而消灭,因此,可以说最高额抵押权在设立上具有独立性,而不具有从属性。但是依我国法的规定,最高额抵押权在让与上还不具有独立性,并不是如有的国家规定的那样,在应担保的债权原本确定前,最高额抵押权可以让与。最高额抵押权不能脱离基础法律关系而存在,它从属于基础法律关系。因此,尽管最高额抵押权是担保将来债权的,其设立不以主债权的存在为前提,也就是说其在设立上不具有从属性,而具有独立性,然而最高额抵押权也是担保债权的,于抵押权实现时,主债权必定要存在,主债权不存在的,最高额抵押权也就不能存在。因此最高额抵押权仅具有相对独立性,而非有完全的独立性。

2. 最高额抵押权所担保的债权具有不确定性

特定性是抵押权的特性之一。一般抵押权的特定性不仅表现在抵押财产须特定上,也表现在抵押权所担保的债权须特定上。抵押担保的债权的特定性要求:一方面债权的种类特定,另一方面更重要是所担保的债权数额须特定。而最高额抵押权是担保未来债权的,该债权将来是否发生、发生的债权额为多少,均是不确定的。正是在这一意义上说,最高额抵押权所担保的债权为不特定债权。但是否由此能得出最高额抵押权不具有特定性呢? 笔者认为,不能得出这种结论。最高额抵押权作为抵押权也是具有特定性的,只不过最高额抵押权所

---

① 详细参见朱岩、高圣平、陈鑫:《中国物权法评注》,中国人民大学出版社 2007 年版,第 676—677 页;高圣平:《担保法论》,法律出版社 2009 年版,第 421—422 页。

② 参见郭明瑞、房绍坤:《担保法》(第四版),中国政法大学出版社 2023 年版,第 144 页。

担保的债权在决算前仅在性质上或者说范围上是特定的，而具体的数额是不特定的，债权的具体数额于决算期才能确定。因此，最高额抵押权的特定性只是表现在抵押财产的特定和所担保的债权范围上的特定，而不表现为具体债额上的特定。

3. 最高额抵押权所担保的债权以预定的最高额为限度

一般抵押权在设立时所担保的主债权已经存在和确定，当事人可以约定抵押权担保的债权数额，没有约定或者约定不明的，则设立的抵押权担保全部债权。而最高额抵押权是为担保将来连续发生的债权而设立的，于抵押权设立时所担保的债权是不可能确定的，但抵押权所担保的债权也不能是无限制的，仅是"一定范围内"的债权。这里的一定范围，一方面限于特定原因发生的债权，一方面限于特定期间发生的债权，再一方面限于一定额度内的债权。所谓最高额，也就是指所担保的债权的最高额。因此，最高额抵押权的设立必有最高限额的约定，抵押权设立后于一定期间发生的债权只有在最高额限度内才为抵押权担保，超出该额度的债权不受抵押权担保。《民法典》第420条中明确规定，"抵押权人有权在最高债权额限度内就该担保财产优先受偿"。

4. 最高额抵押权在适用范围上具有限定性

一般抵押权可以担保各种类债权，在适用上并无限制。对于各种债权，均可设立一般抵押权担保。而最高额抵押权因是对将来会发生的同类债权的担保，是为担保"一定期间内将要连续发生的债权"而设立的，因此，最高额抵押权的适用范围受有限制，只能也仅适用于在一定期间内连续发生债权的法律关系，对于不会连续发生债权的法律关系不能设立最高额抵押权。

三、最高额抵押权的设立

最高额抵押权的设立须由当事人订立书面抵押合同并办理抵押权设立登记。最高额抵押合同与一般抵押合同一样，也须由抵押人（可以是债务人，也可以是第三人）与抵押权人（债权人）经协商达成书面协议。但最高额抵押合同中应明确以下内容：

（1）被担保的债权的种类

最高额抵押权只适用连续发生的债权，因此，在抵押合同中要明确所担保的发生连续债权的基础关系或者说原因，这是最高额抵押权所担保的债权性质特定的要求。对于何种关系可设立最高额抵押权，各国立法规定并不相同。依《日本民法》第398条之二规定，最高额抵押权（日本法上称为根抵押权）所担保的不特定债权的范围，须限定于，与债务人之间以特定的持续性交易契约而发生，以及与其他债务人之间以一定种类的交易而发生的债权；基于特定原因与债务人间持续发生的债权，或者票据上或支票上的请求权，可以不受前项的规定，将其作为可由最高额抵押权担保的债权。日本实务上曾认为，概括的最高额抵押权的设定，依契约自由的原则，无加以否定的理由。所谓概括最高额抵押权，是指当事人约定，对当事人之间所发生的现在与将来的一切债权，在最高限额内予以担保的最高额抵押权。这种抵押权因当事人就所担保的债权发生原因的基础关系未加限制，因此，债务人与抵押权人之间发生的一切债权，都可在担保的范围内。我国原《担保法》第59条中规定，最高额抵押权是对"连续发生的债权"作担保；第60条规定，"借款合同可以附最高额抵押合同。债权人与债务人就某项商品在一定期间内连续发生交易而签订的合同，可以附最高额抵押合同"。可见，原《担保法》是将"连续发生的债权"限定为因借款合同以及就某项商品连续交易合同发生的债权的。从原《物权法》到《民法典》，法律也规定最高额抵押权是对"连续发生的债权"提供担保的，但并未对连续发生债权的原因关系予以限定。这实际上进一步扩大了最高额抵押的适用范围。连续发生债权的关系既可以是借款关系，也可以是某项商品的交易关系，也可以是提供某项服务的服务关系以及票据关系，等等。至于最高额抵押权所担保的是将来要连续发生的何种债权，亦即是何原因发生的债权或者是何性质的债权，则需要在抵押合同中明确。

当事人可否仅约定担保抵押权人与债务人之间现在以及将来的一切债权呢？或者说当事人有此约定时，该约定是否有效呢？这涉及是否承认概括的最高额抵押权问题。对此学者中有不同的观点。

反对者认为，不应承认概括的最高额抵押权，其理由主要是：不限定最高额抵押权所担保债权范围，不仅会导致偶然发生的诸如侵权行为或不当得利债权可随时进入担保范围，致使抵押人负担不可预期的债务，而且抵押权人会以不适当的方法聚集无担保债权、票据债权列入担保范围，从而会破坏交易安全，损害后次序抵押权人和一般债权人的利益；概括的最高额抵押权更容易受作为经济上强者的金融机构而形成压迫经济上弱者的不公平后果，违背社会公平；概括的最高额抵押权所担保债权，因无一定的基础关系为其发生原因，该抵押权无一定的法律关系可资从属，违反抵押权的从属性。

赞成者认为，应当承认概括的最高额抵押权，其主要理由是：概括的最高额抵押权也是由当事人自愿设定的，基于契约自由原则，无加以否定的理由，况且已有最高额抵押权的登记，最高额抵押权的效力及其限度已确定且公示，对第三人不致发生损害；概括的最高额抵押权的弊害实际上是最高额抵押权本身已存在的缺陷，既已承认最高额抵押权，则对于概括的最高额抵押权完全暴露的最高额抵押权的缺陷也须予以容忍；基于对最高额抵押权的需要，已对抵押权的从属性作从宽解释，认为具有实行上的从属性即可，概括的最高额抵押权就此也已具备并未违反抵押权的从属性。[①] 日本学者在1971年民法典修正前实务上通常认为概括最高额抵押权有效，而在1971年修法后，根据其民法第398条之三的规定，因立法上显然已否认概括最高额抵押权的存在，学界和实务界大多转向支持不承认概括最高额抵押权的观点。我国台湾地区"物权法"修正第881条之二对于最高额抵押权所担保的债权，也仅限于由买卖、侵权行为等一定法律关系所生之债权或基于票据所生的权利，否定概括最高额抵押权。

我们赞同反对者的意见，即对将来一切债务的约定无效。既然我国《民法典》中明确规定最高额抵押权是担保将来"要连续发生的债权"，当事人就应明确约定担保的是基于何原因或何种基础关系将要"连续发生的债权"。如果当事人仅约定担保"债权人现在和将来的一切债权"或者"债权人将来发生的一切债权"，则该约定应为无效，不能成立最高额抵押权。

《民法典》第420条第2款规定："最高额抵押权设立前已经存在的债权，经当事人同意，可以转入最高额抵押担保的债权范围。"依此规定，当事人尽管是为担保将来要连续发生的债权设立最高额抵押权的，但并不排除最高额抵押权所担保的债权包括抵押权设立前已经存在的债权。至于最高额抵押权设立前已经存在的债权是否在最高额抵押权的担保范围内，则完全决定于当事人约定。所谓的"经当事人

---

① 参见高圣平：《物权法担保物权编》，中国人民大学出版社2007年版，第300—301页。

同意"，是指订立抵押合同的当事人就此达成一致意见。这里所谓已经存在的债权，当然是指抵押权人已经享有的有效债权。对于该债权的性质是否有限制呢？这涉及：第一，已经存在的债权的债务人是否须也为将来要发生的债权的同一债务人？第二，已经存在的债权是否须与将来要发生的债权的性质同一即是由同一类法律关系产生的？对此有不同的观点。有的认为，法律上仅规定"经当事人同意"，至于已存在的为何种债权、债务人为何人，并无限制。因此，即使已存在的债权的债务人与将来要发生的债权的债务人不同一，则经抵押人同意也是可以的，因为抵押人既然同意，也就考虑到先前的债务人的信用，愿意担保其债务的履行。有的认为，先前的债务人和债权人与最高额抵押中的债权人和债务人必须同一，只有在先前的债权人和债务人与最高额抵押中的债权人和债务人是同一的，才能符合当事人设立最高额抵押的目的。如果二者并非同一，将最高额抵押权设立前的债权转入最高额抵押权担保的债权范围，极易发生各种纠纷。[①] 我们认为，可以转入最高额抵押担保的债权范围的债权当然须为抵押权人已享有的债权，也就是说该债权的主体与将要发生的债权的主体只能是同一的，否则与抵押权设立的当事人的要求就不符合。至于该债权是否也是将要发生的债权的债务人负担的，是否与将要发生的债权是基于同一性质的原因关系发生的，并无限制的必要，完全可以由当事人决定。例如，甲基于某一项交易对丙享有50万元债权，甲与乙订立最高额抵押合同，乙以价值1000万元的房地产担保800万元额度内的将来的借款债权。在合同中乙与甲约定，甲对丙的50万元债权也

[①] 参见王利明：《物权法研究（第四版）》（下卷），中国人民大学出版社2016年版，第1288页。

转入抵押权担保的范围内。这种约定并不会损害他人的利益，应当是有效的。

（2）抵押权担保的债权限额

最高额抵押权担保的是将来要连续发生的债权，其数额是不确定的，但也不能是无限度的。因此，当事人在设定抵押权时须有一个预定额度，以使当事人以及其他人能清楚自己的预期利益。这一预定的额度，也就是抵押权担保的债权额的最高限度。所谓最高额抵押权的最高额，正是指的这一额度。于"一定期间"的期间届满时债权人的债权额在此限度内的，受抵押权担保；超出此限度的债权部分不受抵押权担保。因此，当事人在抵押合同中应明确担保的债权的最高限额。

（3）决算期日

决算期日也就是抵押权所担保的债权的实际数额的确定日期。最高额抵押合同中约定的抵押担保的债权的最高限额，并非是抵押权实际担保的债权数额，仅是最高限额。最高额抵押权设立后，抵押权担保范围内的债权是会不断变化的，其数额处于可随时增减变动之中，有的债权发生，有的债权消灭，抵押权担保的债权的实际数额只能于决算期确定。因此，当事人在最高额抵押合同中应当明确决算期日，约定抵押担保的债权数额的确定日期。当事人约定的决算期日有无限制呢？我国法上未规定。《日本民法》第398条之六中规定，关于根抵押权（最高额抵押权）所担保的原本，可以约定或变更其应确定的日期，该日期自其约定或变更之日起，须在5年以内。这是因为约定的债权确定期间如果距设定期过久，则使抵押权标的物所有权人长期受最高额抵押权的拘束，对其甚为不利。[1]当然，当事人约定的

---

[1] 高圣平：《物权法担保物权编》，中国人民大学出版社2007年版，第302页。

债权确定期间如果距设定期过短，也会失去最高额抵押权的意义。

但是，决算期日条款并非是最高额抵押合同的必要条款，当事人在抵押合同中未约定的，或者其约定的期日无效的，不影响最高额抵押合同的效力。当事人未约定债权确定期间的，则依法律规定的期日确定债权额。

关于最高额抵押权的登记，在各国立法上有两种立法例：一是登记对抗主义，即登记为最高额抵押权的公示方式而非设立要件，未经登记不影响最高额抵押权的设立，但未经登记的最高额抵押权不得对抗善意第三人；二是登记要件主义，即登记不仅为最高额抵押权的公示方式，并且也是最高额抵押权的设立要件，未经登记的，最高额抵押权不设立。我国《民法典》上对于最高额抵押权的登记未作特别规定。依《民法典》第424条规定，最高额抵押权的登记，应适用关于一般抵押权登记的规定。依《民法典》第402条和第403条规定，以不动产以及不动产用益物权、正在建造的建筑物设定最高额抵押的，最高额抵押权自登记时设立，未经登记的，最高额抵押权不生设立效力；以动产设立最高额抵押权的，最高额抵押权自抵押合同生效时设立，未经登记的，不得对抗善意第三人。

由于依《民法典》规定，最高额抵押权的设立登记依抵押财产的性质分别采取登记对抗主义和登记要件主义，因此，最高额抵押权的设立登记依抵押财产性质的不同而发生不同的效力。有学者认为，这种方式有较大的缺陷：第一，最高额抵押权中的抵押财产一般价值巨大，对抵押人及利害关系人的影响非常大，而有些抵押财产可以依法不进行登记，这不仅通常有损于抵押人和利害关系人的利益，也在一定程度上不利于抵押权人最高额抵押权的实行；第二，最高额抵押权中的抵押财产通常由很多的财产组成（包括动产、不动产、权利），有的抵押财产依法必须进行登记，有的则由当事人自愿决定是否进行登记，这必然造成最高额抵押权设定时间的混乱，不利于明确抵押财产的范围和最高额抵押权成立、生效的时间。因此这些学者建议对最高额抵押权的设定登记问题作出明确、统一的规定，规定最高额抵押权的设定必须进行登记，否则不能成立、生效，即在最高额抵押权的设定登记问题上，采取登记要件主义。[①] 这种主张有一定道理。但是就其所说的第二个缺陷而言，这并非是在最高额抵押中固有的，共同抵押中就存在这个问题。就第一个缺陷而言，一般抵押权中的动产抵押就有这个问题，但采取登记对抗主义，抵押权人的风险可自行决定，也谈不上对其不利。一般说来，用以设立最高额抵押权的财产主要是不动产及其不动产用益物权或者正在建造的建筑物，以这类财产设立最高额抵押权的，法律已经规定抵押权自登记时起设立。用以设定最高额抵押权的动产一般是船舶、航空器等，于此情形下，当事人也会选择进行抵押权登记的，法律没有必要规定非要办理最高额抵押权的设立登记不可。

四、最高额抵押权效力上有特殊性

最高额抵押权设立后，无论是在抵押权的转让、抵押权的变更、抵押权的确定以及抵押权的实现上也都有一定的特殊性。

1. 最高额抵押权的转让

最高额抵押权的转让实际上也就是抵押权人处分其抵押权。依我国《民法典》第 407 条规定，一般抵押权不得与债权分离而单独转让或者作为其他债权的担保。除法律另有规定或者当事人另有约定

---

① 高圣平：《物权法担保物权编》，中国人民大学出版社 2007 年版，第 303—304 页。

外,债权转让的,担保该债权的抵押权一并转让。依抵押权的不可分性,被担保的债权分割、部分转让的,抵押权不受影响,分割、转让的债权仍受该抵押权担保。但最高额抵押权的转让规则与此不同。原《担保法》第61条规定:"最高额抵押的主合同债权不得转让。"这一规定实际上是禁止处分最高额抵押权的,对此学者中多有批评意见。原《物权法》对《担保法》的这一规定作了修正,《民法典》沿用了原《物权法》的规定,于第421条规定:"最高额抵押担保的债权确定前,部分债权转让的,最高额抵押权不得转让,但是当事人另有约定的除外。"依该条规定,在最高额抵押权不随所担保债权的转让而转让上须具有以下三个条件:

其一,抵押权人在最高额抵押担保的债权确定前转让债权。最高额抵押权的特点之一是其担保的债权在债权确定日之前是不确定的,只有在确定事由出现之日才能确定。在最高额抵押权担保的债权确定前,受抵押权担保的债权本来就可随时的消灭和发生。因此,在最高额抵押权担保的债权确定前,部分债权转让的,最高额抵押权不得转让。这里的不得转让,是指转让出的债权不受该抵押权担保。依《日本民法》第398条之七的规定,在原本确定前,从最高额抵押权人处取得债权的人,不能就其债权行使最高额抵押权。在原本确定前,为债务人或代替债务人做出清偿的人,亦同。在原本确定前,出现债务的承担时,最高额抵押权人不能就承担人的债务行使其抵押权。我国法可作同样的解释。但是,在最高额抵押权担保的债权确定后,最高额抵押权也就与一般抵押权无疑,于此时抵押权人转让部分债权的,该债权仍在该抵押权的担保范围内。

其二,抵押权人转让部分债权。在最高额抵押权担保的债权确定前,抵押权人转让部分债权的,最高额抵押权不得转让。这里所谓的"部分债权",是指已经发生的在最高额抵押权担保范围内的债权,而非仅指某一债权的一部分。例如,抵押权人于最高额抵押权设立后连续发生 A 债权 50 万、B 债权 100 万,依当事人约定于抵押权设立前已发生的 C 债权 50 万也转入最高额抵押权的担保范围,抵押权人将其中任何一个债权转让,都属于部分债权的转让。于此情形下,转让出的债权不受最高额抵押权担保。抵押权人不是转让部分债权而是转让全部债权的,最高额抵押权是否也不得转让呢?对此有不同的看法。依原《担保法》第 61 条规定,最高额抵押权担保的主债权不仅不得部分转让,也不得全部转让。而《民法典》并未规定最高额抵押的主合同债权不得转让,而仅规定"部分债权转让的,最高额抵押权不得转让"。在最高额抵押权担保的债权确定前,最高额抵押权与部分债权间并无必然的从属性,因此,部分债权转让的,最高额抵押权并不随之转让。但我们认为,在最高额抵押权担保的债权确定前,最高额抵押权也是从属于基础法律关系的,因此,如果抵押权人将全部债权即依主合同已发生以及将要发生的全部债权转让的,则属于基础法律关系的转让,最高额抵押权则应随之转让。

其三,当事人没有另外的约定。在最高额抵押权担保的债权确定前,部分债权转让的,是否抵押权也随之转让,还决定于当事人的约定。因为是否转让毕竟属于当事人间的利益关系,而不会涉及社会利益和第三人利益,因此,应当属于当事人意思自治的事项,应由当事人自主决定。只有在当事人没有另外约定的情形下,部分债权转让的,抵押权才不随之转让,转让出的债权也就逸出最高额抵押权的担保范围。但如果当事人有另外的约定,则依当事人的约定。当事人有另外约定的情形主要有两种:一是部分债权转让的,抵押权也部分转让,原最高额抵押权所担保的债权额随之减少。当然于此情形下,随债权转让而转让的抵押权需办理抵押登记，原最高额抵押权需办理变更登记；二是部分债权转让的，全部抵押权随之转让，未转让的部分债权成为无担保债权。①

2.最高额抵押权的变更

最高额抵押权的变更，是指在最高额抵押期间，当事人就最高额抵押权的有关事项的变更。最高额抵押权的变更，首先是最高额抵押合同约款的变更，也就是说须由当事人合意变更最高额抵押合同中的相应条款；其次，最高额抵押权的变更在变更的事项已为登记的情形下须为变更登记，否则不会发生变更的效力。

《民法典》第422条规定："最高额抵押担保的债权确定前，抵押权人与抵押人可以通过协议变更债权确定的期间、债权范围以及最高债权额。但是，变更的内容不得对其他抵押权人产生不利影响。"依此规定，对于最高额抵押权的变更主要有以下三点要求：一是在最高额抵押权担保的债权确定前。在最高额抵押担保的债权确定后，最高额抵押也就成为一般抵押，当事人不能再对最高额抵押权的事项予以变更。二是由当事人自主决定。是否变更、变更何事项，属于当事人意思自治的领域，完全由当事人自己决定。因为最高额抵押权是依抵押权人与抵押人双方的合意设定的，因此最高额抵押权的变更也须有当事人双方的合意。三是不得对其他抵押权人的利益产生不利影响。由于最高额抵押权设立后，抵押人也可在抵押财产上再设定抵押权，在同一抵押财产上存在最高额抵押权和其他抵押权的，如果先顺序的最高额抵押权变更，则会对其他抵押权人产生影响。因此，尽管最高

---

① 参见胡康生主编：《中华人民共和国物权法释义》，法律出版社2007年版，第445页；黄薇主编：《中华人民共和国民法典物权编释义》，法律出版社2020年版，第551页。

额抵押权可以依当事人的合意变更（当然，需要登记的须经登记才能变更），但这种变更不能损害其他抵押权人的利益。所谓对其他抵押权人产生不利影响，也就是指会损害其他抵押权人的担保利益。最高额抵押权的变更对其他抵押权人产生不利影响的，不论此种变更是否已经办理登记，只要未经其他抵押权人的书面同意，都不能对抗其他抵押权人，即不得对其他抵押权人的利益有不利影响。

依《民法典》第422条规定，最高额抵押权的变更包括以下方面：

（1）最高额抵押担保的债权的确定期间变更

最高额抵押权所担保的债权为一定期间内发生的债权，于此期间届满后发生的债权不受抵押权担保。当事人在最高额抵押合同中应约定债权的确定期间即决算日，决算日前发生的债权在担保范围内，决算日后发生的债权则不在担保范围内。当事人在最高额抵押合同中约定债权确定期间的，当事人可以协议变更该期间。最高额抵押担保的债权的确定期间的变更可以是提前，也可以是延后。当事人协议将最高额抵押合同中约定的债权确定期间提前的，不会损害其他抵押权人的利益。但当事人协议将债权的确定期间延后的，可能会损害其他抵押权人的利益，因此，当事人协议将债权的确定期间延后的，如对其他抵押权人产生不利影响，则于此不利影响的范围内不发生变更的效力。依《日本民法》第398条之六规定，变更债权的确定期间的，债权的确定日期自变更之日起须在5年内，债权的确定期间的变更应为登记，未登记的不发生变更的效力，仍以变更前的确定日期为准。我国法因未对最高额抵押权最长期限作规定，因此也就不发生变更后的债权确定期间的限制。

（2）最高额抵押担保的债权范围变更

最高额抵押担保的债权范围的变更，是指被担保债权的类型变更,包括扩大或者减少被担保债权的发生原因以及债务人的变更。例如,将原担保的借款关系发生的债权增加包括连续交易发生的债权;将对债务人乙的债权变更为对债务人丙的债权。依《日本民法》第398条之四规定,在原本确定前,当事人可以变更最高额抵押担保的债权范围或债务人,无须取得后顺位的抵押权人及其他第三人的承诺,但未办理变更登记的,视为未做变更。依我国民法典规定,当事人在债权确定前协议变更债权范围的,也无须经其他抵押权人同意,但不得对其他抵押权人产生不利影响。在解释上,债权范围的变更也应为变更登记才能发生变更的效力,不过如果当事人扩大债权范围从而对其他抵押权人产生不利影响的,即使经过变更登记也不能对抗其他抵押权人的利益。

(3)最高额抵押担保的最高债权额

如前所述,最高额抵押必须约定抵押权担保的最高债权额。最高债权额是抵押权人受抵押权担保的债权的最高限额。于担保的债权确定时,不论抵押权人的债权额为多少,均只能在最高额内优先受偿,超过最高限额的部分,为无抵押权担保的普通债权。当事人在担保债权确定前也可以变更担保的最高债权额。《日本民法》第398条之五规定,"根抵押权的最高额,非经利害关系人的承诺,不能变更。"依此规定,最高额抵押权的最高额须经利害关系人的同意才能变更。依我国民法典规定,当事人可以协议变更最高额抵押权的最高债权额,但不得对其他抵押权人产生不利影响。我们认为,最高额抵押权的最高债权额的变更包括降低和提高两种情形。如果当事人协议降低最高债权额(如原为1000万元现变更为800万元)的,这种变更不会对其他人产生不利影响,可由当事人任意为之,经办理变更登记,即可发生变更的效力。如果当事人协议提高最高债权额(如原为

1000万元变更为1200万元），则不仅会对后顺位的抵押权人产生不利影响，而且会对其他债权人产生不利影响。因此，我们主张，当事人协议提高最高债权额的，应征得后顺位的其他抵押权人和债权人的同意，未经其他利害关系人同意的，这种变更即使已办理变更登记，也不能对抗变更前已设立抵押权的其他抵押权人和已发生的其他债权的债权人。

（4）最高额抵押权的其他事项的变更

除上述事项外，当事人是否可以变更最高额抵押权的其他事项呢？对此有不同的观点。一种观点认为，《民法典》第422条中关于协议变更的事项明确为"债权确定的期间、债权范围以及最高债权额"，因此对于其他事项不能变更。另一种观点认为，只要不损害第三人的利益，应当允许当事人变更。①笔者赞同后一种观点。因为这更能体现尊重当事人的意思自治，既然最高额抵押合同是由当事人自愿订立的，当事人也就可以自愿就其中的任何事项协议变更。但是，任何协议变更抵押权的事项都不能损害其他人的利益。例如，当事人协议减少抵押财产的，不会对其他债权人产生不利影响。我国《不动产登记暂行条例实施细则》第72条规定，有下列情形之一的，当事人应当持不动产登记证明，最高额抵押权发生变更的材料等必要材料，申请最高额抵押权变更登记：（一）抵押人、抵押权人的姓名或者名称变更的；（二）债权范围变更的；（三）最高债权额变更的；（四）债权确定的期间变更的；（五）抵押权顺位变更的；（六）法律、法规规定的其他情形。因最高债权额、债权范围、债务履行期限、债

---

① 王利明：《物权法研究（第四版）》（下卷），中国人民大学出版社2016年版，第1295页。

权确定期间发生变更申请最高额抵押权变更登记时，如果该变更对其他抵押权人产生不利影响的，当事人还应当提交其他抵押权人的书面同意文件与身份证或者户口簿等。

五、最高额抵押权所担保债权的确定

最高额抵押权是为担保一定期间连续发生的债权而设立的，且以其最高限额为限。只有在被担保的债权确定后，被担保的债权才能特定。只有受最高额抵押权担保的债权额确定，最高额抵押权才能够转换为一般抵押权，抵押权人才能实现抵押权，才能在最高额限度内优先受偿其实际享有的债权。同时，只有最高额抵押担保的债权确定，抵押财产的价值被用于最高额抵押权人清偿的范围才能确定，其他抵押权人和债权人才能确定其可期待受偿的范围。因此，被担保债权的确定，是最高额抵押制度中的必要的重要问题。最高额抵押权担保的债权的确定，也称为最高额抵押权的确定。《民法典》第423条对于最高额抵押权人的债权的确定作了明确规定。依该条规定，有下列情形之一的，抵押权人的债权确定：

1. 约定的债权的确定期间届满

约定的债权的确定期间届满，是指抵押人和抵押权人在最高额抵押合同中约定的决算期日届至。如前所述，最高额抵押合同中应当约定决算期。决算期日可以是指期间的届满之日，例如约定自何时起2年间，此2年期间届满之日即为决算期日；也可以是指期日，如约定为某年某月某日决算，该日期即为决算日。决算日不同于债权的发生日，在决算日以前，被最高额抵押担保的债权范围内的债权是不断发生的，也是不断清偿的，债权处于变动之中。而到决算日时，被担保的债权确定，于此时抵押权人享有的债权才属于受最高额抵押权担

保的债权，而此后发生的债权不受抵押权担保。

最高额抵押合同的当事人在合同中未明确约定决算期，但约定有存续期间并对此期间已为登记的，该存续期间应视为债权的确定期间，该期间届满之日即为决算期日。

如前所述，我国法上对于当事人约定的债权确定期间并无时间上的限制，完全可由当事人决定。但学者指出，约定的决算期也不宜过长，否则最高额抵押权担保的债权始终不能确定，这将使得最高额抵押权长期处于不确定状态，也会使得抵押财产的价值不能得到充分实现。[①] 这是实务界应当注意的。同时，当事人在合同中约定的债权确定期间也可以协议变更。如果当事人对合同中确定的债权确定期间的变更发生效力，被担保的债权当然于变更后的决算期日确定。

2. 没有约定债权确定期间或者约定不明确，抵押权人或者抵押人自最高额抵押权设立之日起满 2 年后请求确定债权

当事人明确约定债权确定期间的，自应按照约定的决算期确定债权。当事人没有明确约定决算期时被担保的债权于何时确定呢？对此有不同的立法例：一是由当事人可以随时要求确定最高额抵押权所担保的债权额，于当事人要求确定时确定被担保的债权；二是规定当事人要求确定债权额的法定期间。我国台湾地区采第一种做法，"物权编"修正第 881 条之五规定，最高额抵押权所担保之原债权，未约定确定之期日者，抵押人或抵押权人得随时请求确定期所担保之原债权。日本是采取第二种做法的，依《日本民法》第 398 条之十九规定，最高额抵押权人可以随时请求确定应担保的原本，应担保的原本

[①] 王利明：《物权法研究（第四版）》（下卷），中国人民大学出版社 2016 年版，第 1293 页。

因其请求而确定；而最高额抵押的抵押人，自最高额抵押权设定时起已经过3年时，可以请求确定应担保的原本，应担保的原本自其请求时起，因经过两个星期而确定。可见，在日本民法上，最高额抵押权的当事人可以请求确定债权的时间不同，应其请求债权确定的时间也不同。我国《民法典》也是采取第二种做法的，但没有如同日本法那样对抵押权人和抵押人作不同的规定。《民法典》第423条第（二）项规定，没有约定债权确定期间或者约定不明确，抵押权人或者抵押人自最高额抵押权设立之日起满2年后请求确定债权。依此规定，当事人请求确定债权的，有两条限制：第一，须当事人没有约定债权确定期间或者约定不明确。在抵押合同中约定明确的，自可由当事人协议发生变更，无须由当事人请求确定。第二，自最高额抵押权设立之日起满2年。须登记设立的抵押权，登记之日为最高额抵押权设立之日；不以登记为设立要件的抵押权，抵押合同生效之日为最高额抵押权设立之日。自最高额抵押权设立之日起不满2年的，当事人不得请求确定债权；即使当事人请求的，也不能发生债权确定的效力。这2年的期间属于不变期间，不以任何事由而改变。

抵押权人或者抵押人请求确定债权的，债权自何时确定呢？一种观点认为，自提出请求之日确定债权。笔者认为，我国法上对于意思表示的生效时间是采取到达主义的，因此，抵押权人或者抵押人请求确定债权的，也应自该请求的意思表示到达对方时起确定债权。

3.新的债权不可能发生

最高额抵押权是担保一定范围内将来连续发生的债权的，如果这类债权已经确定不会再发生，最高额抵押权所担保的债权当然也就确定。新债权不可能发生的，主要有两方面的原因：一是基础关系消灭。例如，最高额抵押权是担保基于连续交易发生的债权的，连续交易关系基于某种原因终止，基于该交易关系发生的债权就不可能再发生。二是基于抵押权担保的债权范围的变更。当事人变更最高额抵押权担保的债权范围的，经变更后原属于抵押权担保的债权范围内的债权不再在担保的债权范围的，此后该类债权即使发生也不属于最高额抵押权担保范围内的债权，被担保的此类债权也就不可能再发生。新的债权不可能发生的，只有在此前已经发生的债权属于最高额抵押权所担保的债权，被最高额抵押权担保的债权也就确定。

4. 抵押权人知道或者应当知道抵押财产被查封、扣押

抵押财产被查封、扣押的，抵押财产将会被法院强制执行，除法律另有规定外，抵押权人有权就执行财产优先于其他人受偿，而抵押权人行使其优先受偿权，其债权必须确定。因此，抵押权人知道或者应当知道抵押财产被查封、扣押的，最高额抵押权担保的债权即应确定，以便抵押权人以其确定的债权行使优先受偿权。如果于此时被担保的债权不确定，抵押权人无法行使优先受偿权，抵押权人的担保利益就会因抵押财产被执行而无法保障。正如有学者指出，查封、扣押抵押财产实际上隔断了抵押财产与担保债权的关系，也脱离了最高额抵押人和最高额抵押权人对抵押财产的影响和控制。因此，无论是从保护最高额抵押权人、其他债权人利益的角度，还是从稳定担保关系的角度，都应当确定最高额抵押权所担保的债权额。[①]

5. 债务人、抵押人被宣告破产或者解散

债务人被宣告破产或者解散的，将进入清算程序，一方面债务人与抵押权人不可能再发生新的债权债务，另一方面债务人所有的未到期债务视为已到期，抵押权人可以实现抵押权。因此，债务人被宣

---

① 高圣平：《物权法担保物权编》，中国人民大学出版社 2007 年版，第 311 页。

告破产或者解散的,最高额抵押权担保的债权也就确定。抵押人被宣告破产或者解散的,抵押人也进入清算程序,抵押人的全部财产都由破产管理人或者清算人占有和支配,最高额抵押权人对于抵押财产有优先受偿的权利,为实现抵押权人的优先受偿权,也必须确定最高额抵押权担保的债权,因此,抵押人被宣告破产或者解散的,也有必要确定最高额抵押权所担保的债权。

6. 法律规定债权确定的其他情形

除上述情形外,出现法律规定的债权确定的其他情形时,最高额抵押担保的债权也确定。例如,最高额抵押的当事人可以约定抵押权实现的事由,在出现当事人约定的抵押权实现的事由时,抵押权人得实现抵押权,于此情形下,被担保的债权当然确定。

最高额抵押权确定后,抵押权人也就可以按照一般抵押权的实现方式实现其抵押权。因为最高额抵押权人的债权一经确定,最高额抵押权也就转变为一般抵押权。但在最高额抵押权的实现上仍有以下两个问题值得讨论:

第一,最高额抵押担保的债权确定后何时可以实现抵押权?如果被担保的债权特定后,只有一个债权,该债权已届清偿期,最高额抵押权人当然可以行使其抵押权。但如果被特定的债权是几个,而这几个发生时间不同的债权的清偿期又不同的,抵押权人以哪一债权是否届清偿期来决定行使抵押权呢?对此有不同的看法。原《担保法的解释》第83条第1款规定:"最高额抵押权所担保的不特定债权,在特定后,债权已届清偿期的,最高额抵押权人可以根据普通抵押权的规定行使其抵押权。"依此规定,似乎最高额抵押权所担保的一系列债权中的任何一个债权已届清偿期,抵押权人就可以行使抵押权。笔者认为,当事人有约定的,依其约定;当事人没有约定的,应当以清偿期最晚的债权的清偿期决定抵押权的实现期，也就是说只有在清偿期最晚的债权清偿期届满时，抵押权人未受全部清偿的，抵押权人才可行使其抵押权。

第二，最高额抵押权的最高限额是否包括原本以外的其他债权？最高额抵押权人优先受偿的债权以最高额为限，超过最高限额的部分，不在抵押权的担保范围内。依《民法典》第389条规定，抵押权的担保范围由当事人约定，当事人没有约定的，包括被担保债权的利息、违约金、赔偿金以及抵押权的实现费用。如果被担保的债权确定时，所确定的债权原本超过最高限额的，超过部分不在担保范围之内，最高额抵押权人只能在最高限额内受偿其债权，此无疑问。问题是若确定的原本债权在最高限额内，但加上利息、违约金、损害赔偿金等超过最高限额的，抵押权人可否就全部债权优先受偿呢？多数学者认为，抵押权人可优先受偿的债权最高限额包括利息、违约金、损害赔偿金等在内，但实现抵押权的费用不应计入最高额，应从抵押财产的变价中先予扣除，不受最高额的限制。但最高人民法院《有关担保制度的解释》第15条第1款规定："最高额担保中最高债权额，是包括主债权及其利息、违约金、损害赔偿金、保管担保财产的费用、实现债权或者实现担保物权的费用等在内的全部债权，但是当事人另有约定的除外。"

在日本民法上，为防止抵押权人恶意拖延抵押权的实现，维护抵押人的利益，规定了抵押人的最高限度额减额请求权。依《日本民法典》第398条之二十一规定，在原本确定后，最高额抵押人可以请求将其最高额抵押权的最高额，减至现存债务额加上以后2年应产生的利息、其他定期金及因债务不履行而产生的损害赔偿额的合计额。这一规定，值得借鉴。

本案中龙信公司为担保发生的借款债权，与万凯、徐文婕签订了《最高额抵押担保合同》，并办理了最高额抵押登记，以最高额抵押权担保依《最高额度授信借款合同》《借款合同》发生的借款债权。当事人在最高额抵押合同中约定了抵押权担保的额度为30万元。借款合同中约定借款数额30万元，借款期限36个月，自2019年5月29日至2022年5月28日。借款合同中约定了构成债务人违约的债务人发生的事件及债务人违约后债权人有权采取的救济措施。《最高额抵押担保合同》中约定"主合同履行期间，债务人未依主合同约定归还全部或部分借款本金、利息及其他费用的，（债权人）有权处分本合同项下的抵押物"。最高额抵押权设立后当事人也未对该最高额抵押权予以变更。

本案中作为最高额抵押权人的龙信公司将最高额抵押权担保的债权转让给润永信息科技有限公司。从案情看，债权转让已经发生效力，有争议的是受让债权的润永信息科技公司能否取得最高额抵押权。这涉及的债权转让与抵押权转让的关系。本案中发生的债权转让，属于最高额抵押权担保的债权转让，自不能依一般抵押权担保债权转让的规则处理，而应从最高抵押权的特殊性上考虑。

关于最高额抵押权担保的债权转让规则，《民法典》第421条规定："最高额抵押担保的债权确定前，部分债权转让的，最高额抵押权不得转让，但是当事人另有约定的除外。"本案中，当事人对最高额抵押担保的债权确定前，部分债权的转让问题，当事人没有约定。因此，受让债权的润永信息科技公司可否取得从属于受让债权的抵押权，决定于其受让债权是发生在最高额担保的债权确定前还是确定后。

从案情看，自最高额抵押权设立后，2019年5月29日龙信公司就将30万元借款支付至万凯名下。但是自2020年7月20日起，万凯、徐文婕未如期付款，按照《借款合同》的约定，万凯、徐文婕的行为已经构成违约，债权人有权解除借款合同，要求债务人清偿所有到期或未到期的借款本金、利息及其他费用。按照《最高额抵押担保合同》的约定，主合同履行期间，债务人未依主合同约定归还全部或者部分借款本金、利息及其他费用的，债权人有权处分本合同项下的抵押物。"处分本合同项下的抵押物"，也就是实现抵押权，而实现抵押权当然也就应确定债权。因此，本案中龙信公司的最高额抵押权所担保的债权自此时起也就确定。2021年2月25日，龙信公司与润永信息科技公司签订《债权转让合同》，约定龙信公司将其于2020年7月20日确定的对万凯徐文婕的债权本金198,950.14元及《借款合同》项下产生的债权利息、罚息、违约金等，以及附属于主债权的担保合同权益等从权利，转让给润永信息科技公司。

本案中龙信公司转让债权时，最高额抵押权担保的债权已经确定，而最高额抵押权担保的债权一经确定，最高额抵押权也就转化为一般抵押权。也就说，在最高额抵押权担保的债权确定后抵押权的转让，依《民法典》第424条规定应适用法律关于一般抵押权转让的规定。本案中，在最高额抵押权担保的债权确定后，作为抵押权人的龙信公司将受抵押权担保的198,950.14万元债权转让给润永信息科技公司。依《民法典》第407条规定，除法律另有规定或者当事人另有约定外，债权转让的，担保该债权的抵押权一并转让。从案情看，龙信公司在将债权转让给润永信息科技公司时约定该债权利息、罚息、违约金等及附属于该债权的担保合同权益等从利权也一并转让，并无另外的不随之转移的约定，因此，担保该198,950.14万元债权的抵押权随债权的转让一并转让，润永信息科技有限公司取得受让债权的同时也取得担保该债权的抵押权。

第二十五专题　动产质权的取得与行使

——浦发银行日照分行与日照担保公司质权纠纷案

案例索引

山东省日照市中级人民法院（2022）鲁11民终2106号民事判决；山东省日照市东港区人民法院（2022）鲁1102民初3225号民事判决。

基本案情

2014年10月23日日照市融资担保股份有限公司（简称日照担保公司）与创实公司签订委托保证合同，主要约定：创实公司申请向上海市浦东发展银行股份有限公司日照分行（简称浦发银行日照分行）借款400万元，委托日照担保公司提供担保。

2014年11月26日创实公司与浦发银行日照分行签订流动资金借款合同（合同编号23212014280871），借款人民币400万元，借款期限自2014年11月26日至2015年11月26日。2014年11月26日日照担保公司（保证人）与浦发银行日照分行（债权人）签订了保证合同（合同编号YB232101428087101)，主要内容约定：本合同项下的保证方式为连带责任保证；保证范围除了本合同所述之主债权，还及于由此产生的利息（本合同所指利息包括利息、罚息和复利）、违约金、损害赔偿金、手续费及其他为签订或履行本合同而发生的费用，以及债权人实现担保权利和债权所产生的费用（包括但不限于诉讼费、律师费、差旅费），以及根据主合同经债权人要求债务人需补足的保证金；保证期间为主债务履行期限届满之日后两年止；保证人有到期应付债务或应补充保证金时，债权人有权直接扣划保证人在上海浦东发展银行股份有限公司开立的任一账户中的资金用于清偿到期应付债务或者实补充保证金；债权人有权将所得款项选择用于清偿本金、利息或其他费用等，同时有多笔债权到期未付的，由债权人决定债权的清偿顺序；被担保的主合同为创实公司与债权人浦发银行日照分行于2014年11月26日签订的流动资金借款合同（合同编号23212014280871），主债权为400万元的融资及利息、违约金、损害赔偿金、费用等本合同担保范围所定的债权。

2014年11月26日日照担保公司（出质人）与浦发银行日照分行（质权人）签订保证金质押合同（合同编号YZ232101428087101），主要内容约定：出质人不可撤销地同意，以其在本合同项中约定的、以保证金形式特定化的金钱，为债务人清偿其在主合同项下所欠质权人的全部债务提供质押担保；出质人确认，质权人对质押财产有第一顺位的优先受偿权，当债务人未按主合同约定履行其债务时，无论质权人对主合同项下的债权是否拥有其他担保权利（包括但不限于保证、抵押、质押等担保方式），质权人有权要求出质人在本合同约定的担保范围内承担担保责任，而无须先要求其他担保人履行担保责任；担保范围除了本合同所述之债权，还及于由此产生的利息、违约金、损害赔偿金、手续费及其他为签订或履行本合同而发生的费用，以及债权人为实现担保权利而产生的费用;债务人构成主合同项下违约的,质权人有权依法处分质押财产,以实现质权;若发生本合同约定的处分质押财产的情形时,出质人在此确认质权人有权直接处分任何质押财产、扣划保证金账户中的资金,并以处分所得清偿或者提前清偿质押财产所担保的全部债权或提存;出质人有到期应付债务时,质权人有权直接扣划出质人在浦发银行开立的任一账户中资金用于清偿到期应付债务;质权人有权将所得款项选择用于清偿本金、利息或其他费用等,同时有多笔债权到期未付的,由质权人决定债权的清偿顺序;被担保的主合同为创实公司与债权人于2014年11月26日签订的流动资金借款合同,主债权为400万元的融资及利息、违约金、损害赔偿金、费用等本合同担保范围所约定的债权;保证金账户为×××60,金额为40万元。

流动资金借款合同履行过程中,创实公司未按借款合同约定履行还款义务。2016年7月15日浦发银行日照分行出具说明,主要内容载明:日照担保公司于2016年4月29日在我行为创实公司代偿本金3,960,983.49元,利息和罚息未代偿。2019年9月30日浦发银行日照分行通知日照担保公司在浦发银行日照分行处的账号2321×××0082扣划285,902.21元,用于归还创实公司在浦发银行日照分行处的贷款利息(其中贷款本金0万元,利息285,902.21元)。

日照担保公司主张该案主借款合同期限是2014年,借款期限是到2015年11月26日,日照担保公司代偿本金的时间为2016年4月29日,日照担保公司方不清楚这期间浦发银行日照分行有无向借款人主张归还借款及本息的情况,第二次扣划利息的时间是2019年9月30日,从2016年4月29日至2019年9月30日期间,浦发银行未向日照担保公司主张过该笔欠款利息。

日照担保公司向日照市东港区人民法院起诉请求：1.判令浦发银行日照分行返还日照担保公司款项285,902.21元及占用资金期间的利息（以285,902.21元为基数，自2019年9月30日按同期中国人民银行授权全国银行间同业拆借中心发布的一年期贷款市场报价利率计算至实际付清之日）；2.诉讼费、保全费、担保费等由浦发银行日照分行负担。

一审法院认为，日照担保公司与浦发银行日照分行签订保证合同、保证金质押合同，约定日照担保公司为创实公司在浦发银行日照分行处的借款提供连带责任保证担保和保证金质押担保，上述两份合同系当事人真实意思表示，依法成立且合法有效。本案因该保证金质押合同而产生，因此，本案案由应为质押合同纠纷。

《中华人民共和国物权法》第220条规定，出质人可以请求质权人在债务履行期限届满后及时行使质权；质权人不行使的，出质人可以请求人民法院拍卖、变卖质押财产。出质人请求质权人及时行使质权，因质权人怠于行使权利造成损害的，由质权人承担赔偿责任。质权人应在主债权的诉讼时效期间内行使质权，质权人未在主债权诉讼时效期间行使质权的，在主债权诉讼时效届满后行使质权的，其质权不予保护。《中华人民共和国民法总则》第188条规定，向人民法院请求保护民事权利的诉讼时效期间为3年，法律另有规定的，依照其规定。诉讼时效期间自权利人知道或者应当知道权利受到损害以及义务人之日起算。法律另有规定的，依照其规定。但是自权利受到损害之日起超过20年的，人民法院不予保护；有特殊情况的，人民法院可以根据权利人的申请决定延长。本案中，浦发银行日照分行于2016年7月15日出具说明，载明创实公司的借款利息和罚息尚未代偿，起到中断诉讼时效的结果。自 2016 年 7 月 15 日至 2019 年 9 月 30 日浦发银行日照分行未能证实其向主债务人或保证人主张过涉案债权，因此浦发银行日照分行在主债权诉讼时效届满后行使质权，扣划 2015 年至 2016 年 4 月 29 日期间产生的利息 285,902.21 元，缺乏法律依据。日照担保公司请求浦发银行日照分行返还该款项，于法有据，予以支持。

依照《中华人民共和国民法总则》第 188 条，《中华人民共和国物权法》第 220 条，一审法院判决浦发银行日照分行于判决生效之日起十日内返还日照担保公司款项 285,902.21 元。

一审宣判后，浦发银行日照分行不服一审判决，向日照市中级人民法院提起上诉，请求撤销一定判决，依法改判或者发回重审。其主要理由是上诉人与被上诉人之间存在保证金质押合同，扣划的款项属于保证金质押合同项下的保证金，属于行使质权，不受诉讼时效限制。

二审法院认为，当事人签订的保证金质押合同约定，出质人以保证金账户中特定化的金钱为创实公司的借款提供担保，据此上诉人对该特定金钱享有动产质权；依据质押合同，在出现被上诉人应承担责任情形时，上诉人有权直接扣划保证金账户中款项以清偿所担保债务。同时，无论从主债务到期次日 2015 年 11 月 27 日还是人被上诉人代偿日 2016 年 4 月 29 日起算，至上诉人 2019 年 9 月 30 日扣划涉案款项时，本案主债务均已超过法定 3 年的诉讼时效期间。现双方均认可争议款项扣划自保证金账户，故本案争议焦点是：在主债务已过诉讼时效期间的情况下，质权人是否有权行使质权受偿。

关于动产质权行使期间，法律未作规定。《最高人民法院关于适用〈中华人民共和国担保法〉若干问题的解释》第 12 条第 2 款规定，担保物权所担保债权的诉讼时效结束后，担保权人在诉讼时效结束后的 2 年内行使担保物权的，人民法院应予以支持。《最高人民法院关于适用〈中华人民共和国民法典〉有关担保制度的解释》第 44 条第 2、3 款规定，主债权诉讼时效期间届满后，动产质权人行使质权以清偿债务的，人民法院应予支持。故无论依据以上哪条规定，本案上诉讼人 2019 年 9 月 30 日扣划涉案款项均有法律依据，人民法院应予支持。上诉人的上诉理由成立，其上诉请求应予支持；一审判决适用法律错误，应予纠正。依照《中华人民共和国民事诉讼法》第 177 条第 1 款第 2 项之规定，判决：一、撤销日照市东港区人民法院（2022）鲁 1102 民初 3225 号民事判决；二、驳回被上诉人日照市融资担保股份有限公司诉讼请求。

评 析

本案经一审、二审，二审法院与一审法院的判决完全相反。两级法院的判决之所以不同，争议焦点在于浦发银行日照分行对于日照市融资担保公司存入该行专户中的保证金可否行使动产质权以优先受偿债权。这涉及动产质权的取得与行使问题。

一、动产质权的取得

动产质权是以动产为质权标的物的质权。《民法典》第 425 条规定："为担保债务的履行，债务人或者第三人将其动产出质给债权人占有的，债务人不履行到期债务或者发生当事人约定的实现质权的情形，债权人有权就该动产优先受偿。""前款规定的债务人或者第三人为出质人，债权人为质权人，交付的动产为质押财产。"依此规定，对质押财产享有质权的质权人有权就出质人的质押财产优先受偿。

享有动产质权也就是取得动产质权。动产质权的取得有两种情形，一是传来取得，即从原质权人取得动产质权，如通过受让或者继承受质权担保的债权而取得质权；一是设立取得，即通过质权的设立而取得质权。本案浦发银行日照分行显然并非是通过受让、继承等其他方式取得质权的，而只能是通过质权的设立取得质权。可见，浦发银行日照分行是否取得质权决定于是否通过动产质权的设定而取得质权。这涉及动产质权的设立条件。

各国法律普遍规定，动产质权基于法律行为而设定（当然也有的规定有法定质权）。但在设定动产质权的法律行为是否可为单方法律行为上，学者中有不同的看法。有的学者认为，动产质权也可依单方的法律行为设定。例如，遗嘱人可以遗嘱设定动产质权。[①] 但我国法上未规定动产质权可以基于单方法律行为设立。因此，笔者认为，意定动产质权的设立行为应为双方民事法律行为。只有当事人双方的意思表示一致，才能成立设立动产质权的法律行为。依《民法典》规定，设定动产质权的法律行为也就是质押合同。在动产质权的设立上涉及以下问题：

1. 关于质押合同的形式和内容

质押合同是为担保债务的履行设定质权担保而订立的，因此质押合同与所担保的主债权合同形成主从关系，主债权债务合同为主合同，质押合同为从合同。质押合同是独立于主债权债务合同的，但这

---

① 参见崔建远：《中国民法典释评：物权编》（下卷），中国人民大学出版社2020年版，第447页。

种独立性，并非是指质押合同须以单独的合同文书存在。质押合同与主债权债务合同存在于同一合同文书，也就是说在主债权债务合同中包含有质押合同条款的，质押合同也是独立存在的，而不能否认质押合同的存在。实务中常常有《抵押借款合同》《质押借款合同》，这些合同中就同时包含了借款合同和抵押合同或质押合同两部分内容。

《民法典》第427条第1款规定："设立质权，当事人应当采取书面形式订立质押合同。"可见，依我国法规定，设立质权的合同应当采用书面形式。但书面形式是否为质押合同成立的必要条件呢？对此有两种不同的观点。一种观点认为，书面形式属于质押合同成立的形式要件，如当事人未采用书面形式，则质押合同不成立。另一种观点认为，质押合同的书面形式仅具有证据效力，因此当事人未采取书面形式订立质押合同的，只要有其他证据能够证明质押合同存在的，质权合同仍然有效。实务中一直持后一种观点。如早在最高人民法院《关于贯彻执行〈中华人民共和国民法通则〉若干问题的意见（试行）》第112条中就规定："债务人或者第三人向债权人提供抵押物时，应当订立书面合同或者在原债权文书中写明。没有书面合同，但有其他证据证明抵押物或者权利证书已交付给抵押权人的，可以认定抵押关系存在。"这里所指的抵押包括质押。依此规定，当事人虽未订立书面质押合同，但有证据证明出质人已按照与质权人的口头质押合同的约定将质押财产交付债权人占有的，同样应认定质押关系的存在。若债权人不能举证证明，则质押合同应当推定为没有成立。[①] 质押合同也为一种合同，因此也应适用法律关于合同的有关规定。《民法典》第490条第2款规定："法律、行政法规规定或者当事人约定

---

① 参见唐德华主编：《最新担保法条文释义》，人民法院出版社1995年版，第141页。

合同应当采用书面形式订立，当事人未采用书面形式但是一方已经履行主要义务，对方接受时，该合同成立。"依此规定，即使法律、行政法规规定采用书面形式订立合同，当事人未采用书面形式，只要一方已经履行主要义务，对方接受的，合同仍成立，而不能仅以合同未采用书面形式为由而否定合同的成立。对于质押合同，虽然当事人未采用书面形式订立，但是出质人交付质押财产给债权人占有的，可谓是当事人一方已履行主要义务，对方接受，符合合同成立的要求，质押合同也就成立。

《民法典》第 427 条第 2 款规定："质押合同一般包括下列条款：（一）被担保债权的种类和数额；（二）债务人履行债务的期限；（三）质押财产的名称、数量等情况；（四）担保的范围；（五）质押财产交付的时间、方式。"依上述规定，质押合同一般包括以下内容：

（1）被担保债权的种类和数额

被担保的主债权一般为金钱债权，但不限于金钱债权。非以金钱为给付标的的债权也可以受质权担保。这一方面是因为非金钱债权在债务人不履行债务时，可以变换为以金钱为给付标的的损害赔偿债权，债权人仍可就质押财产的变价优先受偿；另一方面是因为质权有留置的效力，债权人于质权存续期间留置质押财产，可给债务人以心理上的压力，促使债务人履行债务。

在质押合同中当事人不仅应明确被担保的债权种类，而且还应明确债权发生的原因。例如，被担保债权为金钱债权的，应明确该债权是因商品交易发生的，还是因借贷或者其他关系发生的。在质押合同中，应当注明被担保的主债权数额。但应当注意，被担保的主债权数额不等于债权人的债权数额，当事人可以约定担保债权的全部，也可以约定担保债权的部分。

被担保的主债权一般应为现存的债权，既可以是已生效的债权，也可以是附停止条件或附延缓期限的债权。当事人也可设定最高额质权，担保将来要连续发生的债权。为将来债权担保而订立质押合同的，虽于订立合同时，主债权不必发生，但于质权实现时，必须有主债权存在。

被担保的债权因无效或者被撤销等原因而不存在的，除法律另有规定外，质押合同也无效。

（2）债务人履行债务的期限

债务人履行债务的期限，是确定债务人是否违约和债权人可否实现质权的时间标准。债务履行期未开始的，债务人无履行责任。债务履行期限届满而债务人未履行债务的，构成迟延履行，债权人得实现质权。可见，债务人履行的期限对于出质人和质权人双方都有直接的利害关系，须在合同中明确。质押合同中未明确债务人履行债务期限的，债务履行期限应当依照主合同的内容确定。

（3）质押财产的名称、数量等情况

质押财产是出质人用于质押的动产。由于质押财产须交付债权人占有，于债务人履行债务后，质权人须将质押财产返还；于债务人不履行债务时，质权人须实行质押财产的变价以优先受偿其债权。因此，为避免于返还质押财产或者实现质权时就质押财产的状态发生争议，当事人应在质权合同中明确质押财产的状态，具体说明决定质押财产价值的有关情况。出质人交付质权人占有的质押财产与质押合同约定不符的，可构成质押合同义务的违反，质权的标的以交付占有的物为准。

（4）质权担保的范围

质权担保的范围，也就是质权人得以优先受偿的债权范围。质押合同中不仅应记明担保的主债权数额,还应记明是否担保利息、违约金、损害赔偿金等。质押合同对质权担保的范围约定不明的,质权担保的范围为债权人的全部债权,包括主债权及其利息、违约金、损害赔偿金、质押财产的保管费用和实现质权的费用。

(5)质押财产交付的时间、方式

质押财产交付的时间、方式,也就是出质人将质押财产移交给债权人占有的时间、方式。因动产质权以占有质押财产为要件,只有出质人将质押财产交付债权人占有,动产质权才能成立。因此,质押财产占有移交的时间、方式决定着质权成立的时间,当事人应于合同中明确。

除上述内容外,当事人认为需要约定的其他事项,也应在质押合同中明确。例如,当事人认为需要明确质权实现方式的,应在合同中约定质权的实现方式;当事人认为有必要约定实现质权的事由的,应在合同中约定可以实现质权的情形。

质押合同中不完全具有上述合同内容的,并不因此而影响合同的效力,当事人可以予以补充、修正。

2. 关于质押合同的生效与动产质权的设立

动产质权通过订立质押合同设立,因为只有有效的合同才能发生法律效力,因此,只有质押合同成立并生效,质权才能设立。但是,质押合同的成立生效并不等于动产质权设立。由于动产质权须由债权人占有质押财产,因此,只有出质人将质押财产交付债权人占有时,动产质权才能设立。也就是说,动产质权的设立以出质人交付质押财产给债权人占有为要件。

我国原《担保法》第64条第2款规定:"质押合同自质物移交于质权人占有时生效。"我们也曾提出过,依此规定,质押合同从其性质上说是一种实践合同。在出质人未将质物移交于债权人占有时，质押合同不生效。但如此一来，若出质人不将质物依合同的约定交付质权人占有，质权人不仅不能取得质权，而且也不能请求出质人交付，因为质押合同尚未生效。这样由于出质人未交付质物致使质权人受到损失时，质权人只能依缔约过失责任的规定请求出质人赔偿。显然，这不利于保护质权人的利益，也与质押合同订立的目的相悖。这种立法规定将物权的变动与物权变动的原因行为混在一起，受到学者的质疑。

自原《物权法》始法律修正了原《担保法》的上述规定，坚持物权变动与物权变动原因行为的区分原则，将设立质权的质押合同的生效与质权的设立区分开来。《民法典》第429条规定："质权自出质人交付质押财产时设立。"依此规定，质押财产的交付并非质押合同的生效条件，质押合同应自依法成立时起生效，但质权却是自出质人将质押财产移交债权人占有时设立。于质押合同订立后，出质人不移交质押财产给质权人占有的，质权人得请求出质人移交质押财产的占有。出质人未按合同约定的时间移交质押财产，因此给质权人造成损失的，出质人应承担违约赔偿责任，其赔偿范围应为因未移交质押财产的占有导致质权不成立而使债权人不能受偿的债权额。

因质权以质押财产占有的移交为设立要件，因此，出质人应按合同的约定交付出质动产。但质押财产以出质人实际交付占有的财产为准。所谓以实际交付的财产为准，也就是说仅在实际交付的财产上成立质权。我们认为，如果当事人在质押合同中对出质财产有明确约定，而出质人实际移交的财产与约定不一致的，如果移交的财产少于约定的出质财产，经质权人请求而出质人不补充移交的，出质人也应负违约责任。

出质人将质押财产移交债权人占有，也就是交付质押财产。交付有多种形式，如现实交付、简易交付等。出质人直接占有质押财产的，应当将质押财产现实交付质权人，质权自交付之时起设立。质押财产已由债权人占有的，则无须再现实交付，自质押合同成立之日起，质权就设立。出质人对质押财产仅有间接占有而不直接占有的，出质人也得以返还请求权的让与以代交付。例如，出质人以其已出租的动产设定质权时，质押财产为承租人直接占有，出质人仅为间接占有，于此情形下，出质人将已就租赁物设定质权的情况通知承租人，将对承租人的返还请求权让与给质权人，质权人的质权即设立。出质人对占有人的通知不必限于书面形式，并且可为明示的，也可为默示的。例如，第三占有人向出质人称知有质押之事实，而认为质权已成立，若出质人为沉默，则为有默示的通知存在。当然，在此情形下，质权人主张质权的，应负出质人已为通知的举证责任。如果质押财产处于出质人与债权人的共同保管之下，以共同占有的让与即可代替质押财产的交付。质权的成立不以质押财产占有的完全移交质权人为必要，质权人与出质人共同占有质押财产的，也不妨碍质权的成立。

出质人虽可采多种方式移交质押财产的占有，以使质权成立。但是质权人不能让出质人代自己占有质押财产，出质人不能以占有改定的方式代替交付。因为在以占有改定的方式代交付时，出质人仍直接占有质押财产，而质权人对质押财产仅为间接占有。这样，一方面无法公示质权的存在，会有害于交易的安全；另一方面更重要的是由于出质人直接占有质押财产，质权人无法行使对质押财产留置的权利，会使质权实际上丧失留置的效力。而公示作用和留置作用恰是动产质权不同于抵押权的社会作用，如以占有改定方式设立质权，质权的两项社会作用尽失。①

出质人须将质押财产移交质权人占有之所以为质权的设立要件，其目的还为了能让质权人管领、控制质押财产，以免质押财产因出质人的原因导致价值减少。但质权人可以自己亲自管领、控制质押财产，也可以委托第三人管领、控制质押财产。在质权人委托第三人管领、控制质押财产的情形下，质权自第三人实际管领、控制质押财产时设立。最高人民法院《有关担保制度的解释》第55条规定：债权人、出质人与监管人订立三方协议，出质人以通过一定数量、品种等概括描述能够确定范围的货物为债务的履行担保，当事人有证据证明监管人系受债权人委托监管并实际控制该货物的，人民法院应当认定质权于监管人实际控制货物之日起设立。监管人违反约定向出质人或者其他人放货、因保管不善导致货物毁损灭失，债权人请求监管人承担违约责任的，人民法院依法予以支持。在前款情形下，当事人有证据证明监管人系受出质人委托监管该货物或者受债权人委托但未实际履行监管职责，导致货物仍由出质人实际控制的，人民法院应认定质权未设立。债权人可以基于质押合同的约定请求出质人承担违约责任，但是不得超过质权有效设立时出质人应当承担的责任范围。监管人未履行监管职责，债权人请求监管人承担责任的，人民法院依法予以支持。

3. 关于动产质权的当事人和标的物

动产质权的设立不仅须有有效的质押合同和质权人占有质押财产，还须有适格的当事人和标的物。

---

① 参见孙宪忠、朱广新主编：《民法典评注：物权编（4）》，中国法制出版社2020年版，第316页。

（1）动产质权的当事人。动产质权的当事人也就是质押合同的当事人，包括出质人和质权人。

出质人是质押合同中提供动产质押的人。出质人可以是债务人，也可以是第三人。出质人为第三人的，其即属于物上保证人。由于出质人是以自己的动产供为债权担保的，于质权实现时质押财产将被处分，因此出质人应为质押财产的所有权人或者对质押财产有处分权的人。

出质人以自己不具有处分权的动产质押的，质权人能否取得质权呢？对此曾有不同的观点。一种观点认为，以自己不享有处分权的动产设定质权的，质押合同为无效，质权不能设立，质权人不能取得质权。另一种观点认为，出质人以自己不享有处分权的动产设定质权的，质权人也可以取得质权。其理由是，动产质权与抵押权不同，动产质权是以移转质押财产的占有为要件的，动产也是以占有为权利公示方式的。对于动产，其所有人为何人，第三人一般只能根据物的占有来判断，这是占有公信力的体现。因此，为确保社会交易的安全，法律设有动产即时取得制度，即占有动产的非所有人处分动产的，善意第三人得取得受让的动产的所有权。既然所有权可以善意取得，动产质权也可以善意取得。因此，在出质人以其合法占有的动产出质时，若债权人为善意的，则质权人的质权有效，至于由此而给质押财产所有人造成损失的，应当由出质人负责赔偿。我国的司法实践也一直持后一种观点，如原《最高人民法院关于适用〈中华人民共和国担保法〉若干问题的解释》第84条明确规定，"出质人以其不具有所有权但合法占有的动产出质的，不知出质人无处分权的质权人行使质权后，因此给动产所有人造成损失的，由出质人承担赔偿责任"。

《民法典》第311条规定了不动产或者动产的所有权的善意取得

制度，并在第 3 款规定，"当事人善意取得其他物权的，参照适用前两款规定"。因此，质权也可以依善意取得规则取得。依《民法典》的规定，动产质权的善意取得须具备以下条件：第一，须出质人无处分其出质动产的权利。若出质人对其出质的动产有处分权，则质权人直接依设定行为而取得质权，不必依善意取得制度取得。第二，须出质人以设立质权为目的。也就说出质人是为担保债务人债务的履行而约定将质押财产交付债权人设立质权的，如果出质人不是以设立质权为目的，不是为担保债权的实现而承诺交付财产的，自不能发生质权的取得。第三，须质权人已因出质人的交付而占有质押财产。质权的设立以质权人占有质押财产为要件，如果质权人尚未占有出质人出质的动产，质权当然不能设立。第四，须质权人受让出质动产的占有为善意。也就是说只有质权人于受让出质动产的占有时不知道或者不应当知道出质人无处分权的，质权人才能取得质权。如果质权人知道或者应当知道出质人对出质动产无处分权，则其受让质押财产的占有时为恶意，也就不能取得质权，所设定的质权应为无效。第五，有受质权担保的债权存在。

动产质权的权利人须为主债权人。不享有主债权的，不能成为质权人。由于质押合同是为质权人设定担保利益的，因此原则上质权人不以有完全民事行为能力为必要；但由于质权人须占有质押财产，对质押财产负有保管义务，因此质权人须有相应的认识能力。

（2）动产质权的标的物。动产质权的标的物即质押财产，是依质押合同的约定由出质人移交质权人占有的动产。由于实现动产质权时，要对质押财产予以变价，因此，动产质权的标的物须符合以下两条要求：

第一，须为可让与的且法律不禁止流通的动产。《民法典》第

426条规定："法律、行政法规禁止转让的动产不得出质。"其性质上不能让与的财产，或者虽从其性质上可让与但法律禁止流通的财产，不能为动产质权的标的物。这是因为动产质权为变价权，以不能让与的动产为质押财产的，质权人无法实现其权利，不能以质押财产的变价受偿。法律不禁止流通但限制流通的动产，因其并非不可实现变价，因而可以为动产质权的标的物。但以限制流通物为质押财产的，于质权实现时，不能以拍卖的方式出卖质押财产，而只能将质押财产由有关部门收购，质权人得以收购价款优先受偿。

第二，须为特定的动产。在罗马法上曾承认得以不特定物之代替物为质权的标的物，以此种不特定物设定的质权称为不规则质权。这种不规则质权，是由质权人先取得质物的所有权，到债务人履行债务时，再以同种同量之物返还给出质人。但现代各国法律上一般不承认这种不规则质。因此，动产质权的标的物只能是特定的动产，而不能是不特定的物。当然，动产质权标的物的特定并非仅指特定的某物，也可以是特定范围内的物。对于种类物、可代替物，在其特定化后，可以作为质权的标的物，且也只有在其特定化后，才可成为质权的标的物。例如金钱，是一种特殊的种类物，在一般情形下占有金钱也就取得金钱所有权，如果只是将金钱交付给债权人就会发生所有权的转移。但是，如果将金钱特定化后出质，交付质物就不至于使出质的金钱与债权人的金钱混在一起。因此，如果将一定数额的金钱"包封"或者专门存放于一定地方（如专用的保险箱、专用的账户）即将其特定化，特定化的金钱也可以成为质权的标的物。但以此种方式设定的质权，与一般动产质权相比，在实现方式上是不同的。因为，这种以特定金钱为质物的质权实现时无须为质押财产的变价。但是，金钱如不被特定化，则不能为质权的标的物。因为出质人一旦将出质的金钱交付给质权人，就发生所有权的转移，无法将质权人的金钱与出质人用于质押的金钱区分开。

当然，在现实生活中，广泛存在着押金、保证金等担保形式。对于这些担保形式是否都属于动产质权，其性质如何，学者中有许多观点。①笔者认为，对这些担保形式的性质应作具体分析，不可一概而论。例如，有的保证金属于质量担保，不属于债权担保；有的保证金特定化且为担保债权实现而交付的，则应属于质权担保。至于押金，有的属于动产质权，有的应为债权质权。如果押金以"包封"的方式交付债权人占有，债权人不得利用该押金的，则成立动产质权。如果押金不是以"包封"的方式交付给债权人占有，而许可债权人任意使用的，则该押金应为债权质权，也就是说，债务人以其对债权人的押金返还的债权担保债权人的债权，在债务人履行债务时，债权人应返还押金；在债务人不履行债务时，债权人得以债务人的押金返还债权抵偿自己的债权。

凡特定的可让与的动产是否均可为质押财产呢？对此也有不同的看法。有的学者认为，不适于留置的动产不得用于设定质权。有的学者认为，凡实行登记制度的诸如航空器、船舶等价值较大的动产只能设定抵押权，而不能设定质权。我们曾指出，凡可以设定抵押权的财产，不宜设定质权。因抵押权较之质权，更有利于发挥物的经济效用。然而，法律也无必要对此类动产的设质作出禁止性规定。若当事人愿意以此类动产设定质权，则也应认定此类动产上设定的质权有效。②

---

① 详见郭明瑞：《担保法原理与实务》，中国方正出版社1995年版，第248—249页。
② 同上书，第250页。

二、动产质权的行使

动产质权的行使，又称动产质权的实行，是指质权人实现动产质权，以优先受偿受质权担保的债权的法律现象。

《民法典》第 436 条第 2 款规定："债务人不履行到期债务或者发生当事人约定的实现质权的情形，质权人可以与出质人协议以质押财产折价，也可以就拍卖、变卖质押财产所得的价款优先受偿。"依此规定，动产质权的实现须具备以下三个条件：

其一，债务履行期限届满债务人未履行债务或者发生当事人约定的实现质权的情形。债务人未履行债务既包括完全未履行，也包括部分未履行。至于债务人未履行债务是否有过错，则在所不问。虽不是债务人未履行到期债务，但发生了当事人约定实现质权的事由，质权人也可实现质权。

其二，债权人非因自己的原因未受清偿。虽债务人未履行到期债务，但债权人因其他原因已经受偿债权的，则质权消灭，自不存在质权实现问题。若债权人未受清偿，但是因自己的原因未受偿的，质权人也不能实现质权。[①]

其三，质权人占有质押财产。由于质权以质权人占有质押财产为存续条件，质权人不占有质押财产的，质权人则无质权可实现。在质权人与他人共同占用质押财产时，于质权实现时，质权人应向他共同占有人请求自己单独占有。

关于质权的实现方式，各国法有不同的规定。依我国法规定，质权的实现方式有以质押财产折价和以拍卖、变卖质押财产所得清偿

[①] 郭明瑞：《物权法通义》（修订本），商务印书馆 2022 年版，第 374 页。

债务两种。

以质押财产折价,是指由质权人依质押财产的价格取得质押财产所有权,质权人从所折价款中优先受偿其债权。以质押财产折价实现质权,应符合两项要求:其一,须当事人双方达成以质押财产折价的协议。当事人以质押财产折价的协议只能是在质权实现时达成,如果是在此之前达成的,该协议不能发生效力。《民法典》第428条规定:"质权人在债务履行期限届满前,与出质人约定债务人不履行到期债务时质押财产归债权人所有的,只能就质押财产优先受偿。"其二,当事人双方协商以质押财产折价实现质权的,不得损害其他债权人利益。因此,当事人以质押财产折价时,应当参照市场价格。如果当事人约定的折价价格过低,损害了其他债权人利益,其他债权人作为第三人可以请求撤销该折价协议。由于质押财产为质权人占有,因此,以质押财产折价实现质权的,自双方协议生效时起,质押财产即归债权人取得所有权。质押财产所折价格高于被担保的债权部分,质权人应返还给出质人;所折价格不足以清偿质权所担保的债权的,债权人仍得请求债务人清偿不足部分。

以拍卖、变卖质押财产所得清偿债务,是指将质押财产通过拍卖、变卖予以变价,质权人就其变价优先受偿债权。质押财产的变价高于质权所担保的债权的,多余部分归出质人所有,不足部分由债务人清偿。拍卖是以竞争的方式出卖标的物,而变卖是通过非竞争的方式出卖标的物,因此,质押财产变卖的,也应当参照市场价格。

由于质押财产由质权人占有,于可实现质权时,质权人如不行使质权,质权人就会仍占有质押财产,这就会损害出质人和债务人的利益。因此,质权人于得实现质权时,应当及时行使质权。质权人在何期间内实现质权为及时行使呢?就此法无规定。《民法典》第437

条规定:"出质人可以请求在债务履行期限届满后及时行使质权;质权人不行使的,出质人可以请求人民法院拍卖、变卖质押财产。出质人请求质权人及时行使质权,因质权人怠于行使权利造成出质人损害的,由质权人承担赔偿责任。"依此规定,质权人是否及时行使质权,决定于出质人的请求。只要质权人可以行使质权,而未行使,出质人就可以请求质权人行使,经出质人请求而质权人未行使质权的,就为未及时行使。质权人未及时行使质权的,可发生两种后果:其一,出质人可请求法院拍卖、变卖质押财产;其二,因质权人未应及时行使质权而造成出质人损害的,质权人应承担赔偿责任。

本案中浦发银行日照分行对于日照市融资担保股份公司存于浦发银行日照分行专用账户中的保证金是否享有质权呢?这要根据动产质权设立的条件看该保证金质权是否设立。

从案情看,日照市融资担保股份公司对于浦发银行日照分行向创实公司发放流动资金借款承担连带责任保证,由此浦发银行日照分行与日照融资担保股份公司之间就发生保证债权债务关系。浦发银行日照分行为保证债权人,日照市融资担保股份公司为保证债务人,尽管保证债权债务关系是附条件的,即在创实公司不按时偿还借款时由日照市融资担保股份公司负责偿还,但该债权是可以为质权担保的,债权的数额也是可以确定的。日照市融资担保股份公司作为保证债务人也可以以自己的财产设定质权担保,浦发银行日照分行作为保证债权人,当然也可以为质权人,因此,浦发银行日照分行与日照市融资担保股份公司作为质权当事人是适格的。

本案中日照市融资担保股份公司以存入专用账户中的40万元保证金担保自己保证债务的履行。保证金虽为货币,但由于存入专用账户,不仅日照市融资担保股份公司不能随意动用,浦发银行日照分行也不能随意动用，也就是说该保证金已经特定化，只有在日照市融资担保股份公司不履行保证债务时，浦发银行日照分行才可以以该账户内的保证金受偿。因此，本案中日照市融资担保股份公司存入专用账户中的保证金作为质押财产也是适格的。并且，日照市融资担保股份公司将保证金存入专用账户，该账户为浦发银行日照分行控制，这可以说日照市融资担保股份公司将特定化的货币已经移交给浦发银行日照分行占有。

动产质权的设立须有出质人与质权人关于设立质权的合意。本案中浦发银行日照分行与日照市融资担保股份公司签订了保证金质押合同，双方就设立质权达成合意。双方约定浦发银行日照分行可以就保证金优先受偿。

从以上阐述的关于质权设立的条件看，浦发银行日照分行对于日照市融资担保公司存入保证金专用账户中的保证金是享有质权的。本案争议的焦点是浦发银行日照分行于主债权诉讼时效期间届满后可否行使质权。如上所述，只要债务人未履行到期债务或者发生当事人约定的实现质权的情形，质权人就可以行使质权。并且，为维护出质人和债务人利益，质权人应及时行使质权。质权人于何期间内行使质权才为及时行使呢？对此法无规定，理论与实务上有不同的理解。本案一审法院认为，质权人应于主债权诉讼时效期限内行使。然而，法律对于质权的行使期限和抵押权的行使期限，规定是不同的。《民法典》第419条规定："抵押权人应当在主债权诉讼时效期间行使抵押权；未行使的，人民法院不予保护。"而关于质权的行使期间，法律并未作此规定。依《民法典》第437条的规定，出质人可以请求质权人及时行使质权，质权人不行使的，出质人可以请求法院拍卖、变卖质押财产；出质人请求质权人及时行使质权，而质权人怠于行使权利的，质权人应对由此造成的出质人损害负赔偿责任。因此，只要出质人未请求质权人行使质权，质权人无论于何时行使质权，都不为不及时，即使主债权的诉讼时效期间届满后，质权人行使质权，法院也予以保护。最高人民法院《有关担保制度的解释》第44条第2、3款规定："主债权诉讼时效期间届满后，财产被留置的债务人或者对留置财产享有所有权的第三人请求债权人返还留置财产的，人民法院不予支持；债务人或者第三人请求拍卖、变卖留置财产并以所得价款清偿债务的，人民法院应予支持。""主债权诉讼时效期间届满的法律后果，以登记作为公示方式的权利质权，参照适用第一款的规定；动产质权，以交付权利凭证作为公示方式的权利质权，参照适用第二款的规定。"依此规定，动产质权的质权人于主债权诉讼时效期间届满后行使质权的，法院仍应予以支持。本案中，浦发银行日照分行于主债权诉讼时效期间届满后，直接从日照市融资担保股份公司的保证金账户扣划相应款项以受偿债权，就是在行使质权。因在此之前，出质人并未请求浦发银行日照分行及时行使质权，所以也不发生浦发银怠于行使质权而给出质人造成的损害赔偿责任。

综上，本案二审法院的判决是正确的。

第二十六专题　权利质权的取得

——汇鑫公司与茂燃公司质权纠纷案

案例索引

福建省南平市中级人民法院（2022）闽民终字193号民事判决；福建省松溪县人民法院（2021）闽0724民初853号民事判决。

基本案情

2015年1月初，汇鑫公司为林兴水等人在松溪联社的贷款5260万元提供担保，汇鑫公司与茂燃公司、案外人朝毅公司协商，由茂燃公司、朝毅公司提供其持有的松溪联社股权作为该贷款的反担保。松溪联社于2015年1月5日至松溪县市场监督管理局咨询关于松溪联社股权质押登记事宜，松溪县市场监督管理局明确表示，松溪联社属于股份合作制企业，不属于有限责任公司与股份有限公司，松溪联社的股权出质登记不属于该登记机关管辖范围，该机关无法办理出质登记。

2015年1月6日，汇鑫公司与茂燃公司、朝毅公司共同签订了《反担保（质押）合同》，合同约定：茂燃公司与朝毅公司以各自持有的松溪联社8.06%和4.96%股权质押给汇鑫公司，作为汇鑫公司为林兴水等20人向松溪联社借款承担保证责任的反担保。朝毅公司、茂燃公司与汇鑫公司应于本合同签订之日到股权发证机关松溪联社办妥质押登记，朝毅公司、茂燃公司应将质物的他项权利证书、质押登记文件正本原件及其他权利证书交汇鑫公司持有。同日，茂燃公司召开临时股东会，同意以公司持有的松溪联社的股权设定质押，为上述债务提供反担保，并向汇鑫公司出具反担保质押意愿书及股权质押登记申请书，汇鑫公司与茂燃公司共同向松溪联社书面申请股权出质登记。松溪联社理事会召开关于股权质押专项会议，一致同意茂燃公司以其持有股权为汇鑫公司提供反担保。松溪联社向汇鑫公司出具股权质押冻结回执，载明松溪联社已经办理茂燃公司在松溪联社的股权5730848股及其派生权益的冻结手续。汇鑫公司与松溪联社签订《补充担保协议》，协议约定：汇鑫公司同意为林兴水等20人在松溪联社办理的贷款提供补充担保，在茂燃公司与朝毅公司各自持有的松溪联社8.06%和4.96%股权处置获得的所有收益范围内承担有限连带保证偿还责任。2015年4月27日，松溪联社在其系统内部办理了案涉股权质押登记手续。松溪联社根据与林兴水等20人签订的借款协议及汇鑫公司的《补充担保协议》，依约向林兴水等20人发放贷款5260万元。因林兴水等20人未按借款协议履行还款义务，松溪联社要求汇鑫公司履行保证责任。2016年7月22日，汇鑫公司诉至一审法院，请求确认案涉股权质押行为有效，后于2017年5月16日向一审法院提出撤诉申请。因茂燃公司与汇鑫公司就案涉质权的处理无法达成一致意见，汇鑫公司于2018年2月12日再次向松溪县人民法院提起诉讼，要求确认案涉质权已设立并合法有效，茂燃公司应支付汇鑫公司律师费56万元。经审理，一审法院作出（2018）闽0724民初

169号民事判决,判决:一、茂燃公司持有的松溪联社股权及股权收益反担保质押给汇鑫公司的质押权设立并合法有效;二、茂燃公司应于判决生效之日起十日内支付给汇鑫公司律师代理费56万元。茂燃公司不服一审判决,上诉至南平市中级人民法院,南平市中级人民法院于2018年12月24日作出(2018)闽07民终132号民事判决,撤销原判并发回一审法院重新审理。一审法院立案后,重新组成合议庭进行审理,审理过程中,汇鑫公司向一审法院撤回起诉,予以准许。

现汇鑫公司再次诉至松溪县人民法院,请求:1.确认茂燃公司以持有的松溪联社8.06%股权及股权收益(含现金分红和股权转增)反担保质押给汇鑫公司合法有效;2.汇鑫公司因此次诉讼而产生的律师费67万元由茂燃公司承担。

判决与理由

一审法院认为,本案的争议焦点为:1.案涉股权是否属于可以出质的质权。2.案涉股权若可以出质,是否需要登记。3.汇鑫公司主张的律师费是否应由茂燃公司承担。

关于案涉股权是否可以出质问题。松溪联社属于社员入股的股份制地方中小金融企业,性质为股份合作制,社员依据其所持有的股权享有利润分配请求权等财产性权利,该股权以股金证作为权利凭证,具有可转让性,属于法律、法规规定的可以出质的其他财产权利。且案涉股权出质已征得松溪联社理事会一致同意并在松溪联社办妥质押登记。茂燃公司抗辩案涉股权属于不可转让的股权,没有法律依据,不予采纳。

关于案涉股权出质是否需要登记问题。根据松溪县市场监督管理局回函可知,松溪联社属于股份合作制企业,并非有限责任公司和股份有限公司，其股权出质不属于工商行政管理机关登记管辖范围。农村信用联社的股权出质登记手续尚无相应的法律法律进行规范，故农村信用联社的股权质押应以权利凭证交付作为质权设立条件。案涉《反担保（质押）合同》中对质物登记手续约定由茂燃公司、汇鑫公司共同至股权发证机关松溪联社办妥质物登记后，茂燃公司将权利凭证交付给汇鑫公司持有。现双方已至松溪联社亦将案涉股权办妥质押登记，茂燃公司亦将股金证交付，因此可认定案涉质权已经设立并生效。茂燃公司抗辩案涉股权质押未经登记不发生效力，没有法律依据，不予采纳。

关于汇鑫公司本次诉讼产生的律师费是否由茂燃公司承担问题。汇鑫公司主张此次诉讼是因茂燃公司为他人执行担保，被裁定追加被执行人，茂燃公司在松溪联社的股权被裁定冻结，汇鑫公司为确保其质权得以实现而向人民法院提起诉讼所产生的律师费用67万元应由茂燃公司承担。茂燃公司抗辩本案为确认之诉，要求茂燃公司承担律师费用无法律依据。根据茂燃公司与汇鑫公司签订的《反担保（质押）合同》约定，茂燃公司应承担汇鑫公司为实现债权的一切费用（包括诉讼费、律师费等）。因江苏省无锡市锡山区人民法院在执行王美兰与上海圣路建材有限公司地、上海圣鑫投资有限公司民间借贷纠纷一案中，茂燃公司作为该案在执行过程中的执行担保人，被无锡市锡山区人民法院裁定追加为被执行人，冻结了茂燃公司在松溪联社8.06%的股权而引起本案诉讼，由此产生的律师费，属于汇鑫公司为确保债权实现所产生的费用，汇鑫公司也提交了相应的费用发票。汇鑫公司的该项请求，予以支持。依法成立的合同对双方均具有约束力，各方应诚信履约。茂燃公司与汇鑫公司签订的《反担保（质押）合同》，是双方真实意思的表示，不违反法律规定，合法有效，双方应根据合同约定履行各自义务。茂燃公司在签订反担保合同后,依约向汇鑫公司交付了股权证,并在松溪联社办理了股权质押登记手续,案涉质权已经设立并生效。汇鑫公司请求确认茂燃公司在松溪联社8.06%股权质押出质成立的诉讼请求,予以支持。茂燃公司抗辩本案中的质权是从权利,必须依附在主债权下方能行使。汇鑫公司在主债权尚不存在的情况下,无权要求实行质权。本案中汇鑫公司是请求确认双方签订的《反担保(质押)合同》的质押权设立成立并合法有效,并非要求实现质权。茂燃公司的辩解理由不成立,不予支持。依照《最高人民法院关于适用〈中华人民共和国民法典〉时间效力的若干规定》第1条,《中华人民共和国合同法》第60条第1款,《中华人民共和国物权法》第212条、第223条第(七)项、第274条规定,判决:一、茂燃公司持有的松溪联社8.06%股权及股权收益反担保质押给汇鑫公司的质押权已设立并合法有效;二、茂燃公司应于判决生效之日起十日内支付给汇鑫公司律师代理费67万元。

茂燃公司不服一审判决,向南平市中级人民法院提起上诉,请求撤销松溪县人民法院(2021)闽0724民初853号民事判决,发回重审或依法改判驳回汇鑫公司的一审全部诉讼请求。

二审法院认为,本案争议的焦点为:1.茂燃公司持有的松溪联社8.06%的股权是否属于可以出质的财产;2.若案涉股权可以出质,质权是否已经设立;3.茂燃公司是否应向汇鑫公司支付律师费67万元。

本案中双方签订《反担保(质押)合同》的时间为2015年1月6日,时间早于2021年1月1日即民法典施行前,故本案应适用《中华人民共和国物权法》的相关规定。

关于争议焦点1:《中华人民共和国公司法》第2条规定,本法所称公司是指依照本法在中国境内设立的有限责任公司和股份有限公司。《中华人民共和国物权法》第223条规定，债务人或者第三人有权处分的下列权利可以出质：（一）汇票、支票、本票；（二）债券、存款单；（三）仓单、提单；（四）可以转让的基金份额、股权；（五）可以转让的注册商标专用权、专利权、著作权等知识产权中的财产权；（六）应收账款；（七）法律、法规规定可以出质的其他财产权利。按照前述法条规定，对可以质押的权利采取了列举加概括兜底的规定，对尚未罗列的权利只要属于私法上的财产权、具有可让与性、有权利凭证或者由特定机构管理的财产权的，即应属于可以质押的其他财产权利。本案中，松溪联社作为农村信用合作社属于股份合作制，其不符合公司法中规定的有限责任公司或者股份有限公司的形式，因此松溪联社的股权不属于严格意义上的公司法中的股权。但松溪联社的股权不具有人身属性，入股社员所持有的股金证与其人身相分离，具有可让与性。且松溪联社章程中明确规定社员持有联社的股权可以转让，故案涉的股权属于可以转让的股权。再者，松溪联社的股金证属于权利凭证，茂燃公司作为股东凭借其所持有的股金证享有各项管理性和财产性权利，并且股金证由农村信用合作社统一发放、统一管理，故松溪联社的股权属于有权利凭证或者由特定机构管理的财产权。因此，本案中松溪联社的股权符合可质押权利的条件，属于法律规定的可以质押的权利。现茂燃公司上诉主张认为案涉股权不属于可以转让的股权而不能进行出质的理由，不能成立，本院不予支持。

关于争议焦点2：《中华人民共和国物权法》第220条规定，质权自出质人交付质押财产时设立。按照前述法条规定，对于权利质权未规定质权何时设立的，可以适用动产质权的规定。本案中所涉松溪联社的股权，并不属于物权法第223条所规定的第（一）至（六）项的权利质权范围，法条亦未对农村信用社股权的质权设立进行明确规定。则依照前述法条的规定，应当适用动产质权关于质权何时设立的规定，即只要出质人向质权人交付了质押财产质权即设立。本案中，首先，汇鑫公司在一审期间提供了茂燃公司持有松溪联社股权的股金证原件，股金证属于证明茂燃公司持有松溪联社股权的财产权利证书，该股金证的交付即应视为对所质押财产的交付，质权自交付股金证后即已设立。至于茂燃公司抗辩其未将股金证交付给汇鑫公司，对此，茂燃公司未提供相应的反驳证据予以证明，且茂燃公司也无法合理解释汇鑫公司为何会持有茂燃公司的股金证，故茂燃公司的该点抗辩理由不能成立。其次，汇鑫公司一审中已提供了由当地工商行政管理部门出具的说明，该说明中明确表明松溪联社的股权若要出质无法在工商行政管理部门办理登记。在此情形下，造成未能在公权力机构登记的过错并不在汇鑫公司，若将未能办理质押登记的不利后果归于汇鑫公司，显然不具有公平性。而权利质押登记的目的在于使公众可以通过向工商行政管理部门查询，获悉股权出质的情况，使出质人在质权存续期间私自转让股权或者恶意重复质押损害质权人权利的行为不能实施，维护交易的稳定。故在公权力部门无法办理登记的情况下，应当允许当事人采取私力救济，且只要登记足以达到维护交易稳定的目的，即应视为具有公示的效力。本案中，汇鑫公司在工商行政管理部门告知无法办理出质登记后，即在松溪联社的登记簿办理了出质登记，汇鑫公司作为质押权人亦持有茂燃公司的股金证，汇鑫公司所采取的以上救济措施，足以使质押股权处于质权人的控制下，股权处于稳定的状态，无法进行再次流转，达到了类似于登记公示控制权利稳定的效果。最后，法律、行政法规对于农村信用合作社的股权管理未有强制性规定，对农村信用社的股权登记没有强制性要求，股权管理属于社员自治状态。因此，松溪联社在其内部进行的登记也具有了公示的效力。综合以上分析，可以认定茂燃公司将其持有的松溪联社8.06%股权出质给汇鑫公司的质权已经设立。茂燃公司的上诉主张案涉股权的质权未设立的理由，缺乏依据，本院不予支持。

关于争议焦点3：双方在《反担保（质押）合同》中明确约定汇鑫公司实现债权的一切费用，包括律师代理费由茂燃公司承担。该合同系双方真实意思表示，未违反法律、行政法规禁止性规定，合法有效，对双方当事人具有约束力。现汇鑫公司为实现其质权，提起本次诉讼，并提供相应证据证明其花费了律师费67万元，则双方应当按照合同约定予以履行，汇鑫公司所支出的67万元律师费应由茂燃公司承担。茂燃公司上诉主张其不承担汇鑫公司的律师费67万元的理由，缺乏依据，本院不予支持。

至于茂燃公司上诉称将茂燃公司所有的2014年现金分红745,010.24元、2014年转增股本1,117,506股及股权收益认定汇鑫公司享有质权不当的主张。经审查，双方在签订《反担保（质押）合同》时明确约定，质押物的范围含股权收益：现金分红和股权转增，即在双方签订合同时对质押物的范围进行了约定，现2014年现金分红、2014年转增股本均属于合同约定质押物的范围内，属于汇鑫公司依法享有质权的范围。因此，茂燃公司的该点上诉主张缺乏依据，本院不予支持。

综上所述，茂燃公司的上诉请求不能成立，应予驳回；一审判决认定事实清楚，适用法律正确，依法予以维持。依照《中华人民共和国民事诉讼法》第177条第1款第1项的规定，判决：驳回上诉，维持原判。

评 析

本案当事人双方争议焦点主要在于汇鑫公司对茂燃公司持有的松溪联社的股权及其股权收益是否享有质权上。这涉及权利质权的特性和取得问题。尽管法院在审理案件适用民法典施行前的法律裁判，但因关于权利质权，《民法典》的规定与原《物权法》的规定并无差异，因此，我们完全可以依据民法典对上述问题进行评析。

一、权利质权的含义与特性

权利质权，在各国法上都有规定，但关于权利质权的概念，在各国法律上均没有规定。学者对权利质权的定义也各有不同。如有的认为，权利质权是指以可以转让的财产权利为标的而设定的质权。[①] 有的认为，权利质权，是指以所有权以外的可让与财产权为标的而设定的质权。[②] 从字面意义上说，权利质权，当然是指以权利为标的的质权，但从各国法律的规定看，以所有权以外的权利为标的所设定的担保权，并非都为权利质权。从我国法的规定看，权利质权，是指以所有权和用益物权以外的财产权利为标的而设定的质权。权利质权的这一概念有以下两方面的含义：

其一，权利质权为质权。权利质权属于质权，因而权利质权属于担保物权，是以担保债权实现为目的由当事人自愿设定的担保物

[①] 参见王利明：《物权法研究（第四版）》（下卷），中国人民大学出版社2016年版，第1343页。

[②] 参见高圣平：《物权法担保物权编》，中国人民大学出版社2007年版，第358页。

权。不为当事人自愿设立的担保权不能属于权利质权。权利质权既以担保债权实现为目的,也就属于价值权,因而,权利质权的标的必须具有价值性。权利质权为质权的这一含义,说明权利质权也具有担保物权、质权的一些共同特性,如,权利质权也具有特定性、从属性、代位性、不可分性、优先受偿性。权利质权的质权人只能是被担保债权的债权人,权利质权的出质人可以是债务人,也可以是第三人,但应是对出质权利有处分权的人。

其二,权利质权是以所有权和用益物权以外的可让与的财产权利为权利标的的。这一含义包括以下意思:(1)权利质权的标的是权利而不是实物。以所有权作为担保权标的,也就是以物的实体为担保权标的,当事人自愿在物的实体上设定的担保物权,或属于抵押权,或属于动产质权,而不是权利质权,因此,作为权利质权标的的权利只能是所有权以外的权利。(2)权利质权的标的只能是财产权。财产权是以财产利益为内容的,是可以以金钱估价的权利,具有财产价值,因而可作为权利质权的标的。人身权,无论是人格权还是身份权,都不是以财产利益为内容的,不能以金钱估价,不直接具有财产价值,因此,人身权不能出质,不得为权利质权的标的。(3)权利质权的标的须具有可让与性。由于权利质权为换价权,质权人实现质权时可以出质的权利优先受偿,因此,权利质权的标的不仅须具有财产性,而且须具有可让与性。以人身关系为基础的财产权利,虽也以财产利益为内容但因其不得让与,也就不能成为权利质权的标的。例如,继承权是以继承被继承人的遗产为内容的财产权,但继承权的取得以人身关系为基础,不能转让,不可能变价,因而继承权不能出质为权利质权的标的。又如,亲属间的扶养请求权、抚恤金领取请求权等也是财产性权利,但这些权利与特定的权利主体密不可分,无可让与性，也不能作为权利质权的标的。因侵权而发生的精神损害赔偿请求权，由于只能由受害人享有，也不能出质。再如，建立在当事人之间相互信任基础上的权利，如基于委托、承揽、借用等合同产生的合同权利，依规定是不能让与的，也就不能出质。有的财产权利在性质上并非不可转让，但其让与须经对方当事人同意，例如，承租人的承租权原则上须经出租人同意才能转让，因此，这种权利也不能出质。虽性质上可以让与且法律也没有禁止转让的财产权利，但当事人约定不得让与的，因当事人约定不得让与，也不能出质。但是，由于当事人之间的特别约定并无公示效力，不能对抗善意第三人。因此，出质人以仅是当事人约定不得让与的财产权利出质的，质权人可依质权的善意取得规则取得质权。如果出质的财产权利，在质权设定时不得让与，但于质权实现时可以让与，则以此权利为标的设定的权利质权也应有效。（4）权利质权的标的须为用益物权以外的财产权。从法制史和比较法上看，最初，质权为唯一担保的方式，不论是在动产上还是在不动产上设定的担保权，都为质权。自抵押权制度产生并逐渐发达后，不动产质权逐渐消亡，除个别国家仍有不动产质权规定外，各国法上普遍规定不动产只能用于设定抵押权而不能设定质权。随着现代抵押权制度的发展，动产也可以为抵押权的标的，也可以为动产质权的标的，只不过动产抵押权与动产质权的设立条件不同。因此，在现代各国法上除承认不动产质权的国家也承认以不动产上的用益物权设定的质权为权利质权外，各国一般都规定，以不动产上的用益物权为标的设定的担保权为抵押权，而以其他一些权利为标的设定的担保权，如采用抵押权的设立方式，也称为抵押权，例如，以知识产权为权利标的的担保权因其以登记为生效要件也就归为抵押权。依我国现行法规定，以不动产用益物权为标的设定的担保权属于抵押权，而以用益物权外的财产权为标的设定的担保权都属于权利质权。因此,权利质权的标的须为用益物权外的财产权。

由于权利质权是以财产权利为标的,而不是以动产为标的,因而在权利质权的性质上就有争议。争论主要集中在设定权利质权是权利转让还是权利出质,权利质权是否为一种独立的质权等问题上。对此,学者中有不同的观点。

1. 关于权利质权是权利让与还是权利出质

在权利质权是权利让与还是权利出质上,有权利让与说与权利出质说两种学说。

权利让与说认为,质权的标的应以有体物为限。通常所谓质权,是指物上质权而言的,不得于权利之上更发生一种质权的权利。所以,所谓的权利质权,实质上就是以担保为目的,而为权利的让与。一般权利质权的设定,其所以必须依权利让与的方式为之,也只是释明其为权利让与。尤其在债权质权,质权人竟能有可以直接收取作为质权标的的债权的权能,如果不将债权的出质作为债权的让与,就将无法说明其理由。持权利让与说者,在关于权利让与的法律构成上又有不同的见解,又可分为以下学说:(1)附停止条件的权利让与说。该说主张,权利质权是以主债务的不履行为停止条件,而将权利让与。(2)权利中的一部权能的创设移转说。该说认为,权利质权,是将该权利所包含的各种权能的一部分,以创设的形式移转于债权人。(3)以担保为目的的权利让与限制说。该说认为,权利质权,是以担保为目的的权利限制让与。详言之,这种权利的让与系受担保目的的限制,质权人在达此目的所必要的限制内,取得出质人的权利,并且得予以行使,但出质人的权利,并不因此而全然归入丧失。所以,该说又称为权利并存的让与说。

权利出质说，又称权利标的说。该说认为，权利质权与物上质权在本质上并无何差异，二者所不同的仅其标的而已，也就是物上质权是以物为其标的，而权利质权则是以权利为其标的的。持此说者认为，权利之上不许权利存在的观念，虽然不妨用诸罗马法的解释，但是毕竟无任何的根据。所以，法律为适应经济上的需要，于以物（或有体物）为物权标的外，再认以权利为物权的标的，当然也无不可。例如，抵押权就可以不动产上的他物权为标的。在今日法制情形下，权利质权已为各国立法所明定，实在没有认权利质权为权利让与的必要。即便贯彻物权须行使于物上的原则，也可以以权利质权为例外。至于设定一般债权质权须依权利让与的规定，以及债权质权的质权人得直接收取作为质权标的的债权，则均只是为了方便而已，不能据这两点就将权利质权直接视为权利让与。就债权质权的设定须依权利让与的方式来说，只说明当事人依权利让与的方式来设定质权，于此情形下采用权利让与方式这种手段的目的在于设定权利质权，并不在于让与权利。就质权人可以收取作为质权标的的债权来说，这只是法律赋予质权人收取他人债权的权能，并不是说质权人就取得该债权，虽然质权人可以收取出质债权，但该债权仍属于出质人而不属于质权人。而在权利让与，受让人则是取得受让的权利。

上述两说中的权利让与说尽管也有一定道理，但权利出质说已为通说，为多数人接受，也为各国立法所采。权利出质与权利让与确实是不同的。权利出质的目的是设定以担保债权为目的的担保权，权利出质的结果是创设一项新的担保物权，权利质权的质权人可以支配出质的权利的交换价值，在其债权到期未受偿时得就质权标的优先受偿，但是，权利质权的质权人并不能取得出质的权利，出质的权利仍为出质人享有。而权利让与的目的，是将权利转让给他人，转让生效后，让与人不再享有转让的权利，而受让人取得该权利。因此，以权利让与说难以说明权利质权的本质。如果说最初因为权利出质的现象少见，或者说仅是例外，以权利让与说来说明权利质权的性质尚有必要，在现今，确无再借助权利让与来说明权利质权的必要。随着"物权债权化""商品证券化"，在权利上设定质权极为方便，例如，交付证券即可设立质权，而不必移交实物，质权人可免受保管质押财产之累，因而权利质权的适用极为普遍。特别是在知识经济时代，诸如知识产权这类无体财产，具有十分重要的价值，以这类财产作担保只能是设定权利质权（当然有的立法例规定为抵押权），可以说，权利质权较之动产质权更具有重要意义，已经成为质权的主要方式，而不再是一种例外。至于权利之上是否可以设定物权，则完全是法律的规定。我国《民法典》第115条规定："物包括不动产和动产。法律规定权利作为物权客体的，依照其规定。"因此，只要法律规定权利可作为物权客体，权利也就可以为物权的标的（客体）。权利质权以权利为标的，是完全有法律根据的。

2. 关于权利质权是否为独立的质权

在权利质权是否为独立的质权上，主要有准质权说与独立质权说。

准质权说认为，权利质权为准质权。因为权利质权的标的并非有体物（动产），不是对物的直接支配，各国民法关于权利质权的规定，除个别特殊规则外，准用动产质权的规定。因此，权利质权被称为准质权，它并非独立的质权。

独立质权说认为，质权以取得质押财产的交换价值为目的，权利和动产均具有交换价值，若作为质权的标的，并无本质差别；权利质权在现代的作用日益扩张，其适用范围和优越性并不在动产质权之下，权利质权和动产质权已为现代质权制度不可分割的组成部分，动产质权和权利质权已经发展为两个彼此独立的权利。总之，权利质权为独立的担保物权，而非准质权。①

从《民法典》物权编的体系上看，该编中第十八章为质权，共分为两节：第一节为动产质权，第二节为权利质权。这说明动产质权与权利质权是质权中的两种不同的质权，权利质权是独立的质权。由于动产质权与权利质权都属于质权，因而也就有共同之处，所以《民法典》第446条规定："权利质权除适用本节规定外，适用本章第一节的有关规定。"从立法技术上说，这是为了避免法条的重复。权利质权适用关于动产质权的有关规定，实质上适用的是有关质权的一般规则，而不是准用动产质权的有关规定，更不是参照适用动产质权的有关规定。从现实生活看，实务上权利质权适用的普遍性并不差于动产质权的适用。从权利内容上看，权利质权也是对作为标的权利的交换价值的直接支配，并以标的的交换价值担保债权的优先受偿。所以，独立质权说更准确。从性质上说，权利质权为一种独立的质权，而不是准质权。

权利质权与动产质权虽同属于质权，但属于两种不同的质权，二者有着重要的区别。这主要表现在以下方面：

（1）质权的标的不同。权利质权是以权利为质权标的的，而动产是以动产为标的的。在我国法上，动产属于有形财产，而权利属于无形财产。以实体物为权利标的，权利人对该物的处分实质上也就是对所有权的处分，因此，以动产所有权为质权标的，也就是在动产所有权上设定质权。也正因为如此，权利质权的标的只能是所有权以外的权利。当然，在所有权以外的权利上设定的担保物权未必全是权利

---

① 参见梁慧星主编：《中国物权法研究》（下），法律出版社1998年版，第974页。

质权,在何种权利上所设定的担保物权为权利质权,这决定于一国的立法规定,但权利质权必是以所有权以外的权利为标的,而不能是以实体物为标的。是以有体物为质权标的,还是以无形的权利为质权的标的,这是动产质权与权利质权的根本区别。正是这一根本区别决定着权利质权与动产质权的其他区别。

(2)设立质权的要件不同。权利质权与动产质权的设定均须有出质人与质权人之间关于设定质权的质押合同,但除此之外,在质权的设立要件上,二者不同。动产质权以出质动产的移交即出质动产的占有移转给质权人为设立要件,占有为动产质权的公示方式。这是因为动产质权的标的为动产,质权人通过对出质动产的占有(直接占有或者间接占有均可,但不能由出质人直接占有出质动产),就可以控制质权的标的,其他人也可以通过对出质动产的占有而知道质权人对该动产享有物权。而权利质权的标的是权利,质权人不能通过对权利的占有来控制质权的标的,权利的占有也不能成为质权的公示方式。由于作为权利质权标的的权利不同,质权设立的要件也就不同。例如,以证券化的权利或者有权利凭证的权利出质的,因为该权利是由证券或权利凭证表彰的,控制了证券或权利凭证也就控制了证券或权利凭证记载的权利,证券或权利凭证的公示方式也就是权利的公示方式,因此,以此类权利设定质权的,以证券或权利凭证的交付为权利质权的设立要件,以证券或权利凭证的占有为质权的公示方式。以不能以证券或权利凭证的控制而可控制的权利出质的,无法以权利凭证的交付为设立要件,不能以权利凭证的占有公示质权,因此,这类权利质权只能以登记为质权的公示方式,并且登记也为质权的设立要件。由此可见,依《民法典》规定,权利质权是以权利凭证的交付或者登记为质权的设立要件,以权利凭证的占有或登记为质权的公示方式。

（3）质权的保全方式不同。动产质权因是由质权人占有质押财产的，即使出质人对质押财产为法律上的处分，质权人也仍可控制质押财产，以保证其优先受偿。因此，动产质权的保全方式不是限制出质人的处分权，而是保障质权人对出质动产的实际掌控，保障在质押财产价值减少时质权人能够采取必要的措施，为此法律特别赋予质权人以质权的保全权。《民法典》第433条规定："因不可归责于质权人的事由可能使质押财产毁损或者价值明显减少，足以危害质权人权利的，质权人有权要求出质人提供相应的担保；出质人不提供的，质权人可以拍卖、变卖质押财产，并与出质人通过协议将拍卖、变卖所得的价款提前清偿债务或者提存。"这里所规定的质权人要求出质人提供相应担保的请求权和质押财产拍卖、变卖的变价权，就是动产质权人享有的保全其质权的权利。而权利质权因质权人不能占有出质权利，出质人若处分出质权利，则质权人的利益难以保障，因此权利质权的保全方式主要是限制出质人对出质权利的处分。权利质权的出质人不仅不得抛弃出质的权利，不得实施缩小出质权利内容的行为，而且一般也不能转让出质权利。依《民法典》第442条规定，汇票、支票、本票、债券、存款单、仓单、提单的兑现日期或者提货日期先于主债权到期的，质权人可以兑现或者提货，并与出质人协议将兑现或者提取的货物提前清偿债务或者提存。依《民法典》第443条、第444条及第445条的规定，以基金份额、股权出质的，以知识产权中的财产权出质的，以应收账款出质的，出质人不经质权人同意不得处分出质权利。

（4）质权的实现方式不同。动产质权的质权人实现质权的，须对质押财产折价、拍卖或变卖，质权人从所得价款中优先受偿。而权利质权的质权人还可以直接收取出质的权利或者代出质人行使出质权利而优先受偿其债权。

（5）质权标的范围的限制不同。动产质权的标的，除法律、行政法规规定不得转让的动产不得出质外，并无限制。也就是说，只要不属于法律、行政法规规定不得转让的动产，都可作为动产质权的标的。而权利质权的标的虽然也须为可转让的财产权利，但并非只要不属于法律、行政法规规定不得转让的权利，就可成为权利质权的标的。依《民法典》第440条规定，只有法律、行政法规规定可以出质的财产权利才可作为权利质权的标的。也就是说，法律、行政法规未规定可以出质的财产权利，不能作为权利质权的标的。

（6）质权人的义务不同。动产质权因质权人占有质押财产，从而也就负有相应的因占有而发生的义务，如保管质押财产和返还质押财产的义务。《民法典》第432条规定："质权人负有妥善保管质押财产的义务；因保管不善致使质押财产毁损、灭失的，应当承担赔偿责任。""质权人的行为可能使质押财产毁损、灭失的，出质人可以请求质权人将质押财产提存，或者请求提前清偿债务并返还质押财产。"第436条第1款规定："债务人履行债务或者出质人提前清偿所担保的债权的，质权人应当返还质押财产。"而权利质权的质权人不负有保管质权标的和返还的义务。

二、权利质权的取得

权利质权可以因受让质权所担保的债权而传来取得，但主要是通过设立而取得。

权利质权的设立须具备相应的条件，其条件之一是出质的权利须为可成为质权标的的权利。

权利质权是以权利为标的的质权，但并非任何权利上都可以设定权利质权。哪些权利可作为权利质权的标的，或者说可以在哪些权利上设定权利质权，是由法律、法规规定的。《民法典》第440条规定："债务人或者第三人有权处分的下列权利可以出质：（一）汇票、本票、支票；（二）债券、存款单；（三）仓单、提单；（四）可以转让的基金份额、股权；（五）可以转让的注册商标专用权、专利权、著作权等知识产权中的财产权；（六）现有的以及将有的应收账款；（七）法律、行政法规规定可以出质的其他财产权利。"依此规定，权利质权可以以下列权利为标的，也就是可在以下权利上设定权利质权：

1. 汇票、本票、支票

汇票、本票、支票统称为票据。汇票，是由出票人签发的，委托付款人在见票时或者在指定日期无条件支付确定金额给收款人或持票人的票据。本票，是由出票人签发的，承诺自己在见票时无条件支付确定金额给收款人或持票人的票据。支票，是由出票人签发的，委托办理支票存款业务的银行或者其他金融机构在见票时无条件支付确定的金额给收款人或持票人的票据。票据是典型的有价证券，具有极强的流通性。票据与票据上载明的权利是不可分的，持有票据，也就享有票据上的权利。以票据权利出质的，当事人应当订立书面质押合同，质权自出质人交付票据给质权人时起设立。但是，如果票据中载明"不得质押"或"不得转让"的字样，则不能出质，即使后手依质权设定的合同取得该票据，票据质权也不能成立，也就是说其后手以此票据进行贴现、质押的，原背书人对后手背书人不承担票据责任。以票据权利出质的，当事人应在票据背书中记载"质押"的字样。《有关担保制度解释》第58条规定："以汇票出质的，当事人以背书记载'质押'字样并在汇票上签章，汇票已经交付质权人的，人民法院应当认定质权自汇票交付质权人时设立。"当事人未在票据背书记载"质押"字样的，不得以票据出质对抗善意第三人。也就是说，如果当事人未在票据背书记载"质押"字样，因票据持有人也就视为票据权利人，质权人转让该质押票据或者持该质押票据要求付款人付款的，善意的受让票据的后手（不知道或者不应知道该票据为质押）可以取得票据权利，善意付款人的付款是有效的。

2. 债券、存款单

债券是依法定程序发行的，约定于一定期限由债务人还本付息的有价证券。如公司债券、金融债券、国库券等。以债券出质的，当事人应当订立书面质押合同，质权自出质人将债券交付质权人时起设立；但是，对于没有权利凭证的债券，质权自有关部门办理出质登记时设立。例如，国家发行的记账式国债，是以记账的形式来记录债权的，并未印制国库券，也没有给债权人其他的权利凭证，因此，以记账式国债出质的，须经办理出质登记，质权才设立。以债券出质的，当事人也须在债券上背书记载"质权"的字样，否则，不能以出质对抗善意第三人。也就是说，未在债券上记明"质押"字样的，质权人对善意第三人行使债权人的权利而非质权人的权利的，善意第三人可以取得因信赖质权人为债权人而获得的利益。

存款单亦即存单，是由银行等储蓄机构证明其自身与存款人之间存在储蓄法律关系的一种凭证，存款单表明存款人有要求储蓄机构支付存单载明的款项及利息的权利。以存款单出质的，当事人应当订立书面质押合同，质权自出质人将出质存单交付质权人时设立。但是，由于存款人在失去存单后仍可通过挂失而取出存款，出质的存款单也可能为伪造的，为避免质权担保落空的风险，质权人应当将存单出质的情事通知存单的签发银行，让签发银行对存单的真伪进行核对，由签发银行在核实存单后在存单上加附质押的批注。这也就是所说的核押。存款单出质的，一经签发银行核押后，签发银行即对存单的真实性负责，不得让出质人依其他方式提款。经签发银行核押后的出质存款单即使是伪造的，签发银行也应对由此给质权人造成的损失承担民事责任。以存款单出质，未经存款单签发银行核押的，质权不能对抗第三人。因此，出质存款单未经核押的，如果出质人或其他人经办理挂失手续后依合法程序提取出质存款单上记载的存款，存款单的签发银行不承担责任；如果出质存款单为伪造的，则质权不能成立，质权人因此受到的损失，只能由出质人承担责任，伪造的存款单上的签发银行不承担责任。

3. 仓单、提单

仓单，是指仓库营业人应存货人的请求所填发的记载仓储保管事项的凭证。仓单是载明存货人提取货物的权利的有价证券。提单，是指用以证明海上货物运输合同和货物已经由承运人接受或者装船，以及承运人保证据以交付货物的单证。提单是收货人提取运送的货物的有价证券。以仓单、提单出质的，当事人应当订立书面质押合同，质权自出质人交付仓单、提单给质权人时设立。《有关担保制度的解释》第59条第1款规定："存货人或者仓单持有人在仓单上背书记载'质押'字样，并经保管人签章，仓单已经交付质权人的，人民法院应当认定质权自仓单交付质权人时设立。没有权利凭证的仓单，依法可以办理出质登记的，仓单质权自办理出质登记时设立。"由于仓单、提单是代表一定货物的，被称为物权证券，持有仓单、提单也就意味着有权请求交付相应的货物，因此，以仓单、提单出质的，与动产出质极为相似，交付仓单、提单可以看作是动产出质中的指示交付。因此，有的认为，以仓单、提单出质的，属于设定动产质权。但仓单、提单毕竟是代表着请求保管人、承运人交付货物的权利，因此，以仓单、提单出质，属于设定权利质权。以仓单、提单出质的，应当在仓单、提单上附记"质押"字样，或者将出质的情事通知保管人、承运人，否则质权不能对抗善意第三人。也就是说，善意取得仓单、提单的第三人要求提取货物的，保管人、承运人应当交付货物，并且对其交货不对质权人承担责任。

以仓单、提单出质设定权利质权后，出质人可否再以仓单、提单所代表的货物设定动产质权或动产抵押权呢？对此有肯定说与否定说两种不同的观点。我们持否定说。因为仓单、提单不同于保管凭证，只有仓单、提单的持有人才能行使仓单、提单所表彰的物品的权利，因此，在仓单、提单出质后，出质人不能以该物品设定动产担保物权。但是，由于保管人、承运人直接占有储存的货物、托运的货物，而占有为动产物权的公示方式，因此，若保管人、承运人以其占有的货物设定动产质权的，则善意第三人可以取得该动产质权。《有关担保制度的解释》第59条第2款规定："出质人既以仓单出质，又以仓储物设立担保，按照公示的先后确定清偿顺序；难以确定先后的，按照债权比例清偿。"

4. 可转让的基金份额、股权

基金份额，是指基金公司公开发行的，表彰基金份额持有人权利的凭证。基金份额是基金的最小单位，表示一定金额。在基金初次发行时，将其基金总额划分为若干等额的整数份，每一份即为一基金份额。基金分为开放式基金和封闭式基金。所谓开放式基金，是指采用开放式运作方式的基金，基金份额总额不固定，基金份额可以在基金合同约定的时间和场所申购或赎回的基金。所谓封闭式基金，是指经核准的基金份额总数在基金合同期限内固定不变,基金份额可以在依法设立的证券交易场所交易,但基金份额持有人不得申请赎回的基金。基金份额并非都是可以转让的,只有可以转让的基金份额可以出质。由于封闭式基金的基金份额,经基金管理人申请,国务院证券监督管理机构核准,可以在证券交易所上市交易,因此,封闭式基金的基金份额是可以转让的基金份额,可以出质。而开放式基金的基金份额不能上市交易,属于不可以转让的基金份额,因此开放式基金的基金份额不能出质。可以转让的基金份额出质的,当事人应当订立书面质押合同,质权自证券登记结算机构办理出质登记时设立。

股权亦称股东权利,是指股东因向公司直接投资而依法律和公司章程规定而享有的权利。以股权出质的,当事人应当订立书面质押合同,但股权有的是在证券交易所交易的,有的是不在证券交易所交易的,因此,以可以转让的在证券交易所交易的股权出质的,质权自证券登记结算机构办理出质登记时设立;以其他可以转让的股权出质的,须将出质记载于股东名册,质权自工商行政管理部门办理出质登记时设立。

5. 可以转让的注册商标专用权、专利权、著作权等知识产权中的财产权

注册商标专用权,是指商标所有人依法对其注册商标享有的独占使用权。商标权人可以依法转让其商标权,也可以许可他人使用其注册商标。无论是注册商标的转让权还是注册商标的许可使用权,都是商标专用权中的财产权,因此,商标所有人可以将注册商标权或注册商标的许可使用权出质。专利权,是指国家专利主管机关依法授予权利申请人或其继受人在一定期限内实施其发明创造的独占性权利。专利权人可以将专利权转让他人,也可以许可他人使用其专利。专利

转让权和专利许可使用权都是专利权人的财产权，均可以出质。著作权是作者对其作品依法享有的权利，既包括发表权、署名权、修改权、保护作品完整权，也包括使用权和获得报酬权。由于发表权、署名权、修改权、保护作品完整权，属于人身性权利，只有著作权人享有，不具有财产性，因此，这些权利不能出质。而作品的使用权是以各种方式使用作品的权利，著作权人可以许可他人使用，经许可使用他人作品的应向著作权人支配报酬。因此，使用权和报酬获得权属于著作权中的财产权，可以出质。以知识产权中的财产权出质的，当事人应当订立书面质押合同，质权自有关主管部门办理出质登记时设立。

6. 现有的以及将有的应收账款

应收账款，从会计学上说，是指应收取而未收取的款项；从法律上说，是指权利人因提供一定的货物、服务或者设施而获得的要求义务人付款的权利。

从性质上说，应收账款属于一般债权。一般债权也就是不以证券表示权利人权利的记名债权。对于一般债权可否出质，原《担保法》中没有规定，在学界也就有不同的观点。一种观点认为，一般债权可以为权利质权的标的，其理由主要是，第一，以一般债权出质为世界各国立法通例；第二，债权质押为传统意义上的权利质权；第三，我国法律并未禁止普通债权设质。另一种观点则认为，一般债权不能成为质权的标的，因为法律未规定其为可以质押的权利。[①] 笔者也曾主张，因债权为财产权，应原则上可以质押，可为权利质权的标的，应属于担保法中所指的"依法可以质押的其他权利"。尽管许多

---

① 参见高圣平：《物权法担保物权编》，中国人民大学出版社2007年版，第390页。

学者认为，可以转让的合同或其他债权是否可以出质，我国法律并无限制或禁止的规定，在解释上宜认为可以设定质权。① 但是，"依法可以质押的其他权利"的确应由法律明确规定，而在原《物权法》颁布前确实也无法律明确规定一般债权可为权利质权的标的，因此，以一般债权为质权的标的仅是学者的观点，实务中虽也有以应收账款这类债权设定质权的，但难以找到法律依据，原《担保法的解释》第97条也仅是规定，"以公路桥梁、公路隧道或者公路渡口等不动产收益权出质的，按照担保法第75条第（四）项的规定处理"。

在物权法立法过程中，对于是否允许以应收账款出质，存有不同的意见。反对者认为，不应当允许应收账款出质。其理由是：（1）应收账款出质缺乏公示手段，允许应收账款出质有可能损害交易安全，质权人的利益难以保障。（2）收费权实质上是一种变动性较大的期待权，体现在：一是赖以收费的设施能否建成是未知的；二是该设施建成后，能否收到预期的费用是未知的；三是收费权是特许的，受行政干预过多，有可能被行政机关取消，不稳定。因此，收费权作为债权的担保风险较大。（3）国外规定应收账款出质，是以良好的社会信用和完善的金融机制作为基础的。我国目前的社会信用较差，金融机制不健全，银行呆坏账较多，法律允许收费权和应收账款出质，可能会制造更多的呆坏账，增加金融风险。② 赞成者认为，应当允许应收账款出质。其理由是：（1）有利于解决中小企业融资难问题。由于中小企业占有的不动产较少，难以通过抵押等方式进行融资，其占有的更多是债权。应收账款质押是其融资担保的有效方式。

---

① 参见梁慧星主编：《中国物权法研究》（下），法律出版社1998年版，第976页。
② 参见高圣平：《物权法担保物权编》，中国人民大学出版社2007年版，第390页。

（2）有利于有效率地利用资源。我国应收账款的市场很大，据统计，我国企业现有 5.5 万亿应收账款。但这些应收账款都没有用于担保，因而使得这些资产不能得到有效的利用。（3）规定应收账款质押具有法律依据。根据《合同法》规定，一般债权可以转让。法律既然允许一般债权的转让，也就没有理由禁止一般债权的担保。（4）规定应收账款质押符合国际通行的做法。从各国的做法看，现在大多数国家都已经承认应收账款的质押。因此，我国也应该采纳这样一种通行的做法。① 也有观点认为，应收账款质押有利有弊，所以在法律上可以承认这种制度，但又要对其进行严格的限制，将这种制度所产生的风险控制在合理的范围之内。对于银行来说，任何一笔贷款都可能面临风险，关健是这种风险是否处于可以控制的范围之内，不能因为这种担保方式存在风险就完全抹杀它的积极意义。最合理的方法就是，在承认应收账款质押的同时，通过建立统一登记制度，规定各种权利的清偿顺序，来控制应收账款质押所产生的风险。同时，对应收账款的概念和范围也要作严格的限制。②

物权法草案三次审议稿中曾规定"公路、电网等收费权可以出质"，没有规定应收账款可以出质，而在物权法草案第五次审议稿中于可以出质的权利中增加了"应收账款"一项。全国人大法律委员会在向全国人大常委会所作的《关于〈中华人民共和国物权法（草案）〉修改情况的汇报》中说道："有的常委委员和全国人大代表提出，现行担保法没有规定应收账款可以用作担保，以应收账款作担保，有利于中小企业的融资，建议草案对此做出明确规定。有些部

---

① 王利明：《物权法研究（修订版）》（下卷），中国人民大学出版社 2007 年版，第 616 页。

② 同上书，第 617 页。

门、金融机构和企业也要求增加规定这一种担保方式。在物权法草案立法论证会上,多数专家认为应规定可以用应收账款作担保。法律委员会研究认为,将应收账款作担保,是中小企业和银行业的共同要求,应允许用应收账款作担保。"针对物权法草案中同时规定了收费权和应收账款可以质押,有的委员提出意见,因此在物权法草案七次审议稿中仅规定了应收账款可以质押,2006年12月24日在十届全国人大常委会第二十五会议上,全国人大法律委员会在《关于〈中华人民共和国物权法(草案)〉修改情况的汇报》中说明:"草案六次审议稿第二百二十四条中规定,'公路、桥梁等收费权'和'应收账款'可以质押。有的常委委员提出,公路、桥梁等收费权可以纳入应收账款,而且目前收费情况比较混乱,哪些收费可以质押,哪些不能质押,还需进一步清理。因此,在这一条中规定'应收账款'即可,不必列出'公路、桥梁等收费权'。"《物权法》最终于第223条关于可以出质的权利中第(六)项规定了应收账款。《民法典》继受了《物权法》的这一规定。

以应收账款出质的,当事人应当订立书面质押合同。合同中应当明确出质的应收账款以及其数额等内容。应收账款包括哪些权利?应收账款是否都适于出质?这是设立应收账款质权时应考虑的。《动产和权利担保统一登记办法》第3条规定:"本办法所称的应收账款是指应收账款债权人因提供一定的货物、服务或设施而获得的要求应收账款债务人付款的权利以及依法享有的其他付款请求权,包括现有的以及将有的金钱债权,但不包括因票据或其他有价证券而产生的付款请求权,以及法律、行政法规禁止转让的付款请求权。""本办法所称的应收账款包括下列权利:(一)销售、出租产生的债权,包括销售货物,供应水、电、气、暖,知识产权的许可使用,出租动产或不动产等;(二)提供医疗、教育、旅游等服务或劳务产生的债权;(三)能源、交通运输、水利、环境保护、市政等基础设施和公用事业项目收益权;(四)提供贷款或其他信用产生的债权;(五)其他以合同为基础的具有金钱给付内容的债权。"依该办法规定,应收账款所包括的权利可分为非证券化的金钱债权与不动产收费权。

(1)债权。这里的债权是指权利人要求义务人付款的权利。债权的特点是权利人与义务人都是特定的。这里的债权是指因一方向他人提供货物、服务或信用而产生的债权,既包括现有的债权,也包括未来的债权。

现有的债权,是指债权人已经获得的有效债权。现有债权又有到期债权和未到期债权之别。到期债权是指债权已届清偿期,债务人应清偿而债权人未获得清偿的债权。到期债权可否质押呢?从理论上说,法律并未限制到期债权的质押,因此,在债权到期以后债务人未清偿债权的情形下,债权人也可以将该债权质押。但是,从实务上看,已到期债权不宜于设定质权。因为到期债权,债务人本应清偿而未清偿,这表明债务人的信用可能有问题。这种应收账款极有可能是呆坏账,接受这种应收账款的质押,质权人面临着担保失效的直接风险。因为已到期债权,债权人本可以直接收取,又何必以此作担保去融资呢?债权人之所以要以已到期债权担保融资,一般正是因为不能收取该债权或者收取该债权的成本太高或无精力去催收该债权。如果以此种债权出质,则这些收取债权的困难也就会转嫁给质权人。债权已到期而债务人未清偿,债权人不能或难以收取该债权的,说明这些应收账款已成为不良资产。于此情形下,权利人可依不良资产的处理办法将该债权转让,以获得变现。

现有的未到期债权是指债权人已经获得的但清偿期未到的债权。

债权未到期，债务人无清偿责任，债权人不能要求债务人清偿，债权人的债权之所以未受清偿，是因为未到清偿期，而不是因为债务人到期不清偿。对于这种应收账款，由于债权未到期，债权人无法收取债权以获得所需资金，债权人在急需资金而又不能通过其他方式融资的情形下，极有必要以其设定担保来融资；而对于提供资金的银行等金融机构来说，债权之所以未受偿，不是因为债务人不清偿而是因为未到清偿期，因此接受以此种应收账款的质押担保，发放贷款，风险会较少，而且由于债务人已经确定，对于债务人的信用可以作出比较准确的判断。因此，现有的未到期债权是最宜于出质的。当然，以现有的应收账款出质的，质权人应审查出质的应收账款是否真实存在。《有关担保制度的解释》第61条中规定，以现有的应收账款出质，应收账款债务人向质权人确认应收账款的真实性后，又以应收账款不存在或者已经消灭为由主张不承担责任的，人民法院不予支持。以现有的应收账款出质，应收账款债务人未确认应收账款的真实性，质权人以应收账款债务人为被告，请求就应收账款优先受偿，能够证明办理出质登记时应收账款真实存在的，人民法院应予支持；质权人不能举证证明办理出质登记时应收账款真实存在，仅以已经办理出质登记为由，请求就应收账款优先受偿的，人民法院不予支持。

未来的债权是指债权人尚未取得而于将来可以获得的债权。未来的债权可以分两种情形：一种是债权已经发生但尚未生效。附停止条件的债权即属于这种债权。附停止条件的债权，尽管债权已经发生，数额也确定，但债权尚未发生效力，只有待条件成就后，债权人才能取得债权；若条件不成就，则债权人不能取得债权。例如，出租人与承租人已经订立了租赁合同，租金等事项也已确定，但当事人在合同中约定了合同生效的条件，于此情形下，出租人只有在合同所附的生效条件成就时才能获得租金债权。附停止条件的债权，债权人有合理的期待权，对于条件成就的可能性以及债务人的信用也是可以作出较准确的评价的，因此，附停止条件的债权也适于质押。另一种是债权尚未发生但将来会发生的债权。这种债权的情形比较复杂。有的是双方当事人已经确立了长期的合同关系，仅是尚未发生具体债权。例如，某房地产商与某学校签订协议，房地产商提供学生宿舍给该学校学生居住，由房地产商收取学生的住宿费，房地产商由此而取得的可收取学生住宿费的租金债权就属于这种债权。再如，当事人双方签订了由一方向另一方供应水、电、气、暖等并收取费用的合同，供应方所取得的因供应水、电、气、暖而发生的水费、电费、气费、取暖费等债权也属于这种债权。这种债权是比较确定的未来收益，有较高的可靠性，因此，这种债权也宜于出质。有的将来可发生的债权是有较大不确定性的，例如，某房地产商盖一写字楼用于出租，但其尚未与用户签订租赁合同，于此情形下，该房地产商未来取得租金的债权就是有较大不确定性的未来债权。这种债权是否可以质押呢？对此有不同的看法。有的认为，双方尚未订立合同，债务的数额、期限等都是不确定的，则不能质押。① 这种观点甚有道理。不过，笔者认为，这种债权并非不能质押，而应是较不宜于质押。因为这种债权有较大的不确定性，所以以这种债权出质，存有债权不能发生的可能，有使担保落空的风险。但是，这种债权又不是就一定不会发生的，一经发生还是较为有保障的，可靠性较强。因此，笔者认为，在债务人以此种债权提供担保时，债权人更应注重风险评估，应就其将来债权发生

---

① 参见王利明：《物权法研究（第四版）》（下卷），中国人民大学出版社2016年版，第1371页。

的几率作出较准确的分析,以决定是否接受这种债权的质押。但如果当事人协议以此种债权出质,则所设定的权利质权也应是有效的,不能以此种债权不能质押为由而否定质权的有效性。

(2)不动产收费权。收费权是一个广义的概念,凡有权向他人收取一定费用的权利,都可称为收费权。如收取水费、电费等的权利,收取有线电视费的权利等,也都可称为收费权。这些收费权属于上述的债权。这里所说的收费权仅指公路、桥梁、隧道、渡口等基础设施、不动产收费权。在物权法立法中,收费权曾是与应收账款并列的概念,尽管自物权法正式通过后收费权并入应收账款中,但其区别还是存在的。第一,收费权是经由政府有关主管部门批准和许可才能享有的权利。任何人未经有关主管部门批准和许可,都不能取得收费权。而且收费的标准、收费的期限也是由行政主管部门批准和许可的。第二,收费权是公路、桥梁、隧道、渡口等基础设施、不动产的用益物权人享有的权利。收费权不是用益权,而是用益物权人取得收益的一种方式。公路、桥梁、隧道、渡口等基础设施的用益物权人(当然也可以是所有权人,但在我国这些设施一般属于国家所有,投资者取得的一般只是用益物权)有权使用该基础设施并取得收益,而其收益的取得就是通过收费权实现的。第三,收费权是向不特定的临时通行人收取费用的权利,而不是只能对特定人享有的权利。第四,收费权具有一定的物权性,但其性质上仍应属于债权的范围。由于收费权本身也是以财产价值为内容的,而且行使收费权又会产生一定的收益,所以,收费权也是可以质押的。[①] 不过,正如在物权法立法过

---

① 王利明:《物权法研究(第四版)》(下卷),中国人民大学出版社2016年版,第1371—1372页。

程中一些人所指出的，由于不动产收费权是政府特许的权利，也就面临着因政府的决定而被取消的风险。可以说，收费权具有一定垄断性，一方面收费权会取得稳定的有效的收益，宜作为担保；另一方面收费权又有被取消的可能，以收费权设定质权就又有担保落空的风险。

《民法典》第445条第1款规定，以应收账款出质的，质权自办理出质登记时设立。可见，应收账款的出质登记，不仅是应收账款质权的公示方法，而且是应收账款质权的设立要件。也就是说，只有经办理出质登记，应收账款质权才设立，自登记之日起质权人才取得以出质的应收账款为标的权利质权。当事人仅订立以应收账款出质的书面质押合同而未办理出质登记的，质权并未成立，当事人之间仅存在合同权利义务，债权人并不能享有作为担保物权的应收账款权利质权。但是，笔者认为，不应将应收账款质权的设立要件与公示要件混为一谈。实际上，应收账款质权是否成立，这是出质人和质权人之间的事情，而应收账款质权的公示这是对第三人而言的。所以，对于应收账款质权未必就须以出质登记为设立要件。在国外的立法上，一般规定，以一般债权出质的，依债权转让的方式为之。因此，只要当事人双方订立设定质押的协议，质权就可以成立。当然，未采取法定公示方式成立的债权质权，不具有对抗善意第三人的效力。但依我国《民法典》规定，应收账款质权以出质登记为设立要件，只有经办理出质登记的应收账款质权才成立，也同时具有对抗第三人的效力。在同一应收账款上设立多个质权的，质权人按照登记的先后顺序行使质权。这也就是说，先登记的应收账款质权优先于后登记的应收账款质权。

在国外的立法上，一般规定，以一般债权出质的，将设质事项通知债务人才生效。例如，《德国民法典》第1280条规定，"出质有转让合同即可移转的债权的,仅在债权人将质权的设定通知债务人时,始为有效"。该法将通知债务人作为债权质权的生效要件。此所谓生效,是指对债务人发生效力。依《日本民法》第364条规定,以指名债权为质权标的时,没有依法律规定将质权的设定通知债务人或者由第三债务人对此承诺,不得以之对抗第三债务人及其他第三人。这种以通知第三人作为债权质权生效或对抗要件的规定,是有道理的。因为债权质权有第三债务人,如果不通知出质债权的债务人,债务人就可以仍向出质人清偿,其他第三人也可以因债权转让而善意取得转让的债权。因此,我们也曾主张,债权设质适用债权转让的规定,债权转让一般不须债务人同意,设质也无须债务人同意。但如不对债务人为通知,则债务人不知设质的事实,当然得向出质人履行。而在出质人将其债权转让给第三人并对债务人为转让通知,受让债权人不知债权入质的事实时,应善意取得受让债权,第三债务人也应向受让债权人履行。①但依《民法典》规定,应收账款质权以出质登记为成立要件和对抗要件,以应收账款出质的,只要办理出质登记,就可对抗任何人,包括第三债务人。因此,依我国现行法的规定,应收账款出质时,不必通知第三债务人。不过,笔者认为,由于我国的应收账款还包括收费权,而收费权是对不特定人收取费用的权利,这种应收账款出质的,却难以通知第三债务人,因此,采用登记的办法公示实有必要。但对于已确定的现有未到期债权出质,是否有必要也以登记为生效和对抗要件,不无疑问。对于这种债权,实际上只要出质债权的债务人知道债权出质的事实,就足以保护质权人和第三人的利益。因为出质债权的债务人知道债权已出质,就不能再向出质人清

---

① 参见郭明瑞:《担保法》,法律出版社2004年版,第195页。

偿；在出质人将其债权转让给第三人时，该转让也只有通知债务人才对债务人发生效力，而在为此债权转让通知时，因债务人已知道该债权已经出质，当然也就会向受让人表明，受让人也不能得到债务人的清偿。《有关担保制度的解释》第 61 条第 3 款规定，以现有的应收账款出质，应收账款债务人已经向应收账款债权人履行了债务，质权人请求应收账款债务人履行债务的，人民法院不予支持，但是应收账款债务人接到质权人要求向其履行的通知后，仍然向应收账款债权人履行的除外。

7.法律、行政法规规定可以出质的其他财产权利

除上述权利外，凡法律、行政法规规定可以出质的财产权利，都可以出质，质权的设立时间依法律、行政法规规定的要求为准。这一规定实际上也是为以后法律、行政法规规定其他财产权的权利质权留有余地。依此规定，凡法律、行政法规没有规定可以出质的财产权利，不能用于设定权利质权。

本案中汇鑫公司为林兴水等人的松溪联社的贷款提供担保。为保障汇鑫公司承担担保责任后追偿权的实现，茂燃公司、朝毅公司向汇鑫公司提供反担保。茂燃公司以其在松溪联社的股权质押，为汇鑫公司设定质权。汇鑫公司为债权人，茂燃公司为债务人，双方有为出质人和质权人的资格。本案争议是茂燃公司在松溪联社的股权是否可以质押，汇鑫公司是否取得以案涉股权设立的权利质权。

《民法典》第 440 条规定的可以出质的权利中第（四）项为可以转让的基金份额、股权。这里的股权是否仅限于有限责任公司和股份有限公司的股权，有不同的观点。但法律并未对可以出质的股权作其他特别限制，仅要求是可以转让的股权。案涉中的股权为松溪联社的股权，松溪联社是股份制地方中小金融企业，其性质为股份合作制，

但该联社社员依据所持有的股权享有利润分配等财产权利，社员所持有的股权并不具有人身性，以股金证作为权利凭证，是可以转让的，而且，松溪联社理事会召开了专项会议，同意其作为联社社员的茂燃公司以其持有的股权为汇鑫公司提供反担保。因此，该股权是可以出质的。一审法院认为案涉股权属于法律、法规规定可以出质的其他财产权利，二审法院则认定案涉股权属于可以转让的股权。

从案情情况看，茂燃公司以其持有的松溪联社股权设立的质权，是符合权利质权特征的，属于权利质权。因此，汇鑫公司是否取得案涉股权设立的权利质权，还需要从权利质权的设立条件上分析。

权利质权的设立有两个基本要求：一是当事人双方签订质押合同；二是出质人向质权人交付权利凭证或者办理出质登记。本案中茂燃公司与汇鑫公司签订了《反担保（质押）合同》，该质押合同为双方当事人的真实意思表示，并不存在无效情况。在质押合同签订后，茂燃公司向汇鑫公司交付了茂燃公司持有松溪联社股权的权利凭证即股金证，并在松溪联社办理了股权质押登记手续，因此，汇鑫公司对茂燃公司在松溪联社股权的权利质权符合质权设立的基本要求，该权利质权既符合设立条件，也符合公示条件，汇鑫公司取得该权利质权。

当然，汇鑫公司取得案涉股权质权，还须为质权所担保的债权的债权人。汇鑫公司公司在为林兴水等人承担担保责任后，享有要求林兴水等人偿还其承担担保责任的债权。在林兴水等人不履行债务时，汇鑫公司可依法行使反担保的质权，即对茂燃公司在松溪联社股权的权利质权。

综上，法院确认汇鑫公司对茂燃公司持有的松溪联社股权及收益享有质权是正确的。

第二十七专题 留置权的成立与行使

——上海立伟物流有限公司、海南临海船务有限公司等留置权纠纷案

案例索引

最高人民法院（2022）最高法民再245号民事判决；海南省高级人民法院（2020）琼民终345号民事判决；海口海事法院（2020）琼72民初20号民事判决。

基本案情

2017年7月4日，立伟公司与金光公司及其在大陆投资的关联方（包括金桂浆公司）订立了物流服务合同，约定由立伟公司为金光公司提供华南地区的物流服务。2017年7月14日，立伟公司与捷亚通公司签订物流运输项目服务合同，约定捷亚通为立伟公司的物流服务供应商，为立伟公司及其客户的产品和货物提供运输、保管、验收和发货等服务，合同有效期从2017年7月14日至2020年7月13日止。上述合同履行中，因金桂浆公司委托立伟公司安排一批浆品从广西钦州港运至海南洋浦港，2018年8月24日，捷亚通公司与和宇公

司签订航次运输合同一份，约定和宇公司将"临海288"轮出租给捷亚通公司，为其将案涉纸浆从钦州港运输至洋浦港。双方并约定由和宇公司负责理货，并做好装运港和到达码头的货物交接工作，运费145,000元包船。同日，和宇公司与锦翔公司签订航次运输合同，约定由和宇公司作为承租人租赁"临海288"轮，将案涉货物从钦州港运至洋浦港，运费120,000元包船，双方约定由出租人锦翔公司确保船舶适航、适载、理货，如由于锦翔公司原因导致货物损坏短缺等，锦翔公司应承担赔偿责任。2018年9月9日，"临海288"轮接受案涉货物后，向金桂浆公司签发了编号为0006331的水路货物运单，运单载明托运人系金桂浆公司，收货人为海南金海浆公司，货物件数1594件，重量2816.16吨，运单加盖"临海288"轮的船章。船抵洋浦港后，锦翔公司将货物卸在洋浦港。因捷亚通公司与和宇公司长期存在运输合同关系，捷亚通公司在案涉航次之前已累计拖欠和宇公司运费及滞期费总额达9,345,740.07元（不含案涉航次运费）。2018年9月10日，案涉货物运抵洋浦港后，因上述运费欠款，和宇公司行使留置权留置了案涉货物。为协商解决运费和案涉货物处置问题，同年10月12日，和宇公司、立伟公司、捷亚通公司、金光公司在上海召开四方协商会议，但协商未果。同年11月9日，和宇公司与上海真略供应链管理有限公司签订销售合同，以总价8,135,740.93元将案涉货物变卖。由此，导致金光公司以案涉货物灭失为由，以立伟公司为被申请人向上海仲裁委员会提起仲裁。2019年10月23日，上海仲裁委员会作出（2019）沪仲案字第0022号仲裁裁决书，裁决立伟公司向金光公司赔偿案涉货物损失10,135,754.10元，以及支付以该数额为基数的利息等。

金光公司向上海海事法院申请强制执行（2019）沪仲字第0022

号仲裁裁决书,执行案号为(2019)沪 72 执 274 号。

临海公司系"临海 288"轮登记所有人和船舶经营人。2017 年 1 月 16 日,临海公司将该轮以光船租赁方式出租给锦翔公司,租期两年,但双方并未办理光船租赁登记手续。

立伟公司向海口海事法院起诉请求:1. 和宇公司赔偿立伟公司货物损失人民币 10,135,754.10 元;2. 和宇公司赔偿立伟公司以上述货物损失金额为基数,按照中国人民银行同期同类贷款利率计算,自 2018 年 10 月 9 日起算至实际清偿之日的利息损失;3. 和宇公司赔偿立伟公司其他各项损失合计 253,210.38 元;4. 和宇公司承担本案的诉讼费用;5. 临海公司对和宇公司的上述赔偿承担补充责任,锦翔公司对临海公司的赔偿责任承担连带责任。

判决与理由

一审法院认为,本案系非法留置船载货物责任纠纷,就争议焦点分析如下:

(一)关于立伟公司是否具有原告主体资格问题。该院认为,立伟公司虽然在其与金光公司订立物流服务合同伊始,仅系为金光公司及其关联公司提供物流服务,但根据(2019)沪仲案字第 0022 号生效仲裁裁决,其由于案涉货物在运输中灭失而负有对金光公司进行赔偿的法律义务,且金光公司已对生效仲裁裁决在上海海事法院提出执行申请,该案正在执行之中。因而,尽管该案并未执行实施完毕,但立伟公司的赔偿义务是既定的、明确的、现实存在的。在此义务状态下,其理当具有取代金光公司向其认定的责任人进行索赔的权利。并且,立伟公司为完成其对金光公司的物流服务,又与捷亚通订立物流服务合同,由捷亚通公司通过向和宇公司租船运输案涉货物。相对于和宇公司和锦翔公司，立伟公司相当于托运人法律地位，亦具有相应索赔权利，故和宇公司关于立伟公司非其合同相对人，其并未实际赔付未产生任何损失，从而非本案适格原告无权主张索赔的抗辩，不具有事实和法律依据，依法不予采信。

（二）关于和宇公司行使货物留置权是否合法，其变卖处理程序是否得当，应否对变卖行为进行赔偿的问题。根据一审法院已经生效的（2018）琼72民初230号民事判决认定的事实，和宇公司与捷亚通公司长期存在航次运输合同关系，包括本案，双方亦签订有航次租船合同，并且未作出不得留置货物的相反约定。在捷亚通公司拖欠大量运费情况下，和宇公司根据合同法第315条规定，在已完成运输的运输中留置捷亚通公司的相应货物以敦促其支付到期运费，并不违法。《最高人民法院关于国内水路货物运输纠纷案件法律问题的指导意见》第7条也明确规定："国内水路货物运输合同履行完毕，托运人或者收货人没有按照约定支付运费、保管费或者其他运输费用，依照合同法第三百一十五条的规定，承运人对相应的运输货物享有留置权。人民法院在审查承运人的留置权时，应当重点审查承运人留置货物的数量是否在合理的限度之内，以及承运人留置的货物是否是其合法占有的货物。债务人对留置货物是否具有所有权并不必然影响承运人留置权的行使，除非运输合同当事人对承运人的留置权另有特殊约定。"因此，立伟公司认为案涉货物非捷亚通公司所有，和宇公司对此应当知晓，从而其留置系非法留置的主张，缺乏事实与法律依据，依法不予采信。关于立伟公司主张案涉货物与拖欠运费并非同一法律关系产生，因此和宇公司也无权留置的问题，根据《物权法》第231条规定，企业间留置并不要求被留置物与所拖欠运杂费系属同一法律关系，也即其行使不要求以所拖欠的运费系本航次产生为前提。综上,和宇公司对案涉货物行使留置具有法律依据。

(三)关于和宇公司对案涉货物是否系合法占有的问题。该院认为,和宇公司作为二船东,其与实际承运人锦翔公司订有航次租船合同,双方约定装运港和运达港码头的货物交接工作均由和宇公司负责。和宇公司通过该运输合同成为案涉货物的托运人,和宇公司对案涉货物的占有系通过锦翔公司的占有完成、通过对锦翔公司的控制而实现,此种占有亦属合法占有的一种。故立伟公司关于和宇公司系以非法手段取得和占有货物的主张,缺乏事实与法律依据,依法不予采信。

和宇公司行使留置和变卖案涉货物时,已经履行通知和协商义务。案涉货物系纸浆原材料,虽不属于典型的易腐易坏物,但亦需防水防腐,处于湖南洋浦炎热潮湿气候下久置必将导致贬值,故其在近两个月内、经与立伟公司、秉亚通公司等公司协商不成之后予以变卖,程序上无明显不当。但和宇公司的变卖价格确有低于市场价格之嫌。综合考虑和宇公司系在非正常买卖经营情况下处理货物,要求其完全按照原购买价处理亦过于苛责,该变卖价格可考虑以原销售合同价格的九折进行处理为公允。故和宇公司仅应以其实际变卖价格低于原合同销售价格的差价对立伟公司予以赔付。立伟公司所主张的其他损失请求,因无事实与法律依据,依法不予支持。

(四)关于临海公司与锦翔公司应否承担赔偿责任问题。和宇公司留置和处理货物系合法行使留置权,该行为非侵权行为,故临海公司与锦翔公司无需对此承担相应赔偿责任。

综上,一审法院依照《中华人民共和国物权法》第230条、第231条和《中华人民共和国民事诉讼法》第64条第1款之规定,判决:(一)和宇公司于判决生效之日起十日内向立伟公司支付

986,437.76 元；(二) 驳回立伟公司的其他诉讼请求。

立伟公司不服一审判决，上诉请求：撤销一审判决，改判支持立伟公司的一审全部诉讼请求。和宇公司上诉请求撤销一审判决第一项即和宇公司不需向立伟公司支付 986,437.76 元。

二审法院经审理认为，立伟公司与和宇公司的上诉请求均不能成立，应予驳回；一审判决认定事实清楚，适用法律正确，应予维持。判决驳回上诉，维持原判。

二审判决后，立伟公司向最高人民法院申请再审。

最高人民法院再审认为，本案的焦点问题为和宇公司是否合法占有货物，其留置货物是否符合法律规定。

一、立伟公司具有向和宇公司主张权利的请求权基础

《最高人民法院关于适用〈中华人民共和国民法典〉时间效力的若干规定》第 5 条规定："民法典施行前已经终审的案件，当事人申请再审或者按照审判监督程序决定再审的，不适用民法典的规定。"本案二审判决于 2020 年 12 月 7 日作出，属于民法典施行前已经终审的案件，再审不适用民法典的规定。《中华人民共和国合同法》第 131 条规定："当事人一方因第三人的原因造成违约的，应当向对方承担违约责任。当事人一方和第三人之间的纠纷，依照法律规定或者按照约定解决。"本案中金桂浆公司是案涉货物的原始托运人和权利人，金光公司与立伟公司订立《物流服务合同》，立伟公司为金光公司及其关联公司金桂浆公司提供物流服务。和宇公司变卖货物后，立伟公司已根据（2019）泸仲案字第 0022 号仲裁裁决及其执行程序赔偿金光公司货物损失。立伟公司与和宇公司不存在合同关系，其因和宇公司的原因造成违约，向金光公司承担违约责任后，可以依照法律

规定解决双方之间的纠纷。《中华人民共和国侵权责任法》第 2 条规定："侵害民事权益，应当依照本法承担侵权责任。本法所称民事权益，包括生命权、健康权、姓名权、名誉权、荣誉权、肖像权、隐私权、婚姻自主权、监护权、所有权、用益物权、担保物权、著作权、专利权、商标专用权、发现权、股权、继承权等人身、财产权益。"民事权益包括民事权利与民事利益，立伟公司对经济损失的请求属于侵权责任法的保护范围。

二、和宇公司对本航次货物不成立留置权

《中华人民共和国合同法》第 315 条规定："托运人或者收货人不支付运费、保管费以及其他运输费用的，承运人对相应的运输货物享有留置权，但当事人另有约定的除外。"和宇公司留置货物时，未能满足留置权的构成要件。首先，捷亚通公司本航次运费债务并未到期。根据和宇公司与捷亚通公司签订的《航次运输合同》，和宇公司负责装货港及到达港码头的货物交接，并将卸货港交接单据交给捷亚通公司后 60 天结算运费。和宇公司未提供证据证明其从锦翔公司取得《水路货物运单》和《货物交接单》后按约将单据交给捷亚通公司。本航次运费付款条件尚未满足，捷亚通公司未支付本航次运费，不属于债务人不履行到期债务。已生效的（2018）琼 72 民初 230 号民事判决亦认定本航次因和宇公司变卖了货物，没有完成运输，对该航次的运费 145,000 元不予认定。本航次运费作为未到期债务，不产生留置效力。其次，和宇公司并未合法占有债务人的动产。2018 年 9 月 10 日，锦翔公司将案涉货物运至目的港海南洋浦港。货物在完成交接后由洋浦港务局管控，锦翔公司失去对货物的占有。和宇公司无法基于与锦翔公司的《航次运输合同》通过锦翔公司占有货物。货到

目的港后,应当由《水路货物运单》记载的收货人金海浆公司提取货物。和宇公司从洋浦港码头提取货物,将损害收货人的权利,其对货物的占有不属于合法占有。一、二审判决认定和宇公司基于与捷亚通公司、锦翔公司的航次租船合同占有案涉货物,是合法占有,认定事实错误,本院予以纠正。

三、和宇公司无权就历史航次运费留置非所有人的货物

《中华人民共和国物权法》第230条规定:"债务人不履行到期债务,债权人可以留置已经合法占有的债务人的动产,并就该动产优先受偿。前款规定的债权人为留置权人,占有的动产为留置财产。"该法第231条规定:"债权人留置的动产,应当与债权属于同一法律关系,但企业之间留置的除外。"债权人留置的财产既可以是债务人所有的财产,也可以是债务人合法占有的第三人的财产,但在企业间发生留置即商事留置的情形下,如果留置财产与债权并非基于同一法律关系,则债权人只能留置属于债务人所有的财产,不能留置属于第三人所有的财产,否则将影响第三人的交易安全。本案中,和宇公司主张历史航次运费所对应的运输合同与本航次运输的货物不属于同一法律关系。《水路货物运单》载明的托运人是金桂浆公司,收货人是金海浆公司。和宇公司应当知道案涉货物不属于债务人捷亚通公司,其不能因历史航次运费留置该批货物。一、二审判决认定和宇公司合法留置,适用法律错误,本院予以纠正。

四、和宇公司应当赔偿立伟公司货物损失

2018年11月9日,和宇公司与上海真略供应链管理有限公司签订销售合同,以总价8,135,740.93元将案涉货物变卖,无法返还。金

光公司以案涉货物灭失为由，以立伟公司为被申请人向上海仲裁委员会提起仲裁。2019年10月23日，上海仲裁委员会作出（2019）沪仲案字第0022号仲裁裁决书，裁决立伟公司向金光公司赔偿案涉货物损失10,135,754.10元，支付以该数额为基数，按照中国人民分行同期货款基准利率计算，从2018年10月9日起至实际付清之日止的利息损失，并承担律师费、保全费等费用共计253,210.38元。该仲裁裁决确定的内容已经全部执行完毕。和宇公司应当赔偿上述损失。锦翔公司、临海公司并未留置货物，立伟公司要求锦翔公司、临海公司承担民事责任缺乏事实和法律依据，本院不予支持。一审法院于2020年1月8日受理本案，立伟公司此后针对捷亚通公司提起的仲裁程序不影响本案的审理。立伟公司是否重复索赔，应当由仲裁程序的当事人另循法律途径解决。综上，立伟公司的再审请求成立，本院予以支持。依照《中华人民共和国合同法》第121条、第315条，《中华人民共和国物权法》第230条、第231条，《中华人民共和国侵权责任法》第2条，《最高人民法院关于适用〈中华人民共和国民法典〉时间效力的若干规定》第5条，《中华人民共和国民事诉讼法》第214条第1款、第177条第1款第2项之规定，判决如下：

一、撤销海南省高级人民法院（2020）琼民终335号民事判决和海口海事法院（2020）琼72民初20号民事判决；二、和宇公司于本判决生效之日起十日内赔偿立伟公司货物损失10,135,754.10元；三、和宇公司于本判决生效之日起十日内赔偿立伟公司以上述货物损失为基数，自2018年10月9日起至实际清偿之日止的利息损失；四、和宇公司于本判决生效之日起十日内赔偿立伟公司其他各项损失253,210.38元；五、驳回立伟公司的其他诉讼请求。

评　析

本案争议的焦点在于和宇公司对于涉案货物是否享有留置权、和宇公司将扣留的案涉货物变卖是否为行使留置权。对此需要结合留置权的成立条件及留置权的实现要求来分析。

一、留置权的含义

留置权有民事留置权与商事留置权之分。民事留置权为民法上规定的留置权，商事留置权为商法上规定的留置权。但在"民商合一"的国家不区分民事留置权与商事留置权，仅是于某些特别法上就某种特定关系规定有特别留置权。民事留置权与商事留置权的历史沿革是不同的。民事留置权起源于罗马法上的恶意抗辩权，指的是债权人对于相对人负有与其债权相关联的债务时，在债务人未履行其债务期间，得拒绝自己所负担债务的履行。这种拒绝给付的抗辩权与抵销的抗辩权、同时履行的抗辩权，都属于恶意抗辩权，又称为诈欺抗辩权。恶意抗辩权是赋予权利人诉讼上的一种救济措施。也就是说，因恶意所加损害的权利人如不能获得其他的救济，得提起恶意抗辩，以资救济。因此，这种抗辩是一种人的抗辩，仅能对特定的人行使，不具有物权的效力。而商事留置权起源于中世纪意大利都市的习惯法，此种留置权为在特定商事关系中债权人得留置债务人的财产以对抗债务人的债务不履行。

近现代各国法上的留置权大多受到中世纪商事留置权的影响。但由于各国法对罗马法和中世纪商事法的继受程度不同以及其他原因的影响不同,各国法上的留置权也不完全相同。例如,就大陆法而言,就有认留置权为仅有债权的效力与认留置权为有物权效力的两种立法例。

《法国民法典》为继受罗马法的典范。法国民法上不承认留置权为物权,只认留置权为双务契约上同时履行抗辩权的一种,将留置分散规定于有关条文中,并未以专门条文规定留置权。《德国民法典》虽以专门条文规定了留置权,但也不承认留置权为物权,而认其仅有债权的效力。该法第273条中规定:"债务人依与债务发生之同一法律关系,对债权人有已届满清偿期之请求权时,以债之关系无其他约定者为限,得在履行其应得给付之前,拒绝清偿其债务。"此种拒绝给付权的留置权实为抗辩权的一种,为债的特别效力,并无物权的效力。但德国商法上的留置权与民法上的留置权有所不同。依德国商法第369条规定,基于双方共同达成的商行为,一方商人对于另一方商人拥有债权,当他们之间因商行为意愿,由一方商人占有另一方商人的动产和有价证券时,只要该商人仍然占有着这些动产和有价证券,特别是凭提单、发货通知书或仓单,他有权处置该物,该商人则对这些动产和有价证券拥有留置权。依此,商事留置权的债权人有权通过留置标的物而对债权予以清偿,解释上此留置权为类似质权的权利。但一般仍认为,这种商事留置权也不生物权的效力,而属于对人的权利。

日本民法和瑞士民法,与法国民法、德国民法不同,都认留置权为一种独立的担保物权。但在瑞士法上无商事留置权与民事留置权的区分,留置权为一种法定质权,以于物与债权有关联时为成立条件,但发生于商人之间时关联关系仅以占有系由商业交易中产生的为限;留置权的标的物仅限于动产和有价证券,而不包括不动产;于一定条件下，留置权人有对留置物的变价权和优先受偿权。而在日本法上有民事留置权与商事留置权的区分，即在民法典中仅规定民事留置权，另在商法中又规定了商事留置权。民事留置权与商事留置权在成立条件和效力上均有不同。例如，民事留置权的成立，以债权人的债权为其所占有的物所生为必要，而商事留置权的成立，以商人间其债权的成立与物的占有的取得系由双方商行为所产生的为已足；民事留置权，对于破产财团失去效力，无别除权，而商事留置权则视为特别的先取特权。日本法上的留置权，其标的物不限于动产，也可为不动产。日本法上也未明确规定留置权的变价权和优先受偿权，学者中虽有承认留置权有变价权的，但均不承认其优先受偿权。

从各国关于留置权的立法例看，留置权的含义并不完全相同。有的立法采取最广义的留置权，此种留置权是指当事人基于同一的法律关系互有债权债务，当相对方的债务已到清偿期，在相对方未履行其债务前，自己得拒绝给付的权利；有的采取狭义的留置权，此种留置权一般是指债权人合法占有他人之物，且享有就该物所产生的债权已届清偿期时，得于其债权未受清偿前，留置该物，以作为担保的物权。

我国法上规定的留置权基本属于狭义的留置权。原《担保法》第82条规定："本法所称留置，是指依照本法第八十四条规定，债权人按照合同约定占有债务人的动产，债务人不按照合同约定的期限履行债务的，债权人有权依照本法的规定留置该财产，以该财产折价或者以拍卖、变卖该财产的价款优先受偿。"依照这一规定，留置权是指债权人依合同约定占有债务人的动产，在债务人不按照合同约定的期限履行债务时，债权人得留置该动产，以作为债权担保的权利。但这里规定的留置权仅限于担保合同债权，其含义更为狭窄。原《担保法的解释》第 109 条规定："债权人的债权已届清偿期，债权人对动产的占有与其债权的发生有牵连关系，债权人可以留置其所占有的动产。"这一规定对留置权的适用范围作了扩大解释。原《物权法》吸收了司法解释扩大留置权适用范围的精神，对原《担保法》第 82 条的规定作了修正，于第 230 条规定："债务人不履行到期债务，债权人可以留置已经合法占有的债务人的动产，并有权就该动产优先受偿。""前款规定的债权人为留置权人，占有的动产为留置财产。"《民法典》第 447 条完全沿用了这一关于留置权的规定。从现行法的规定看，留置权有以下三方面含义。

其一，留置权是在债权人占有的债务人财产上的物权

留置权是在债权人占有的债务人财产上成立的物权。因此，留置权与质权一样，一方面是对他人财产的权利，属于他物权；另一方面是以占有相对方的财产为成立和存续条件的。但留置权与质权又不同：在质权，是出质人为设定质权而将出质的财产移交债权人占有的；而在留置权，是在债权人先占有财产以后才发生留置权的，留置权不能通过财产占有的移转来设定；在质权，债权人作为质权人占有的财产为出质人的财产，而出质人可以是债务人，也可以是第三人，而在留置权，债权人占有的财产只能是债务人已交付的财产，而不能是其他人交付的财产。

其二，留置权为债权人在债权未受偿前得留置标的物的物权

留置权作为一种物权，其主要内容是留置标的物。因为占有债务人财物的债权人在其享有的与该物有关联的债权未受清偿前，若将该物返还给债务人，则其债权就可能得不到清偿。所以，法律为保证债权人的利益，赋予债权人在其债权未受清偿前，得拒绝返还该财产的权利。债权人留置债务人的财物，就可以迫使债务人履行债务以取

回该物，从心理上给债务人以压力，促使债务人履行债务，保证债权的实现。从这个意义上说，留置权是债权的一种担保手段，为留置性担保权。

其三，留置权是债权人于一定条件下以留置财产的价值优先受偿的担保物权

留置权虽为债权人占有和留置债务人财物的权利，但债权人并不能直接支配留置财产的实体而加以利用。留置权人不仅得留置标的物，而且得于一定条件下于留置财产的价值直接优先取偿。因而，留置权是支配标的物价值的担保物权，而不是支配标的物实体的用益物权。

从我国法规定看，留置权是一种担保物权，但留置权与其他由当事人设立的担保物权不同，它不能由当事人自行约定，而只能依法律规定的条件直接发生。尽管在有的国家允许当事人以合意成立留置权，但在我国和其他多数国家，留置权不能依当事人的合意成立。从这一点上说，留置权为一种法定担保物权，而不属于意定担保物权。正因为如此，我们称留置权具有法定性。关于留置权的法定性，有的学者认为，留置权的法定性是体现在适用范围由法律规定，只能适用于法律明文规定的可以适用留置的合同关系。也有的学者认为，留置权的法定性体现在只有在法律规定的情况下才能成立留置权。笔者不同意这些观点。笔者认为，留置权的法定性是与其他担保物权的约定性（或者说意定性）相对应的，仅是指留置权依法律规定的条件直接成立，而不能约定。如果就其依法律规定成立而言，各种担保物权都有法定性，因为"物权法定"乃物权法的一项原则，当事人原则上不能设定法律没有规定的物权。当然，任何国家的法律都对留置权的适用规定了一定的范围，然而这只能属于留置权成立的条件问题。况

且，从立法技术上说，法律仅规定某些关系适用留置权也是不妥当的，如果再以此来解释留置权的法定性并无道理。

留置权不同于其他担保物权之处，不仅在于其法定性，还在于其为发生二次效力的担保物权。留置权的二次效力表现在：留置权人在其债权受清偿前得留置债务人的财产，对于债务人等无论是基于债权还是基于物权的返还请求权，均得排除之，以促使债务人履行债务，因债务人除履行债务以取回被留置的财物外，不能以其他方法取回被债权人留置的财物。这可谓是留置权的第一次效力；债务人于债务履行期届满超过一定期限后仍不履行债务的，留置权人得依法处分留置财产，以其变价优先受偿，这可谓是留置权的第二次效力。由于在留置权发生二次效力时，留置权人有优先受偿的权利，因此留置权也具有物上代位性。而在其他担保物权并不发生二次效力，担保物权设立后，在债务人不清偿到期债务或者发生当事人约定的实现担保物权的情形时，担保物权人就可以实现其担保权，以担保物的变价优先受偿。即使在质权，因质权人须占有质权标的，在质押期间质权人得留置出质财产，但留置也并不是质权的基本效力，而只是维持质权的手段。

二、留置权的成立条件

留置权为法定担保物权，只要符合法律规定的条件就可以成立，也只有符合法律规定的条件时才能成立。各国法律一般规定可以成立留置权的情形，也规定不得留置的情形。例如，《瑞士民法》第895条规定留置权的要件，第896条则规定例外情形："（1）性质上不能变卖的物，不得行使留置权。（2）同样，如留置与债权人承担的义务，或与债务人于移交物之前或移交物之时的意思，或与公共秩序有抵触时，亦不得行使留置权。"我国《民法典》也规定了可以留置的情形和不得留置的情形。法律规定可以留置的情形，属于留置权成立的积极条件。虽具备法律规定可以留置的条件，但存在法律规定不得留置的例外情形时，留置权不能成立。法律规定不得留置的情形，属于留置权成立的消极条件。

依我国法规定，留置权成立的积极条件包括以下三项：

1. **债权人已经合法占有债务人的动产**

这一条件包含以下几层意思：

（1）留置权的主体须为债权人。因为留置权为担保物权，其目的是为了确保债权人债权的实现，因此，只有债权人才可成为留置权的主体，不享有债权的人，不能取得留置权。至于这里的债权人所享有的债权为何种债权，则决定着留置权的适用范围。原《担保法》规定，"债权人按照合同约定占有债务人的动产"的，成立留置权。依此，留置权仅适用于合同债权的担保，可取得留置权的债权人只能是合同之债的债权人。但自原《物权法》始，法律仅规定，"已经合法占有"债务人动产的债权人，可以留置该动产。可见，从原《物权法》到《民法典》已扩大了留置权的适用范围，留置权不仅可担保合同债权，也可以担保其他债权。因此，留置权的主体既可以是合同之债的债权人，也可以是其他债的关系中的债权人。但不享有债权者，不能成为留置权的主体。

（2）须债权人已经合法占有财产。留置权只能在债权人已经占有的财产上成立，已经占有财产是债权人取得留置权的前提条件。没有已经占有财产的债权人，不能取得留置该财产的权利，这也是留置权与质权以及自助行为等的重要区别。所谓占有，是指依其自己的意思控制某物，因而占有不同于持有。因此，债权人只有依自己的意思对某物进行管领和控制，才为占有该物，才能取得留置权。如果债权人只是持有某物，而不能依自己的意思控制和管领该物，则不能于该物上成立留置权。当然，这里的占有也不限于直接占有，债权人通过占有辅助人来占有财产的，其仍不失为占有人，仍得于该财产上取得留置权。例如，债权人将其占有的某物交给第三人保管，债权人是以第三人为占有媒介而占有该物的，并未失去占有，于此情形下债权人可以就该财产成立留置权。但是，如果第三人对某物的占有并非是仅为债权人占有，而是为债权人及债务人共同占有的，则因为第三人对债务人负有返还义务，而非仅对债权人有返还义务，债权人不能就该物成立留置权。例如，债权人与债务人共同将某物交给第三人保管，保管人对该物的占有就是为债权人及债务人共同占有的，保管人对债务人负有返还义务，债权人不能取得该物的留置权。

债权人的占有须为合法占有，才能成立留置权。何为合法占有？依《瑞士民法》第895条规定，"经债务人同意"由债权人占有的，才能成立留置权，非经债务人同意而由债权人占有的，不能成立留置权。依此解释，不仅在债权人因侵权行为取得占有的财产上不能成立留置权，在因误入债权人之手而由债权人取得占有的财产上也不能成立留置权。我国台湾地区"民法"强调占有的财产须非因侵权行为取得的占有，在解释上有的学者主张，占有虽非基于正当权原，但只要其占有不是出于恶意或重大过失，就其物不妨认为留置权的成立。我们认为，合法占有是相对于非法占有而言的，合法占有与非法占有的区分不同于有权占有与无权占有的区分。有权占有与无权占有的区分根据是占有人是否有占有的正当权原，而合法占有与非法占有区分的根据是取得占有的行为是否违法。因此，有权占有固然为合法占有，而无权占有未必就是非法占有。例如，拾得遗失物而占有该物的，其占有应属无权占有，但不属于非法占有；又如相互错取他人之物而相互占有他人之物的，也为无权占有，但也不能说是非法占有。因此，我们认为，所谓合法占有，是指债权人不是采取非法手段而取得的占有。因侵权行为而取得某物占有的，为非法占有，在该物上不能成立留置权。但因不当得利、无因管理等而取得对某物占有的，应属于合法占有，可以成立留置权。

（3）债权人占有的为债务人的动产。首先，债权人占有的须为动产，也就是说，留置权的标的只能是动产，而不能是不动产。依日本民法规定，留置权的标的不限于动产，不动产也可为留置权的标的，我国学者中对留置权的标的是否限于动产，也曾有争论。但原《物权法》和《民法典》明确规定："债权人可以留置已经合法占有的债务人的动产"，因此，不动产不能成为留置权的标的。依瑞士民法规定，可以留置的是"由债权人占有的财产或有价证券。"我国法上规定的动产是否应包括"有价证券"呢？对此，有不同的看法。我们认为，就有价证券本身说，它也属于动产的范畴。因此，债权人合法占有债务人的有价证券的，可以成立留置权。

其次，债权人占有的动产应为债务人的动产。何为债务人的动产？这是指该动产为债务人所有还是指该动产为债务人提供的呢？对此，有不同观点。一种观点认为，所谓"债务人的动产"，是指债务人所有或者有权处分的动产，应为属于债务人所有的财产。另一种观点认为，"债务人的动产"是指债务人移转占有的动产，但不一定属于债务人所有。这一问题实际上涉及在第三人所有的动产上可否成立留置权。依第一种观点，只能在债务人所有的财产上成立留置权，在第三人所有的财产上不能成立留置权。其主要理由是，留置权原本是基于公平观念所确认的权利，如果对于非债务人所有的财产也得行使留置权，则有违立法本旨，也与无合理理由不得限制所有权行使的原则不符。依第二种观点，债权人占有之物为第三人所有的，也得成立留置权。其主要理由是为了维护交易的安全，占有的公信力不能不予以维持。我们认为，在确定何为债务人的动产上，应依债权人占有的具体情形分析。如果债权人占有的动产，是由债务人交付的，那么，这里的所谓"债务人的动产"是指债务人提供的动产，不以债务人所有为限。如果债权人对动产的占有，并不是由债务人移交的，则所谓"债务人的动产"，应以债务人所有的为限。有学者指出，之所以赞同债务人的动产可以是其提供的为他人所有的动产，其原因在于：第一，债务人将他人的财产交付给留置权人修理、保管等，即使不属于债务人所有，但债务人未支付修理费、保管费等费用，如果债权人不能留置该物，则对于债权人极为不利。毕竟，债权人通过修理、投保等行为对这些财产的增值付出了相应的劳动；第二，如果不允许留置第三人所有的财产，则在留置权发生以后，债务人可能伪造证据，声称标的物属于第三人所有，以对抗债权人的留置；第三，从国外的有关立法经验看，大多承认留置的对象也可以是他人所有的财产。① 这些见解甚有道理。在债务人提供的第三人所有的动产上也可以成立留置权，但对此是否应有限制呢？也有两种相反的观点。一种观点认为，尽管为第三人的财产，但只要由合法占有人交付给债权人，由债权人善意取得占有的，即债权人不知该财产为第三人所有的，则债权人可因善意而取得留置权；如果债权人知道其占有的动产为第三人所有的，则不能成立留置权。另一种观点认为，留置权的取得不以善意

---

① 参见王利明：《物权法研究（第四版）》（下卷），中国人民大学出版社2016年版，第1404页。

为要件，只要是债务人交付给债权人占有的，不论债权人是否知道该财产为第三人所有，均可成立留置权。①笔者不赞同留置权可以恶意取得的观点。因为在任何情形下，法律都不应保护"恶意"。留置权也只能善意取得。当然，这里的善意取得与所有权中的善意取得条件不完全一致。笔者认为，这里的"善意"应是指债权人取得占有时的"善意"，即债权人不知债务人移交其占有的动产为第三人所有，至于其以后是否知道为第三人所有，则在所不问。因此，对于第三人的财产，只有在债权人不知债务人交付的动产为第三人所有的情形下，债权人才可取得留置权；如果债权人在债务人交付财产时知道债务人对该财产无处分权的，则该财产不能成为留置权的标的。

债权人占有的动产是否须具有让与性，才可成立留置权？对此各国立法规定不同。《瑞士民法》第896条中明确规定，"对性质上不能为变卖的物，不得行使留置权"。我国法对此未作明确规定，学者中有两种不同的意见。一种观点主张，适用于留置的动产必须具有可转让性，对于不具有可让与性的动产不能成立留置权。因为从留置权的本质上考察，留置权在性质上是变价受偿权，留置权人留置债务人的动产，并不能对之加以利用，而只能从中优先受偿，对于不可转让的动产，留置权人无法变卖。另一种观点认为，既然法律没有明文规定可留置之物是否须具有让与性，对无让与性的财产也就可以成立留置权。我们认为，从留置权的优先受偿性上说，不具有让与性的动产，应当不能成为留置财产。但是，留置权与动产质权不同。留置已经占有的动产，是留置权的一次效力。留置功能是留置权的重要作

---

① 参见高圣平：《物权法担保物权编》，中国人民大学出版社2007年版，第408—409页。

用。留置权人正是通过行使留置功能，促使债务人履行债务的。尽管对于不可让与的动产，留置权人不能将其变价优先受偿，但可通过其留置促使债务人履行债务。因此，笔者认为，对于不具有让与性的动产，也可以成立留置权，不能因为该动产不可让与，债务人不履行债务也得要求债权人返还。只是在不可让与的动产上成立的留置权，仅能发挥留置的功能，留置权人无法将该动产变卖。

2. 债权人占有的动产与债权属于同一法律关系，但企业之间留置的除外

只有债权人占有的财产与债权人的债权间有一定的关系，才能成立留置权，此为各国立法之通例。但在存有何种关系上，各国法的规定不一，学说上也有不同的主张，主要有债权与债权间有牵连说和债权与物间有牵连说两种观点。

债权与债权间有牵连说主张，留置权人对于相对人的债权，与相对人对于留置权人以物的交付为标的的债权，发生于同一法律关系的，为有牵连关系。例如，买卖合同中的出卖人与买受人双方当事人的债权，均产生于同一的买卖关系，双方的债权为有牵连关系。此说为罗马法上的诈欺抗辩原则所采用。德国民法上就采此观点。在德国民法上认留置权为一种拒绝给付抗辩权，其牵连关系须存在于债权与债权之间。依德国民法第273条规定，债权人的债权与债务人的债权产生于同一法律关系，才能成立留置权。然而何为同一法律关系？有不同的理解。多数学者主张，同一法律关系应解释为生活关系的同一。两项请求虽依不同的法律关系产生，但若产生该请求的法律关系，依其目的、当事人的意思及交易观念，可从经济上一体考察，也可认为有牵连关系。例如，基于无效合同所发生的双方所为的给付的返还请求权，因两人误取对方之物而发生的相互间的返还请求权，均为有牵连关系。

债权与物间有牵连说主张，债权人的债权与物有牵连时，才可成立留置权。如依瑞士民法第895条规定，债权的性质与留置的标的物有关联，为留置权成立的要件。然何为债权与物有牵连呢？又有二元说与一元说两种不同的主张。

二元说认为，债权与物有牵连包括直接牵连与间接牵连。所谓直接牵连，是指债权为就物本身发生的。例如，由物的瑕疵所生的损害赔偿请求权，为物所支出费用的偿还请求权，与物之间就为有直接牵连关系。至于债权与物之间的间接牵连关系，则有以下不同的见解：（1）须债权因物入于占有人支配的同一关系而发生。所谓同一关系，无须占有取得与债权是基于同一法律关系，只要两关系相互以同一目的而结合或者立于一个自然的关联即可。例如，行纪人受顾客的委托为委托人处理数个委托事务，如每个委托组成一个统一的投机，前一次的购买所受损害得以后一次购买弥补时，则行纪人依前一委托所生的债权与行纪人因后一委托所占有的物间为有牵连关系。又如，甲对乙的某物本可成立留置权，但甲将该物返还给乙，后来甲又合法占有该物，则可认甲的债权与该物间有牵连关系。（2）债权与物的交付请求权之间须有牵连，为债权与物间有牵连关系。（3）债权与物的返还请求权须由同一法律关系或同一生活关系而发生，才可为债权与物间有牵连关系。（4）债权与以物为标的的债权之间须有关联，才可认债权与物间有牵连关系，例如，买卖中标的物所有权已移转给买受人，于此情形下出卖人的价金请求权与该标的物间认有牵连关系。

一元说不区分直接牵连与间接牵连，但在如何认定债权与物之间有牵连关系上，也有以下三说：（1）直接原因说。该说主张，标的物须构成债权发生的唯一原因，或至少为其发生的直接原因之一，亦即物与债权之间须有因果关系，才可认债权与物之间有牵连。也有的认为，标的物为构成债权关系发生的法律关系要件之一的法律事实时，物与债权之间为有牵连关系。此说实际上也就是二元说中的直接牵连关系说。（2）间接原因说。该说主张，只要物为债权的发生原因，不论其为直接原因还是间接原因，都为物与债权间有牵连。依该说主张，即使物为债权发生的间接原因，也可认定物与债权间有牵连关系。可见，此说与二元说并无实质区别。（3）社会标准说。该说主张，只要债权与物基于某种经济关系发生，债权人自己不履行其义务，而仅请求物的返还，在社会观念上认为此行为不当的，就属于物与债权间有牵连关系。

依我国法规定，债权人留置的动产，应当与债权属于同一法律关系。这一规定显然是采取了一元关系说中的直接原因说。我国法以"同一法律关系"，而非规定物与债权间有牵连关系，限制了留置权的适用范围。但在如何认定属于同一法律关系上，仍有不同的观点。王利明教授指出：通常认为，在如下情况下可以认为属于同一法律关系：第一，留置的财产是构成债权发生的事实之一，或者说，留置财产与债权都是基于同一法律关系而产生的。第二，留置的财产是构成债权发生的基础。例如，甲踢球撞碎乙的玻璃，乙就可以留置该足球。因为踢球是损害赔偿之债发生的基础。第三，留置的财产与债权的发生之间具有相当因果关系。所谓相当因果关系，是指按照社会一般观念确实存在着留置的必要。例如，甲看到邻居乙的盆花可能被雨淋，请人搬到家中保存，如果乙拒不支付所付搬运工搬运的费用，则甲可以基于无因管理留置乙的财产。第四，动产的返还义务与债权属于同一法律关系的内容。例如，保管人返还保管财产和委托人支付保管费，是基于保管合同关系而产生的。第五，动产的返还义务与债权在性质上在同一法律关系框架内可以认为有构成留置权适用的条件。例如，在一个连续性的运输行为中，托运人未支付前一次的运输费用，承运人对于此次运输的货物可适用留置权。① 笔者认为，所谓"同一法律关系"，是指债权人因与债务人发生某种法律关系获得债权，而债权人恰恰又是其于该债权发生的同一个法律关系获得对债务人的动产的合法占有，即债权和占有发生的基础法律关系具有同一性。② 一方面，债权人占有动产必须与债权都是同一法律关系的内容；另一方面债权人占有动产的原因必须与债权属于同一法律关系。③ 例如，承运人基于同一运输合同关系享有的请求给付运输费用的债权与承运人占有的运输货物，属于同一法律关系，但承运人在第一个运输合同中运输费用请求权与该承运人基于第二个运输合同而占有的同一托运人的货物之间，不属于同一法律关系。再如，甲踢足球撞碎乙的玻璃，乙占有该足球与乙要求赔偿的损害赔偿请求权，属于同一损害赔偿法律关系。但若乙不是占有撞碎其玻璃的足球，而占有甲的其他财物（如甲放在乙家中的另一个足球），则债权人占有的动产与债权人的债权不属于同一法律关系。又如，丙误将乙的货物交给甲，甲向丙支付了相关费用，甲占有乙的货物与甲要求乙支付相关费用的债权，属于同一的不当得利法律关系。但如果乙此前向甲借款，基于借款关系甲享有要求乙返还借款的债权，甲的这一债权与甲因不当得利占有乙的货物，不属于同一法律关系。甲拾得乙遗失的物品，甲基于

---

① 参见王利明：《物权法研究（第四版）》（下卷），中国人民大学出版社2016年版，第1410—1411页。
② 王利明主编：《物权法名家讲坛》，中国人民大学出版社2008年版，第440页。
③ 参见王利明：《物权法研究（第四版）》（下卷），中国人民大学出版社2016年版，第1408页。

保管该物品发生的保管费用请求权与甲对该物品的占有，属于同一的无因管理法律关系；但若乙因侵权应赔偿甲的损失，则甲对乙享有的侵权损害赔偿债权与甲因拾得乙的物品而占有乙的该物，不属于同一法律关系。

依《民法典》第 448 条的规定，企业之间留置权的成立，不受债权人的债权与债权人对债务人动产的占有属于同一法律关系的限制。这一例外的规定实际上承认商事留置权与民事留置权的区别。因我国法采取民商合一的立法体例，并未在商法中规定一般的商事留置权，但商事留置与一般的民事留置在构成条件上要求有所不同，因此，《民法典》第 448 条中以但书规定"企业之间留置的除外"。所谓商事留置权，是发生在商人之间的留置权，其范围较民事留置权要广。一般说来，商人之间因营业而发生的债权，与其因营业占有债务人的财产，虽不是基于同一法律关系发生的，相互间无任何因果关系，也视为有牵连，可成立留置权。例如，《瑞士民法》第 895 条中规定债权与标的物的占有间的关联"发生在商人之间的，仅以占有系由商业交易中产生的为限"。依此规定，债权与留置标的物的占有间的关联仅以占有系由业务往来关系存续中取得为限。商事留置权之所以不要求债权与物的占有属于同一法律关系，是因为商事活动具有反复性、连续性、追求效率等特点。如果将债权与对物的占有局限于同一法律关系，则不利于维护当事人之间的交易，不能满足商事活动的要求。依《民法典》第 448 条的规定，企业之间，尽管债权人的债权与其对债务人动产的占有，不属于同一法律关系，但属于相互间业务往来发生的，则可以成立留置权。例如，甲企业与乙企业间有连续的运输关系，承运人占有托运的货物与其要求给付运输费用的请求权不是基于同一运输合同发生的，承运人也可就该货物行使留置权。再如，甲运输公司在乙修理厂修车，乙为甲修理 A 车后，甲未付修理费，乙为甲修理 B 车后甲支付了修理费，于此情形下，乙请求甲给付 A 车修理费的债权，与乙占有 B 车，虽不属于同一法律关系，乙也可为担保修理 A 车费用的债权而留置甲的 B 车。但是，即使企业之间，若债权人对财产的占有与其债权不是发生在营业往来中，则也不能成立留置权。例如，如果债权人的债权是第三人为了债务人转让给债权人的，则债权人不能为实现该债权而留置其占有的债务人的动产。又如，甲企业因乙企业损害其知识产权而对乙企业享有损害赔偿请求权，而乙的车辆正交由甲企业修理，则甲不能为实现对乙的损害赔偿请求权而留置乙的车辆。

需要说明的是，依《民法典》第 448 条规定，仅企业之间的留置权成立，不限于债权人的债权与债权人对动产的占有属于同一法律关系。但笔者认为，这一规定实际上是对商事留置权的例外规定。因此，不应局限于企业之间。例如，个体工商户、农村承包经营户也应属于商事主体的范围，它们在商事活动中因营业发生的债权与物的占有间，虽不属于同一法律关系，也应可成立留置权。商事留置权虽不以留置的动产与债权属于同一法律关系为条件，但是债权人留置的财产须为在持续经营中占有的债务人的财产。《有关担保制度的解释》第 62 条第 2、3 款规定，企业之间留置的动产与债权并非同一法律关系，债务人以该债权不属于企业之间持续经营中发生的债权为由请求债权人返还留置财产的，人民法院应予支持。企业之间留置的动产与债权并非同一法律关系，债权人留置第三人的财产，第三人请求债权人返还留置财产的，人民法院应予支持。

3. 债务人不履行到期债务

债务人不履行到期债务，也就是债权人的债权届期未受清偿。

债务人的债务未到履行期的，债务人无履行责任，此时债权人返还占有的债务人动产的义务已到期的，债权人应履行其返还义务，将占有的债务人动产返还给债务人，不能就该动产成立留置权。因为债务未到期，若留置权人就可留置其占有的动产而促使债务人履行债务，则等于剥夺债务人的期限利益；若此时债权人返还占有动产的义务已到期，则等于允许债权人得迟延履行其返还占有的动产的义务。这显然是违反公平和诚实信用原则的。因此，只有在债务人不履行到期义务，债权人债权届期未能受偿的情形下，才能成立留置权。

但是，如果债务人的债务履行期未到，而债权人的返还义务到期的，若债权人不能留置其占有的财产而应将该财产返还，此后债务履行期届至，而债务人又不能履行债务，就会损害债权人利益，使债权人的债权失去保障。为克服这一矛盾，各国法一般都对"债务人不履行到期债务"这一要件设有例外。例如，《瑞士民法》第897条规定："（1）债务人无支付能力时，债权人即使其债权未到期，亦有留置权。（2）前款的无支付能力，发生在物已经交付之后，或者发生在债权人知悉之时，即使与债权人已承担的义务或债务人的特别意思相抵触，亦得行使留置权。"《德国商法》第370条规定："基于下列情形，即使债权未到期，留置权也可以被行使：（1）当涉及债务人破产诉讼已被提出，或者债务人停止其付款；（2）当对债务人的财产的强制执行未生效。"这种情形下成立的留置权，学者称之为紧急留置权。我国法上虽未明确规定，但实务上认可。因为于上述情形下，未到期债务视为到期债务，因此，基于债务人不履行到期债务就可以成立留置权。

《民法典》第449条规定："法律规定或者当事人约定不得留置的动产，不得留置。"这里规定的是留置权成立的消极要件。也就是说，尽管具备留置权成立的要件，但具有该条规定的情形的，也不能成立留置权。依该条规定，有下列情形之一的，留置权不能成立：

其一，法律规定不得留置的，不得留置

法律规定不得留置的，债权人不得留置其占有的动产。这里的"法律规定"既包括法律明文的强行性规定，也应包括虽非法律明文规定但依法律原则应得出的规定。这主要包括：(1) 在非法占有的动产上不能成立留置权。所谓非法占有，是指以不合法的手段取得的占有。例如，甲将所窃取的车辆曾送交修理厂予以维修，对由此产生的修理费用，在所有权人要求返还车辆时，甲无留置权的发生。又如甲欠乙的车辆维修费用未还，乙将甲占有的车辆扣下，乙对其非法占有的车辆不能成立留置权；(2) 留置会违反公共秩序和善良风俗的，不得留置。例如，对于占有的救灾和抢险物资以及战时的军用物资，不得留置；对于债务人生活上的必需品，不得留置。总之，凡留置会使债务人难以维持日常生活需要或会使债务人无法工作，或有其他会违反公序良俗情形的，均不能成立留置权。

其二，当事人约定不得留置的，不得留置

留置权作为法定担保物权，不由当事人自愿设立，而是依法律规定的条件直接发生。但是，法律关于留置权的规定仍是任意性的，而非强制性的，当事人虽不得约定留置权，但可以约定排除留置权的适用。因为留置权毕竟是专为债权人利益而设定的，与社会公共利益无关，当事人约定不适用留置权的，自当尊重当事人的意愿。当事人约定不得留置的，包括以下情形：(1) 债权人与债务人明确约定债权人不得留置其占有的债务人的某动产，则债权人不得就该动产成立留置权。(2) 债权人与债务人在合同中约定排除留置权，则债权人不能行使留置权。(3) 债务人对债权人返还占有的财产有明确指示而债权人又未反对的，债权人应依债务人的指示返还其占有的债务人的动产，而不能留置。例如，甲将车交给乙维修，并明确指示，乙将车修好后即应交还给甲或丙，则乙修好车后应将该车交还给甲或丙，而不能以甲未付修理费用而留置该车。又如，甲将车交乙修理时提出，修好后需经甲试开检查，则乙修好后应将该车交给甲试开检查，而不能以甲未交修理费而留置该车，不让甲驾驶该车以检查修理效果。(4)留置财产与债权人所承担的义务相抵触的，不得留置。如果债权人留置财产与其所承担的义务相抵触，则意味着当事人有不得留置的约定，债权人不得留置。但是，何为债权人承担的义务？对此有不同的理解。有的认为，债权人所承担的义务，是指其本来负担的交付占有的标的物的义务；有的认为，债权人所承担的义务，是指其承担的他种义务，例如，保管人应为适当保管或者不经寄托人不得使用保管物的义务。我们认为，这里的所谓债权人承担的义务，应是指债权人依合同的约定或者法律的规定应承担的他种义务，而不包括其给付标的物的义务。如果是指债权人的本来的给付义务，则与留置权的制度的本旨不符。留置权本是赋予债权人拒绝返还其占有的物的权利，如果债权人的义务是指其返还标的物的义务，行使留置权又不得与其义务相抵触，又岂会有留置权？因此，笔者认为，这里所指的债权人的义务只能是他种义务。因为如果债权人留置财产与其承担的他种义务相抵触，许可债权人留置，则无疑是许可债权人可以不履行其承担的他种义务，违反诚信原则。因此，在留置财产与债权人承担的义务相抵触时，不得留置。例如，货物运输合同关系中承运人承担的将货物运送到约定地点的义务，就属于承运人承担的交付承运货物以外的他种义务，若承运人因债务人未交付运输费用而留置债务人交运的货物不予运送，则留置财产就与其承担的义务相抵触。因此，承运人不得以债务人未交运输费用，而留置货物不予运送。

在债务人不履行到期债务，具备留置权成立条件时，债权人得留置其占有的债务人的动产，债权人留置债务人财产也就成为留置权人。但留置权是为担保债权实现的，因此，债权人留置财产的价值应当与留置权所担保的债权额相当。《民法典》第450条规定："留置财产为可分物的，留置财产的价值应当相当于债务的金额。"因为可分物是可以分割的，经分割后物的价值不会降低，因此如果债权人占有的债务人的动产为可分物，则留置的财产价值应当相当于债务的金额，也就是说债权人只应对于其价值相当于债务金额的部分物予以留置，对超过部分的物应返还给债务人，而不能留置。但是，如果债权人占有的债务人的动产为不可分物，因不可分物是不能分割的或者分割后会损害其价值，因此，债权人也就不能将该动产分割而留置其一部分，得就该动产留置，而不论其价值是否超过债务金额。

三、留置权的效力

留置权人留置债务人的动产后，在留置期间得拒绝债务人及他人的返还请求，这是留置权的一次效力。因此，在留置期间留置权人对留置财产的占有为有权占有，既不构成对他人财产的侵占，也不构成返还义务的履行迟延。留置权人对留置财产的占有是一种持续性的占有，但其在留置权成立以前的占有与留置权成立以后的占有性质和基础不同。留置权成立前债权人对债务人动产的占有是基于债权债务关系的占有，而留置权成立后留置权人对留置财产的占有是基于留置权的占有，是留置权的效力。留置权人对留置财产的占有权是受法律保护的，任何人不得侵害，在其占有受到侵害时，留置权人有权采取自力救济手段或请求公力救济。留置人对留置财产的占有也是留置权存续的条件，因此在留置权人任意将留置财产返还给债务人或者其占有被侵害而不能恢复时，留置权也就会消灭。留置权人对留置财产的占有权，不仅可以对抗债务人，也可以对抗留置财产的所有权人，也就是说留置权人有权拒绝任何人返还留置财产的请求。在留置财产所有权人向法院起诉请求返还其所有物时，法院应如何裁判呢？对此有不同的观点。一种观点为驳回原告请求说。这种观点认为，留置权为担保物权，债权人于其债权未受清偿前有权留置标的物，留置权人的占有权得对抗任何人，因此留置物所有权人请求返还时，留置权人以此为抗辩的，法院就应作出驳回原告诉讼请求的判决。另一种观点为交换履行说。这种观点认为，留置财产所有权人提起返还之诉，而留置权人提出拒绝返还的抗辩的，法院不应即作出原告败诉的判决，而应作出交换履行的附条件的原告胜诉的判决。第三种观点为折中说。这种观点认为，如果原告只提出返还请求而未为给付的提出，留置权人主张留置权而拒绝返还的，法院应作出驳回原告诉讼请求的判决；如果原告已为给付的提出而请求返还留置财产时，则法院应当令留置权人交换履行。因为在留置财产所有权人提出给付而请求留置财产的返还交换履行时，留置权人的利益已经可以得到保障，留置权人无理由不予同意。这样处理既可以确保债权人的利益，又可使留置财产所有权人的合法请求得到满足，符合民法的公平原则。笔者同意第三种观点。依《民法典》第457条的规定，留置权人接受债务人另行提供担保的，留置权消灭。这也就是说，债务人可以另行提供担保，以使留置权消灭。债务人另行提供担保，留置权人接受的，留置权就消灭；如果债务人另行提供担保，留置权人不接受的，债务人应有权请求法院予以裁决。法院认定债务人另行提供的担保足以保障留置权人利益的，应判决留置权人接受债务另行提供的担保，以使留置权消灭。既然债务人可以另行提供相当担保以使留置权消灭，留置财产所有权人提出相应给付而要求返还留置财产的，就无不允的道理。

留置权人在留置期间不仅有权占有留置财产，并且有权收取留置财产的孳息，不论该孳息为天然孳息还是法定孳息。《民法典》第452条规定："留置权人有权收取留置财产的孳息。""前款规定的孳息应当先充抵收取孳息的费用。"留置权人有权占有留置财产，但无留置财产的使用权，除为保管留置财产的必要或者经留置财产所有权人同意外，不得使用留置财产。留置权人非为保管上的必要未经留置财产所有权人同意而擅自使用留置财产的，构成侵权。留置权人在有权占有留置财产的同时也有妥善保管留置财产的义务。《民法典》第451条规定："留置权人负有妥善保管留置财产的义务；因保管不善致使留置财产毁损、灭失的，应当承担赔偿责任。"当然，由于留置权人对留置财产的保管是为留置财产所有人财产的保管，留置权人为保管留置财产所支付的必要费用是为留置财产所有权人的利益支出的，因此，留置权人有权请求留置财产所有权人返还所支出的必要保管费用。留置权人的这一必要费用返还请求权也在留置权担保范围内，得以留置财产的变价优先受偿。

留置权人于债务人不履行到期债务时留置债务人的动产，其目的在于促使债务人履行债务，并不能当即以其合法占有的留置财产优先受偿。只有在留置财产后具备一定条件时，留置权人才能以留置财产优先受偿。留置权人得以留置财产优先受偿，为留置权的二次效力，也是留置权作为担保物权的根本效力、最终效力。留置权二次效力的发挥也就是留置权人实现留置权。《民法典》第453条第1款规定："留置权人与债务人应当约定留置财产后的债务履行期限；没有约定或者约定不明确的，留置权人应当给债务人六十日以上履行债务的期限，但是鲜活易腐等不易保管的动产除外。债务人逾期未履行的，债权人可以与债务人协议以留置财产折价，也可以就拍卖、变卖留置财产所得的价款优先受偿。"可见，留置权人实现留置权以行使优先受偿权的，应当具备以下条件：

其一，留置权人于留置财产后须给债务人履行债务的宽限期。留置权为二次效力的担保物权，因此，在债务人不履行到期债务时，债权人仅得留置其占有的动产，而不能当即因债务人不履行到期债务就以留置财产优先受偿。这是留置权与其他担保物权如抵押权、质权所不同的。其他担保物权人在债务人不履行到期债务时就可实现担保物权，以担保物价值优先受偿。而留置权人在留置财产后须再经过一定期间才可实现留置权。这一期间也就是留置权人留置财产后的债务履行期间，即债务人履行债务的宽限期间。关于债务人履行债务的宽限期，可以由留置权人与债务人事先或者事后约定。当事人没有约定或者约定不明确的，留置权人可以自行决定给予债务人的宽限期间，但是除留置财产为鲜活易腐等不易保管的动产外，该期限不得少于60日。

其二，留置权人应通知债务人于确定期限内履行债务。留置权人于留置财产后是否应通知债务人于确定期限内履行债务呢？对此有不同的观点。笔者认为，如果留置权人与债务人明确约定了留置财产后的债务履行期限，则留置权人不必通知。如果当事人未明确约定留置财产后的债务履行期限，则留置权人应当通知。留置权人对债务人的通知内容包括两方面：一是告知其所给予债务人履行债务的宽限期间；二是催告债务人于确定的履行期限内履行债务。

其三，债务人于宽限期间届满后仍未履行。在当事人约定的留置财产后的债务履行期间或者留置权人所给予的留置财产后60日以上的债务履行期限届满,债务人仍未履行债务的,债权人才可实现留置权。在债务人履行债务的宽限期限未届满时,留置权人不得实现留置权。当然,如果在宽限期内债务人另行提供了相当担保的,留置权人的担保权益足以得到保障,留置权人不必也不能行使留置权。

留置权人在留置财产后,如果具备以上的条件,则可以实现留置权,其对留置物的变价属于有权处分,是权利的正当行使;如果不具备以上条件,留置权人就直接变价处分留置物则为无权处分,其行为不为权利的正当行使,而构成侵权,对因此造成的损失应负赔偿责任。

本案中捷亚通公司与和宇公司间因运输费用而发生债权债务关系,和宇公司为债权人,捷亚通公司债务人,双方并没有不得留置的约定,因此,和宇公司在捷亚通公司未支付运输费用债务时,可以留置其承运的已到达目的地的货物,但是,只有在债务人不履行到期债务时,债权人才可以留置合法占有的债务人的货物,而本案中因当事人约定承运人将交接单据交给捷亚通公司后60天结清运费,而和宇公司并未将取得的交接单据交给捷亚通公司,因此,捷亚通公司支付该航次运费的债务尚未已到期,也就不存在债务人不履行到期债务,不存在因本航次运输费用未支付而各留置货物的情况。

另,债权人留置财产以合法占有留置财产为前提,合法占有债务人的动产也为留置权成立的要件。本案中和宇公司是否合法占有捷亚通公司运输的货物呢? 这也是争议的焦点之一。一、二审法院认为:"和宇公司通过运输合同成为案涉货物的托运人,和宇公司对案涉货物系通过锦翔公司的占有完成、通过对锦翔公司的控制而实现,此种占有亦属合法占有的一种。"但事实上,锦翔公司将案涉货物运至目的港,货物在完成交接后由目的港的港务局管控,锦翔公司失去对货物的占有。既然案涉货物不为锦翔公司占有，和宇公司也就不能基于锦翔公司的占有而完成、实现对案涉货物的合法占有，因此，再审法院认为，和宇公司对案涉货物的占有不属于合法占有，债权人对于非法占有的动产是不能成立留置权的。

和宇公司是否得留置案涉货物，还决定于和宇公司占有案涉货物与其享有的债权是否属于同一法律关系。从案情看，二者是不属于同一法律关系的，因为捷亚通公司欠付的运输费并非因和宇公司对其占有的案涉货物发生的，捷亚通公司支付该航次运输费用的债务尚未到履行期。但依《民法典》第448条规定，企业之间留置的，不受留置的财产与债权属于同一法律关系的限制。本案中和宇公司与捷亚通公司双方为企业，和宇公司对案涉货物的留置完全可适用这一例外规定。该但书的例外规定是对商事留置权的特别规定。对于商事留置权，只要求债权人留置的债务人的财产与债权人的债权为商业交易中发生的。和宇公司与捷亚通公司有长期合作关系，而捷亚通公司在历史航次中拖欠和宇公司的运输费用，因此，就和宇公司行使商事留置权而言，和宇公司可以留置在本次航次中占有的捷亚通公司的货物，但不能对因承运而占有的第三人的货物进行留置。本案中案涉的货物并非属于捷亚通公司所有，和宇公司明知案涉货物属于金海浆公司，因此，本案中和宇公司也不能基于商事留置而留置案涉货物。

由于和宇公司对案涉货物不成立留置权，因而和宇公司对案涉货物的扣留及处分也就构成侵权，和宇公司当然应当承担因此而给立伟公司造成的损失。

需要指出的是，本案中即使如一、二审法院认定的和宇公司的留置权成立，其实现留置权的程序也是不符合法律规定的。留置权人留置财产后不得直接将留置财产变价，必须在债务人于宽限期限届满后仍未履行债务时,留置权人才得实现留置权。本案中原被告间并未就留置财产后债务人的债务清偿期限进行约定。依《民法典》第453条规定,没有约定的,留置权人应当给债务人60日以上履行债务的期限。本案中和宇公司在2018年9月10日留置财产后,同年10月12日与捷亚通公司等协商解决运费和案涉货物的处置,但协商未果。同年11月9日就将案涉货物变卖。和宇公司的这一行为也不符合法律关于留置权实现的要求,对因此造成的损失也应承担赔偿责任。

占 有

第二十八专题　占有人的权利

——张觉、胡敏诉张传立返还原物纠纷案

案例索引

湖南省常德市中级人民法院（2022）湘07民终693号民事判决；湖南省常德市鼎城区人民法院（2021）湘0703民初3530号民事判决。

基本案情

2016年2月4日，安业公司与张传立签订《常德市鼎城区商品房买卖合同》，合同约定安业公司将江南美景2栋16层1606号（简称2-1606）房屋以318,816元价格出售给张传立。合同尾页加盖安业公司合同专用章（未加盖骑缝章），并加盖安业公司法定代表人丁亮印章。张传立在买受人处签名并加盖手印。2016年5月13日安业公司向张传立出具318,816元房款收据。收据注明"抵华龙公司李某"。

2016年2月6日，张传立通过银行转账方式向李某支付了20万元。2017年3月26日，李某向张传立出具收据，载明"今收到张传立购房款壹拾伍万元整。说明：江南美景2-1606房"。

常德市鼎城区房地产管理局档案馆于2021年9月2日向张传

立出具《房屋网签合同查询》，载明"经查询，张传立（身份证：43243197001××××）买受人的网签合同备案号为：206002。房屋地址：鼎城区（G319）江南美景2号楼1606房"。

2019年5月20日，安业公司（甲方）、陈仕猛（乙方）、周云华（丙方）共同签订《江南美景的房屋抵偿协议》，约定：1.安业公司（甲方）欠陈仕猛（乙方）工程款1300万元；2.陈仕猛（乙方）欠丙方（周云华）工程款734,359元；3.甲、乙、丙三方协商，陈仕猛欠周云华的734,359元工程款用安业公司江南美景两套房屋作为抵偿，其中2-1606总房款60万元，抵周云华30万元工程款，余款30万元签订本协议时交安业公司25万元，剩余5万元网签时付清。

安业公司承诺6个月内办理网签手续至周云华指定的业主名下。同日，周云华向安业公司指示，房屋已经转卖于胡敏，并由胡敏向安业公司支付了约定的25万元购房款，由安业公司向胡敏出具了收款收据（收据注明：江南美景2-1606定金）。

2020年4月1日，安业公司将江南美景2号楼1606房交付给胡敏。

2020年4月1日，胡敏向常德市武陵物业服务有限公司江南美景服务处缴纳案涉房屋物业费等共计2490元，在缴纳装修押金2000元后开始对案涉房屋进行装修。

胡敏对案涉房屋装修时，张传立进入该房屋，双方发生争执。现房屋为张传立占有。

张觉、胡敏以张传立为被告，向常德市鼎城区人民法院提起诉讼，请求：判决确认位于常德市鼎城区房屋所有权属于张觉、胡敏；判决张传立立即向张觉、胡敏交还江南美景小区2-1606号房屋。

第二十八专题 占有人的权利 569

判决与理由

一审法院认为，本案的争议焦点为：一、张觉、胡敏主体是否适格？二、张传立是否应将诉争的房屋返还给张觉、胡敏？

关于焦点一：1.张觉、胡敏系夫妻关系，上述事实发生在两人婚姻登记之后，且两人均同意案涉房屋为夫妻两人共同财产，故张觉、胡敏具备合法的诉讼主体资格。2.案涉房屋系胡敏通过第三人向第三人安业公司购买所得，张觉、胡敏与案涉房屋具有法律上的利害关系，有权提出本案诉请。3.尽管《江南美景的房屋抵偿协议》上张觉、胡敏未签名，但是根据该协议，安业公司同意将案涉房屋办理在周云华指定人员名下，周云华也承认将案涉房屋转卖给了胡敏，安业公司在合同签订当日收取了胡敏购房款25万元。周云华也承认另行收取了胡敏30万元房屋抵偿款。因此，安业公司与张觉、胡敏建立了实质的商品房买卖关系。案涉房屋系由安业公司交付给张觉、胡敏，后由张觉、胡敏对案涉房屋合法占有，并对案涉房屋办理了装修、水电立户、燃气立户。张觉、胡敏对案涉房屋行使了实际权利，进行了合法占有，是案涉房屋的合法占有人。因此，张觉、胡敏具备合法的诉讼主体资格，张传立抗辩张觉、胡敏并未在《江南美景的房屋抵偿协议》上签名，不是合同一方主体，不是本案适格原告的问题。其抗辩理由不成立，不予采纳。

关于焦点二：本案系典型的一房二卖，对于一房二卖的处理，《第八次全国法院民商事审判工作会议（民事部分）纪要》四（二）有明确规定，"审理一房数卖纠纷案件时，如果数份合同均有效且买受人均要求履行合同的，一般应按照已经办理房屋所有权变更登记、合法占有房屋以及合同履行情况、买卖合同成立先后等顺序确定权利保护顺位"。根据该项规定,对于一房数卖的权利保护应当根据以下秩序:优先保护产权变更一方的合法权益;其次保护先行合法占有房屋一方,并结合合同履行情况确定;再次才是根据合同成立先后顺序。本案中,首先,张传立与张觉、胡敏均未就案涉房屋办理产权变更登记,截至起诉之日,案涉房屋的产权仍属于安业公司,并未登记在张传立或者张觉、胡敏名下。其次,根据合同的履行情况来看,安业公司已经收到张觉、胡敏25万元,加上安业公司抵扣的对第三人周云华的债务,安业公司实际已经就案涉房屋从张觉、胡敏处实现了55万元的权益,安业公司据此将案涉房屋交付给了张觉、胡敏。而安业公司与张传立的商品房买卖合同,安业公司既未收到其支付的购房款,安业公司也未向其交付房屋。因此,从案涉房屋的实际合法占有和合同的履行情况来看,应优先保护张觉、胡敏对案涉房屋的合法权利。

商品房买卖合同的网签仅是房地产管理部门对商品房买卖合同签订的管理方式,其目的是规避一房多卖。商品房买卖合同的网签不同于商品房买卖合同的预告登记,商品房买卖合同的网签不具备物权变动效力。张传立主张商品房买卖合同网签,并不具有将案涉房屋所有权变更至张传立名下的效力。

在一房数卖的情况下,作为权利人的安业公司,其有权选择履行哪份合同。至于未能履行合同的一方,其对安业公司享有的是合同履行请求权,而不是基于合同直接享有案涉房屋的物权。本案中,在安业公司选择履行与张觉、胡敏的商品房买卖合同的情况下,张传立应另行向安业公司主张权利,而不是选择对张觉、胡敏合法占有的房屋进行强行占有。故张传立应将案涉房屋返还给张觉、胡敏。对张觉、胡敏的该诉讼请求,予以支持。对张传立认为其是案涉房屋实际权利人不应当予以返还的辩称意见，不予采纳。至于张传立认为安业公司应当承担责任，可另行主张权利。

一审法院判决：位于常德市鼎城区（G319）江南美景2号楼1606房归张觉、胡敏所有，张传立于本判决生效后五日内将该房屋返还给张觉、胡敏。

一审判决后，张传立不服一审判决，向湖南省常德市中级人民法院提起上诉。张传立上诉请求撤销一审判决，依法改判驳回张觉、胡敏要求法院确认案涉房屋所有权以及要求张传立返还案涉房屋的诉讼请求。

二审法院认为，本案的争议焦点为：一、本案案由是否正确；二、张传立是否应将案涉房屋返还给张觉、胡敏。

《最高人民法院关于适用〈中华人民共和国民法典〉时间效力的若干规定》第1条第3项规定，"民法典施行前的法律事实持续至民法典施行后，该法律事实引起的民事纠纷案件，适用民法典的规定，但是法律、司法解释另有规定的除外"，本案中双方购买案涉房屋并发生争议持续至今，应适用民法典的规定。

关于焦点一：民事案件事由应当依据当事人主张的民事法律关系的性质来确定。本案中，张觉、胡敏认为其向安业公司购买了案涉房屋，安业公司向其交付了房屋钥匙，并在案涉物业公司办理了装修登记手续，以及办理了案涉房屋的水、电、燃气立户，其准备入住时，张传立强行更换门锁，并入住该房屋，张觉、胡敏遂向一审法院提出诉讼请求，要求确认该房屋系其所有，并要求张传立向其交还案涉房屋。可见，双方讼争系案涉房屋的所有权归属，张传立是否应当向张觉、胡敏返还房屋。故一审认定本案属于返还原物纠纷案并无不当。张传立认为本案应定性为确认合同效力纠纷的上诉理由不成立，本院不予采纳。

关于焦点二：本案中，张觉、胡敏虽未与安业公司签订书面房屋买卖合同，但根据张觉、胡敏向安业公司支付购房款、安业公司向其交付房屋的实际履行来看，双方存在事实上的房屋买卖合同关系。张传立与安业公司亦签订了《常德市鼎城区商品房买卖合同》，该合同加盖了安业公司合同专用章并有其法定代表人丁亮印章，虽安业公司辩称从未与张传立签订过任何购房合同，其与张传立之间不存在房屋买卖关系，但从该合同书的形式、内容及安业公司为张传立办理网签手续，可以认定张传立与安业公司存在合法有效的房屋买卖关系。根据《中华人民共和国民法典》第209条第1款规定，"不动产物权的设立、变更、转让和消灭，经依法登记，发生效力；未经登记，不发生效力，但是法律另有规定的除外"。第225条："当事人之间订立有关设立、变更、转让和消灭不动产物权的合同，除法律另有规定或者当事人另有约定外，自合同成立时生效；未办理物权登记的，不影响合同效力。"张觉、胡敏以及张传立虽均未办理物权登记，但均属于有效合同，有依据买卖合同请求安业公司办理房屋过户登记的债权请求权，均不享有房屋的所有权，该房屋的所有权人仍然是安业公司。故张觉、胡敏诉请确认案涉房屋所有权人的主张不能成立，本院不予支持。张传立上诉认为现没有证据证明张觉、胡敏享有案涉房屋的物权的上诉理由成立，本院予以采纳。张传立虽已办理了商品房买卖合同的网签，但网签不同于商品房买卖合同的预告登记，不具有对外公示的效力，亦不具备物权变动效力。

至于张传立是否应将案涉房屋返还给张觉、胡敏。首先，因受让人均未登记取得所有权，出卖人有向任何受让人交付房屋的权利；其次，人民法院审理一房数卖纠纷案件时，如果数份合同均有效且买受均要求履行合同的，一般应按照已经办理所有权变更登记、合法占有房屋以及合同履行情况、买卖合同成立先后等顺序确定权利保护顺位。对于一房数卖的权利保护应当根据以下秩序：优先保护产权变更一方的合法权利；其次保护先行合法占有房屋一方，并结合合同履行情况；再次才是根据合同成立先后顺序。本案中，安业公司将案涉房屋交付给张觉、胡敏，张觉、胡敏办理水、电、燃气立户，缴纳了案涉房屋物业费、装修管理费并在缴纳押金后开始对案涉房屋进行装修，合法占有了该房屋。根据《中华人民共和国民法典》第458条规定："基于合同关系等产生的占有，有关不动产或者动产的使用、收益、违约责任等，按照合同约定；合同没有约定或者约定不明确的，依照有关法律规定。"张觉、胡敏先占有案涉房屋，取得了房屋占有权。故一审法院判决认定从案涉房屋的实际合法占有案涉房屋和合法的履行情况来看，应当优先保护张觉、胡敏对案涉房屋的合法权利并无不当。张传立强行入住，其行为即构成对张觉、胡敏占有权利的侵害。根据《中华人民共和国民法典》第462条第1款规定："占有的不动产或者动产被侵占的，占有人有权请求返还原物；对妨害占有的行为，占有人有权请求排除妨害或者消除危险；因侵占或者妨害造成损害的，占有人有权依法请求损害赔偿。"因此，张觉、胡敏有权请求张传立返还房屋。根据前述法律规定，一审判决张传立将案涉房屋返还给张觉、胡敏正确，但判决房屋由张觉、胡敏所有属适用法律错误，本院予以纠正。

张传立上诉还提出安业公司与张觉、胡敏恶意串通，损害其合法权益，因未能提交相关证据予以佐证，故对其提出的该上诉理由，本院不予采纳。综上所述，张传立的上诉请求部分成立，本院部分予以支持。依照《最高人民法院关于适用〈中华人民共和国民法典〉

时间效力的若干规定》第1条第3款,《中华人民共和国民法典》第209条第1款、第458条、第462条第1款,《中华人民共和国民事诉讼法》第176条、第177条第1款第2项规定,判决:一、撤销湖南省常德市鼎城区人民法院(2021)湘0703民初3530号民事判决;二、张传立于本判决生效后五日内将位于常德市鼎城区(G319)江南美景2号楼1606房返还给张觉、胡敏;三、驳回张觉、胡敏的其他诉讼请求。

评 析

本案虽存有原告主体是否适格以及案由是否正确的争议,但争议的焦点在于原告可否要求被告返还以及被告是否应返还案涉房屋上。这涉及占有人的占有是否受法律保护和占有人的权利问题。

一、占有的含义和成立要件

何为占有?法律上并无定义,学者中也有不同的观点。如有学者认为,占有,是指对于物可以支配并可以排除他人干涉的法律之力。[①] 有的认为,占有,是指人对物在事实上的控制。[②] 通说认为,占有,是指人对于物有控制和支配的管领力的事实状态。

占有是人对于物的支配状态,反映的是一种人对物的控制和支配的管领关系。占有人是占有的主体,是对物事实上控制和支配的

---

① 崔建远:《物权法》(第五版),中国人民大学出版社2021年版,第155页。
② 温世扬:《占有》,载王利明主编:《物权法名家讲坛》,中国人民大学出版社2008年版,第449页。

人。占有不属于民事法律行为，并不以意思表示为要素，因此任何民事主体都可成为占有人，不以有无民事行为能力为前提。占有虽不要求占有人有民事行为能力，但占有须有占有的意思，因此取得占有的人应有对占有物控制和支配的意识能力，否则，其对物只能持有而不能占有。

占有人占有的物为占有的客体，既包括动产，也包括不动产。但是，作为占有客体的"物"与作为物权客体的物是不同的。作为物权客体的物，只能是独立的物，而不能是物的一部分或者构成部分。而对物的一部分或者物的构成部分也可成立占有，例如，占有他人房屋的墙壁用于作广告，占有他人住宅中的一间房屋居住。房屋的墙壁，一套住宅中的一个房间，都不为一物，而为物的组成部分，不能成为物权的客体，但可成为占有的客体。对于物的一部分或构成部分的占有，学理上称为"部分占有"。

只有主体能够对客体事实上有控制和支配的管领力，才可成立占有。所谓控制，是指物处于占有人的管理或者影响之下，即占有人能够对物施以管理和影响；所谓支配，是指占有人能够对物加以一定利用；所谓管领力，是指占有人能够排除他人对物的控制和支配。如果一个人对于某物在事实上并不能予以控制和支配，则不能称为占有，只能属于持有。例如，乙租借了甲公司的车辆，聘请丙为该车的驾驶员，该车事实上是由乙所控制和支配，丙对于该车并无事实上的管领力，乙为该车的占有人，而丙不为占有人，只能是占有辅助人。如何判断某人对某物有无控制和支配的管领力呢？一般认为，应依社会一般观念，并结合空间关系、时间关系以及法律关系来确定。

所谓空间关系，是指人与物在空间上有一定的结合关系，足以使他人认识到该物处于该人的控制和支配范围之内。这里的控制和支配范围不以物理上的直接控制和支配为必要。例如，将钱包带在身上，当然成立占有。将其钱包放在居住的房间里而未带在身上，尽管该居住人离开放钱包的房间，但依社会一般观念，该钱包仍在该人的控制和支配范围内，因此成立占有。但若某人在其暂时活动的场所，将其钱包放于此场所，然后离开该场所，依一般社会观念，该钱包已经不在其控制和支配的范围之内，则不成立占有。例如，在车站候车室候车的人将其钱包放在椅子上离开候车室而去，该候车人对该钱包则不再成立占有。

所谓时间关系，是指人与物的关系在时间上有相当的继续性，依社会一般观念，足以认定该人对于该物事实上有控制和支配的管领力。如，连续在他人房屋内居住的，可构成对该房屋的占有，但若某人仅在他人房间借住一宿，就构不成该人对该房间的占有。取图书馆之书回家阅读，可成立对该图书的占有，但在图书馆内取一本书阅读，则构不成对该书的占有。至于人对物的控制多长时间才为有继续性，因物的不同而不同，应依社会一般观念来确定。如果依一般观点认为，此种控制为暂时的，就不具有继续性；如果依一般观念认为，此种控制为持续的，则具有继续性。

所谓法律关系，是指人和物之间基于某种法律关系该人有控制和支配该物的管领力。在人与物之间存在空间关系和时间的继续关系，成立占有。此种占有被称为直接占有。一般说来，如果人与物之间不存在空间关系和时间上的继续关系，则不成立占有。但是，若基于某种法律关系，某人对于某物有控制和支配力，则也可成立占有。这种占有，占有人对于物的支配属于观念上的，而不是事实上的。通常所称的间接占有，即属于此种占有。间接占有的占有人对于物不是在事实上有管领力，而是在观念上能够控制和支配物。例如，甲将其车出租给乙使用，乙对该车在事实上控制和支配，乙对该车成立直接占有；但基于租赁关系，甲虽然事实上并不控制和支配该车，但甲在观念上对该车仍有控制和支配力，甲对该车的占有也就为间接占有。

二、占有的性质

关于占有的性质，即占有是为权利还是事实，各国立法态度不一。有的认占有为权利，如日本民法就称为占有权；有的认占有为事实而不为权利，如瑞士民法就规定占有为对于物的事实上之力。我国法上采取的为事实说。《民法典》物权编第五分编的编名和第二十章的章名为"占有"，而并没有如同其他规定物权的编章名一样地称为"占有权"。依我国法规定，占有为事实而不是权利，这意味着占有仅是一种事实状态，只要占有人与占有物之间符合占有成立的条件，就构成占有关系，而不论该人是如何取得占有的，其取得占有是否有法律上的根据。占有人占有某物是否存在权利基础，是否具有正当性，都不影响占有的成立。

占有为一种事实，是一种客观存在的现象，虽不以合法性为条件，但也是受法律保护的。法律之所以保护占有，根本原因就在于维护社会经济秩序。占有具有公示权利的功能，某人占有某物在外观上有使他人相信该人有占有该物的权利，也就推定该人对该物享有占有权利。法律保护占有，占有人就不必对其是否有权占有举证，而认为占有人无权占有的人则须对占有人无权利而自己有权利负责举证，任何人欲从占有人取走其占有物必须证明自己是权利人，从而也就维护了社会秩序的安定。试想一下，法律若不保护占有，任何人都可以以他人无权占有而自己为物的权利人为由而取走他人占有的物，这势必会造成社会秩序的混乱，又何谈维护社会稳定呢？若如此，也不利于保护真正的权利人。

三、占有的效力

占有一旦成立，会发生两方面的关系：一是占有人与真正权利人之间的关系；二是占有人与权利人以外的第三人的关系。

1. 占有人与真正权利人之间的关系

在占有人与真正权利人之间的关系上，依占有为有权占有还是无权占有而有所不同。有权占有，是指占有是有法律上的根据或者原因的。有权占有是基于本权的占有。这里的所谓本权是指占有人占有物的基础权利，该基础权利可以是物权，也可以是债权。例如，用益物权人占有他人的不动产，动产质权人占有出质人的动产，都为有权占有，占有的基础权利为物权；承租人占有出租人的租赁物的，借用人占有出借人的借用物的，也为有权占有，占有的基础权利为债权。在有权占有的情形下，占有人的权利义务依据合同或者法律的规定确定，占有人可以基于占有的基础权利对抗一切人的返还请求。《民法典》第458条规定："基于合同关系等产生的占有，有关不动产或者动产的使用、收益、违约责任等，按照合同约定；合同没有约定或者约定不明确的，依照有关法律规定。"这里所指的占有即属于有权占有。

无权占有是指没有法律上的根据或者原因的占有。无权占有依据占有人的主观状态又可分为善意占有与恶意占有。所谓善意占有，是指占有人不知道或者不应当知道自己无权占有而误认为自己有权占有而进行的占有。所谓恶意占有，是指占有人知道或者应当知道自己无占有的权利而进行的占有。依《民法典》规定，善意占有人与恶意占有人对真正的权利人的义务与责任是不同的，这主要表现在以下方面：

（1）对占有物使用造成损害的责任不同。《民法典》第459条规定："占有人因使用占有的不动产或者动产，致使该不动产或者动产受到损害的，恶意占有人应当承担赔偿责任。"依此规定，善意占有人依占有推定效力，推定其对占有物的权利包含使用收益内容的，占有人有权对占有物为使用收益，因对占有的不动产使用收益而使不动产受到损害的，善意占有人不承担赔偿责任。但因恶意占有人不享有对占有的不动产、动产为使用收益的权利，因此若恶意占有人使用占有的不动产或者动产而使该不动产或者动产受损害的，占有人应当负赔偿责任。

（2）返还原物时的求偿权不同。《民法典》第460条规定："不动产或者动产被占有人占有的，权利人可以请求返还原物及其孳息；但是，应当支付善意占有人因维护该不动产或者动产支出的必要费用。"依此规定，只要是无权占有，不论是善意占有还是恶意占有，都负有向权利人返还原物及孳息的义务。也就是说，权利人请求占有人返还原物及孳息的，占有人不论是善意还是恶意都应当返还。但是，善意占有人对权利人享有必要费用的求偿权。在权利人要求返还原物及孳息时，善意占有人有权要求权利人返还其因维护占有的不动产或者动产所支出的必要费用，权利人应当向善意占有人支付该项费用。如果权利人不支付善意占有人维护占有的不动产或者动产所支出的必要费用，善意占有人应有留置权，可拒绝返还原物及孳息。这里的必要费用，通常认为应包括现存的有益费用。而恶意占有人不享有因维护占有的不动产或者动产支出的必要费用返还请求权。但通说认为，如果恶意占有人因维护占有的不动产或者动产支出费用而使权利人得到利益的，恶意占有人可依无因管理或者不当得利的规定要求权利人返还该利益。

（3）占有物毁损、灭失时的责任不同。《民法典》第461条规定："占有的不动产或者动产毁损、灭失，该不动产或者动产的权利人请求赔偿的，占有人应当将因毁损、灭失取得的保险金、赔偿金或者补偿金等返还给权利人；权利人的损害未得到足够弥补的，恶意占有人还应当赔偿损失。"依此规定，占有物因不可抗力或者第三人的原因毁损、灭失的，善意占有人无须负赔偿责任，仅须将因占有物毁损、灭失取得的保险金、赔偿金或者补偿金返还给权利人即可，因为善意占有人在占有上虽无过错，但又不是权利人，从而也就无取得占有物毁灭所得的代替物的权利；而恶意占有人应负赔偿责任，因为恶意占有是有过错的。因此，如果占有人将因占有物毁灭所得到的代替物返还给权利人后，权利人的损害仍得不到足够的弥补，则恶意占有人还应以自己的财产赔偿权利人的损失，以使权利人所受损害得到完全赔偿。

2. 占有人与第三人之间的关系

占有成立后，法律保护占有主要体现在占有人与第三人的关系上，法律赋予占有人在占有受侵害时得以救济的权利。占有的救济如同物权的救济一样，也包括自力救济与公力救济。

占有的自力救济也称为私力救济，是指在占有受侵害时，占有人得以自己的保护能力维护占有的事实。占有的自力救济方式包括自力防御与自力取回。自力防御，是指占有人对侵害或者妨害其占有的行为，得以自己的力量予以防卫，以排除侵害或妨害。所谓侵害，是指以法律禁止的方式排除占有人对物的事实上的管领，如，未经法律许可损坏他人占有的房屋，抢夺他人占有的自行车；所谓妨害，是指以法律禁止的方式影响占有人对物的有效管领，如设置障碍阻碍他人进入占有的房屋，将他人占有的自行车锁上。自力取回，是指占有人在占有的不动产或者动产被侵夺时占有人得以自己的力量即行取回被侵夺的占有物。所谓侵夺，是指他人侵占占有人占有的不动产或者动产。如侵入他人占有的房屋占住，抢走他人占有的自行车。在占有物被他人侵夺时，占有人可以即行取回但应当即时取回占有物。所谓即时，是指占有人在侵占人对侵占的占有物尚未构成占有的情形下取回。是否为即时取回，应依不同的情形具体判断。对于不动产，占有人应于在最短的时间内排除他人的侵占。对于动产，占有人应当就地取回或者跟踪取回。例如，占有人的自行车被他人侵夺时，占有人在该车还未离开存放地点时当场取回就为就地取回；若该车已被他人推离开存放地点，占有人跟随侵占人之处取回该车，即为跟踪取回。占有人以私力取回占有物的，不论在何种情形下，不能使用暴力手段。如果占有人不能以和平的手段包括与侵占人谈判而取回被侵占的不动产或者动产，则应求助于公力救济。

占有的公力救济也就是通过诉讼程序由法院保护占有人的占有。在行使公力救济时，占有人实际上也就是行使占有保护请求权。占有保护请求权有的称为占有人的物上请求权，是指在占有的不动产或者动产被侵害时，占有人有权请求侵害人恢复占有人原来占有的圆满状态。占有被侵害时，如占有人依自力得到救济，自不必请求公力救济；如占有人不能依自力得到救济，则其可以行使占有保护请求权，向法院提起诉讼。《民法典》第462条规定："占有的不动产或者动产被侵占的，占有人有权请求返还原物；对妨害占有的行为，占有人有权请求排除妨害或者消除危险；因侵占或者妨害造成损害的，占有人有权请求损害赔偿。""占有人返还原物的请求权，自侵占发生之日起一年内未行使的，该请求权消灭。"依此规定，占有保护请求权包括以下三项：

(1) 占有物返还请求权

占有物返还请求权，是指占有人因第三人侵夺其占有的不动产或者动产的，占有人有权请求侵占人返还原物，以恢复其对该物的占有。占有物返还请求权的行使，应具备以下条件：

其一，占有返还请求权的主体为占有人。只有不动产或者动产的占有人，才有权请求回复占有，即行使占有物返还请求权。这里的占有人既包括直接占有人，也包括间接占有人。不过，在直接占有人行使返还请求权时，间接占有人不必行使；在间接占有人行使返还请求权时，也应请求将物返还给直接占有人。至于占有人是自主占有还是他主占有，是有权占有还是无权占有，是善意占有还是恶意占有，一概不过问。也就是说，不论占有是否具有瑕疵，占有人均可行使占有物返还请求权。非占有人不享有占有物返还请求权，占有辅助人也不能独立行使占有物返还请求权。

其二，请求返还的物为被侵夺的占有物且该物存在。只有在占有物被以非法方式侵占时，占有人才可请求返还。若占有物被依合法方式取回的，则占有人当然无权要求返还。所谓以非法方式侵占占有物，是指从占有人处占有原占有人占有的不动产或者动产是不合法的、不是基于占有人的意思，并非指占有该物的人是否对该物享有权利。例如，甲将车出租给乙，该车为乙占有，在租赁期间，甲因自己需要未经乙同意将该车从乙处提走，甲即为非法侵夺乙的占有，尽管甲对该车享有权利，也为该车的间接占有人。占有人请求返还占有物的，必须原物存在。若被侵占的占有物已经不存在，自无法返还，占有人当然不能请求返还。

其三，占有物返还请求权的相对人是侵占占有物的人。占有人请求返还占有物的，应当以何人为被告呢？对此有不同的看法。因为行使占有物返还请求权的目的是回复对物的占有,因此,占有物返还请求权的相对人应为物的现占有人。也就是说占有人应要求物的现占有人返还其占有的物。但占有物返还请求权是基于占有物被侵夺而产生的请求权,因而占有人也只能对侵夺其占有的行为人提出返还占有物的请求。例如,甲占有的电脑被乙不法侵占,乙又将该电脑出借给丙。于此情形下,甲请求返还其占有的电脑时,应以乙为被告而不能以丙为被告。若丙是从乙处不法占有该电脑的,则丙的行为仍为侵夺甲的占有,甲可以丙为被告要求返还电脑。

其四,须在规定的时效期间内行使。法律保护占有本来就是为了维护社会财产秩序,占有被侵占后,经过一定期间也会形成占有状态,若仍然许可原占有人请求返还原物,就会破坏已经形成的财产秩序,因此,为维护财产秩序的稳定,法律规定占有人行使占有物返还请求权,应自占有物被侵占之日起 1 年内行使。《民法典》第 462 条第 2 款明确规定,占有人返还原物的请求权,自侵占发生之日起一年内未行使的,该请求权消灭。该条款中规定的 1 年期间属于何种性质的期间呢?对此学者中有不同的观点。一种观点认为,该期间为除斥期间。因为该期间不能中止、中断、延长;如果属于诉讼时效期间,则可以适用中止、中断、延长的规定,占有的事实状态可能因某种事实的发生而处于长期不稳定状态,不利于占有的保护。另一种观点认为,该期间应理解为诉讼时效,理由在于:第一,从比较法的角度看,这一期限在许多国家被认为是诉讼时效,而不是除斥期间,对此可以适用中止、中断等制度;第二,除斥期间仅适用于形成权,而诉讼时效适用于请求权,占有物返还请求权就其本质而言,与其他请求权无异,因此,该 1 年的期间属于诉讼时效范畴;第三,占有人在其占有被侵夺以后,可能根本不知道占有物被侵夺,而 1 年的期限又比较短，如果再不允许其中止、中断、延长，就会导致许多占有人无法主张此种权利，这对于占有人的保护显然是不利的。① 还有一种观点认为，该期间属于权利失效期间，因为其对象是请求权，而非形成权。② 上述观点各有其道理。主张为除斥期间的，认为该期间不适用中止、中断、延长的规定，理由可取，但除斥期间适用于形成权而不适用于请求权。主张为诉讼时效期间的，认为占有物返还请求权属于请求权，应适用诉讼时效，而不适用除斥期间，可为赞同；但认为对该期间应适用中止、中断、延长的规定，于法不符，也与保护占有的制度本旨相违。所以笔者也比较赞同第三种观点，该期间既不是传统的除斥期间，也不属于诉讼时效期间，而是权利失效期间，该时效期间为不变期间，依《民法典》第199条规定，该期间不发生中止、中断和延长问题。当然，自占有被侵夺之日起超过1年后，占有人的返还请求权消灭，占有人不能行使返还请求权，并不意味着占有人就不能以任何理由要求侵占人返还。这只是说，于此情形，占有人不能以占有为根据要求返还，并不影响物的权利人可以依据其享有的物权要求侵占人返还。如果占有人为有权占有，则其可依其占有权要求返还。

（2）占有妨害排除请求权

占有妨害请求权也就是占有妨害除去请求权，是指占有人于其占有受到妨害时，可以请求妨害人以其行为排除妨害。占有妨害排除请求权的行使应具备以下条件：

其一，请求权人为占有人。只有占有人才可行使占有妨害排除

---

① 王利明：《物权法研究（第四版）》（下卷），中国人民大学出版社2016年版，第1504页。

② 崔建远：《物权法》（第五版），中国人民大学出版社2021年版，第187页。

请求权，非占有人自不能享有该请求权。

其二，相对人为妨害占有的妨害人。妨害人的妨害行为既可以是作为，也可以是不作为。如阻碍占有人对占有物的使用，将物品置于妨碍占有人使用的场所而不移开，都为妨害占有。

其三，须妨害存在。所谓妨害是指占有人对物占有的状态受到妨碍，使占有人不能进行完全正常的占有。只有妨害存在，占有人才可行使妨害排除请求权，若妨害已不存在，则占有人自无妨害排除请求权的行使。占有妨害请求权不受时效的限制，只要有妨害存在，占有人就可请求妨害人排除妨害。

（3）占有妨害危险消除请求权

占有妨害危险消除请求权又称占有妨害危险防止请求权，是指占有人于其占有存在受到妨害的危险时得请求消除该危险的权利。占有妨害危险消除权的行使应具备以下条件：

其一，请求权人为占有人；

其二，相对人为造成妨害危险的人；

其三，须存在妨害占有的危险。妨害占有的危险，是妨害占有的现实可能性，即该危险是现实会发生的，一旦发生就造成对占有的妨害。如果危险发生造成妨害占有的事实，则占有人可行使妨害占有排除请求权，而不是行使占有妨害危险消除权；只有在还未造成占有的妨害而又有造成占有妨害的现实危险时，占有人才可行使占有妨害危险消除请求权。至于妨害占有的危险是否存在，应依一般社会观念加以认定，而不能仅以占有人的主观感受为标准。

本案中的原告就案涉房屋的使用办理了水、电、燃气开户手续，缴纳了物业费，并交付了装修押金并对案涉房屋开始装修，从空间关系与时间关系的结合上看，原告张觉、胡敏已对该房屋形成占有，为占有人。不论张觉、胡敏对该房屋的占有是有权占有还是无权占有，其占有都是受法律保护的。

本案中，案涉的房屋所有权属于安业公司，虽然原被告都与安业公司存在合法的房屋买卖关系，但案涉房屋的产权并未变更登记至原告或者被告名下。原告基于对案涉房屋的占有，既与房屋的真正权利人发生关系，也与第三人发生关系。本案中案涉房屋的真正权利人即所有权人为安业公司，被告张传立只是第三人。原被告间的纠纷属于占有人与第三人之间的关系。

本案原告诉请被告返还案涉房屋。依《民法典》第462条规定，占有的不动产或者动产被侵占的，占有人有权请求返还原物。可见，返还原物请求权，不仅所有权人享有，占有人也享有。所有权人要求返还原物的，是以其所有权为根据的，而占有人要求返还原物的，是以占有为根据的。不论是所有权人要求返还原物还是占有人要求返还原物，都以被告非法侵占原物为前提。不过占有人要求返还原物的，只能于占有物被侵占之日起1年内提出请求，而所有权人要求返还原物的，不受这一时效期间的限制。

本案中被告张传立在原告对案涉房屋进行装修时，强行进入该房屋并占有，是对原告占有不动产的不法侵占，作为占有人原告张觉、胡敏当然有权请求被告张传立返还房屋。原告请求被告返还房屋并未超过1年的期间，因此，被告张传立应将其侵占的张觉、胡敏原占有的案涉房屋返还给张觉、胡敏。

可见，法院判决张传立将案涉房屋返还给张觉、胡敏，是正确的。但是，本案一审法院认定案涉房屋归张觉、胡敏所有，是错误的。张觉、胡敏请求返还案涉房屋的根据是其为占有人，而不是所有权人。判决张传立返还案涉房屋是对占有的保护，而不是对所有权的保护。